AN MEINE DEUTSCHEN FREUNDE

DIE POLITISCHEN REDEN PAUL TILLICHS
WÄHREND DES ZWEITEN WELTKRIEGS
ÜBER DIE „STIMME AMERIKAS"

ERGÄNZUNGS- UND NACHLASSBÄNDE ZU DEN
GESAMMELTEN WERKEN VON PAUL TILLICH

BAND III

AN MEINE
DEUTSCHEN FREUNDE

DIE POLITISCHEN REDEN
PAUL TILLICHS
WÄHREND DES ZWEITEN WELTKRIEGS
ÜBER DIE „STIMME AMERIKAS"

Mit einer Einleitung und Anmerkungen
von Karin Schäfer-Kretzler

EVANGELISCHES VERLAGSWERK STUTTGART

ISBN 3 7715 0147 4
Erschienen 1973 im Evangelischen Verlagswerk Stuttgart
© Alle Rechte vorbehalten
Druck: J. F. Steinkopf KG, Stuttgart
Bindearbeiten: Großbuchbinderei Wennberg, Leonberg

INHALT

VORWORT DES VERLAGS

Die vorliegenden Radioansprachen Paul Tillichs während des Zweiten Weltkriegs an seine deutschen Freunde über die „Stimme Amerikas" sind Dokument und Testament zugleich. Ihr zeitgeschichtlich spätes Erscheinen, 30 Jahre danach, ist ohne besondere Absicht. Nach Meinung sowohl des Autors als auch des Verlags sollten den wissenschaftlichen Arbeiten Paul Tillichs im Rahmen seiner „Gesammelten Werke" der Vorrang gegeben werden. Das unmittelbare politische Wirken sah Tillich zwar nicht als seine eigentliche Aufgabe an, aber in der Situation der Entscheidung wich er auch diesem Ruf nicht aus. Für das Gesamtbild von Paul Tillich ist somit die Kenntnis dieser Reden unentbehrlich. Ihre historische Bedeutung steht außer Frage; ihre gedankliche Abfassung erinnert an die Gerichtsreden alttestamentlicher Propheten.

Paul Tillich ist dabei beides: „Unheils"- und „Heilsprophet". Er distanziert sich leidend vom Hitlerdeutschland und solidarisiert sich leidenschaftlich mit dem „anderen", „besseren", eigentlichen Deutschland. Er geißelt die Verbrechen der nationalsozialistischen Führer und erinnert an das geschichtliche, geistige und religiöse Erbe des deutschen Volkes, als dessen zutiefst be- und getroffener Angehöriger er spricht. Er verurteilt den Krieg und denkt an die Zeit danach. Er weist die dem deutschen Volk von den Nationalsozialisten zugewiesene Erobererrolle zurück und reflektiert über die zukünftige Aufgabe eines „neuen" Deutschland im Rahmen einer neugeordneten europäischen Völkergemeinschaft. Dabei entwickelt er konkrete soziale, politische und kirchlich-religiöse Vorstellungen.

Tillichs Ansprachen sind politisch-religiöse Reden. Er spricht vor allem zur deutschen Opposition, ermuntert sie zur inneren Emigration, ruft zum stillen und offenen Widerstand gegen den Nationalsozialismus auf und ringt andererseits um Deutschlands geistige, religiöse und sittliche „Wiedergeburt" für und in einer Völkergemeinschaft. Dabei denkt er nie nur national, sondern stets inter-national, nie nur konfessionalistisch, sondern ökumenisch. Es geht ihm um die Wiedererweckung und Wiedererrichtung der „europäischen Humanität" und um das Einbringen der reichen theologischen, politischen und geistigen Erfahrung, die die Christenheit in Deutschland in der nationalsozialistischen Bedrängnis sammeln konnte, in die ökumenische Bewegung.

Tillichs Reden geschahen zwar im Auftrag der kriegführenden Amerikaner. Gleichwohl bemüht er sich um ausgewogene Gerechtigkeit: er appelliert an Sieger wie Besiegte. Der Zweite Weltkrieg ist für ihn geradezu exemplarisch zur Einübung christlicher Tugenden für Sieger und Besiegte. Er wendet sich gegen pauschalen Deutschen-Haß und die unbelehrbaren deutschen Hasser. Er ist der Überzeugung, daß Deutschland durch die Katastrophe des Dritten Reiches zwar einen Krieg verloren habe, dafür aber seine „Seele" wiedergewinnen könne.

Tillichs Reden sind Miszellen seiner „apologetischen" wie „politischen" Theologie und Modelle seiner „Methode der Korrelation". Seine theologischen und philosophischen Erkenntnisse wie seine politischen Ansichten werden in, mit und unter der aktuellen Situation eingeübt, erprobt und auf ein letztes Kriterium bezogen. Einzelerscheinungen werden in große Zusammenhänge eingeordnet, Tagesereignisse schließlich theologisch thematisiert, bisweilen vielleicht sogar schematisiert. Man mag auch da und dort in diesen Reden eine gewisse appellative Vereinfachung der Problematik beklagen, die notwendige Differenzierung vermissen und gedankliche Reduzierungen entdecken – Tillichs Erfahrungen und Ermahnungen sind von einer bohrenden Beständigkeit und exemplarischen Einfachheit.

Frau *Karin Schäfer-Kretzler*, die sich mit diesen Reden seit langem beschäftigt und durch Recherchen sowie Interviews in den USA die Hintergründe und Verbindungen der Tillichschen Ansprachen und der besonderen Mission des deutschen Emigranten zu erhellen wußte, hat die vorliegende Auswahl dankenswerterweise besorgt, sie kenntnisreich eingeleitet und mit wertvollen Anmerkungen versehen.

Die Überschriften über den Reden stammen vom Verlag und sind gewöhnlich auf die Themen bzw. Thesen des Textes bezogen, die ebenfalls von der Redaktion kursiv herausgehoben wurden, um so dem Leser die Orientierung zu erleichtern.

Evangelisches Verlagswerk

EINLEITUNG

Als Tillich im Juli 1948 seinem Vortrag an der Technischen Universität Berlin den Titel „Das geistige Vakuum" gab, mußten die, die ihn zwischen den beiden Weltkriegen gekannt haben, aufhorchen: Ist das der Tillich, der 1922 den „Kairos" ansagte, die große Wende erfüllter Zeit, in der Christentum und Sozialismus sich vereinigen sollten zu einer neuen, sinnerfüllten Lebens- und Gesellschaftsform? Ist nicht die Charakterisierung der Gegenwart als geistiges Vakuum geradezu umgekehrte „Kairos"-Prophetie? In der Tat: Das Ende des Zweiten Weltkrieges mit seiner Weichenstellung zum Kalten Krieg bedeutet das Ende des konkret-politischen Engagements Tillichs, das ihn seit 1919 als religiösen Sozialisten bekanntgemacht hatte. Ein letzter Höhepunkt vor diesem Ende waren die politischen Reden, die im vorliegenden Band enthalten sind, sowie die Arbeit im *Council for a Democratic Germany*, vor dessen Hintergrund allein die Reden zu verstehen sind.

Tillich ist bereits 1933 seines Amtes als ordentlicher Professor für Philosophie an der Johann-Wolfgang-Goethe-Universität in Frankfurt enthoben worden, und zwar aus politischen Gründen. Sein Anfang 1933 erschienenes Buch „Die sozialistische Entscheidung" wurde im gleichen Jahr eingestampft; die von ihm und anderen herausgegebenen „Neuen Blätter für den Sozialismus" mußten ihr Erscheinen sehr bald einstellen, ohne ihr Ziel — die Erneuerung und Profilierung der Sozialdemokratischen Partei zur zugkräftigen Alternative gegenüber dem Nationalsozialismus — erreicht zu haben. Als Tillich im Herbst 1933 in die USA emigriert, verliert er — wie so viele gleichen Schicksals — nicht nur die bekannte Szenerie seines Wirkens, sondern seinen eigenen geschichtlichen Ort; und dieser Verlust ist besonders schmerzlich und einschneidend da, wo er einen Mann trifft, der all seine Arbeit auf die politische Umkehr seines Volkes konzentriert hat.

In den USA kann Tillich zwar dank der Vermittlung des einflußreichen und politisch aktiven Reinhold Niebuhr sofort wieder in seinem Fach arbeiten — als *„Lecturer on Philosophy of Religion and systematic Theology"* am *Union Theological Seminary* in New York —, für eine umfassende Umkehr Deutschlands zu einem neuen Sozialismus jedoch konnte er an dieser Stelle wenig tun. Sein religiös-sozialistisches Programm war zudem so sehr von den konkreten historischen Bedingungen der Weimarer Republik bestimmt, daß es sich auf die amerikanische Situation nicht übertragen ließ. Das einzige, was für Deutschland ihm zu tun übrig blieb, war die Hilfe für Naziverfolgte in Europa und für die, die — unmittelbarer Lebensgefahr entronnen — in die USA emigrieren wollten. So wurde Tillich Vorsitzender der 1935/36 von Else Staudinger gegründeten Organisation „Selfhelp for German Emigrees", bzw. „Selfhelp of Emigrees from Central Europe", wie sie nach dem Kriegsausbruch, der Ausdehnung der Verfolgung auf das besetzte Europa Rechnung tragend, genannt wird. Diese Hilfsorganisation hatte gegenüber den vielen entsprechenden amerikanischen Einrichtungen den Vorteil, daß die Helfenden die psychologische Situation der Ankommenden aus eigener Erfahrung kannten und nur zur Selbsthilfe befähigen wollten und daß sie keinerlei religiöse oder konfessionelle Bedingungen stellte, so daß auch nicht-religiösen Juden und Emigranten, die in Mischehen lebten, geholfen werden konnte. Tillich lernte bei dieser rein humanitären Arbeit viele wichtige Personen kennen und erhielt so auch noch nach seiner Europareise im Jahre 1936 Informationen von Augenzeugen aus dem nationalsozialistisch besetzten Europa.

Als dann der Krieg ausbricht, rückt Deutschland plötzlich in unmittelbare Reichweite Amerikas; die lähmende Zuschauerrolle ist ausgespielt — man kann als Emigrant wieder etwas anfangen mit den Erkenntnissen und Erfahrungen, die man jenseits des Ozeans gemacht hatte. Im Zuge der Kriegsanstrengungen der USA gegen die Achsenmächte werden deutschsprachige Fachkräfte dringend gebraucht. Zwar ist man diesen „alien enemies" gegenüber vorsichtig und mißtrauisch: daß Einwanderer sich so danach drängen, am Kampf gegen ihr Herkunfts- und Heimatland teilzunehmen, ist ungewöhnlich; — für Situationen, wie sie die nationalsozialistische Diktatur schuf, hatten die Vereinigten Staaten in ihrer eigenen geschichtlichen Erfahrung keine Parallelen. Und so kommt es häufig zu diskriminierenden Einschränkungen, gegen die der Immigrants Victory Council, die Dachorganisation aller Flüchtlingsvereinigungen, unter dem Präsidenten Paul Tillich sich heftig und schließlich erfolgreich zur Wehr setzt.

Als am 11. Dezember 1941 Deutschland und Italien den USA den Krieg erklären, trifft diese Kriegserklärung ein Land, das über zwei Jahre Zeit gehabt hat, einen möglichen Kriegseintritt unter den Bedingungen eines traditionellen außenpolitischen Isolationismus zu verarbeiten: Die rettende Formel bietet das Thema „Kriegsziele". Wer unter dem Druck der nationalsozialistischen Untaten nun endlich doch keine isolationistische Außenpolitik mehr befürworten wollte, der verlegte seinen Eifer in die Erörterung der Kriegs- und Friedensziele, zumal der Friedensschluß von Versailles gezeigt hatte, wohin ein unvorbereiteter Friede führen konnte. So entstanden während des Krieges eine Unmenge Artikel, Heftchen, Broschüren, Erklärungen und Bücher zu diesem Thema von fast ebenso vielen Institutionen, Kommissionen, Ausschüssen und Privatpersonen. Auch Tillich hat sich an dieser Diskussion beteiligt: 1941 schrieb er in der Zeitschrift „The Protestant" drei Artikel zu den Themen: „Warum Kriegsziele?", „Welche Kriegsziele?" und „Wessen Kriegsziele?" (P. Tillich, Gesammelte Werke, Bd. XIII, Stuttgart 1972, S. 254 ff.) Die traditionelle Geneigtheit Nordamerikas zum Moralismus – besonders in politischen Dingen – und die mangelnde Erfahrung tragischer geschichtlicher Schuld ließen die Vorschläge oft nicht über die Diskussion des mehr oder weniger barbarischen Charakters der Deutschen wie der möglichen Strafmaßnahmen hinauskommen, die dementsprechend ebenfalls mehr oder weniger streng ausfielen; die Gemüter erhitzten sich für oder gegen einen „soft peace" mit den Deutschen.

Natürlich war die Frage, mit welchen Zielen man die Anstrengungen des Krieges auf sich nahm, mit solchen Schlußfolgerungen aus dem, was man für den deutschen Charakter hielt, nicht erledigt. Wenn auch in Regierungskreisen immer wieder ähnlich unbegründete Kontroversen auftauchten, so bemühte man sich in offiziellen Kreisen doch um langfristige, politisch orientierte Lösungen. Die Schwierigkeiten, die sich dabei ergaben, resultierten aus dem stark ideologischen Charakter des Zweiten Weltkrieges. Wie sollte eine politisch dauerhafte Lösung erreicht werden, wenn das deutsche Volk weiterhin der nationalsozialistischen Ideologie anhing? Wollte man nicht nur den Krieg, sondern auch den Frieden gewinnen, mußte die psychologische Kriegsführung die militärische ergänzen: mit einem Erlaß vom 13. Juni 1942 wurde das im Geist des New Deal geführte Office of War Information (OWI) geschaffen, das neben dem mehr republikanischen Office of Strategic Services (OSS) die psychologische Kriegsführung der USA organisierte. In Großbritannien wurde die gleiche Aufgabe vom Political Intelligence Departement (PID) wahrgenommen. Ziel der psychologischen Kriegsführung war die Abkehr des deutschen Volkes vom Nationalsozialismus und die Vorbereitung auf eine friedliche Nachkriegswelt, wie immer diese auch im einzelnen für Deutschland aussehen mochte.

Beide, OWI und OSS, besonders jedoch das OWI, haben für ihre Arbeit sinnvollerweise Emigranten eingesetzt. Diese kannten nicht nur die Sprache, sondern auch die konkreten Bedingungen des Nationalsozialismus. So wurde zum Beispiel auch Ludwig Marcuse vom OWI gebeten, Skripte zu verfassen, die nach Deutschland gesendet wurden. Marcuse schreibt: „Die amerikanische Dienststelle stellte keine Bedingungen. Sie verlangte nicht, daß für Amerika Propaganda gemacht wurde; ich hätte es schon deshalb nicht tun können, weil ich Amerika nicht kannte. Man verlangte nicht, daß Hitlers Lehre variiert werde: in der Form, daß unter Beibehaltung seiner Rassentheorie anstatt Jude — Deutscher gesetzt werde. Man wollte Reden an, nicht gegen die deutsche Nation" (L. Marcuse: „Mein Zwanzigstes Jahrhundert", Fischer Bücherei 884, Frankfurt a. M. und Hamburg 1968, S. 243). Man sieht hier, wie eine Teilnahme der Emigranten an den Kriegsanstrengungen der USA gegen die Achsenmächte, besonders an der psychologischen Kriegsführung sich gestalten konnte. Ja noch mehr: möglicherweise gibt dieses Zitat Aufschluß darüber, unter welchen Bedingungen Tillich die hier abgedruckten Reden gehalten hat. Es könnte sein, daß Tillich wie zum Beispiel Ludwig Marcuse vom OWI gebeten wurde, Skripte zu verfassen, die nach Deutschland gesendet wurden; es könnte also sein, daß die vorliegenden Reden Tillichs im Rahmen der psychologischen Kriegsführung verfaßt und gesendet wurden, wobei das OWI, das ja keinerlei inhaltliche Forderungen stellte, den wirksamen Propagator für Tillichs Bemühen um eine politische Umkehr Deutschlands abgegeben hätte. Es sei noch einmal betont: es könnte sein. Belege hierfür gibt es nicht. Daß der Auftraggeber Tillichs und der Rahmen seiner Reden das OWI sein könnte, ist nicht mehr als eine Hypothese, die hier anstelle einer belegbaren Antwort auf eine Frage steht, die sonst völlig offen bleiben müßte.

Die vorliegenden Reden sind als Manuskript-Packen noch zu Lebzeiten Tillichs kommentarlos in das Archiv der Paul-Tillich-Gesellschaft in Deutschland gelangt. Alles, was an präzisen Angaben zu den Reden heute gemacht werden kann, muß aus den Reden selbst, bzw. aus anderweitigen Tillich-Äußerungen erschlossen werden. Die in diesem Zusammenhang wichtigste Formulierung findet sich im „Aufbau" vom 7. 8. 1942 (Nr. 32, Vol. 8, 1942, S. 8), wo Tillich in seinem Artikel: „Es geht um die Methode" schreibt, er sei an der Frage „Was soll mit Deutschland geschehen?" besonders interessiert, weil er „jede Woche eine Rede an die deutsche Opposition zu schreiben habe, die durch Kurzwelle hinüber gesendet wird". Daraus ergibt sich folgendes: Der Zeitabstand zwischen den einzelnen Reden beträgt eine Woche. Aus den Anfangsworten beispielsweise der Rede Nr. 14 geht hervor, daß der Sendetag der Sonntag war. Die meisten Manuskripte waren mit Datumsangaben versehen. Vergleicht man diese mit dem Inhalt der Reden, so ergibt sich, daß die Datumsangaben sich jedenfalls nicht auf den Sendetag beziehen. So beginnt die auf den 21. Dezember 1942 datierte Rede Nr. 38 mit den Worten: „Wenn Ihr heute, am Weihnachtstag, eine Stimme hört, die über Ozean und Kontinent zu Euch spricht...", und in der Rede Nr. 89 vom 21. Dezember 1943 heißt es: „Noch einige Tage trennen uns vom Beginn des neuen Jahres..." Die *Datumsangaben*, die hier, soweit möglich, ergänzt wurden, beziehen sich also auf den *Zeitpunkt der Abfassung*, nicht der Sendung. Tillich hat, wenn man diesen Datierungen folgt, vom Frühjahr 1942 bis zum Mai 1944 jede Woche eine Rede verfaßt, die jeweils am Sonntag gesendet wurde. Die Gesamtzahl der Reden beträgt laut Numerierung auf den Manuskripten 109; jede Rede ist vier bis fünf Schreibmaschinenseiten lang.

Aus der Äußerung Tillichs im „Aufbau" geht weiter hervor, daß Tillich die Reden geschrieben und nicht, wie zum Beispiel Thomas Mann, auch selber gesprochen hat. Dies entspräche auch der von Ludwig Marcuse geschilderten Praxis beim OWI. Zum Sendemodus sagt Tillich im „Aufbau", daß die Skripte durch Kurzwelle nach Europa geschickt wurden, und zwar — wie er an anderer Stelle ausführt — von der „*Voice of America*". Als Adressaten nennt Tillich die deutsche Opposition.—Damit ist im wesentlichen das aufgeführt, was sich in präzisen Angaben zu den Reden machen läßt. Im übrigen stößt man beim Lesen dieser Reden nirgends auf Stellen, die undeutlich oder gar unverständlich bleiben, weil bestimmte Fragen der Einleitung offen oder nur hypothetisch beantwortet wären.

Für Tillich bedeuten die Reden die Möglichkeit, an dem weiterzuarbeiten, was er seit seiner „Kairos"-Ansage von 1922 für die politische Zukunft Deutschlands erwartet und erhofft hatte und was durch den Nationalsozialismus niedergetreten war. Wie in seinen Artikeln über die „Kriegsziele" ist Tillich in diesen Reden erfüllt von der Hoffnung, daß der Zweite Weltkrieg für alle Völker zu einer „Weltrevolution" wird, zu einer Krisis, die eine umfassende „Wiedergeburt" und Erneuerung der ganzen Welt zur Folge hat. Die Hoffnung auf politische Umkehr des deutschen Volkes aus den zwanziger Jahren ist nun ausgeweitet zu und eingebettet in die Hoffnung auf den „Kairos" für die Welt, auf ihre Wende zu schöpferischer Freiheit für jeden einzelnen und alle Völker auf der Basis ökonomischer Sicherheit für alle Länder. Nur in diesem Rahmen sieht Tillich eine Lösung der deutschen Frage als möglich an; denn angesichts dieses „Kairos" gibt es kein Verdammungsurteil des einen Volkes über das andere, sondern nur das Eingeständnis des

Versagens aller und den Versuch des Neuanfangs, bei dem kein Volk unbeteiligt sein kann, am wenigsten das deutsche mit seinen einschneidenden Erfahrungen aus der Diktatur. Das religiös-sozialistische Engagement Tillichs aus den zwanziger und dreißiger Jahren wird in seinen „Reden an die Deutschen" verändert aufgegriffen und — erweitert durch die weltpolitische Perspektive — zu einem neuen Höhepunkt gebracht.

Mit der Dauer des Krieges werden Tillichs Hoffnungen für ein anderes Deutschland stärker denn je. Sollte es möglich sein, daß aus dem gleichen Deutschland, das die Welt in einen solch zerstörerischen zweiten Krieg gestürzt hat, auch Kräfte der Erneuerung für die ganze Welt hervorgehen? Sollte es möglich sein, daß in Deutschland ein demokratischer Sozialismus den Massen ökonomische Sicherheit und schöpferische Freiheit zugleich beschert und damit eine neue Lebens- und Gesellschaftsform entsteht, die die gegensätzlichen Möglichkeiten und Intentionen von Ost und West in sich aufhebt, im bekannten Hegelschen Doppelsinn des Wortes?

Wenn für Deutschland das Kriegsende eine solche politische Umkehr bedeuten sollte, dann mußten dafür konkrete Vorbereitungen getroffen werden. Mit solchen Vorbereitungen befaßte sich der „Council for a Democratic Germany". Der Initiator dieses Councils war Paul Hagen, alias Karl Frank, Kopf der Neu-Beginnen-Gruppe und langjähriger Widerstandskämpfer mit Erfahrungen in fast ganz Europa. Dank seiner Beziehungen zu dem schon genannten, politisch sehr aktiven Theologen Reinhold Niebuhr gelang ihm von London aus die Emigration in die USA, wo er sehr bald in Abstimmung und Zusammenarbeit mit Niebuhr die Vorbereitungen zu dem traf, was später der Council werden sollte. Den Vorsitz des Councils sollte zunächst Thomas Mann, der „Papst" der deutschen Emigranten in den USA, übernehmen; als dieser jedoch die entsprechenden amerikanischen Regierungsstellen nach ihrer Meinung fragte und ihm Zurückhaltung empfohlen wurde, lehnte er die Mitarbeit am Council ab. An seine Stelle trat dann Paul Tillich, der als SPD-Mitglied weder als Links- (Paul Hagen) noch als Rechtsextremer belastet werden konnte. Nach langwierigen Bemühungen trat der Council dann endlich im Mai 1944 mit einer Erklärung an die Öffentlichkeit, die unterzeichnet war von einem „Organizing Committee" und von etwa hundert bekannten deutschen Emigranten — Politikern, Erziehern, Künstlern und anderen. Zugleich mit dieser Erklärung ging ein „Statement" der „American Association for a Democratic Germany" heraus. Diese Association war die amerikanische Parallel-

16

organisation zum *Council,* die unter der Leitung von Reinhold Niebuhr, Gay Schiffelin und Dorothy Thompson mit vielen guten amerikanischen Namen den von rechts und links angefeindeten *Council* zu stützen versuchte. Was war der „*Council for a Democratic Germany*" und was wollte er? In einer Rede seines Vorsitzenden Tillich vom 17. Juni 1944 heißt es: „Der *Council* repräsentiert eine umfassende und zugleich eine balancierte Front. Persönlichkeiten aller politischen Richtungen, die sich von jeder Verbindung mit dem Nationalsozialismus frei gehalten haben und bereit waren, unsere Erklärung zu unterschreiben, sind in dem *Council* vereinigt und haben nun schon seit Monaten ohne wesentliche Reibungen zusammengearbeitet. Die Front ist umfassend und balanciert. Wir haben mit größter Sorgfalt darauf geachtet, daß sogenannte Bürgerliche, Persönlichkeiten, die dem Zentrum, der Sozialdemokratie, der Neu-Beginnen-Gruppe, dem Kommunismus nahestanden, sowie Parteilose in angemessener Proportion im *Council* vertreten sind. Diese Balance war, neben persönlicher Eignung, maßgeblich für die Auswahl der Mitglieder. Sie ist unsere Grundstruktur; mit ihr steht und fällt der Kreis ... Wir müssen uns darüber klar sein, daß der *Council* nicht ein Spiegelbild der deutschen Emigration in Amerika geben soll — dann würde die Balance ganz anders aussehen —, sondern daß er die zu erwartenden Kräfte eines demokratischen Wiederaufbaues in Deutschland abbilden soll ..." (Karl O. Paetel: „Zum Problem einer deutschen Exilregierung", in: Vierteljahreshefte für Zeitgeschichte, IV, 1956, S. 290 f.) Aus dem Gesagten wird verständlich, wieso K. O. Paetel seinen Aufsatz über den *Council* „Zum Problem einer deutschen Exilregierung" überschreibt. Der *Council* war eine Art von Exilregierung, wenn auch nicht im juristischen Sinne — dazu fehlte die Legitimation durch das deutsche Volk oder Teile desselben —, so doch der Intention nach. Jedenfalls übernahm er mit entsprechendem Verantwortungsbewußtsein die Aufgaben der Nachkriegsplanung und — was insbesondere für die Beurteilung des Selbstverständnisses ausschlaggebend ist — hielt sich streng an das Prinzip der zu erwartenden repräsentativen Vertretung des deutschen Nachkriegsvolkes.

Tillichs Engagement für die politische Umkehr und Erneuerung Deutschlands versuchte die kleinlichen Streitereien der unterschiedlichen Richtungen im *Council* immer wieder zu schlichten; eine halbwegs handlungsfähige, geschweige denn einheitliche Institution wurde der *Council* trotzdem nicht. Am heftigsten bekämpft von anders ambitionierten deutschen Emigranten, als Verhandlungspartner von offiziellen amerikanischen Stellen nicht ernst genommen, zerbrach der *Council* endgültig nach der Krim-Konferenz. Das vom *Council* herausgegebene „*Bulletin of a Council for a Democratic Germany*" vom Februar 1945 (Jg. 1, Nr. 4) kann zu dem Thema *The Crimea Concept and the Council*" keine gemeinsame Erklärung mehr abgeben. Statt dessen werden die Stellungnahmen von P. Tillich, S. Aufhauser, F. Baerwald, F. J. Forell, Paul Hagen, F. Haussmann und A. Schreiner abgedruckt. Die Zusammenarbeit zwischen der Rechten und Linken gelang noch nicht einmal im Vorfeld der Politik — im *Council* —; der Aufbruch zu einer neuen Konzeption von Gesellschaft und dementsprechend auch Weltpolitik, der Aufbruch, der die Frontstellung zwischen rechts und links in eine neue Lebens- und Gesellschaftsform aufhebt, der Aufbruch, den Tillich als Wahrnehmung des nun weltgeschichtlichen „Kairos" erhofft und an dem er mit dem *Council* zu arbeiten versucht hatte, dieser Aufbruch findet nicht statt. Der „Kairos", die große Wende erfüllter Zeit, wird verhökert in kleinlichen Blockstreitigkeiten zwischen Ost und West. Nach dem Zerbrechen des *Council*, nach der Entfesselung des Kalten Krieges auf weltweiter Ebene sieht Tillich für seine Hoffnung auf die politische Umkehr Deutschlands und der Welt keine Chance mehr. Und so betitelt er im Juli 1948 seinen Vortrag in Berlin nicht „Kairos", sondern „Das geistige Vakuum".

Von ursprünglich 109 Reden sind in dem vorliegenden Band nur 84 Exemplare abgedruckt. Bei der Auswahl ist als einziges Kriterium die Vermeidung von Dubletten bestimmend gewesen. Die hier nicht abgedruckten Reden sind für jeden Interessierten leicht zugänglich im Archiv der Paul-Tillich-Gesellschaft (Göttingen).

Durch die am Schluß des Buches fortlaufend abgedruckten Anmerkungen soll dem Leser die zeitgeschichtliche Orientierung ein wenig erleichtert werden. Weiterführende Literatur ist in knappster Auswahl im Anschluß an die Anmerkungen angegeben. Am Text des Tillichschen Manuskriptes ist absichtlich — außer bei Rechtschreibungs- und Zeichenfehlern, sowie bei sprachlich mißverständlichen Stellen — nichts verändert worden, obwohl das in mancher Hinsicht als wünschenswert erscheinen mag; es wäre jedoch einem Umschreiben des Manuskriptes gleichgekommen, das auf keinen Fall angebracht erschien. So gehen die Reden so, wie sie einst über die „Stimme Amerikas" gesendet wurden, in die Öffentlichkeit.

Karin Schäfer-Kretzler

1.

DIE JÜDISCHE FRAGE   31. März 1942

Meine deutschen Freunde! Als evangelischer Theologe und Geschichtsphilosoph will ich heute über eine Frage zu Euch sprechen, die neben den großen Ereignissen der Geschichte, die wir erleben, von geringerer Bedeutung zu sein scheint, die aber in Wahrheit für unser geistiges und politisches Schicksal entscheidend ist: *Die Frage des jüdischen Volkes.* Ich spreche vornehmlich zu protestantischen Christen, also zu Menschen, die an der Tatsache nicht vorbei können, daß ihre Religion im Schoße der jüdischen Geschichte vorbereitet ist, daß der, in dem sie die Gegenwart Gottes in der Welt anschauen, von jüdischer Abstammung war, daß das Alte Testament auch für die Christen Bibel ist, daß die Tat der Reformatoren im Geiste und Namen des Juden Paulus geschehen ist, daß seit zweitausend Jahren Juden und Christen aus den gleichen Geboten des Gesetzes und den gleichen Verheißungen der Propheten und den gleichen Gebetsworten der Psalmen religiöse Kraft ziehen. Wir können es aufgeben, Christen sein zu wollen, aber solange wir Christen bleiben wollen, können wir es nicht aufgeben, aus den gleichen religiösen Wurzeln zu leben, aus denen der religiöse Jude lebt.

Jedes Urteil, das von Christen über die jüdische Frage gefällt wird, muß von dieser Voraussetzung ausgehen. Jeder Versuch, diese Grundlage alles Christentums anzutasten, ist Zerstörung der Grundlagen des Christentums. Man kann das wollen, und es gibt viele heute in Deutschland, die es nicht nur wollen, sondern auch sagen, daß sie es wollen. Das ist eine klare und entschlossene Haltung. Es wäre gut, wenn alle Christen in Deutschland von der entgegengesetzten Seite her eine ebenso klare und entschlossene Haltung zeigten.

Dann würde deutlich werden, daß die jüdische Frage eine Frage der religiösen Deutung der Weltgeschichte ist, daß sie einen Hinweis gibt auf den Sinn unseres geschichtlichen Daseins als Menschen und Christen. Die Juden sind das Volk der Geschichte; sie haben ihren Raum verloren, und sie leben doch; sie sind von den raumgebundenen Völkern verfolgt worden, aber sie haben alle überlebt, weil sie dem Gott dienen, der der Herr der Zeit ist, der Geschichte schafft und lenkt und zum Ziel bringt. Sie sind zur Zeit verfolgt wie nie zuvor, aber sie werden überleben, weil sie eine Berufung haben, ohne die die Berufung des Menschengeschlechtes nicht erfüllbar ist: sie sind berufen zu zeugen für den Gott der Gerechtigkeit und für die Einheit aller Menschen und für den Gott, der allein Gott ist, jenseits der Götter der Völker, jenseits aller nationalen Werte und Ideale.

Wir wissen, und niemand weiß es besser als die Juden selbst, und nirgends ist es sichtbarer als im ganzen Alten Testament, daß das jüdische Volk diese seine Berufung wieder und wieder vergessen und verraten hat. Aber wir wissen auch, daß seine Berufung steht und nicht fallen kann, solange es Geschichte gibt, solange Menschen imstande sind, über den begrenzten nationalen Raum hinwegzublicken zu dem Reich Gottes, das zu uns kommen soll und in dessen Schatten alle Völker wohnen sollen. Solange wir glauben, daß die Weltgeschichte einen Sinn hat, daß sie Gericht und Verheißung ist, müssen wir das jüdische Volk im Lichte dieses Sinnes verstehen und würdigen.

Wir können die Juden nicht verstehen, wenn wir sie als eine nationale Minderheit unter anderen auffassen. Sie sind eine Minderheit und teilen das Schicksal aller Minderheiten, Gegenstand der Furcht und des Hasses und der ablenkenden Propaganda zu werden, wenn die Mehrheit oder die Herrschenden ein Opfer brauchen. Das ist Frevel, aber es trifft nicht das Tiefste in der jüdischen Frage.

Und wir können die Juden nicht verstehen, wenn wir sie als eine religiöse Gruppe neben anderen auffassen. Das sind sie auch und das hat ihnen Leiden gebracht wie vielen anderen religiösen Sekten, die Opfer von kirchlicher Herrschsucht und religiösem Fanatismus geworden sind. Das ist Unrecht, aber es trifft nicht das Tiefste der jüdischen Frage.

Das Tiefste der jüdischen Frage ist, daß es das Volk der Geschichte, des prophetischen, zukunftsgerichteten Geistes ist. Das bedeutet, daß wir uns gegen den Sinn unserer eigenen Geschichte vergehen, wenn wir schuldig werden am jüdischen Volk. Und das deutsche Volk ist schuldig geworden, widerstrebend zwar und nur unter dem Druck furchtbarsten Terrors, aber es hat nicht den Widerstand geleistet, der möglich gewesen wäre und der die Machthaber abgeschreckt hätte. Was ist geschehen? Das deutsche Volk hat das angenommen, was von den jüdischen Propheten aufs schärfste bekämpft worden ist: den jüdischen Nationalismus, das, was der Berufung des Judentums im Judentum widerstrebte, das, um dessentwillen sie von Gott verworfen und einem tragischen Schicksal überlassen sind: das ist nun deutscher Glaube geworden und — wie sollte es anders sein — deutscher Fluch! Und das Große im Judentum, die prophetische Botschaft, deren ganze Schärfe gegen das jüdische wie gegen jedes andere nationale Selbstvertrauen gerichtet ist, hat man verworfen und bekämpft! In ihrem Kampf gegen das Judentum sind die Kämpfer zu Narren geworden: sie suchen zu zerstören, was groß und göttlich und einmalig im Judentum ist, und sie äffen nach, was klein und menschlich und gewöhnlich im Judentum ist. Sie nennen jüdischen Geist, was das Schlechteste in ihrem eigenen Geist ist, und suchen auf diese Weise sich selbst und anderen zu verhüllen, daß sie das Beste in sich, im deutschen Volk und im Menschen überhaupt zerstören wollen. Die jüdische Frage ist nicht eine Frage politischer Taktik oder technischer Zweckmäßigkeit. Sie kann auf diese Weise nie gelöst werden. Und wenn alle Juden von der Erde verschwunden wären, die jüdische Frage würde bleiben als die christliche Frage, als die Frage nach der Stätte, die der prophetische Geist und der Geist Jesu auf Erden hat und haben soll, und als die menschliche Frage, als die Frage, ob der Mensch gebunden bleiben soll an seinen begrenzten Raum, an Blut und Nation, oder ob es der Sinn und die Größe des Menschendaseins ist, darüber hinauszugreifen in ein Reich jenseits des nationalen und jedes begrenzten Raumes. Diese Frage kann nicht verschwinden, solange es Menschen gibt, und darum kann die jüdische Frage nicht verschwinden. Die christliche Kirche zeugt für sie durch ihr Dasein. Das menschliche Herz zeugt für sie, wenn es schlägt für das, was größer ist als es selbst.

Darum wacht auf zu der Wahrheit Eures christlichen, Eures menschlichen Wesens und begreift, was die Verfolgung des jüdischen Volkes bedeutet! Nicht menschliches Elend nur, nicht Scham nur für alle Deutschen, mögen sie es fühlen oder nicht, nicht Fluch nur, der zurückfällt auf die, die ihn geschleudert haben, sondern Feindschaft gegen den Geist, gegen die Menschenwürde, gegen Gott. Wie ein berühmter Theologe kürzlich geschrieben hat: „Antisemitismus ist Sünde wider den Heiligen Geist." Hätte das ganze deutsche Volk diese Sünde begangen, so wäre es als ganzes verloren. Es würde nicht wieder zu sich zurückfinden können; es hätte sich gleichsam das menschliche Herz aus dem Leibe gerissen. Wir wissen, daß es nicht so ist. Zahllose Deutsche verkriechen sich in Scham, zahllose zittern in Entrüstung, viele widerstehen durch die Tat, einige durch das Wort. Aber all das ist nicht genug, um die Schuld zu sühnen, die das ganze Volk auf sich geladen hat. Viele, fast alle, in Deutschland wissen das; und ich werde nie das Wort vergessen, das ein Freund im Frühjahr 1933 zu mir sagte, nachdem die Verfolgung begonnen hatte — ein Freund, der damals den neuen Dingen zugeneigt war und der trotzdem sagte: „Ihr Blut wird über uns und unsere Kinder kommen." Dies Wort ist heute schon weithin Wahrheit geworden; es wird noch weiter und furchtbarer Wahrheit werden. Aber nicht das ist das Wichtigste, sondern daß dem deutschen Volk die Augen geöffnet werden, daß es

21

sieht: Die jüdische Frage ist die Frage unseres eigenen Seins und Nichtseins als Christen und Menschen. Es ist die Frage unserer Rettung oder unseres Gerichtes.

3.
RUSSLANDS RELIGIÖSE LAGE   13. April 1942

Meine deutschen Freunde!

Rußlands religiöse Lage ist das Rätsel, dessen Lösung ich heute versuchen will, soweit meine Kräfte dazu reichen und soweit es überhaupt im Bereich menschlicher Möglichkeiten liegt, solche Rätsel zu lösen. Was mit der Religion in Rußland geschehen ist, kann nicht aus Zufall oder aus dem Unglauben und Haß revolutionärer Führer erklärt werden. Es hat viel tiefere und breitere Wurzeln. Es hat mit der Lage der Religion in allen christlichen Ländern — ja, wie die Kenner uns sagen, auch in allen nichtchristlichen Ländern zu tun. Es ist die Verweltlichung aller Religionen, insonderheit des Christentums, die den Hintergrund der russischen Ereignisse bildet. In Rußland ist zum zweiten Male herausgekommen, was in der Französischen Revolution zum ersten Mal sichtbar wurde, daß der moderne Mensch sich selbst an die Stelle seines Gottes gesetzt hat. Die russische Gottlosenbewegung, mit der so viele törichte Propaganda gegen Rußland gemacht worden ist, zeigt wenige Züge, die nicht schon in der Anbetung der Vernunft in der Französischen Revolution sichtbar geworden waren: Vernunft gegen Gott, Staatsraison gegen Kirche, Diesseits gegen Jenseits. Das alles war bekannt. Das alles war der russischen Intelligenz des 19. Jahrhunderts bekannt; das alles soll nun jedermann, jedem heranwachsenden Kind, jedem jungen Menschen, jedem Führer der Erwachsenen bekannt werden. Aus der bürgerlichen Gottlosenbewegung des 18. Jahrhunderts wird die Bürger-feindliche, um Arbeiter und Bauern werbende Gottlosenbewegung des 20. Jahrhunderts.

Es kann kein Zweifel sein, daß Partei und Regierung in Rußland auf diesem Boden stehen. Sie wollen nicht, daß man das verheimlicht und vertuscht. Sie sind ehrlicher als manche ihrer gegenwärtigen Freunde, die es für klug halten, von diesen Dingen nicht zu reden oder sie zu bestreiten. Es ist, wie immer man darüber denken mag, ein großartiger, weltgeschichtlich bedeutungsvoller Versuch, eine Gesell-

22

schaftsordnung auf die uneingeschränkte Selbständigkeit der menschlichen Vernunft gründen zu wollen.

Nur nebenher möchte ich mitteilen, daß die Gottlosenpropaganda zur Zeit in Rußland verboten ist und die Zeitschrift der Bewegung ihr Erscheinen eingestellt hat; ferner, daß der Moskauer Metropolitan-Bischof Sergius[1] vor einer gewaltigen Menschenmenge, die die wiedereröffneten Kirchen des Kreml und seine weiten Höfe füllte, für den russischen Sieg gebetet hat. Das ist nicht unwichtig, aber es ist auch nicht entscheidend wichtig. Die innere Gestalt der russischen Staats- und Gesellschaftsform wird dadurch nicht geändert.

Wichtiger und ganz grundlegend ist etwas anderes: Der russische Mensch, auch wenn er der Gottlosenbewegung angehörte, ist geblieben, was er immer war: ein religiöser Mensch. Das scheint widerspruchsvoll zu sein, ist es aber nicht für den, der zweierlei bedenkt: den wirklichen Sinn von Religion und den Ausdruck der religiösen Haltung in der russischen Literatur und Kunst. Religion ist weder ein System von Lehren über Gott und Welt, noch ist es ein System von kirchlichen Bräuchen und Handlungen. *Religion ist das Ergriffensein von einem letzten Lebenssinn, es ist die Dimension der Tiefe in unserm Leben.* Lebendige Religion ist überall da, wo ein Mensch von einem letzten, unbedingten Sinn und Ziel völlig ergriffen ist, wo er sich ganz hinzugeben imstande ist für etwas, das über ihn hinausgeht. Ob dieses Letzte, Höchste, Allumfassende Gott genannt wird oder nicht, das ist in vieler Beziehung wichtig, aber es ist nicht das eigentlich Entscheidende. Entscheidend ist, *daß* man ergriffen ist und sich hingibt und für *was* man ergriffen ist und sich hingibt. Unfromm, unreligiös ist nur der, der nichts hat, wofür er Seele und Leben hingeben kann — nicht nur Leben, sondern auch Seele. Es ist klar, daß in diesem Sinne der Russe nie unreligiös war und zur Zeit weniger unreligiös ist als je. Jedes Wort der großen russischen Schriftsteller, wie Dostojewski und Tolstoi, zeugt von einem ständigen Ringen — auch der Gottlosen unter ihren Gestalten — mit der Frage des Lebenssinnes und der Möglichkeit letzter Hingabe. Auch wenn alle kirchlichen Traditionen zerfetzt sind, bleibt doch die Tradition des Frommseins. Und das ist nicht anders im revolutionären und gegenwärtigen Rußland. Das bestätigen auch diejenigen Russen und Nicht-Russen, die der gegenwärtigen Regierungs- und Wirtschaftsform feindlich sind. Es war der religiöse Glaube an die kommunistische Gesellschaftsordnung als den letzten Lebenssinn, der die revolutionären Armeen zum Sieg führte — trotz aller Barbarei des Bürgerkrieges. Es ist der religiöse Glaube an die Sendung des russischen Volkes als Träger der Idee einer neuen Gerechtigkeit, der die Armeen des gegenwärtigen Rußland widerstehen läßt. Kein Zweifel kann darüber bestehen, und keine Propaganda sollte darüber täuschen, daß unter der Hülle religionsfeindlicher Aufklärung das russische Volk religiös geblieben, ja im tieferen Sinne des Wortes religiöser geworden ist, als es war.

Aber die Frage ist nicht nur, ob jemand von dem letzten Lebenssinn ergriffen und zur Hingabe getrieben ist, sondern die Frage ist auch, was für ein Lebenssinn das ist und für was jemand Leib und Seele hingibt. Würde es sich nur um die Hingabe des Leibes handeln, dann wäre diese Frage nicht so ernst. Verlangen doch alle Völker zur Zeit, daß jeder Volksgenosse sein Leben für den Sieg seines Volkes hingibt. Aber es handelt sich in der Religion um mehr als das: Es handelt sich um die Hingabe der Seele. Und das wird für die Sache der Nation nur von denen verlangt, die nichts Höheres kennen als das Leben des Volkes, auch wenn es sich auf Kosten aller anderen Völker durchsetzen muß. Auch das ist Religion, aber es ist eine heidnische, künstlich-primitive, teuflisch verzerrte Religion. Sie ist eine Geburtsstätte aller Lüge und alles Mordes, sie ist eine Opferstätte, wo die Erstgeburt der Nation dem flammenden Moloch-Gott des Krieges in den Rachen geworfen wird. Sie ist eine Religion, die Leiber und Seelen zerbricht. Es ist die Religion, der Deutschland zum Opfer gefallen ist. Diese Religion hat keine Gottlosenbewegung. Ihre Führer gebrauchen den Namen Gottes ohne Scheu — ganz anders als die Führer Rußlands. Wenn wir aber fragen, welche dieser beiden Religionen Gott näher ist, so müssen wir sagen: Nicht die, die den Namen Gottes braucht, sondern die, die ihn bekämpft. Das ist nicht so paradox, wie es klingt. In der großartigen Vission des Jüngsten Gerichtes weist Jesus die von sich, die zwar seinen Namen bekannt haben, aber seinem Wesen fremd geblieben sind, während er die annimmt, die seinen Namen nicht kannten, aber seinem Wesen nahe waren. Trotz der Auswüchse der russischen Gottlosenbewegung, trotz der bösen Folgen uneingeschränkter Machtkonzentration, trotz der letzten Unzulänglichkeit jeder auf bloße Vernunft gegründeten Lebensform ist in Rußland etwas geschehen, das religiöse Größe hat. Menschen haben die christliche Hoffnung auf das Kommen des Reiches der Gerechtigkeit wiedererweckt, haben dafür gekämpft und sind dafür gestorben. Die uralte Erwartung, daß das Reich Gottes im Kommen ist, hat, wenn auch begraben unter dem russischen Kirchentum, immer gelebt in der Seele des russischen Volkes. Sie hat den Boden bereitet für die revolutionäre Begeisterung dieses Volkes. Sie lebt auch jetzt noch und wird sich in neuen Formen ausprägen.

Es hat einen tiefen Eindruck auf mich gemacht, daß, in einem Aufsatz über die Zukunft des Christentums in Rußland, ein russischer Theologe, der in Amerika in der Verbannung lebt, schreibt: „Nicht die revolutionären Ereignisse, die die Kirche vom Staat losgelöst haben, nicht die Tatsache, daß die Kirche in den Untergrund gedrängt ist, ist ihre eigentliche Gefahr. Das hat sie gereinigt von den Schlacken des griechisch-orthodoxen Staatskirchentums. Gefährlich für sie wäre es nur, wenn sie wieder zur Staatskirche würde, dieses Mal unter bolschewistischem Vorzeichen." Unmöglich ist das nicht, nach der Meinung des Verfassers. Dann würde es keine Gottlosenbewegung mehr geben, dann würde von der göttlichen Vorsehung gesprochen werden – wie jetzt in Deutschland –, die den russischen Waffen den Sieg gegeben hat. Dann würde der Name Gottes wieder in Mode kommen; aber Gott wäre ferner als jetzt. Mißbrauch der Religion ist schlimmer als offener Kampf gegen sie. Darum ist der deutsche religiöse Nationalismus gottloser als die russische Gottlosenbewegung. Gott im Dienst der Nation ist eine verderblichere Verleugnung Gottes als der Kampf gegen den Namen Gottes.

All das soll nicht bedeuten, daß die religiöse Lage in Rußland wünschenswert ist – weit entfernt! Es soll nur bedeuten, daß man nichts von dieser Lage versteht, wenn man sie mißt an den Maßstäben einer kirchlich gebundenen Religiosität, oder wenn man sie angreift im Namen eines gotteslästerlichen religiösen Nationalismus. Es war eine echte Einsicht, wenn weder der Papst noch die Führer der evangelischen Kirchen im besetzten Europa an dem angeblichen Kreuzzug gegen die russische Gottlosigkeit teilnahmen. Der Kampf gegen Rußland ist kein Kampf von Religion gegen Irr-Religion. Es ist der Kampf einer religiös aufgemachten Irr-Religion gegen eine irreligiös aufgemachte Religion. Unsere Hoffnung ist eine doppelte, eine für das russische, eine für das deutsche Volk. Für das russische Volk hoffen wir, daß es sich langsam von seiner irreligiösen Aufmachung befreien wird, ohne dem viel größeren Schaden eines religiös verbrämten Nationalismus zu verfallen. Und es sind Bewegungen da im russischen Volk, die diese Hoffnung begründet erscheinen lassen. Und für das deutsche Volk hoffen wir, daß es bald die religiöse Aufmachung seines Nationalismus durchschauen und abschütteln wird, ohne in echte Irr-Religion, nämlich in Verzweiflung und Gleichgültigkeit gegen jeden Lebenssinn zu verfallen. Und diese Gefahr ist größer als die entgegengesetzte in Rußland. Das deutsche Volk ist in diesem Augenblick seiner Geschichte mehr gefährdet als das russische. Es gibt keinen Anlaß zu einem Kreuzzug gegen die russische Gottlosigkeit; aber es gibt viel Anlaß für jeden Deutschen zu einem Kampf auf Leben und Tod gegen den Mißbrauch des Namens Gottes durch seine Führer.

4.

FREIHEIT IM GEIST, UNFREIHEIT IM LEBEN

20. April 1942

Meine deutschen Freunde!
In der klassischen deutschen Dichtung hat kein Wort einen stärkeren Klang als das Wort Freiheit. Und unter den Schriften des größten Deutschen, Martin Luther, steht keine höher in geistiger Kraft und religiöser Tiefe als die über „die Freiheit des Christenmenschen", und Deutschlands mächtigste Denker — Kant, Fichte, Hegel — haben Freiheit als das Wesen und den innersten Kern des Seins erkannt.

Der Gedanke der Freiheit ist wenigen Völkern so tief eingewurzelt wie den Deutschen — und zugleich: Wirkliche Freiheit hat es in wenigen Völkern so selten gegeben wie in Deutschland. Luther, der Prophet der religiösen Befreiung, brauchte die Unterwerfung unter die deutschen Fürsten, um die religiöse Befreiung durchzuführen. Die deutschen Dichter schufen ihr Reich der Freiheit im Lande der Phantasie, aber nicht des wirklichen Lebens. Die deutschen Philosophen zogen sich auf die innere Freiheit zurück ohne ernsthafte Versuche zu äußerer Freiheit. *Freiheit im Geist, Unfreiheit im Leben, dieser Widerspruch lastet wie ein Fluch über der deutschen Geschichte.*

Der Protestantismus hat diesen Fluch nicht besiegen können. Die Freiheit eines Christenmenschen, das Recht, im Namen Gottes zu protestieren gegen ungöttliche Gewalten, wurde aufgegeben zugunsten der Unterwerfung unter eine neue Tyrannei, die der Lehre. Und die Freiheit eines Christenmenschen wurde nie verstanden als politische Freiheit. Das göttliche Recht zu protestieren gegen ungöttliche politische Gewalten wurde nicht anerkannt. So teuflisch sie auch sein mögen, auch das Teuflische ist von Gott geordnet, wenn es im Namen der Obrigkeit auftritt, und der Christ hat sich zu unterwerfen. Diese Lehre ist einer der Gründe für die deutsche Unfreiheit. Sie ist einer der Gründe, warum die gegenwärtigen Mächte zur Herrschaft kamen und eine Tyrannei aufrichteten, mit der nur die dunkelsten Perioden der Weltgeschichte verglichen werden können. Ebensowenig ist es den deutschen Dichtern gelungen, die deutsche Freiheit aus dem Lande der Phantasie in das der Wirklichkeit herabzuholen. Nicht einmal Schiller, dessen Freiheitsdramen heut von den deutschen Theatern verbannt sind, führte den deutschen Freiheitskampf von der Bühne auf die Straße. Er blieb auf der Bühne, und nun hat die Straße auch die Bühne erobert und selbst die Scheinfreiheit des Schauspiels unterdrückt. Und die Philosophen waren nicht imstande, die innere in äußere Freiheit zu verwandeln und aus Denkern der Freiheit freie Menschen zu machen. Und weil es keine oder zu wenige freie Menschen in Deutschland gab, wurden auch die Denker der Freiheit vertrieben oder unterdrückt, und die junge Generation wird heute von Denkern der Unfreiheit erzogen. Die innnere Freiheit ohne die äußere kann sich nicht fortpflanzen und stirbt ab. Das ist die Lehre, die das deutsche Volk in diesem Zeitalter furchtbarster Katastrophen zu lernen hat. Der Zwiespalt zwischen innerer Freiheit und äußerer Knechtschaft, der den Deutschen zum Fluch geworden war, ist nun durch sie für Europa und die ganze Welt zum Fluch geworden. Die ungeheuren Kräfte, die durch die geistige innere Freiheit sich in Deutschland entwickelt haben, sind in den Dienst der äußeren Knechtung der Deutschen und vieler anderer Völker gestellt worden. Und die innere Freiheit war wehrlos, weil sie niemanden fand, der für die äußere Freiheit kämpfte.

Ich wünschte, daß vor allem die deutschen Protestanten aus diesen Ereignissen lernen möchten. Sie leisteten erst dann Widerstand, als die Kirche selbst angegriffen wurde. Aber so großartig dieser Kampf auch war, und so sehr er die Bewunderung der ganzen Welt erregt und dem Ansehen des Christentums gedient hat — er kam zu spät. Er endete mit einem Sieg, obgleich er eine völlige Niederlage verhinderte. Es gibt Augenblicke in der Geschichte, wo der Kampf um die äußere Freiheit die Form ist, in der man für das Evangelium leiden muß. Das hatten die evangelischen Kirchen im Zeitalter der Religionskriege zu lernen, das müssen sie heut wieder lernen. Die gegenwärtige Erziehung zur Knechtschaft, zur Feindschaft gegen das Christentum und zur Verneinung des Menschlichen im Menschen, ist das wirklich ein geringerer Grund zum Kampf gegen eine tyrannische Obrigkeit als Angriffe auf Kirchen und Pfarrer? Ist die Seele der Kinder weniger wert als die Organisation der Kirche? Und es handelt sich nicht nur um die Seele der Kinder, sondern um die des ganzen Volkes, ein-

27

schließlich derer, die zur Kirche gehören. Kann innere Freiheit gerettet werden, wenn die Knechtschaft nicht nur äußerlich ist, sondern auch die Geister und Seelen zerspalten, erobert und geknechtet werden? Protestantische Deutsche! Macht Euch frei von dem Glauben, daß Inneres und Äußeres, daß religiöse und politische Freiheit getrennt werden könen! Werft dieses falsche Erbe weg, das die Kirchen und mit ihnen die Dichter und Philosophen durch die Jahrhunderte geschleppt haben, daß es auf die politische Freiheit nicht ankäme. Die letzten zehn Jahre sind der große Gegenbeweis. Mögen sie auch darin einen Einschnitt in der Geschichte des deutschen Volkes bedeuten, daß es ein für allemal lernt: Ohne politische Freiheit, ohne Freiheit von Tyrannei ist religiöse und geistige Freiheit auf die Dauer unmöglich.

Als die westlichen Völker ihren Freiheitskampf begannen, geschah es in dem Gedanken, daß alle Seiten des Lebens – religiöse, geistige, menschliche – durch die Tyrannei bestimmter herrschender Gruppen bedroht waren. Man kämpfte in Holland für die Freiheit des protestantischen Menschen, in England für die Freiheit der reformierten Kirchen, in Amerika für die Freiheit einer neuen Welt, in Frankreich für die Freiheit der menschlichen Vernunft. Diese Völker sind nicht für Verfassungen oder Parlamente in den Tod gegangen, sondern weil sie erlebt haben, was Freiheit bedeutet. Sie haben tausendfach im Laufe der letzten Jahrhunderte gegen die Freiheit gesündigt, für die sie gekämpft haben, sie haben sie verraten an allen Enden, vor allem im Dienste des Profits und der Ausbeutung. Sie haben dafür gebüßt, und viele ihrer Führer haben das verstanden. Diese Führer kämpfen heute einen doppelten Kampf: Für die Wiederherstellung echter Freiheit im Inneren ihrer eigenen Länder und für die Wiederherstellung der Freiheit jedes einzelnen Volkes. Es ist ein schwerer Kampf nach beiden Seiten, aber es ist ein Kampf, an dessen Ausgang nicht nur das Schicksal ihres eigenen, sondern auch das des deutschen Volkes hängt. Es ist nicht ein Kampf für die Wiederherstellung der verdorbenen und geschwächten Freiheit, die zum leichten Opfer der Tyrannei wurde. Sondern es ist der Kampf für eine neue Freiheit, eine solche nämlich, die Freiheit für jedermann und für jedes Volk ist und darum Sicherheit einschließt. Sie ist genannt Freiheit von Not und Furcht[2]. Tyrannei scheint den einzelnen sichern zu können, aber sie kann es nicht, weil Tyrannei Willkür und Willkür Unsicherheit ist. Auf dem Boden der Tyrannei wuchern Furcht und Not in immer neuen Formen. Es ist viel Furcht in deutschen Herzen, nicht Furcht zu sterben, sondern Furcht vor einem Leben, das seinen Sinn verloren hat, weil es die

Freiheit verloren hat. Diese Furcht fehlt in den Ländern, in denen
es noch Freiheit gibt. Und darum werden diese Länder siegen. Wo
Freiheit ist, ist Wille zu leben. Denn das menschliche Wesen ist so gebaut, daß es in der Luft der Knechtschaft nicht atmen kann. Warum
kämpfen in den eroberten Ländern zahllose Menschen für Freiheit?
Vielleicht bietet ihnen die Knechtschaft mehr Güter, mehr Sicherheit.
Aber darauf kommt es ihnen nicht an. Sie wollen frei sein, und dafür
ist kein Preis zu hoch. Sie sterben zu Tausenden, und neue Tausende
treten an ihre Stelle. Das deutsche Volk sollte immer daran denken,
daß täglich Menschen für die Freiheit sich opfern, die ihnen von den
Deutschen genommen ist. Von Norwegen bis Griechenland kämpfen
und sterben Menschen für nichts anderes als für die Freiheit. Zwei
Gefühle sollten die Deutschen diesem Geschehen gegenüber haben. Sie
sollten diesen Aufstand gegen die Unfreiheit fürchten. Jeder neue
Märtyrer sollte die deutsche Seele schwerer belasten. Eine heilsame
Furcht sollte über die Deutschen kommen. Die Furcht, als Mörder
der Freiheit zur Verantwortung gezogen zu werden. Diese Furcht ist
berechtigt; aber Furcht ist nur das eine Gefühl, das Ihr aus diesem
Kampf für die Freiheit ableiten sollt. Das andere ist Hoffnung: Wenn
es wirklich Freiheit ist, für das diese Völker kämpfen, dann muß auch
die Freiheit der Deutschen gefordert und bewahrt werden. Jene Führer, von denen ich sprach, wissen das und wollen nicht, daß ein
Knechts-Volk in der Mitte Europas geschaffen wird. Sie wissen heut,
daß die Knechtschaft eines Volkes die Freiheit aller Völker bedroht.
Um dieser Furcht, um dieser Hoffnung willen tretet selbst in diesen
Freiheitskampf ein. Schüttelt die Tyrannei ab, die die innere Freiheit,
das Menschliche und das Göttliche in Euch zerstören will. Laßt den
protestantischen Protest in Euch mächtig werden, wie es Eure Väter
in ihrer Zeit taten. Innere und äußere Freiheit sind eins geworden.
Der Kampf für beide, das ist es, was Eure Zeit von Euch fordert.

5.

DER WIDERSTAND
DER NORWEGISCHEN KIRCHE   27. April 1942

Meine deutschen Freunde!
Als ich das letzte Mal zu Euch sprach, sagte ich, daß innere Frei-
heit ohne äußere auf die Dauer nicht aufrechterhalten werden kann.
Heute möchte ich Euch von einem Land berichten, das seine äußere

Freiheit verloren hat und in dem Kirche und Schule einen verzweifelten Kampf für die geistige, innere Freiheit zu kämpfen gezwungen wird. Ich meine Norwegen. *Die Lutherische Kirche Norwegens und die norwegischen Schulen leisten einen großartigen Widerstand gegen den Versuch, ihr religiöses und geistiges Leben in Abhängigkeit von den staatlichen und militärischen Behörden zu bringen.* Sie geben einen Beweis für die ungebrochene Kraft protestantischen Geistes und ein Beispiel für alle protestantischen Kirchen. Folgendes ist geschehen:

Die Besatzungsbehörden arbeiten, wie allgemein bekannt, zusammen mit dem Major Quisling[3], dessen Name zum Symbol geworden ist. Er bezeichnet diejenigen Bewegungen in allen angegriffenen oder eroberten Ländern, die mit dem Angreifer sympathisieren, ihm den Weg bahnen und ihm helfen in der Unterdrückung ihrer eigenen Landsleute. „Quislinge", das heißt Verräter in diesem Sinne, hat es in den meisten Ländern gegeben, in Norwegen sichtbarer als sonst irgendwo. Mit Hilfe der Quisling-Bewegung haben die Besatzungsbehörden versucht, Norwegen politisch, geistig und religiös zu unterwerfen. Es ist ihnen auf keinem Gebiet gelungen, am wenigsten in der Religion.

Die norwegische Kirche hat schon früh etwas getan, was für ihre Einsicht in den Zusammenhang von politischer und geistiger Freiheit zeugt: Sie hat gegen den Zusammenbruch des Rechts in Norwegen protestiert, in einer Zeit, wo sie selbst als Kirche noch nicht angegriffen war. Die sieben Bischöfe der Lutherischen Kirche in Norwegen sandten einen Brief an den Minister für Kirche und Erziehung. Es wurde mit vielen Beispielen darauf hingewiesen, daß der Staat es nicht nur unterlassen hat, das Volk gegen Gewalttätigkeit zu schützen, sondern im Gegenteil, zu brutalen Handlungen ermutigt hat. Als keine befriedigende Antwort erfolgte, verfaßten die Bischöfe einen Hirtenbrief[4], der von den Kanzeln verlesen und in Tausenden von Exemplaren vor den Kirchentüren verteilt wurde. Er spricht von der Pflicht der Kirche, mitten im Volk zu stehen und gegen den Bruch der göttlichen Ordnungen durch politische Mächte zu sprechen, auch wenn sie selbst noch Freiheit genießt.

Obgleich die norwegische Kirche lutherisch ist, hat sie nicht geglaubt, wie es die deutschen lutherischen Kirchen taten, schweigen zu dürfen, wenn Recht und Gerechtigkeit zerstört werden. Sie wartete nicht, bis der Angriff auf sie selbst erfolgte. Und sie hat damit gezeigt, daß es auch für lutherisches Denken eine Pflicht der Kirche auf politischem und sozialem Gebiet geben kann. Eine Kirche, die mitten im Leben eines Volkes steht, kann nicht in falschem Gehorsam gegen die Obrigkeit die Herrschaft der Rechtlosigkeit und Vergewaltigung schweigend mit ansehen. Wenn sie es tut, hat sie das Recht verwirkt, für das christliche Volk zu sprechen, und hat die Verteidigung ihrer eigenen Existenz auf die Dauer unmöglich gemacht. Sie hat die Seele der Jugend preisgegeben.

Als der Krieg mit Rußland ausbrach, wurde die norwegische Kirche vor eine Versuchung gestellt, die nicht ungefährlich war. Ihr wurde volle Freiheit versprochen, wenn sie den Feldzug gegen Rußland unterstützen würde. Sie lehnte ab. Von hundert Geistlichen unterzeichneten nur siebenundzwanzig einen Aufruf, in dem zur Unterstützung des Kreuzzuges gegen den Bolschewismus aufgefordert wurde. Die Führer der norwegischen Kirche begriffen sofort, daß es sich um ein politisches Manöver unter religiöser Deckung handelte. Sie wußten, daß Rußland nicht wegen seiner antireligiösen Haltung besiegt werden sollte; sie begriffen, daß der heidnisch-religiöse Nationalismus der Angreifer für das Christentum gefährlicher ist als die ausgesprochene Christentumsfeindschaft der Angegriffenen. Sie fühlten, daß Gott auf der Seite sein kann, die seinen Namen nicht benutzt, anstatt auf der Seite, die seinen Namen gebraucht, das heißt mißbraucht. Auch hier können die deutschen Kirchen lernen; sie sollten sich nicht zu einer Kreuzzugsstimmung gegen Rußland hinreißen lassen. Sie sollten gegen den Mißbrauch der Religion zu politischer Propaganda ebenso standhaft bleiben wie gegen die Eingriffe der Politik in die Religion.

Es ist klar, daß die Haltung der norwegischen Kirche zu scharfen Spannungen zwischen ihr einerseits, der Quisling-Gruppe und den Besatzungsbehörden andererseits führen mußte. Diese Spannungen kamen in Trondheim zum Ausbruch, als am 1. Februar dieses Jahres Quisling als Haupt der Regierung eingeführt wurde. Die Feier, die für diesen Zweck von den politischen Autoritäten befohlen war, hatte ihr Ende erreicht, und die Massen strömten zur Kathedrale für den Sonntagsgottesdienst. Schon war eine große Anzahl von Personen in der Kirche, als die Polizei erschien und weitere Besucher hinderte, in die Kirche einzutreten. Eine wachsende Menge, darunter viele Geistliche, standen in der Kälte, unfähig hineinzugehen, aber auch unfähig wegzugehen, ohne ihre Gefühle ausgedrückt zu haben. Plötzlich begann jemand „Ein feste Burg" in norwegisch anzustimmen; und mit Tränen in den Augen sang die Menge den Choral Luthers und der deutschen Bekenntniskirche. Als der Hauptpfarrer der Kirche, der zu denen im Inneren gesprochen hatte, herauskam und zum Weggehen aufforderte, verließ die Menge schweigend den Platz. So sagt der Bericht eines Augenzeugen.

Was war geschehen? Einer der wenigen Quisling-Pfarrer war beauftragt worden, an diesem Tage in der Kathedrale den Morgengottesdienst abzuhalten. Er hatte den Auftrag angenommen und dem Hauptpfarrer Mitteilung gemacht, daß er einen Spezial-Gottesdienst angesetzt hätte. Er führte ihn auch durch mit Hakenkreuz und Quisling-Banner im Chor der Kirche. Der Hauptpfarrer setzte einen ordentlichen Gottesdienst auf den Nachmittag an, der, wie erzählt, von der Polizei gestört wurde.

Die Folge dieser Ereignisse war ein Brief der norwegischen Bischöfe an den Kirchenminister, in dem jeder einzeln seinen Rücktritt von den staatlichen Funktionen und Bezügen erklärte, die ihm als Bischof zukommen. Der Rücktritt bezieht sich natürlich nicht auf die geistlichen Funktionen. In dem Brief wird das Eingreifen des Staates in die Abhaltung der Gottesdienste und die nachher erfolgte Absetzung des Hauptpfarrers von Trondheim mit den schärfsten Worten als Pflichtwidrigkeit und Brutalität gekennzeichnet. Der Brief sagt an entscheidender Stelle: „Die Bischöfe der norwegischen Kirchen würden ungehorsam sein, wenn sie sich weiter an einer Kirchenverwaltung beteiligten, die in solcher Weise, ohne eine Spur von religiöser Berechtigung, die Rechte der Gemeinde verletzt und zu dem Unrecht Beleidigungen hinzufügt." Es ist verständlich, daß diese mutige Sprache den Zorn der Besatzungsbehörden und der Quisling-Bewegung erregte. Die Abdankung des führenden Bischofs, Berggrav[5], und anderer wurden angenommen und die Betreffenden unter Polizeiaufsicht gestellt. Eine große Bewegung unter den Pfarrern begann. Drohungen wurden nicht beachtet, Termine für Unterwerfung nicht eingehalten. Der Widerstand der Kirche wurde für die Besatzungsbehörden so gefährlich, daß es nach den letzten Nachrichten so scheint, als ob sie den Rückzug in dieser Frage angetreten hätten.

Viele unter Euch, meine deutschen Freunde, werden durch diesen Bericht an die Zeit erinnert sein, wo die ersten großen Schlachten zwischen der Bekennenden Kirche und der Partei ausgefochten wurden und es noch mehr Heldentum und Märtyrertum gab als bisher in Norwegen. Und doch ist es nicht ganz das gleiche. Der Protest der norwegischen Bischöfe gegen die politische Ungerechtigkeit, ihr Protest gegen das Hereintragen politischer Kampfsymbole in den Chor der Kirchen, der Verzicht auf staatliche Funktionen um der Religion willen, all das geht über den reinen Abwehrkampf der Bekennenden

Kirche hinaus. Die Scheidung zwischen Staat und Kirche ist weniger scharf gezogen, oder genauer, sie ist nicht da künstlich gezogen, wo sie in Wirklichkeit nie und nimmer gezogen werden kann. Die ungerechten Richter, gegen die die Propheten im Namen Gottes eiferten, können nicht als bloße Angelegenheit des Staates betrachtet werden. Ein System, das richterliche Ungerechtigkeit fördert, ist ungöttlich, und jede Kirche, die nicht verlassen ist vom prophetischen Geist, muß ihre Stimme erheben um der Seele des Volkes, um der Seele der Kinder willen. Nichts verwüstet das sittliche Gefühl mehr als staatlich geschützter und geförderter Rechtsbruch. Es ist eine der Lasten, die das deutsche Luthertum aus der Vergangenheit mitschleppt, daß es auf die prophetische Kritik des Staates verzichtet hat. Hätte es das nicht, vielleicht wäre es der gegenwärtigen Tyrannei nie möglich gewesen, mit Hilfe unzähliger Rechtsbrüche zur Macht zu kommen und — einmal an der Macht — dem Rechtsbewußtsein das Rückgrat zu brechen. Der Gehorsam des einzelnen gegen die Obrigkeit, den Luthers Kirche so nachdrücklich fordert, bedeutet nicht, daß auch die Kirche sich beugen soll, wenn die Seele des Volkes auf dem Spiel steht. In solchem Augenblick zu schweigen, heißt: sich mitschuldig machen. Die deutsche Kirche hat geschwiegen, als das Recht der politischen Gegner, der Juden, der Fremden, der Schwachen mit Füßen getreten wurde. Die norwegische Kirche hat gesprochen. Die Zeit muß kommen, wo in den deutschen Kirchen der prophetische Geist wieder erwacht, wo die Kirchen nicht warten, bis sie selbst angegriffen sind, sondern sich vor die Opfer der Ungerechtigkeit stellen. Eine solche Kirche würde die lebendigste Kraft eines Volkes sein. Aus ihr könnte ein Volk, das dem Tode verfallen war, von neuem geboren werden.

6.

DIE VERZWEIFLUNG DES DEUTSCHEN VOLKES

4. Mai 1942

Meine deutschen Freunde!

Die letzte Rede des deutschen Führers[6] und Nachrichten aus allen Teilen Deutschlands haben in uns den Eindruck erweckt, daß wachsende Verzweiflung viele Deutsche ergriffen hat. Diese Verzweiflung ist aus vielen Wurzeln gewachsen und kann sich in vielen Richtungen auswirken. *Laßt mich heute über sie, über die Verzweiflung des deut-*

schen Menschen reden, über ihre Gründe und Folgen und über den Weg, sie zu überwinden.

Verzweiflung ist eins der tiefsinnigsten Worte der an tiefsinnigen Worten so reichen deutschen Sprache. Es kommt, wie Zwiespalt, von zwei Strebungen, die sich widersprechen und deren Widerspruch unauflöslich scheint. Verzweiflung ist das quälende Gefühl eines unüberwindlichen Widerspruchs, in dem wir leben, äußerlich oder innerlich. Verzweifelt ist eine Lage, aus der es keinen Ausweg zu geben scheint. In einer solchen Lage ist das deutsche Volk, äußerlich und innerlich. Ausweglose Zwiespältigkeiten und Widersprüche treiben Gedanken, Gefühle, Wünsche hierhin und dorthin, ruhelos ohne Erfüllung. Und vielleicht werden sie über kurz oder lang zu verzweifelten Auswegen treiben, das heißt zu Auswegen, die ins Verderben führen müssen, die aber dem zerreibenden Gefühl des unendlichen Zwiespaltes vorgezogen werden.

Ich will zuerst von der äußeren, dann von der inneren Verzweiflung reden und dann von einem Ausweg, der nicht selbst wieder verzweifelt ist.

Die Tatsache der äußeren Verzweiflung des deutschen Volkes war längst sichtbar für jeden, der etwas von den Verhältnissen in Deutschland wußte. Sie ist vollauf bestätigt worden durch die letzte Führerrede. Niemand hat sie anders aufgefaßt, als daß sie der Ausdruck offener Verzweiflung über eine im Grunde hoffnungslose Lage ist. Und die Maßnahme, die der Reichstag beschlossen hat, auch die letzten Rechtsgarantien für jeden Deutschen aufzuheben, hat diesen Eindruck nur bestätigt. Man hält sie allgemein für eine verzweifelte Drohung gegen verzweifelte, zu allem entschlossene Gruppen im deutschen Volk.

Welches sind die äußeren Wurzeln dieses Zwiespalts, den jeder dumpf fühlt, den aber nicht alle klar sehen? Es ist zuerst ein Zwiespalt im Wollen. Auf der einen Seite will das deutsche Volk, wie jedes Volk, das im Krieg steht, den Sieg. Es will ihn um des Sieges willen, aber noch viel mehr aus Furcht vor den Folgen der Niederlage. Auf der anderen Seite will das deutsche Volk, daß die Tyrannei, der es unterworfen ist und die es in diesen Krieg geführt hat, gebrochen wird; und das ist nicht möglich, solange der Krieg siegreich geführt wird. Es ist die verzweifelte Lage der Deutschen, daß sie um der Freiheit willen den Sieg nicht wünschen dürfen. Während für alle eroberten Völker Sieg und Freiheit das gleiche bedeuten, bedeutet für das deutsche Volk Sieg Verlängerung der Knechtschaft. Dieser Zwiespalt des

Wollens muß wirkliche Verzweiflung erzeugen; er erscheint ausweglos. Das gab es nicht im vorigen Weltkrieg, im Krieg 1870/71, in den Freiheitskriegen; das gibt es nicht bei den Russen, bei den Engländern, bei den besetzten Völkern, bei den Amerikanern. Das ist ein deutscher Zwiespalt und eine deutsche Verzweiflung: Sieg gegen Freiheit und Freiheit gegen Sieg.

Dem Zwiespalt im Wollen entspricht ein Zwiespalt im Urteilen, der neue Verzweiflung erzeugt: Jeder Deutsche, der urteilsfähig ist, weiß heute, daß der Krieg nicht gewonnen werden kann; und die letzte Führerrede war in allen Teilen eine Bestätigung dafür. Und doch darf niemand es sich voll eingestehen, weil sonst alle Opfer, die jeder zu bringen hat, sinnlos würden. Es widerstrebt aber der menschlichen Natur, etwas zu tun, dessen Erfolg von vornherein als unmöglich betrachtet wird. So muß das Wissen um die Aussichtslosigkeit des Krieges verdunkelt werden durch vage Hoffnungen, daß vielleicht alles doch noch gut werden kann. Durch eine Art Wunderglaube blendet man sich gegen die klarste Einsicht ab, läßt sie nicht ganz in der Seele einwurzeln, obgleich man sie auch nicht ganz herausreißen kann. Man weiß und darf nicht wissen, weil man sonst nicht leben könnte. Man will und darf nicht wollen, weil man auch das Entgegengesetzte will und nicht wollen darf: Das ist die Verzweiflung, in die die äußere Lage den deutschen Menschen getrieben hat.

Gibt es einen Ausweg aus diesem Zwiespalt? Von außen gesehen nicht. Wissen und Wollen des deutschen Volkes sind unheilbar gespalten, solange sie nicht von innen her geeinigt werden können. Die wirkliche Lage ist, wie sie ist: hart, grausam, verzweifelt. Sie kann sich nicht ändern, solange noch gekämpft wird. Aber die Verzweiflung, die von daher stammt, gewinnt ihre Tiefe doch erst in einer anderen, inneren Verzweiflung. Und in dieser Tiefe allein kann die deutsche Verzweiflung überwunden und der deutsche Zwiespalt aufgelöst werden, innerlich und äußerlich.

Das deutsche Volk ist verzweifelt, weil es sich einer tragischen Schuld bewußt ist. Die Schuld ist tragisch; sie ist nicht nur Schuld, sondern auch Schicksal. Es war das schwere Kriegs- und Nachkriegsschicksal, das das deutsche Volk zu dem gebracht hat, wo es jetzt steht. Und alle anständigen Menschen in den gegnerischen Ländern wissen das. Es ist sicher schwer für Deutsche, die seit vielen Jahren nicht mehr ins Ausland gekommen sind, zu verstehen, daß die frühesten Siege der gegenwärtigen deutschen Regierung zum Teil dem Gefühl bei Engländern und Amerikanern zu danken sind, daß man in

Versailles den Deutschen Unrecht getan hat. Man hatte ein schlechtes Gewissen, und gerade die besten und viele einflußreiche Menschen hatten es. Sie wurden dadurch veranlaßt, sich zurückzuhalten, als die deutschen Machthaber immer bedrohlicher für sie wurden. Es gab auch andere, vielleicht noch wichtigere Ursachen dieser Zurückhaltung; aber eine Ursache war das Gefühl, etwas wiedergutmachen zu müssen; daran kann kein Zweifel sein. So gibt es Erklärungen für das, was jetzt in Deutschland geschieht, aber Erklärungen sind keine Entlastungen. Die deutsche Schuld ist tragisch, aber sie ist Schuld. Es ist etwas Schicksalhaftes in ihr, aber es ist auch, wie in allem menschlichen Handeln, ein Stück Freiheit in ihr. Trotz aller Schicksalsmächte, die sich gegen Deutschland in der Nachkriegszeit verschworen hatten, ist das deutsche Volk nicht ohne Verantwortung für das, was in ihm und durch es in der Welt geschehen ist und noch geschieht. Alle edleren Deutschen wissen das. Von Anfang an fühlten sie diese Schuld und Verantwortung. Von vielen habe ich es schon in der allerersten Zeit der gegenwärtigen Tyrannis gehört; sie suchten schon damals, und suchen immer seitdem, einiges gutzumachen an den Opfern der Tyrannen. Heute gibt es nicht mehr viele, die nicht das Gefühl hätten, daß sich die Rache für eine tragische Schuld an ihnen vollzieht. Sie haben den zerstörerischen Kräften zur Macht verholfen durch tätige Teilnahme oder durch schweigende Zulassung. Und das Gefühl, mitverantwortlich zu sein, ist das Tiefste in ihrer Verzweiflung. Die deutsche Verzweiflung ist die Verzweiflung, die aus dem größten der Übel, aus der Schuld folgt. Im Grunde weiß jeder einzelne, der nicht ein offener und verfolgter Gegner der Tyrannei war, daß er in die gemeinsame deutsche Schuld mit verflochten ist. Er mag noch so sehr die Schuld der Feinde Deutschlands betonen, er mag noch so sehr die Tragik und Unentrinnbarkeit des deutschen Schicksals hervorheben, im Tiefsten weiß er, daß seine Verzweiflung aus dem Gefühl seiner Schuld genährt ist.

Aber eben dies zeigt auch den Weg, auf dem die Verzweiflung besiegt werden kann. Tragische Schuld kann man nur überwinden, indem man sie anerkennt und auf sich nimmt mit all ihren Folgen. Wenn die Ausweglosigkeit erkannt und angenommen ist, dann öffnet sich ein neuer Weg, der zwar kein Ausweg ist, aber ein neuer Anfang. Wenn der Zwiespalt erkannt und getragen wird, dann ist etwas da, was über ihn hinausführt. Wenn der Verzweiflung ins Gesicht gesehen wird, dann weicht sie und schwindet. Und darum kann ich heute nur sagen: Gesteht Eure Verzweiflung, enthüllt Euren Zwiespalt, nehmt ins Bewußtsein die Ausweglosigkeit. Wenn Ihr den Mut dazu findet, kann Euch nichts mehr zerstören.

Auch dann werden sich keine Auswege öffnen; aber es wird möglich sein, Entscheidungen zu treffen und damit den Zwiespalt und die Verzweiflung zu überwinden. Der Zwiespalt im Urteilen wird dadurch überwunden werden, daß das dumpfe Wissen um den unvermeidlichen Ausgang des Krieges sich in eine klare Einsicht verwandelt. Und aus dieser Einsicht wird der Widerstand wachsen gegen die, die Euch ins Unheil geführt haben und Euch im Unheil festhalten wollen bis zu Eurem und ihrem Untergang. Ihr werdet Euch weigern, ihnen zu folgen und dadurch auch dem Zwiespalt in Eurem Wollen entrinnen. Wenn die Frage gestellt ist: „Freiheit oder Sieg?", werdet Ihr Euch für Freiheit entscheiden, in dem Bewußtsein, daß der Sieg mit den Tyrannen, auch wenn er noch möglich wäre, verderblicher ist als der Sieg über die Tyrannen, auch wenn er mit dem Verzicht auf äußeren Sieg verbunden ist. Ihr könnt nur eines wollen, einen neuen Anfang. Der Weg dazu ist schwer. Er wird durch eine Zeit der Leiden und Demütigungen gehen. Aber es wird der Weg der Freiheit sein, der Freiheit von der Tyrannei mit ihren Leib und Seele zerstörenden Mächten, der Freiheit von ausweglosem Zwiespalt, der Freiheit von Hoffnungslosigkeit und Verzweiflung. Geht diesen Weg! Den einzig würdigen, den einzig rettenden!

7.

DER ANSCHLAG AUF DIE MENSCHENRECHTE

11. Mai 1942

Meine deutschen Freunde!

Ein Erstaunen ging durch die Länder, in denen die Menschenrechte noch hochgehalten werden, als der deutsche Führer neue Vollmachten vom Reichstag verlangte und sie erhielt[7]. Es sind Vollmachten, die das Grundrecht jedes Menschen, als Person betrachtet zu werden, aufheben. Es sind Vollmachten, die das Prinzip der Gerechtigkeit nun auch als Grundlage des Privatrechts abschaffen, nachdem es als Grundlage des Staatsrechts längst abgeschafft war. Damit ist etwas geschehen, was so tief in die Fundamente des menschlichen Daseins greift, daß jeder einzelne es verstehen müßte. *Die Abschaffung des Rechts als unbedingt gültig ist eine Abschaffung des Menschen als Menschen,* als eines Wesens mit besonderer Würde, besonderen Kräften und besonderen Ansprüchen.

Das fühlen auch die gegenwärtigen Machthaber. Sie haben darum den rechtsgültigen Weg beschritten, das Recht abzuschaffen. Es hat allgemeine Verwunderung erregt, daß jemand, der schon alle Macht hatte, sich neue Vollmachten geben ließ. Man hat gefragt, warum die Einführung der Rechtlosigkeit rechtlich sanktioniert wurde, warum der Reichstag für etwas bemüht wurde, was auch die Existenz jedes einzelnen seiner Mitglieder in völlige Unsicherheit stürzt. Die Frage ist leicht zu beantworten: Es ist die schweigende Anerkennung des Rechts durch die, die es aufheben. Sie erinnern sich, daß sie ohne die vielen legalen Mäntelchen, die sie sich umgeworfen haben, nie zur Macht gekommen wären; und wenn sie auch nachher jedes dieser Mäntelchen abgeworfen und die Gestalt der brutalen Macht hinter dem scheinbaren Recht gezeigt haben, so doch nur, um für andere Machtziele andere Rechtsmäntel anzuziehen. So auch dieses Mal. Das scheint ganz unwichtig, ist es aber nicht. So tief ist das Rechtsbewußtsein in der Menschheit, daß selbst der Rechtszerstörer seine Verbeugung vor dem Recht machen muß, um es zerstören zu können. Selbst in der Außenpolitik ist es so. Es gibt keine Angreifer mehr; denn jeder Angreifer erklärt, daß er angegriffen ist. Warum? Weil er anerkennen muß, daß es ein Ideal der Gerechtigkeit gibt, das Angriffe verbietet und das er für sich in Anspruch nehmen muß. Gerechtigkeit ist so tief in der menschlichen Seele verwurzelt, daß man sie nicht herausreißen kann. Nur im Namen der Gerechtigkeit kann man erfolgreich ungerecht sein. Das bedeutet die Forderung an den Reichstag, dem Führer unbeschränkte, das heißt durch kein Recht beschränkte Vollmachten zu geben. Praktisch bedeutet es, daß von nun an jeder Deutsche ohne ein neues Gesetz und ohne rechtliches Verfahren und, ohne als Staatsfeind betrachtet zu werden, in jedem Augenblick aller wohlerworbenen Rechte beraubt werden kann. In jedem Land können durch bestimmte Gesetze bestimmte Rechte aufgehoben werden — lebendiges Recht fordert das; und in jedem Lande steht der Staatsfeind und der Verbrecher unter besonderem Recht. Aber in keinem Rechtsstaat ist der Schutz des Rechtes überhaupt aufgehoben. Das ist etwas Neues oder — vielleicht — Uraltes: die Rückkehr zu vormenschlichen Formen des Daseins.

Es wäre eine große Fälschung und eine Beleidigung der deutschen Vorzeit, wollte jemand behaupten, daß dort die Macht des Führers durch kein Recht begrenzt gewesen wäre. Im Gegenteil: Es ist eins der

Merkmale des deutschen Altertums, daß die Rechte des freien Menschen von jedem Herzog respektiert werden mußten. Die Freiheiten, von denen in der deutschen Geschichte so viel die Rede ist, waren die mannigfaltigen Rechte, die den einzelnen schützten, ihm seine Würde, Sicherheit und innere Unabhängigkeit gaben. Diese Freiheiten sind deutsches Erbgut. Das Gefühl für Recht, das in einem Michael Kohlhaas so leidenschaftlich und zerstörerisch ausbrach, ist deutsches Urgefühl. Hat sich etwas davon in Euch geregt, als Schritt für Schritt die Rechtsgarantien genommen wurden, die das Fundament der Freiheit sind? Und das im Namen der deutschen Rasse und ihrer Größe? Was ist jetzt geschehen? Das Recht und damit die Freiheit aller einzelnen ist genommen und einem einzelnen übertragen, der allein Recht hat, der allein frei ist. Der große deutsche Philosoph Hegel hat gesagt, daß es das Merkmal der Despotie ist, daß nur einer frei ist und alle anderen unfrei und rechtlos. Er hat weiter gesagt, daß es die Aufgabe der germanischen Stämme in der Weltgeschichte ist, die Freiheit zu verwirklichen. Zur Zeit sieht es so aus, als ob die Deutschen die Aufgabe übernommen hätten, die Freiheit, die schon erworben war, zu zerstören, zugunsten einer neuen Despotie.

Der Glaube an das Recht ist nicht nur unzerstörbar in der Tiefe des menschlichen Herzens, er ist auch getragen durch die Religion. Götter, deren besondere, heilige Aufgabe es war, Gesetze zu geben und das Recht zu schützen, hat jede höhere Religion. Aber nirgends ist der Gedanke der Gerechtigkeit enger mit dem Gottesgedanken verbunden als in der Religion der Propheten. Für sie ist Gott erst und vor allem der Gott der Gerechtigkeit. Der ungerechte Richter, der das Recht nach dem Willen der herrschenden Mächte verdreht, der König, der seine Macht despotisch gegen seine Untertanen mißbraucht und ihnen nimmt, was ihnen zukommt, der Beamte, der nach Willkür und nicht nach Recht entscheidet, sie alle werden von den Propheten mit gewaltigen Worten unter das göttliche Gericht gestellt und verworfen. Gottes Heiligkeit wirkt sich aus in seiner Gerechtigkeit, und niemand ist ihm mehr zuwider als der, der das Recht zerstört. Das ist sicher einer der Gründe für den Haß der gegenwärtigen Machthaber gegen das Alte Testament. Wer das Recht zerstört, ist ein Feind des Gottes der Propheten, und dieser Gott ist sein Feind, denn er ist der Gott der Gerechtigkeit, der wahre Gott.

Das ist so, weil Recht den Menschen zum Menschen macht. Was verlieren wir, wenn wir unser Recht verlieren? Was hat das deutsche Volk verloren, als ihm das Recht genommen wurde durch seine Machthaber? Viel in jeder Beziehung! Zuerst, wir verlieren uns selbst, wenn wir unser Recht verlieren. Wir hören auf, Person zu sein, wenn uns unser Recht genommen ist: Person, das heißt ein besonderes, unverwechselbares Wesen, mit besonderen Möglichkeiten und besonderen Aufgaben. Unser Recht, auf dem wir bestehen, ist die Anerkennung, die wir als Person verlangen. Wer entrechtet ist, wie jetzt das deutsche Volk, der ist ein Ding geworden, mit dem man machen kann, was man will. Er hat seine Würde verloren. Er ist ein Mittel für fremde Zwecke geworden, ein Sklave für Tyrannen, ein Werkzeug der Willkür und ein Gegenstand der Vergewaltigung. Dein Recht ist die Anerkennung, daß Du Person bist, daß Du Würde hast, die unverletzlich ist, daß Du ein unvertauschbares, einmaliges Selbst bist. Es ist die Anerkennung, daß Du Mensch bist. Entrechtung ist Entmenschung. Des Menschen Würde ist eins mit seinem Recht. Würdelos haben die Vertreter des deutschen Volkes auf ihr Recht verzichtet und damit die Würde des Volkes und jedes einzelnen preisgegeben. Gewinne Dein Recht wieder, deutsches Volk, und damit Dich selbst!

Und wer das Recht verliert, der verliert den anderen Menschen, das andere Volk, die Menschheit. Wer selbst seine Würde preisgibt, der erkennt auch die der anderen nicht an. Er ist nicht mehr imstande, im anderen das Menschliche, Einmalige, die Person zu sehen, er sieht im anderen das Mittel für seine Zwecke, den Gegenstand seiner Furcht oder seines Hasses. Ein würdelos, weil rechtlos gewordenes Volk sieht im andern Volk das Fremde, Feindliche, eine Macht, der man mit Macht begegnen muß, aber nicht eine Person, der man als Person begegnen muß, das heißt, dessen Recht man anerkennen muß, wie man das eigene Recht anerkannt haben will. Das Recht der andern, der einzelnen und der Völker, ist die Grundlage ihrer Würde, und wer dieses Recht zerstört, entwürdigt sie, wie er sich selbst entwürdigt hat. Seht auf die unschuldig angegriffenen, niedergetretenen Völker um Deutschland herum! Die deutschen Eroberer haben ihnen ihr Recht genommen, haben das Recht, das zwischen den Völkern im Wachsen war, zerstört, haben den Menschheitsgedanken mit Füßen getreten. Und darum sind die anderen Völker und darum ist die Menschheit den Deutschen verlorengegangen. Als sie das Recht zerstörten, haben sie sich selbst und die Menschheit verloren.

Und endlich: Wer das Recht zerstört, verliert Gott. Alles Reden von göttlicher Vorsehung wird sinnlos, wenn Gottes Gerechtigkeit vergessen ist. Gott ist *ein* Gott nur, weil er ein gerechter Gott ist. Der Gott, der sein eigenes Volk verwirft um dessen Ungerechtigkeit willen, das ist der Gott aller Völker, der Menschheitsgott. Gegen diesen Gott haben die deutschen Machthaber angekämpft. Sie mußten ihn loswerden, um das Recht zerstören zu können. Sie mußten einen Gott erfinden, der die Ungerechtigkeiten seines Volkes deckt, der an sein Volk gebunden ist, den deutschen Gott. Aber dieser Gott ist ein Götze, und er wird zerbrochen werden von dem Gott der Gerechtigkeit und des Rechts.

8.

BÜCHERVERBRENNUNG   18. Mai 1942

Meine deutschen Freunde!

Am 10. Mai war der 9. Jahrestag der deutschen Bücherverbrennung, dieses Ereignisses, das wie ein Signal am Anfang des großen Unheils steht, das Deutschland, Europa und die Welt getroffen hat. Es ist gut, sich an diesen Tag zu erinnern. Niemand von uns wußte damals, was er bedeutete. *Nur wenige ahnten, daß es der Beginn der Verbrennung Deutschlands und Europas war.* Heute wissen wir, daß diese Ahnung die Wahrheit traf. Ein paar Bücher waren die ersten Opfer. Millionen von Menschen folgten und folgen den Büchern in die Vernichtung. Mit der Zerstörung von Völkern und Kulturen wird der Fluch endigen, der in den schwelenden Büchern verborgen lag. Wenn wir darum heute an jenes Ereignis zurückdenken, so können wir es verstehen in dem düsteren Schein des gegenwärtigen Weltenbrandes, wie wir das heutige Geschehen verstehen können in dem grellen Licht der verbrennenden Bücher.

Viele von Euch haben noch ein Bild von den Ereignissen jenes Tages. Ich habe sie an einer besonders günstigen Stelle erlebt und will Euch berichten, wie sie sich mir eingeprägt haben, bedeutungsvoll, unheimlich, unvergeßlich. Es war in Frankfurt am Main. Wir standen am Fenster des „Römer", des alten Krönungshauses deutscher Kaiser. Auf dem mittelalterlichen Platz drängten sich die Massen, zurückgehalten von Braun- und Schwarzhemden. Ein Holzstoß war aufgeschichtet. Dann sahen wir Züge von Fackelträgern aus den engen Straßen hervorquellen, eine unendliche Reihe in studentischen und Partei-Uniformen. Das Licht der Fackeln flackerte durch die Dunkelheit und beleuchtete phantastisch die Giebel der Häuser. Ich dachte an Gemälde aus der Zeit der spanischen Inquisition. Am Ende holperte ein Karren, gezogen von zwei Ochsen, über den Platz, er war beladen mit den Büchern, die als Opfer ausgewählt waren. Hinter dem Karren schritt der Studentenpfarrer. Als man vor dem Scheiterhaufen angekommen war, stieg der Pfarrer auf den Karren und hielt die Verdammungsrede. Er warf das erste Buch auf den nun entzündeten Holzstoß. Hunderte von anderen Büchern folgten. Die Flammen züngelten hoch und beleuchteten das Traumbild, das doch Gegenwart war. Die Zeit war um zweihundert Jahre rückwärts gelaufen.

Bücherverbrennungen sind so alt wie Bücher. Bücher waren von Anbeginn an eine Macht, die gefährlich war für die bestehenden Mächte. In den Buchstaben und Sätzen eines Buches kann ein Sprengstoff verborgen liegen, der eine Welt zerstört; und es kann eine geistige Kraft darin eingeschlossen sein, die eine neue Welt aufbaut. Darum sind Bücher unheimlich für alle, die das Alte um jeden Preis aufrechterhalten wollen. Darum sind Bücher unheimlich für alle, die einen Grund haben, die Wahrheit zu fürchten. Darum sind Tyrannen Feinde von Büchern, wie sie Angst haben vor gedankenzerfurchten Gesichtern. Hinter diesen Furchen und hinter den Zeilen der Bücher wittern sie den Geist der Empörung, den sie nicht mehr bannen können, wenn er einmal Wort und Buchstabe geworden ist. Darum werden Bücher verschlossen, verboten, verbrannt, zuweilen mit denen, die sie geschrieben haben, zuweilen ohne sie. Aber immer wieder siegen die Bücher. Die Gedanken, die in ihnen Leib geworden sind, erheben sich aus ihrer Asche mächtiger als zuvor. Dem Untergang des Buches durch natürliches Feuer folgt die Auferstehung des Gedankens durch das Feuer des Geistes und verbrennt die Verbrenner. Denn dem Gedanken kann die Tyrannei nicht standhalten. Sie ist auf Lüge und Schein und Falschheit aufgebaut und wird von dem Gedanken als Lüge enthüllt. Dem Schein und der Tyrannei, die vom Schein lebt, ist eine Zeitspanne gegeben, wo sie herrschen, das Denken verfolgen und Bücher verbrennen kann. Aber wenn diese Zeitspanne abgelaufen ist, kehrt der Gedanke wieder, und das Buch wird lebendig. Ihr fühlt heute schon, daß die Zeit bald abgelaufen sein wird, in der die deutsche Tyrannei Bücher verbrennen und Gedanken verfolgen konnte. Noch ist sie nicht abgelaufen, noch muß der Gedanke sich verbergen, ganz im Innern des einzelnen oder in der engsten Gemeinschaft oder in Worten, die auf etwas anderes hinweisen, als was sie sagen. Die große Kunst früherer Jahrhunderte, das Buch ebensoviel verhüllen wie sagen zu lassen, ist wieder lebendig geworden. Man muß wieder vieles sagen, was man nicht sagen kann. Aber freilich: Einen Leib kann auf

42

diesem Wege der Gedanke nicht bekommen; er bleibt wie ein irrender Geist, der sich einen Körper sucht. Erst wenn er Wort und Buchstabe geworden ist, ist er volle Wirklichkeit geworden und kann die Wirklichkeit verändern. Darum muß dem Wort und dem Buch wieder Raum geschaffen werden. Darum muß den Gedanken, die in der Tiefe Eurer Seele sich bewegen und zur Gestaltung drängen, wieder die Möglichkeit gegeben werden, sich zu verkörpern. Als die deutschen Tyrannen am 10. Mai 1933 die Bücher verbrannten, wußten sie, was sie taten: Sie nahmen dem Gedanken den Leib und hinderten ihn, einen neuen Leib zu finden, um vor ihm sicher zu sein.

Aber nur noch eine kurze Zeit werden sie sicher vor ihm sein. Überall klopft der Gedanke an die Türen der von den Tyrannen abgesperrten Welt. Er begehrt Einlaß, er sucht Verkörperung, und schon findet er sie hier und dort: in den Herzen der Unterdrückten und Enttäuschten, bei denen, die mit Begeisterung mitgemacht haben und nun mit Ekel sich abwenden; bei ihnen findet das verbotene Denken Einlaß, hier und da verkörpert in dem Wort eines fremden Rundfunks, in den Zeilen einer Flugschrift, in vertrauten Gesprächen. Aus der Asche der längst verbrannten Bücher sprühen Funken, Funken des Geistes und der Empörung. Bald wird der Gedanke wieder seinen Leib gefunden haben, bald wird er wieder Wort und Buch, Wirklichkeit und Macht geworden sein.

Aber er wird nicht aussehen wie zuvor. Nicht alles, was verbrannt worden ist, wird auferstehen. Vieles ist mit Recht zu Asche geworden, denn es war nicht Gedanke, sondern Geschwätz, nicht Tiefe, sondern Verführung. Die Wahrheit muß sich durchs Feuer bewähren. Was unecht ist, muß verbrennen. Und vieles von dem, was vom Ochsenkarren ins Feuer geworfen wurde, hat keinen Anspruch auf Auferstehung. Es war nichtig, noch ehe es Asche wurde. In uns allen war viel Nichtiges, was weggebrannt werden mußte. In der ganzen Welt, aus der wir kommen, war vieles, was wert war, in Flammen aufzugehen. Wir alle sind mitschuldig an der Bücherverbrennung, weil wir so vieles aufgebaut hatten, was eine leichte Beute der Flammen wurde, viel Unechtes, Zweideutiges, Unernsthaftes. Das ist der Grund, warum die Bücherverbrennung zum Sinnbild wurde für den Untergang eines Zeitalters. Und das gilt nicht nur für Deutschland, sondern für die ganze Welt. Der Weltbrand, dessen erstes Aufzucken die deutsche Bücherverbrennung war, ist das Gericht über eine Zeitperiode, eine Gesellschaftsordnung, eine menschliche Haltung. Darum, wenn wir gegen die Urheber der Bücher-Scheiterhaufen kämpfen, offen oder im stillen, so heißt das nicht, daß wir für das kämpfen, was vorher war. Es gibt heute Menschen in Deutschland und in aller Welt, die zu dem zurückwollen, was vor der Bücherverbrennung war. Es sind die gleichen, die gar nicht so erschreckt waren, als die Nachricht von dem Versuch durch die Welt ging, das kritische Denken auszurotten. Sie hätten selbst gern einige Bücher auf den Ochsenkarren und auf den Holzstoß geworfen, Bücher in englischer, französischer oder spanischer Sprache. Sie liebten nicht die brutale, mittelalterliche Form, in der es geschah; aber sie liebten die Sache selbst, die Unterdrückung, die Ausrottung des Gedankens, des kritischen Geistes. Von diesen Leuten, auch wenn sie heute gegen den deutschen Faschismus kämpfen, ist nichts zu erwarten. Sie wollen zurück, nicht vorwärts. Sie haben nicht verstanden, was die Feuerprobe des gegenwärtigen Zeitalters bedeutet. Sie wissen nicht, daß der Weg durchs Feuer der Weg des Geistes ist, daß das, was übel gemeint war von denen, die verbrannten, zum Segen wurde für viele, die Opfer der Verbrennung waren. Es wurde für sie das Feuer der Wiedergeburt.

Können wir die Bücherverbrennung, die Zerstörung Europas und den Brand der Welt so verstehen? Können wir sie verstehen als Wiedergeburt? Ist eine neue Welt im Werden, für die auch die Bücherverbrenner in Deutschland und in der ganzen Welt Werkzeuge waren, gegen ihr Wissen und Wollen? Sie wollten den Gedanken, die Wahrheit, die Kritik unterdrücken. Sie wollten sie ausrotten, aber sie stärkten sie nur — denn sie rotteten aus, was dem Feuer nicht widerstehen konnte — und härteten, was dauernd und unzerstörbar ist.

In diesem Gefühl wollen wir heute zurückblicken auf jenes unheimliche Ereignis, in dem der Gedanke verbrannt und der Geist ausgetrieben werden sollte. Es war ein Sieg über den Geist, dem viele weitere Siege folgten; aber in diesem Sieg schuf der Sieger die Waffe, die ihn fällen wird, den durchs Feuer gereinigten Gedanken, den durch Leiden gestählten Willen.

11.

UNSCHULDIGE UND MITSCHULDIGE   8. Juni 1942

Meine deutschen Freunde!

Ihr wißt, daß zur Zeit fast täglich Unschuldige sterben, an deren Tod Deutsche schuld sind: Hunderte sind in Frankreich gestorben — als Geiseln, wie es heißt[8]. Viele in Holland und Norwegen, Unzählige in Polen, wo es aussieht, als ob ein ganzes Volk unschuldiger Menschen ausgerottet werden soll. Von dem Leiden und Sterben unschuldiger Juden in allen Teilen Europas brauche ich nichts zu sagen [9]. Mit Entsetzen schauen seit Jahren die Völker der Erde auf dieses Geschehen. *In den letzten Tagen mußten viele Unschuldige sterben, weil ein Mensch, den sie den Henker genannt haben, der Gestapo-Führer Heydrich, dem gerechten Gericht verfallen ist* [10]. Dieser Mensch, der für den Tod, die Qual und das Elend Unzähliger verantwortlich ist, nimmt nun noch Hunderte von Unschuldigen mit in seinen Tod. Er war ein Deutscher, und Deutsche sind es, die seine Henkersknechte waren und noch nach seinem Tod sind. Deutsche sind es, die heute überall in Europa als Henker Unschuldiger arbeiten. Die herrschende Gruppe in Deutschland ist offener als je zuvor eine Gruppe von Mördern und Henkersknechten geworden, deren Opfer Unschuldige sind.

Nun ist es für einen fein empfindenden Menschen sehr schwer, ja oft unmöglich, Schuldige zu töten, weil ein fein empfindender, ein menschlicher Mensch sich selbst im anderen findet, und was er dem anderen antun muß, sich selbst antut. Und es ist für den fein empfindenden, den menschlichen Menschen schwer, den Gegner im Felde zu töten, weil er ihn als Sohn einer Mutter fühlt oder als Mann einer Frau oder als Vater von Kindern. Wenn das sentimental ist, dann waren die besten und tapfersten Soldaten des vorigen Krieges sentimental. Sie alle, die, die ich gesehen habe in den vier Jahren meines Daseins an der Front, und die, deren Briefe und Berichte ich gehört und gelesen habe, sie alle wollten nicht töten, und sie alle waren nicht sentimental, sondern männlich und stark. Etwas von dieser edlen Tradition lebt noch in der deutschen Armee, obwohl schon vielfach angefressen. Nichts davon lebt mehr in der herrschenden Partei und ihren beauftragten Henkern. Nicht nur der Schuldige, nicht nur der Feind, auch der Unschuldige wird gemordet, brutal, hemmungslos, oft mit primitiver Mordlust. Wer das nicht mitmacht, der wird sentimental genannt, ja, er ist in Gefahr, selbst ein Opfer zu werden.

Wir wissen, daß es oft schwer ist, Schuldige und Unschuldige zu unterscheiden. Es gibt hier keine ganz reine Scheidung. Wer in Deutschland ist ganz unschuldig an dem, was jetzt geschieht? Sicherlich nicht die, die aus Torheit in ihrem vermeintlichen Interesse die herrschende Gruppe in ihrem Kampf um die Macht unterstützten und sich dann ernüchtert und enttäuscht abwandten. Sie sind eher mehr als weniger schuldig. Sie überließen den anderen den Kampf und blieben selbst im Hintergrund, um eines Tages die Nutznießer des Sieges zu sein. Und auch die sind mitschuldig, die beiseite standen und nichts taten, aber mit heimlicher oder offener Sympathie begrüßten, was geschah, aus politischem Unverstand, aus nationalistischer Enge oder aus klassen- und rassenmäßigen Vorurteilen. Ohne sie, die Masse der Zuschauer in dem großen Kampfe, hätte der Sieg nie denen zufallen können, die das gegenwärtige Unheil gebracht haben. Selbst die sind nicht unschuldig, die mit Ablehnung und Entsetzen sahen, was kam, und doch nicht rechtzeitig alles einsetzten, um sein Kommen zu verhindern. Wir, die wir zu dieser Gruppe gehören, und die wir vielleicht leiden, weil wir zu ihr gehören, sollen uns nicht von Schuld freisprechen. Ja sogar die wenigen, die den Kampf entschlossen und bis zum bitteren Ende führten, nehmen teil an der allgemeinen Schuld: Sie führten den Kampf, aber sie führten ihn nicht mit der geistigen Kraft und Tiefe und mit der menschlichen Größe, die allein die furchtbaren Gegenmächte hätten überwinden können. So sind sie alle schuldig, die in jenen entscheidenden Jahren das Schicksal hätten wenden können und nicht gewendet haben. Doch nicht nur die Deutschen sind schuldig. Und, was ich sage, hat nichts mit dem Willen mancher Deutschen-Hasser zu tun, alle Deutschen zu vernichten oder zu verknechten. Sie vergessen, daß in die allgemeine Schuld auch sie und ihre Völker eingeschlossen sind. Nicht nur, daß sie durch den falschen Frieden nach dem Ersten Weltkrieg Europa in Unordnung und Deutschland in Verzweiflung getrieben haben, sondern auch, daß weite Kreise in England, Frankreich und den kleineren Ländern sich genauso verhielten wie die Deutschen selbst. Teils unterstützten sie die Bewegung, solange sie selbst nicht von ihr angegriffen waren, weil sie die gleichen Vorteile davon erwarteten wie die deutsche Oberschicht: Unterdrückung der Arbeiter, Kampf gegen Rußland. Teils betrachteten sie mit einer Mischung von Grauen und Sympathie, was geschah, teils lehnten sie es ab, taten aber nichts, den kämpfenden Deutschen zu helfen.

Im Gegenteil: sie überließen den bösen Mächten ein Opfer nach dem anderen und versuchten nur, sich selbst zu sichern. Sie alle sind schuldig; und es ist vergeblich, nach jemandem zu suchen, der ganz unschuldig ist an dem gegenwärtigen Unheil. Die Klage des großen Apostels, daß da kein Unschuldiger ist, auch nicht einer, ist wieder einmal grauenvoll bestätigt durch das Geschehen unserer Tage.

Schuldige und Unschuldige sind nicht zu trennen. Und doch ist in jedem Augenblick des Lebens, auch des Lebens der Völker, der eine schuldig und der andere nicht. Wir sind alle schuldig an dem Verbrechen des Verbrechers, weil wir mitschuldig sind an den sozialen Verhältnissen, die es begünstigten, daß er zum Verbrecher wurde. Und doch bleibt er der Schuldige, der die Verantwortung trägt und von der Strafe getroffen wird. Und das ist recht so, weil er sich zum Werkzeug hergab, durch das die Schuld zur Tat und Wirklichkeit wurde. So ist es mit den deutschen Machthabern und ihren Henkern und Henkersknechten. Sie wählten es, Werkzeuge der Schuld aller zu sein. Und darum sind sie die Schuldigen, und im Verhältnis zu ihnen sind die anderen, Deutsche und Nicht-Deutsche, unschuldig.

Vor allem aber sind die unschuldig, die ihre Opfer werden. Kein Zweifel: auch sie, auch die verfolgten Deutschen und Nicht-Deutschen, tragen mit an der Verantwortung aller. Kein Prophet und kein Apostel und kein Märtyrer hätte je behauptet, daß er nicht mitverantwortlich wäre für die gemeinsame Schuld, auch für die Schuld derer, die ihn verfolgen. Kein feines Gewissen, kein tiefer Mensch wird sich ganz freisprechen von der Verantwortung für das, was ihm an Unrecht geschieht. Aber nachdem er das getan hat, nachdem er sich und alle Verfolgten mit ihm unter die gemeinsame Schuld gestellt hat, wird er den Verfolgern gegenüber seine Unschuld bezeugen, und nun mit klarem, gutem Gewissen. Gegenüber denen, die uns vertrieben, beraubt, verletzt oder getötet haben, sind wir unschuldig. Gegenüber den Henkersknechten der deutschen Machthaber sind ihre Opfer unschuldig, die deutschen und die nicht-deutschen Opfer. Und ihr Leiden und Sterben, das tausendfach, an jedem Tag im gegenwärtigen Europa hinter den Schlachtfeldern geschieht, ist eine ungeheure Anklage, von der niemand die Täter freisprechen kann.

Ihr aber, Ihr sollt Euch hüten, zum zweiten Mal mitschuldig zu werden. Ich weiß nicht, ob Ihr Euch vorstellen könnt, was der Mord an den Geiseln für Folgen hat. Zuerst hat er eine unübersehbare Wirkung auf die Völker, deren unschuldige Volksgenossen hingemordet werden. Wenn Ihr wüßtet, wie zum Beispiel in Frankreich die halb deutsch-freundliche Stimmung nach der Niederlage in Haß und Feindschaft umgeschlagen ist, so würdet Ihr begreifen, was die deutschen Henkersknechte dem deutschen Volk antun. Eine weitere Folge ist, daß genau das Gegenteil von dem erreicht wird, was durch die Erschießungen erreicht werden soll. Jeder hingemordete Unschuldige schafft in einigen den Entschluß zur Rache und in allen nie erlöschenden Haß. Und aus diesem Haß wird etwas geboren, was schlimmer ist als Rache: die moralische Toderklärung des Feindes. Wir haben

47

Berichte, daß deutsche Soldaten und Offiziere zum Selbstmord getrieben sind, wenn sie in Norwegen, Holland und anderen besetzten Ländern einer seelischen Mauer von Gleichgültigkeit begegneten, durch die sie nicht hindurchdringen konnten, nicht im Bösen und nicht im Guten. Sie konnten es nicht ertragen, daß man durch sie hindurch sah, als ob sie leerer Raum wären und nicht lebendige Menschen. In der Feindschaft, die gezeigt wird, ist noch Anerkennung des Feindes als Mensch. In der schweigenden Nichtbeachtung ist die tiefste Ablehnung, die ein Mensch erfahren kann. Und sie wird heute erfahren von vielen deutschen Soldaten, die, selbst unschuldig, als Spießgesellen der deutschen Henkersknechte sich schuldig machen.

Aber vielleicht ist die tiefste und furchtbarste Folge der Ermordung Unschuldiger die seelische Zersetzung, die sie bei allen zur Folge hat, die direkt oder indirekt daran beteiligt sind. Wenn auch das Bewußtsein sich dagegen sträubt, die Seele weiß, daß etwas Entsetzliches geschehen ist, was nie wiedergutgemacht werden kann. Die Seele des einzelnen weiß es, und die Seele des Volkes weiß es. Es ist, als ob man seine Freiheit eingebüßt hätte und nun wie unter einem Fluch weitergetrieben wird von Tat zu Tat, die Schuld zu vermehren und unentrinnbarer zu machen. Es ist etwas Hoffnungsloses in all diesem Tun. Und ich glaube, dies ist der tiefste Grund der deutschen Hoffnungslosigkeit: nicht, daß der Krieg verloren ist — auch das spielt mit —, wohl aber, daß die Schuld überwältigend, unentrinnbar geworden ist. Das Geschrei der unschuldig Gequälten und die Seufzer der unschuldig Gemordeten tönt wider in der Seele des deutschen Volkes, wenn auch die Machthaber diese Töne durch Sieges- und Haß-Geschrei übertönen wollen. In der Oberfläche können sie ferngehalten werden, in der Tiefe nicht. In der Tiefe reden sie von dem Tod Unschuldiger, von Schuld und Gericht.

12.

GOTTESFURCHT UND TODESFURCHT 15. Juni 1942

Meine deutschen Freunde!

In meinen jüngeren Jahren wurde in Deutschland ein Wort von Bismarck oft wiederholt. Es lautet: „Wir Deutschen fürchten Gott und sonst nichts in der Welt!" Dies Wort ist nicht nur oft wiederholt, sondern auch oft mißbraucht worden und hat dazu beigetragen, eine künstliche Selbstüberhebung vieler beschränkter Deutschen zu schaffen, auch an höchsten Stellen. Man wollte die andern nicht nur nicht fürchten, man wollte sie auch nicht kennen und nicht achten. Aber wenn man Gott fürchtet, dann achtet man die Menschen und bemüht sich, sie zu verstehen und in ihrem eigenen Wert anzuerkennen. Daß man das in Deutschland versäumt hatte, war einer der Gründe für die Niederlage im Ersten Weltkrieg. Es ist der entscheidende Grund für die kommende Niederlage im Zweiten Weltkrieg. *Wer wirklich in Gottesfurcht handelt, der hat nichts auf der Welt zu fürchten.* Wer aber in Lästerung des Göttlichen handelt, der hat alles zu fürchten. Und heute ist es in der Tat so, daß das deutsche Volk alles zu fürchten hat, weil seine Herrscher mit jedem Wort, das sie reden, und jeder Tat, die sie tun, alles, was göttlich und menschlich heilig ist, in den Staub treten. Die Deutschen fürchten Gott nicht mehr, und darum müssen sie alles in der Welt fürchten.

Vor einigen Tagen war in einer großen Stadt eine gewaltige militärische und politische Parade. Unter vielen anderen Wagen, deren jeder das Schicksal und die Hoffnungen einer alliierten Nation darstellte, befand sich ein Wagen, der das Unglück der böhmischen Stadt Lidice zeigte[11]. Wie Ihr wißt, ist diese Stadt vom Erdboden vertilgt worden; alle Männer, jung und alt, sind erschossen, die Kinder von ihren Müttern gerissen und alle Frauen in ein Konzentrationslager geschleppt worden; in ihren Seelen das Bild ihrer toten Männer und Söhne, in ihren Gedanken das unbekannte Schicksal ihrer verschleppten Kinder. Und all dies, um den tausendfach verdienten Tod des Gestapo-Henkers Heydrich zu rächen — an Unschuldigen, da man die Schuldigen nicht finden kann. Ein schwarzbehängter Wagen mit Trauermusik folgte dem ersten Wagen, der unter dem erschütterten Schweigen der Zuschauer durch die Paradestraße fuhr. Das ist nicht Greuelpropaganda: Die deutschen Behörden selbst haben die Nachricht gebracht, anscheinend ohne zu fühlen, was für ein Verdammungsurteil sie damit vor der ganzen Welt über sich selbst gefällt haben. Sie haben kein Gefühl für den anderen Menschen, weder für die Opfer noch für die zuschauenden Völker. Sie sehen nur sich selbst, ihre Menschenverachtung und ihren fanatischen Willen zur Unterdrückung aller anderen. Sie können nicht verstehen, daß in den Seelen anderer Menschen, anderer Nationen andere innere Gesetze walten, die allen ihren Maßstäben entgegen sind. Da sie den anderen nicht verstehen, sondern unterdrücken wollen, so verrechnen sie sich ständig und begreifen nicht, was für eine Saat sie säen und wie die Ernte sein wird. „Wer Wind säet, wird Sturm ernten." Sie haben Sturm gesät, sie werden Orkan ernten, einen Orkan, der sie und alles, was zu ihnen gehört, verschlingen und zerschmettern wird.

„Wir Deutschen fürchten Gott und sonst nichts auf der Welt." Jetzt — so solltet Ihr fortfahren — lästern wir Gott und müssen alles auf der Welt fürchten! Nichts wird in der deutschen Erziehung unter dem Nationalsozialismus mehr betont als die Erziehung zum Mut, zur Überwindung der Furcht, vor allem der Todesfurcht. Erziehung zum Tode[12], wie man die jetzige deutsche Erziehung genannt hat, ist Erziehung zur Überwindung des Todesfurcht und mit ihr aller anderen Furcht. Ist so etwas möglich? Sicherlich! Aber nur, wenn eine andere, eine tiefere, edlere Furcht da ist, nämlich die Furcht, sich und seine göttliche Bestimmung zu verlieren. Das ist es, was mit der Furcht Gottes gemeint ist; sie ist nicht Feigheit vor Gott, nicht Furcht vor irgendwelchen Strafen, nicht Furcht vor einem allmächtigen Tyrannen. Sondern es ist die tiefe, zarte und doch unendlich starke Furcht, sich um seinen eigenen ewigen Lebenssinn zu bringen. Das gilt von einzelnen, es kann auch von einem Volk gelten. Wo immer das Böse übermächtig geworden ist, in einem Menschen, in einer Nation, bricht die Furcht hervor, gegen die kein Mut gewachsen ist, die Furcht, seine Seele verloren zu haben. Wenn es so weit gekommen ist, dann gibt es nur noch einen Mut, den Mut der Verzweiflung, und der ist ein Gewächs der Angst, nicht fähig, die Angst zu besiegen, aus der er stammt. Es ist viel Mut der Verzweiflung im deutschen Volk, weil viel Angst in ihm ist, weil die Angst, verloren zu sein, in einem viel tieferen Sinn, als der Verlust eines Krieges es ist, immer mehr Herzen ergreift. Das deutsche Volk fürchtet für den Verlust seiner Seele, und darum ist das, was an Mut noch da ist, Mut der Verzweiflung, Mut, der Angst überdeckt.

Ich spreche zu Euch, Offiziere und Soldaten, deren Beruf es mit sich bringt, daß Mut als der höchste der Werte betrachtet wird. Jeder ehrliche und anständige Offizier und Soldat weiß und gibt zu, daß Mut nicht etwas Selbstverständliches ist, sondern daß der wahrhaftig mutig ist, der die Furcht in sich überwunden hat und wieder und wieder überwindet. Es ist möglich, vielerlei Art von Furcht zu überwinden: die Furcht vor Wunden und Entbehrungen, die Furcht vor dem Verlust von Dingen und Menschen, die Furcht vor dem eigenen Sterben. Jeder Kämpfer an der Front und in der Heimat muß diese Furcht ständig überwinden. Und es ist ein Zeichen für die Würde des Menschen, jedes Menschen, daß diese Überwindung ständig gelingt, in allen Ländern. „Der Mensch ist das mutigste Tier", hat ein großer deutscher Philosoph gesagt. Und wir können hinzufügen, daß der Mut des Menschen etwas Einzigartiges ist: er weiß, wovor er sich fürchtet und trotzt seiner Furcht! Das ist nur möglich, weil der Mensch einen höheren Wert kennt als Glück und Leben, und weil er nicht glücklich sein und nicht leben kann, wenn er diesen höheren Wert verleugnet. Er müßte sich dann selbst verachten, und davor hat er mehr Furcht als vor Leid und Tod, wenn anders er ein rechter Mensch und ein rechter Soldat ist.

Welches aber ist dieser höhere Wert, der Glück und Leben übertrifft? Was geschieht, wenn dieser höhere Wert sich nicht als ein höherer Wert, sondern als die Zerstörung aller göttlichen und menschlichen Werte enthüllt? Kann ein Soldat Mut haben für eine Sache, in der die Grundlage alles echten Mutes zerbrochen wird, die Furcht nämlich, seine Seele zu verlieren? Kann ein Soldat Mut haben, wenn das, wofür er Mut haben soll, die Entwürdigung des Menschlichen und die Lästerung des Göttlichen ist? Ist nicht in Euren Seelen eine heimliche Angst im Wachsen, daß das, wofür Ihr kämpft, Euch selbst und Euer Volk verdirbt? Und werdet Ihr nicht immer mehr in einen Mut der Verzweiflung hineingetrieben, dem es nur noch mühsam gelingt, die Angst zu übertäuben? Ich rede nicht von der Angst, den Krieg zu verlieren — die ist heute in jedem Deutschen da —, aber gegen sie gäbe es den Mut, der entschlossen ist, unterzugehen in ehrenvollem Kampf. Sondern ich rede von der Angst, für etwas Falsches Mut gehabt zu haben und untergehen zu müssen.

Sicherlich ist es schwer, mutig zu sein im Angesicht des Todes. Niemand sollte es leugnen. Aber schwerer, ja unmöglich ist es, mutig zu sein im Angesicht der Schuld. Und mit jeder neuen Schuld, die die deutschen Führer auf sich laden, wird es für den deutschen Soldaten schwerer, mutig zu sein. Denn die Schuld zerstört die Wurzel, aus der aller Mut stammt, den Glauben, für einen Wert zu sterben, der höher ist als Leben und Glück.

Aus der Schuld, die die deutsche Führung Tag für Tag auf sich lädt, wächst die Angst des deutschen Volkes und der deutschen Armee, die zuerst zum Mut der Verzweiflung und dann zum Zusammenbruch führt. Ist der Glaube an den Wert dessen zerstört, für das wir Mut haben sollen, dann folgt der Mut nach und wird überwältigt durch Angst. Diese Angst ist keine Unehre. Denn sie ist die Furcht, die Seele zu verlieren, die eigene und die des Volkes.

51

Und diese Furcht, die Furcht Gottes, wie die Religion sie nennt, ist die einzige, die ein Volk und eine Armee haben sollen. In der Kraft dieser Furcht sollen sie den Mut entwickeln, denen zu widerstehen, die ihren Mut benutzen, um sie ins Verderben zu führen.

13.
DER AMERIKANISCHE GLAUBE
AN DIE DEMOKRATIE   20. Juni 1942

Meine deutschen Freunde!

Ihr wißt, daß der Krieg gegen die Achse im Namen der Demokratie geführt wird, und Ihr seid infolge der Ereignisse der letzten Jahrzehnte sehr im Zweifel, ob dieses der rechte Kriegsruf ist. Das Wort „Demokratie" hat keinen Zauber für Euch, auch nicht für die unter Euch, die erbitterte Feinde des Nationalsozialismus sind. Ihr könnt nicht verstehen, wie für einen Amerikaner, ja, man kann ohne Übertreibung sagen, für jeden Amerikaner, das Wort Demokratie etwas Heiliges, Letztes, Großes bedeutet, an das er glaubt, für das er kämpft, für das er bereit ist zu sterben. Er kann es schwer ertragen, wenn jemand verächtlich über Demokratie spricht. Er empfindet es wie die Antastung von etwas Geheiligtem. Ich, der ich Eure Erfahrungen mit der Demokratie teile und Eure Gefühle ihr gegenüber verstehe, möchte Euch etwas über den *Glauben der Amerikaner an die Demokratie* sagen. Ihr sollt verstehen, was dieses Wort hier bedeutet, wieviel mehr es hier bedeutet als in Europa, und wieviel tiefer es in den Seelen der Menschheit verwurzelt ist.

Man hat oft Demokratie mit der Freiheit der Meinungsäußerung gleichgesetzt. Sicherlich ist das ein wichtiger Ausdruck für demokratische Einrichtungen. Und es ist ein gutes Zeichen für die Echtheit und Kraft zum Beispiel der englischen Demokratie, wenn es möglich war, daß ein Mitglied des englischen Oberhauses kürzlich eine Rede hielt, in der offene Sympathie für das politische System des Faschismus zum Ausdruck kam. Das ist nicht etwa ein Zeichen von Schwäche oder innerer Zersetzung der öffentlichen Meinung in England, sondern es ist ein Zeichen völliger Sicherheit in bezug auf die Stimmung des Landes. Man hat es nicht nötig, so etwas zu verbieten — wie man selbst in in den Tagen des deutsch-russischen Freundschaftsvertrages das kommunistische Mitglied des Parlaments reden ließ. Man glaubt nicht an gewaltsame Unterdrückung. Wohl aber glaubt man an den natürlichen Instinkt des Volkes und ihrer Vertreter für das Richtige. Und lieber riskiert man etwas, als daß man unterdrückt. Das ist sicher etwas Großes, aber es ist nicht das Größte und Tiefste der Demokratie.

Man hat auch gesagt, daß das allgemeine Wahlrecht das Zeichen der Demokratie ist. Auch darin ist etwas Wahres. Und wenn man auch mit Recht darauf hinweist, daß die öffentliche Meinung gemacht und gekauft werden kann von denen, die das Geld und das Radio und die Zeitungen haben, so ist damit doch nicht die ganze Wahrheit gesagt. Es war etwas Überwältigendes, als bei den letzten beiden Präsidentenwahlen das Volk sich für jemand entschied, an den es glaubte, obgleich seit Monaten die meisten Zeitungen, viele Radioreden und die meisten Geld-Magnaten gegen ihn Stellung genommen hatten. Alle Versuche, die öffentliche Meinung zu kaufen, scheiterten an dem unkäuflichen Gefühl des einfachen Amerikaners, daß dieser Mann, Roosevelt, auf seiner Seite steht. Das war ein Beweis für die Wirklichkeit und Gesundheit der amerikanischen Demokratie. Und doch ist auch dieses nicht das Letzte und Tiefste der demokratischen Idee.

Man hat auch Demokratie mit dem parlamentarischen System gleichgesetzt und wegen der Mängel dieses Systems Demokratie abgelehnt. Nun sind die Mängel der parlamentarischen Vertretung so offensichtlich in allen Ländern, und sie sind in Deutschland so grauenvoll sichtbar geworden, daß man lieber auf Demokratie verzichtet, als einen solchen Parlamentarismus in Kauf zu nehmen. Aber wieder ist das Merkwürdige, daß diese Kritik nicht die ganze, ja nicht einmal die halbe Wahrheit ist. Kein Parlament, das aus allgemeinen Wahlen hervorgeht, kann auf die Dauer die Wähler zum Narren halten. Die Parteimaschinen werden zerbrochen, wenn sie dem Interesse des Volkes nicht mehr dienen. Wir haben hier in den letzten Jahren beglückende Beispiele dieser Macht der öffentlichen Meinung über korrupten Parlamentarismus erlebt. Darüber hinaus ist es jedem weitsichtigen Vertreter der Demokratie klar, daß in Notzeiten alle demokratischen Rechte eingeschränkt werden müssen und daß auch in normalen Zeiten eine starke Führerpersönlichkeit die beste Garantie der Demokratie ist; und vor allem weiß man, daß Freiheit der Rede, allgemeines Wahlrecht und Parlament nur möglich sind, wenn eine einheitliche öffentliche Meinung zustande kommen kann. Ist ein Volk hoffnungslos und unüberbrückbar gespalten, dann hat die Demokratie ihren Sinn verloren, dann kommt es zur Anarchie und zum Kampf auf Leben und Tod innerhalb des Volkes. Zu verhindern, daß es dazu kommt, ist die Aufgabe und die Möglichkeit einer wirklichen Demokratie. Sie kann es besser als irgendeine andere Verfassung, weil sie den freien Ausgleich der Kräfte ermöglicht. Aber sie kann es auch nur in den Grenzen, die allem Menschlichen gesetzt sind. Vor Katastrophen ist keine Verfassung gesichert, auch die Demokratie nicht! Auch dieses ist nicht das Letzte und Tiefste in der demokratischen Idee.

Demokratie ist eine menschliche Haltung, eine Deutung des Lebens, ehe sie eine Verfassung und eine politische Methode ist. Man stirbt nicht für eine politische Methode, es sei denn, daß sie der Ausdruck einer menschlichen Haltung ist. Und man erklärt keine Verfassung für heilig, es sei denn, daß sie das Symbol für eine Deutung des Lebens ist. Das aber ist der Fall, wenn in Amerika von Demokratie gesprochen wird. Verteidigung der Demokratie, das bedeutet: Verteidigung einer Deutung des Lebens, einer sittlichen und religiösen Haltung. Das Wort hat mehr einen religiösen als einen politischen Klang, obwohl es das Politische einschließt.

Die allgemeinste Voraussetzung des demokratischen Gedankens ist die Anerkennung der Menschenwürde in jedem Menschen. In dieser Voraussetzung sind die beiden großen Quellen unserer abendländischen Kultur einig: das Christentum und die späte Antike. Darum versuchen die gegenwärtigen Machthaber in ihrem Kampf gegen die demokratische Idee, beide Quellen zu verstopfen. Sie versuchen, das Christentum daran zu hindern, den Gedanken der Gleichheit aller Menschen vor Gott in die Herzen der jungen Generation dringen zu lassen. Und sie versuchen, den Humanismus, auch wenn er in der deutschen Form Kantischer, Goethescher und Schillerscher Gedanken auftritt, vom deutschen Volk fernzuhalten, damit der Glaube an die Würde des Menschen verschwinde. Auf beiden, Christentum und Humanismus, ist die demokratische Idee der modernen Völker aufgebaut. Und darum müssen beide von den Feinden der Demokratie verfolgt werden.

Wo die Würde des Menschen anerkannt wird, da entwickeln sich Gesetze, die diese Würde garantieren; und es entwickeln sich menschliche Haltungen, die diese Würde ausdrücken. Von beiden will ich aus der Erfahrung einer lebendigen Demokratie etwas sagen.

Die Würde des Menschen ist durch Gesetze garantiert, die jedem einzelnen Freiheit im Rahmen des Gesetzes zubilligen. Es geht gegen die Würde des Menschen, wenn er jeden Augenblick zittern muß, das Opfer einer willkürlichen, unberechenbaren Macht zu werden. Eine solche Unsicherheit würdigt den Menschen herab, macht ihn zum Spielball fremder Gewalten, zwingt ihn zu unfreier Anpassung an kleine oder große Tyrannen, beraubt ihn der geistigen, schöpferischen Freiheit. Der Sklave ist das Symbol zerstörter Menschenwürde. Eine versklavte Nation kann ihre Würde nur aufrechterhalten, wenn sie ständig gegen ihre Versklavung ankämpft, äußerlich, wo immer es möglich ist, innerlich zu jeder Zeit.

Wenn dagegen in einem Volk die Menschenwürde durch Sitte und Recht garantiert ist, dann entwickeln sich Eigenschaften, in denen sich das demokratische Lebensgefühl sichtbar ausdrückt. Die Menschen, auch die Geringsten, verlieren alles Unterwürfige, Ängstliche, Sklavische. Sie blicken frei in die Welt und in die Augen jedes Vorgesetzten. Sie sind fähig zu freimütiger Kritik und zu schöpferischen Vorschlägen. Sie empfinden die Regierung und die Armee als ihren Verteidiger und den Polizeimann als ihren Beschützer. Sie fühlen die Regierung nicht als Obrigkeit und sich nicht als Untertanen. Sie fordern für sich Anerkennung als Träger der Menschenwürde und geben den anderen die gleiche Anerkennung.

Denn dieses ist die andere Seite des demokratischen Lebensgefühls: das Wohlwollen gegen die anderen. Wer von Europa kommt, der ist zuerst überwältigt von dem Wohlwollen, das ihm auf der Straße, im Büro, in der Geselligkeit begegnet, und zwar von fremden Menschen. Es bedeutet keineswegs immer wirkliche Hilfsbereitschaft; oft auch das, aber es besteht immer Anerkennung des Menschen als Menschen, als gleichberechtigtes Wesen. Und das ist unendlich wohltuend, wenn man aus der Atmosphäre des Mißtrauens, der Herrschaft und Knechtschaft, der Feindschaft und der gegenseitigen Verachtung kommt. Es ist unendlich viel, aber es ist nicht alles. Es ist eine Folge der demokratischen Idee und zugleich eine Bedingung wirklicher Demokratie. Es ist wichtiger als die demokratischen Einrichtungen, gegen die sich viel berechtigte Kritik, gerade aus dieser Haltung heraus, erhebt. Es ist die Wurzel, aus der diese Einrichtungen ihren Sinn und die Kraft ihrer Umgestaltung beziehen. Es ist die Anerkennung des Menschen in jedem Menschen.

14.

GERECHTE WIRTSCHAFTSORDNUNG
DURCH EINE
GERECHTE GESELLSCHAFTSORDNUNG

28. Juni 1942

Meine deutschen Freunde!

Am letzten Sonntag habe ich zu Euch über Demokratie als menschliche Haltung gesprochen. Ich habe berichtet, wie eindrucksvoll diese Haltung in Amerika für jeden ist, der von Europa kommt. Es ist das Gefühl für die Würde jedes Menschen, das aller echten Demokratie zugrunde liegt. Und es ist eine Haltung innerer Freiheit und menschlichen Wohlwollens, die auf diesem Boden wächst und der Demokratie Kraft und Sinn gibt.

Vielleicht glaubt Ihr mir, daß es so etwas geben kann, erhebt aber die Frage, ob es in einer Gesellschaftsordnung möglich ist, die auf den wirtschaftlichen Kampf aller gegen alle aufgebaut ist. Die Frage ist berechtigt. Ja, es kann kein Zweifel sein, daß die Demokratie, auch in ihren besten und wirksamsten Formen, ständig durch die wirtschaftlichen Gegensätze bedroht ist. Der Untergang der deutschen und französischen Demokratie war eine Folge des Klassenkampfes in beiden Ländern. Der wirtschaftliche Verfall des Mittelstandes, die Arbeitslosigkeit als Dauerzustand, die Furcht der herrschenden Klassen vor der Arbeiterbewegung, all das machte den Sieg der Diktatur über die Demokratie möglich. Klassenkampf und wirtschaftlicher Zerfall machen auf die Dauer jede Demokratie unmöglich.

Ja, und *die menschliche Haltung, aus der die Demokratie wächst, wird durch eine falsche Wirtschaftsordnung ausgehöhlt und zerstört.* Das Gefühl der persönlichen Freiheit und Würde geht verloren, wenn die Angst vor Arbeitslosigkeit das ganze Leben beherrscht. Das Gefühl für das Menschliche wird abgestumpft, wenn man den Menschen nur noch als Gegner im Konkurrenzkampf oder als bezahlte und ausgenutzte Arbeitskraft betrachtet. Der Sinn für Freiheit geht verloren, wenn Unsicherheit und Angst den Tag erfüllen und die Nacht beunruhigen. Man kommt dann in eine Stimmung, wo Sicherheit alles und Freiheit nichts bedeutet. Wenn das millionenfach geschieht, ist die Demokratie verloren. Das menschliche Wohlwollen verschwindet, wenn die Verelendung zum täglichen Kampf um die nackte Existenz zwingt, und jeder jedem bei diesem Kampf im Wege steht. Wenn aber Menschenwürde, Sinn für Freiheit und persönliches Wohlwollen verschwunden sind, dann brechen die Einrichtungen zusammen, die auf ihnen aufgebaut waren, und die Diktatur triumphiert. Das waren Eure und meine Erfahrungen; das war unser Unglück, und das ist der Grund für Euer Mißtrauen gegen jedes Lob der Demokratie. Hier liegt für alle Länder das tiefste Problem der demokratischen Haltung in unserer Zeit.

Das weiß man jetzt in den großen demokratischen Ländern. Alle einsichtigen, tiefer denkenden und edler empfindenden Menschen sind darüber einig, daß ohne die Lösung des wirtschaftlich-sozialen Problems alle Demokratien zum Tode verurteilt sind. Wie immer in der Geschichte sind die Einsichtigen eine Minderheit, aber sie sind zur Zeit eine führende, überaus einflußreiche Minderheit. Und die Demokratie gibt ihnen die Möglichkeit, für ihre Einsicht zu kämpfen. Das ist einer der wesentlichen, ja der wesentlichste Vorzug der Demokratie, daß sie die Möglichkeit der Selbstkritik in sich schließt. Die Demokratie ist offen für jede Anklage, die gegen sie gerichtet ist. Die Diktatur verschließt diese Möglichkeit. Darum kann die Demokratie sich erneuern, während die Diktatur siegen oder zugrunde gehen muß.

Es ist viel innere Kritik an der Demokratie im Gange, im Namen der demokratischen Haltung und für eine bessere Demokratie. Man will den Krieg nicht führen, um die Demokratie, wie sie war, zu retten, sondern um eine neue Form der demokratischen Ordnung zu verwirklichen. Man kämpft für etwas Neues, in dem die Fehler vermieden sind, die zum Sieg der Diktatur geführt haben. Man will eine Freiheit, die nicht Unsicherheit und Angst einschließt. Darum spricht man von der Freiheit von Furcht. Man will eine politische Gleichheit, die nicht mit der unermeßlichen wirtschaftlichen Ungleichheit der gegenwärtigen Gesellschaftsordnung verbunden ist. Und darum spricht man von Freiheit von Not. Und es sind nicht einzelne Idealisten, die davon sprechen, es sind die Führenden selbst, der Präsident der Vereinigten Staaten, die Atlantische Erklärung, die Erklärung der alliierten Nationen[13]. Und hinter ihnen stehen starke Bewegungen. In England spielt die Arbeiterbewegung eine entscheidende Rolle. Sie hat nicht nur mehrere Sitze im Kabinett, sondern der zweite Mann nach dem Premier-Minister, Sir Stafford Cripps[14], ist der wichtigste und radikalste Vorkämpfer für eine soziale Neuordnung in England. Die Schriften und Erklärungen, die aus dieser Gruppe hervorgegangen sind, zeigen alle deutlich eine Einsicht: Ohne eine grundlegende Wandlung der sozialen Struktur, ohne Überwindung der Arbeitslosigkeit und der Monopolstellung der herrschenden Klassen ist keine kommende Demokratie in England oder auf dem Kontinent denkbar. In weiten Kreisen, auch der englischen Oberschicht, weiß man, daß das Alte nicht wiederkommen kann. Freilich gibt es in England, wie überall, eine Reaktion, die nichts lernen und nichts vergessen will. Und sicherlich wird sich die neue soziale Ordnung nur unter schweren Kämpfen durchsetzen. Aber das ist das Große an der Demokratie, daß gekämpft werden kann, und daß jeder imstande ist, an diesem Kampf teilzunehmen und das Gewicht seiner Stimme und seines Wortes in die Waagschale zu legen.

Auch in Amerika wird dieser Kampf gekämpft. Die große Wirtschaftskrise, die in Deutschland zur Aufrichtung der Diktatur geführt hat, hat in Amerika zu einer sozialen Reformbewegung geführt, die man den „Neuen Weg" nennt und die von Präsident Roosevelt und seinen nächsten Mitarbeitern vertreten wird. Trotz aller Hemmnisse, die von der Reaktion diesem „Neuen Weg" in den Weg gelegt sind und werden, hat er sich weithin durchgesetzt. Die dreimalige Wahl des gegenwärtigen Präsidenten durch die Massen des amerikanischen Volkes zeigt, daß das Volk diesen neuen Weg zu gehen gewillt ist. Schon vor dem Krieg war erreicht, daß die schlimmsten Folgen des alten Systems beseitigt waren. Die Arbeiterbewegung hatte unermeßlich an Macht gewonnen; ohne oder gar gegen sie kann heute nichts mehr getan werden. Die Arbeitslosigkeit hatte aufgehört, das schlimmste aller Übel zu sein. Öffentliche Arbeiten, die allem Volk zugute kamen, nahmen einen immer breiteren Raum ein. Vertreter dieser neuen Richtung erklären in ihren Reden, daß sie auch für die Gestaltung der Welt nach dem Kriege ihre Grundsätze anwenden wollen, in Europa sowohl wie in Amerika. So hat sich in Amerika auf demokratischem Wege eine Kritik und Umformung der Demokratie von größten Ausmaßen entwickelt. Man hat erkannt, daß die Wurzeln der Diktatur in den sozialen Mängeln der Demokratie liegen, und man sucht, diese Wurzeln auszurotten, ohne die Demokratie zu zerstören, ohne den Menschen seiner Würde zu berauben.

Darin aber liegt der Unterschied zu dem Weg der Diktatur. Auch sie versucht eine neue Ordnung zu schaffen, die Arbeitslsosigkeit zu beseitigen, die Unsicherheit und Angst zu vertreiben, den Klassenkampf zu überwinden. Und niemand in den demokratischen Ländern, der die Dinge kennt, bestreitet, daß die Diktatur in dieser Richtung vieles geleistet hat. Als Diktatur kann sie schneller und radikaler handeln. Ihr steht mehr Macht und Fähigkeit zu brutalem Durchgreifen zur Verfügung. Aber der Preis, den sie zahlen muß, ist so hoch, daß er nur gezahlt werden darf, wenn es keinen anderen Weg gibt. Und das ist nicht so. Es gibt einen anderen Weg, und es besteht die Aussicht, wenn auch nicht die Gewißheit, daß die Demokratien ihn beschreiten werden.

Der Preis, den die Diktatur für die Überwindung der Unsicherheit zahlt, ist die Unfreiheit. Und der Preis, den die Diktatur für die Überwindung der Angst zahlt, ist die Entmenschlichung. Und aus beiden entsteht eine neue, schlimmere Angst. Die Diktatur treibt den Teufel durch einen anderen, schlimmeren Teufel aus. Menschen, die lange Zeit ihre Freiheit verloren haben, verlieren auch ihre persönliche Würde. Sie werden zum Ding, mit dem etwas gemacht wird. Sie werden kommandiert, bearbeitet, gefüttert, beschützt, beschimpft, uniformiert, in den Krieg geführt, getötet. Der einzelne selbst nimmt keinen Anteil an diesen Entscheidungen, sie kommen über ihn. Alles geschieht an ihm, nichts geschieht durch ihn. So wird er zur Sache, über die ein fremder Wille verfügt, und hört auf, Person zu sein. Nun ist er sicher, aber so wie ein Tier, das gefüttert — zur Schlachtbank geführt wird.

Denn die zeitweise Sicherheit, die die Diktatur gibt, ist aufgebaut auf einer viel tieferen Unsicherheit, als irgendeine Demokratie sie hat. Die Diktatur muß, um sich halten zu können, alles *einem* Ziele dienstbar machen: der Aufrechterhaltung ihrer Macht. Da sie keine Kritik in sich selbst hat wie die Demokratie, kann alle Kritik und aller Angriff nur von außen kommen. Wenn sie aber von außen kommen, bedrohen sie den ganzen Aufbau. Und darum müssen sie vernichtet werden. Die Diktatur muß jeden Gegner vernichten, während die Demokratie ihn in sich aufnehmen kann. Darum steht die Diktatur in ständigem inneren und äußeren Kampf, ein Kampf, der immer auf Leben und Tod geht und schließlich zum Tode der Diktatur führt. Das erlebt das deutsche Volk jetzt. Die Sicherheit, die der einzelne auf Kosten seiner Freiheit gewonnen hat, schlägt um in eine Unsicherheit, die das ganze System und damit ihn selbst bedroht. Das Leben und die Existenz des ganzen Volkes ist aufs schwerste gefährdet. Die wirtschaftliche Sicherheit, die die Diktatur gewährt, ist bezahlt nicht nur mit dem Preis der Unfreiheit und Entmenschlichung, sondern auch mit dem Preis einer Unsicherheit, die das Leben aller in Frage stellt. Und aus dieser Unsicherheit entwickelt sich eine neue Angst, eine Angst, die heute die Herzen der Deutschen mehr und mehr ergreift, eine Schicksalsangst, gegen die es nur *ein* Mittel gibt, wieder frei zu werden, wieder Mensch zu werden und das Schicksal in die eigene Hand zu nehmen.

15.

DIE KIRCHEN IM KAMPF
FÜR SOZIALE GERECHTIGKEIT   3. Juli 1942

Meine deutschen Freunde!

Wir haben in der letzten Woche von der wirtschaftlichen Sicherheit gesprochen, ohne die sich demokratische Freiheit auf die Dauer nicht halten kann. Heute will ich von einem mächtigen Bundesgenossen berichten, der in den Kampf für die wirtschaftliche Sicherheit aller Menschen eingetreten ist: die christlichen Kirchen. Es ist erstaunlich und für jeden, der die Lage in den Kirchen vor noch zwei Jahrzehnten kennt, überraschend, welche Wandlungen hier stattgefunden haben. *Die Kirchen, allen voran die englische Staatskirche, sind zu Führern im Kampfe für soziale Gerechtigkeit geworden, nachdem sie noch vor einem halben Jahrhundert den wirtschaftlich herrschenden Klassen jede mögliche Unterstützung gegeben haben.* In jener Zeit gebrauchte man in Erklärungen und Predigten wohl auch das Wort Gerechtigkeit, aber man dachte nicht daran, praktische Folgerungen für die Umgestaltung der Gesellschaft daraus zu ziehen. Man verabscheute in kirchlichen Kreisen die Arbeiter-Parteien und die kämpfenden Gewerkschaften. Man erklärte sie für gottlos und für staatsfeindlich. Man begriff nicht, daß jede Predigt sinnlos ist für die Ohren von Menschen, die aller Menschlichkeit durch das wirtschaftliche Elend und die völlige Lebensunsicherheit beraubt sind. Wohl gab es auch damals religiös-soziale Bewegungen aller Art. Aber sie blieben klein und privat. Sie erreichten nicht die offiziellen Kirchen, die kirchlichen Führer und die Erziehung der Pfarrer. All das hat sich durchaus geändert in den letzten Jahrzehnten. Es war schon anders vor diesem Krieg. Und seit Beginn des Krieges sind es vor allem die offiziellen Kirchen in England und Amerika, die die Führung in dem Kampf für eine soziale Neuordnung der Welt aufgenommen haben.

In einer einzigen Nummer einer großen Morgenzeitung in New York fand ich drei wichtige Erklärungen: die erste von dem Zentralrat der amerikanischen Kirchen[15], wo gegen die ungleiche Behandlung der verschiedenrassigen Arbeiter in den Kriegsindustrien feierlich protestiert wurde. Es ist dies ein grundlegendes Problem sozialer Gerechtigkeit in Amerika; und es sollte ein ebenso wichtiges Problem im gegenwärtigen Deutschland sein, wo die unterschiedliche Behandlung der deutschen und ausländischen Arbeiter zur Wiedereinführung einer Art von Sklaven-Arbeit geführt hat, die sich einmal furchtbar an den deutschen Arbeitern und an der ganzen Arbeiterbewegung rächen wird.

In der gleichen Zeitung befand sich eine Erklärung der römisch-katholischen Bischöfe von Großbritannien[16], die sehr radikal in ihren Forderungen für die christliche Lebensform ist. Es wird in der abschließenden These gesagt, daß die ungeheure Ungleichheit in der Verteilung des Reichtums und die Herrschaft über das Leben der Massen in der Hand einiger reicher Leute der sozialen Gerechtigkeit widerspricht. Worte von dieser Schärfe gegen die sogenannte Plutokratie im Munde römisch-katholischer Erzbischöfe sind etwas Neues und zeigen, in welcher Richtung die geistigen Führer der demokratischen Länder gehen. Und das bleibt nicht abstrakt. In den vorangehenden Thesen werden sehr konkrete Forderungen erhoben: Ein Lohn wird gefordert, der für eine behagliche Existenz und Sparen ausreichend ist — also nicht der Minimal-Lohn des früheren Kapitalismus, der gerade imstande ist, die Arbeitskraft des Arbeiters zu erhalten. In der gleichen Linie liegt die Forderung, daß die Ehefrau nicht arbeiten müsse, damit ein Minimal-Einkommen beschafft wird; die Arbeiterfamilie soll wirklich Familie sein! Gegen die zu kleinen Wohnungen wird gesagt, daß niemand im Wohnzimmer zu schlafen haben soll und daß jede Familie ein Badezimmer haben müsse. Ist die Industrie nicht imstande, diese Forderungen zu erfüllen, so müsse der Staat eingreifen. So spricht die katholische Kirche in einem Land, das als Stütze des Kapitalismus galt und von den deutschen Machthabern als Plutokratie verschrien wird.

Aber wichtiger noch für die Nachkriegszeit ist eine Rede des neuen Erzbischofs von Canterbury, William Temple[17], die in der gleichen Nummer der Zeitung zu lesen war. Dr. Temple ist das gegenwärtige Haupt der englischen Staatskirche. Er war von jeher ein Freund der englischen Arbeiterpartei und trat als Mitglied des englischen Oberhauses für die Arbeiterbewegung ein. Er war der Führer des sozialen, ja wir können ruhig sagen, sozialistischen Flügels der englischen Kirche. Daß solch ein Mann — trotz allen Widerstandes der Reaktionäre — den höchsten Posten in dieser Kirche erlangen konnte, ist ein Zeichen für die Lage in England, das zu den hoffnungsvollsten überhaupt gehört. Es hat eine ähnliche Bedeutung wie die Ernennung des radikalen Arbeiterführers Cripps zum Vertreter des Premierministers im Unterhaus. Für Deutschland bedeuten diese Ernennungen, daß die Nachkriegsordnung nicht in der Linie eines erneuerten Kapitalismus, sondern eines fortschrittlichen Sozialismus liegen wird.

Erzbischof Temple sieht die Gefahren, die mit einem Sieg der alliierten Nationen verbunden sind, und er zeigt sie seinen Landsleuten mit größter Offenheit. In einer Rede, die in Washington vor einer auserlesenen Versammlung von Führern der alliierten Nationen vorgelesen wurde, sprach er von der Versuchung, die der Sieg für die Alliierten mit sich bringen wird. Er sagte: „Furcht und Habgier sind die verderblichsten unserer Leidenschaften. Wenn der Krieg vorbei und der Sieg gewonnen ist, werden unsere beiden Länder (England und Amerika) fast uneingeschränkte wirtschaftliche Macht besitzen. Die Versuchung, sie selbstsüchtig zu gebrauchen, ist sehr groß. Freiheit der Konkurrenz begünstigt immer die, die wirtschaftlich mächtig sind; und wir werden in die Versuchung kommen, den großen Namen der Freiheit anzurufen, unter dem wir kämpfen, im Interesse unserer eigenen wirtschaftlichen Vorherrschaft. Wir wollen uns im voraus auf solche Versuchungen vorbereiten und gerüstet sein, ihnen zu begegnen." Derartiges zu erkennen und dagegen stark zu machen, sei von jeher die prophetische Aufgabe der Kirche gewesen. Die Tatsache, daß der Kirchenführer eines Landes, das in einem Kampf auf Leben und Tod verwickelt ist, solche Worte seinem Volk und über den Ozean den verbündeten Völkern sagen kann, zeugt von zweierlei: erstens von dem Geist einer solchen Kirche und ihrer Führer, und zweitens von dem Geist solcher Völker, die bereit sind, sich eine solche Warnung sagen zu lassen — nicht nur in ihren Massen, sondern auch in ihren politischen und wirtschaftlichen Führern. Und wenn jemand sagen wollte, daß dies zunächst nur Worte sind, so hat er zwar recht, aber er hat darum die Wichtigkeit solcher Worte nicht herabgedrückt. Die Diktatoren sind die besten Zeugen für die Wichtigkeit des Wortes, wenn sie vor allem anderen das freie Wort unterdrücken. Man stelle sich vor, daß ein deutscher Kirchenführer eine solche scharfe Warnung über die sittlichen Gefahren eines Sieges der Achsen-Mächte öffentlich gegeben hätte! Und daß sie in Rom vor militärischen und politischen Führern verlesen worden wäre! Schon der Gedanke ist unmöglich! Aber daß nicht nur der Gedanke, sondern die Wirklichkeit eines solchen Ereignisses möglich war, zeigt den ganzen Gegensatz der Welt der Demokratien zu der der Diktaturen, auch im Wirtschaftlichen.

Ihr mögt sagen, daß diese drei Erklärungen an einem Tag ein Zufall waren, der für die soziale Haltung der angelsächsischen Kirchen wenig beweist. Aber es ist kein Zufall. Denn es liegen drei feierliche Erklärungen von den englischen und amerikanischen Kirchen über die Nachkriegsordnung vor, die in genau die gleiche Richtung weisen, ja zum Teil noch radikaler in ihren sozialen Forderungen sind. Am weitesten gehen wohl die Beschlüsse der Konferenz von Malvern in England, wo unter dem Einfluß von Erzbischof Temple die Enteignung der national wichtigen Großbetriebe und der gleiche Zugang zu den Instituten höherer Erziehung für alle Begabten gefordert wird. Beide Forderungen, besonders die auf Gleichheit der Erziehungsmöglichkeiten, sind für England durchaus revolutionär. Ihre Erfüllung würde das Ende der englischen Form der Klassenherrschaft bedeuten. Ein offizielles Programm aller englischen Kirchen hat sich ähnliche, wenn auch naturgemäß weniger radikal formulierte Ziele zu eigen gemacht. Eine Konferenz der amerikanischen Kirchen in Delaware hat sehr konkrete soziale Maßnahmen empfohlen, besonders bezüglich der Zusammenarbeit von Unternehmern und Arbeitervertretern. All das ist noch unfertig. Aber fast jede der großen Kirchen hat einen Ausschuß für die Bearbeitung der sozialen Seite der Nachkriegsgestaltung. Ich will nicht verhehlen, daß es auch in den Kirchen starke Widerstände gibt, in Amerika noch mehr als in England. Aber es ist bisher fast immer gelungen, diesen Widerstand zu überwinden. Die angelsächsischen Kirchen wollen keinen erneuten Kapitalismus, sie wollen alles andere als eine Plutokratie. Sie haben begriffen, daß die wirtschaftliche Unsicherheit und die Klassenherrschaft der wirtschaftlich Mächtigen einer der Hauptgründe für das Unglück ist, das die Welt geschlagen hat. Und sie wollen nicht, daß dies Unglück sich wiederholt.

Es sind nicht nur die geistlichen Führer der Kirchen, die so denken, sondern auch christliche Laien in hohen politischen Ämtern. Ich möchte heute nur einen nennen, der kürzlich eine aufsehenerregende, mutige und viel bekämpfte Rede gehalten hat: der Vizepräsident der Vereinigten Staaten, der zugleich Präsident des Senates und Vorsitzender des Amtes für wirtschaftliche Planung ist. Er ist ein Mann von allseitiger, auch theologischer Bildung, von praktischer Erfahrung und politischem Weitblick, wie es nicht häufig in hohen Stellen vorkommt. In seiner Rede stellte er diesen Krieg in eine Linie mit den großen Revolutionen der Menschheit, der amerikanischen, der französischen, der russischen, und nannte ihn einen Krieg des Volkes für eine neue Ordnung der Welt. Es war christlich-prophetischer Geist, der durch ihn sprach, wie er durch die Worte des Erzbischofs von Canterbury und die Erklärungen von Malvern und Delaware sowie durch viele bedeutende Aufsätze und Reden angelsächsischer Christen, Laien und Geistlicher spricht. Der prophetische Geist, der den Kirchen so lange gefehlt hat, ist wieder erwacht, nicht nur, wie in der deutschen Bekenntniskirche, im Kampf für die Kirche selbst, sondern in der Teilnahme an dem weltgeschichtlichen Kampf für eine neue soziale Ordnung der Welt.

Niemand kann voraussagen, wie stark sich dieser neue Geist der Kirchen in den Friedensverhandlungen durchsetzen wird. Warnungen wie die des Erzbischofs können auch überhört werden. Das alles ist selbstverständlich. Niemand kann die Zukunft mit Sicherheit voraussehen, weder im Bösen noch im Guten. Eins aber ist sicher: Es sind viele Kräfte des Guten am Werke, und nicht zuletzt in den angelsächsischen Kirchen, die einen unvergleichlich viel größeren politischen Einfluß haben, als die deutschen Kirchen je hatten. Es ist immer wieder überraschend zu erfahren, in welchem Maße die Gedanken des religiösen Sozialismus, die in Deutschland unterdrückt sind, sich in der übrigen Welt durchgesetzt haben. Dies ist eins der Zeichen des Guten in dieser an guten Zeichen so armen Welt.

16.
DIE NATIONALE IDEE
UND DER NATIONALE GÖTZENDIENST

10. Juli 1942

Meine deutschen Freunde!

Die Idee der Nation ist wie alle großen und tiefen Dinge vieldeutig. Schon in der Sprache drückt sich das aus: es ist nicht ganz das gleiche, wenn der Deutsche von Volk und die westlichen Länder von Nation sprechen. Nation deutet mehr auf die Gesellschaft und die gemeinsame Geschichte, Volk mehr auf die Gemeinschaft und den gleichen Boden. Aber wie auch immer die Unterschiede sein mögen, jeder weiß, daß von etwas Großem, Gefährlichem und doch unendlich Wertvollem die Rede ist, wenn von Volk oder Nation gesprochen wird. Das ist mit Recht so, und die bösartige Götzendienerei, die die Herrschenden in Deutschland heute mit der Idee des Volkes treiben, darf uns nicht hindern, ruhig und sachlich über Volk und Nation zu sprechen. Hängt doch für die Gestaltung der Welt nach dem Krieg alles davon ab, welchen Raum die Nation in der künftigen Epoche einnehmen wird.

Es ist etwas Merkwürdiges, zu sehen, wie die nationale Idee im letzten Jahrhundert alle gegnerischen Ideen geschlagen und einen Triumph in der ganzen Welt errungen hat wie kaum je eine einzelne Idee. Die Nation erwies sich stärker als alle alten und neuen internationalen Gruppen. Sie erwies sich stärker als die internationale römisch-katholische Kirche. Seit der Reformation wurden die Kirchen Landeskirchen und abhängig von der nationalen Politik wie nie zuvor. Noch heute ist der Kampf darum noch nicht ganz abgeschlossen; in den Verhandlungen aller Staaten mit dem Vatikan in Rom geht er weiter. Aber mit wenigen Ausnahmen hat sich die nationale Idee stärker gezeigt als die internationale kirchliche Idee. Und die Nation erwies sich als stärker als die geistige Internationale, die Zusammenarbeit der Völker in Wissenschaft, Technik, Musik, Kunst. Viele Hoffnungen hatte man auf diese Internationale des Geistes gesetzt. Man glaubte, daß aus ihr ein weltbürgerliches Gefühl erwachsen würde, das den Kriegen ein Ende machen könnte. Aber als die Nation rief, im Ersten wie im Zweiten Weltkrieg, blieben nur wenige der weltbürgerlichen Idee treu.

Und eine dritte Gruppe, auf die Millionen ihre Hoffnung für Frieden und internationale Einheit gesetzt hatten, die Arbeiterbewegung, wurde ebenso schnell und völlig von der nationalen Idee geschlagen wie die Internationale des Religiösen und des Geistigen. Auch die soziale Idee war nicht stark genug, der nationalen Idee Widerstand zu leisten. Die Arbeiter aller Länder ließen sich trennen, statt sich zu vereinigen, durch die nationalen Gegensätze. Die Tatsache, daß auch Rußland immer mehr nationalistisch wurde und daß die asiatischen Völker sich weithin dem abendländischen Nationalismus öffneten, soll nur erwähnt werden, um die Größe und den weltweiten Charakter dieses Sieges der nationalen Idee anzudeuten. Sie hat gesiegt und ist heute die geschichtlich mächtigste Idee.

Das müssen wir erst einmal wissen und verstehen, ehe wir über den deutschen Volksgötzendienst und die Nachkriegsgeltung der Nation etwas sagen können. Was in Deutschland geschieht: die Heiligsprechung der Nation, ihre Erhebung über alle anderen Werte, ihre Anbetung und die unermeßlichen Opfer an Menschenleben, Menschenglück und Menschenwürde, die dem Volk wie einem echten Götzen gebracht werden –, das alles ist nur die äußere Konsequenz von Elementen, die im Nationalismus als solchem liegen. Es ist die äußerste Konsequenz und zugleich die äußerste Verzerrung. Der Götzendienst, der mit dem deutschen Volk getrieben wird und durch den das deutsche Volk zugrunde geht, ist eine mächtige Warnung für alle Völker, sich von diesem Gift zu befreien, das irgendwie in ihrer aller Blut gedrungen ist und das Fieber der nationalen Selbstüberhebung hervorbringt. Mit jedem Tag des Krieges wird die Gefahr größer, die mit der Verzerrung und Vergötzung der nationalen Idee verbunden ist. Denn jeder Tag des Krieges bläht den Götzen in jedem Lande mehr auf, macht seine Züge verzerrter, fiebriger. Das kann nicht anders sein. Denn wo *ein* Götze ist, sind viele. Wo *eine* Nation sich selbst anbetet und die anderen sich unterwirft, ist die Versuchung kaum zu überwinden, daß nun auch die anderen, angegriffenen oder unterworfenen Völker sich selbst anbeten. Wie Haß Haß gebiert, so gebiert Nationalismus Nationalismus und nationaler Götzendienst nationalen Götzendienst. Es ist fast ein Wunder und eine der großen Hoffnungen für die Zukunft, daß die angelsächsischen Länder auch heute noch eine recht niedrige nationalistische Fieberkurve zeigen. Christentum und Humanismus sind in diesen Ländern noch nicht so völlig der nationalen Idee unterworfen wie auf dem europäischen Festland. Dort aber sind die Gefahren ganz groß. Ob und wie es möglich sein wird, die unterworfenen, mißhandelten, der Ausrottung nahegebrachten Völker von einem alles zerstörenden Ausbruch nationaler Rache zurückzuhalten, ist eine der schwersten Fragen. Verantwortliche Staatsmänner in den großen demokratischen Nationen denken schon jetzt mit Sorge an diesen Augenblick. Die nationalistischen Dämonen, mit denen sich Deutschland verbündet hat, werden es verraten und werden sich von allen Seiten gegen es wenden.

Denn es kann nicht ausbleiben, daß die siegreiche nationale Idee gerade durch ihre Übersteigerung und Verzerrung in ihrer Begrenztheit offenbar wird. Ihr Sieg ist — auf die Dauer gesehen — ein Scheinsieg. Wenn sie sich alles unterworfen hat, Religion, Kultur, das Soziale, dann entsteht die Frage, was ist sie denn selbst? Was ist ihr Inhalt? Wovon lebt sie? Was wird eigentlich angebetet, wenn die Nation angebetet wird? Menschen? Aber diese Menschen werden ihr ja geopfert! — Sprache? Aber die Sprache ist ja ein Ausdruck von etwas! Von was? — Lebensformen? Aber diese Formen enthalten doch einen Inhalt, einen geistigen, sittlichen, sozialen! Woher diese Inhalte? — Kulturschöpfungen? Aber die sind ja gerade dadurch gekennzeichnet, daß sie in begrenzten Formen etwas Allgemeingültiges, Menschliches oder Göttliches ausdrücken! — Heimatgefühle, Erinnerungen, Vertrautheiten? Aber die sind ja an den Kreis gebunden, in dem man wirklich lebt; sie sind meistens an viel engere, manchmal an weitere Grenzen gebunden als die der Nation.

Das Geheimnis des reinen Nationalismus ist, daß er keinen Inhalt hat und darum als reiner Wille zur Macht enthüllt wird. Die leere Selbstbejahung der Nation wirkt sich aus in unendlichem Streben zur

Selbsterweiterung. In dem Willen zur Macht um der Macht willen ist der Sinn der nationalen Selbstanbetung ausgesprochen. Und wenn das Teuflische eine Funktion in der Welt hat, dann kann man sagen, daß es das Verdienst des Nationalsozialismus ist, daß er diesen Kern des reinen Nationalismus weltgeschichtlich sichtbar gemacht hat: Es ist der leere und darum grenzenlose Wille zur Macht; und da nichts Begrenztes grenzenlos sein kann, so ist es im tiefsten Grunde Wille zum Untergang. In allem, was die Nationalsozialisten tun und sagen, ist dies Doppelte bemerkbar: der Wille zur Macht und der Wille zum Untergang. In diesem Doppelsinn wird die Jugend erzogen, werden die Armeen in den Kampf geführt, wird ein Volk nach dem anderen angegriffen. In diesem Doppelsinn erfüllt und zerstört sich der siegreiche Nationalismus.

So sehr wir fürchten müssen, daß das Ende dieses Krieges ein grauenvolles Aufflammen von rachedurstigem Nationalismus sehen wird, so sehr dürfen wir hoffen, daß dies ein letztes Aufflackern sein wird. Wie nach dem Dreißigjährigen Krieg, der Deutschland verwüstete, der Fanatismus der religiösen Konfessionen gebrochen war und der neutrale Staat die Führung übernahm, so mag nach diesem Krieg, der Europa verwüstet, der Fanatismus des nationalen Machtwillens gebrochen sein. Vielleicht wird die nationale Idee, nachdem sie in Deutschland ihren letzten, wahnwitzigen Triumph gefeiert hat, ihre Macht verloren haben und sich einer anderen, höheren Idee unterwerfen müssen. Das ist unsere Hoffnung, die einzige, die wir für unsere Kinder haben. Bleibt die nationale Idee herrschend, so geht das Unheil weiter, dann wird nicht ein dreißigjähriger, sondern ein hundertjähriger Krieg die Welt verwüsten.

Ob unsere Hoffnung oder unsere Befürchtung sich erfüllen wird, hängt in weitem Maße vom deutschen Volke ab. Es wird auf die Dauer am meisten unter den Folgen des nationalen Götzendienstes leiden, es wird am leichtesten bereit sein, sich von ihm abzukehren. Aber wenn das geschieht, so muß es ohne Vorbehalte, klar, bewußt und vollständig geschehen. Nur dann ist es glaubhaft, nur dann hat es Wert und kann dazu führen, daß der sich selbst anbetende Nationalismus in der ganzen Welt geschlagen wird.

Eine solche Abwendung vom zerstörerischen Nationalismus bedeutet nicht Abwendung von Volk und Nation. In irgendeiner Form hat es sie immer gegeben, und in irgendeiner Form soll es sie immer geben. Aber freilich nicht in der Form des modernen Nationalismus. Es ist gut, daß das Allgemein-Menschliche sich verschieden darstellt, nicht nur in der Unendlichkeit der individuellen Menschen, sondern auch in dem Reichtum der Gruppen und Völker. Wieviel ärmer wäre die Welt, wenn es die französische Kultur als eine besondere, einzigartige, unwiederholbare Ausprägung menschlichen Seins nicht gegeben hätte; aber wenn die französische Kutur die einzige wäre und es nichts gäbe als sie, wäre die Welt arm. Man fürchtet heute oft in Deutschland, daß ein Imperialismus des angelsächsischen Geistes dem Sieg der Alliierten folgen wird. Ich kann Euch versichern, daß, wo solche Ideen ausgesprochen werden, sie von allen Verständigen abgelehnt und lächerlich gemacht werden. Außerdem ist es eine alte Erfahrung, daß der Sieger viel öfter kulturell von dem Besiegten erobert worden ist als umgekehrt. Auch die Furcht ist unbegründet, daß man Deutschland zum Volk der Dichter und Denker zurückwerfen und ihm sein nationales Leben nehmen will. Jeder Einsichtige weiß heute, daß eine solche Trennung unmöglich ist. Das deutsche Volk soll so wenig seines Lebenswerkes beraubt werden wie irgendein anderes Volk. Aber kein Volk, weder das deutsche noch irgendein anderes, soll die Möglichkeit eines machtpolitischen Nationalismus behalten. Das ist das Ziel aller derer in den alliierten Nationen, die den Sinn dieses Krieges verstanden haben, die begriffen haben, daß es in diesem Krieg *einen* Besiegten geben muß, an dessen Besiegung sich alle Völker beteiligen müssen: den zerstörerischen Nationalismus, der den Krieg entzündet hat.

Die nationale Idee hat die Welt erobert. Sie schien vielen die letzte, die höchste Idee zu sein. Die Nation beanspruchte uneingeschränkte Hingabe und damit die Anbetung, die allein dem Göttlichen gegeben werden darf. Aber in dem Augenblick, wo sie sich auf den Thron Gottes setzte und Recht, Wahrheit und Menschlichkeit sich zu unterwerfen trachtete, begann ihr Untergang. In dem Wahnwitz des deutschen Nationalismus und in den Flammen des Zweiten Weltkrieges wurde ihr Geheimnis und ihre Grenze offenbar. *Die Nation ist nicht Gott. Es gibt Größeres als sie. Sie ist gut und groß in ihren Grenzen, aber sie ist nicht alles.* Das lernt die Welt heute. Das lernt, so hoffe ich, auch das deutsche Volk, ehe es zu spät ist.

17.

NICHT NATION, SONDERN FÖDERATION

17. Juli 1942

Meine deutschen Freunde!

Als ich vor acht Tagen zu Euch sprach, lenkte ich Eure Gedanken auf die Frage, was die Nation bedeutet, im Guten und im Bösen, und auf die große Hoffnung, die dieser Krieg in sich birgt: daß er das Ende des Nationalismus bringen könnte. Ich möchte Euch heute nun berichten, wie man in Amerika und England über diese Dinge denkt, welche Pläne man hat und welche Gegensätze darüber bestehen. Es ist ja nicht so, als ob es nur ein Amerika und nur ein England gäbe, wie es auch heute noch nicht nur ein Deutschland und ein Japan gibt. Einig sind sich alle Amerikaner und Engländer darin, daß der Krieg gewonnen werden muß und daß man jedes Opfer bringen muß, um ihn zu gewinnen. Darüber sollte man sich in Deutschland nicht täuschen. Gegensätze bedeuten in der Demokratie etwas anderes als in der Diktatur. In der Demokratie sind sie ein Zeichen der inneren Kraft, solange sie auf demokratischem Boden und mit demokratischen Mitteln ausgekämpft werden. In der Diktatur, wo es solche Wege nicht gibt, Gegensätze zum Austrag zu bringen, ist jede Spaltung eine Bedrohung des Systems und muß mit gewaltsamen Mitteln beseitigt werden. Die Gegensätze, von denen ich heute einiges berichten will, sind innerdemokratische Gegensätze, sie werden sehr ernsthaft besprochen. Man weiß, was auf dem Spiel steht für die Zukunft der Welt, wenn man Friedensziele aufstellt. Aber es sind keine Gegensätze, die das demokratische System bedrohen, sie zeigen vielmehr seine Stärke.

Wenn man den Unterschied in den Gedanken über die Zukunft auf eine grobe Formel bringen will, dann kann man sagen, daß es eine Gruppe gibt, die soweit wie irgend möglich alles so wiederhaben will, wie es vor dem Ausbruch des Krieges war. Demgegenüber gibt es eine Gruppe — zu der, um es gleich zu sagen, ich selbst gehöre —, die auf eine revolutionäre Änderung der Organisation der Welt hofft und meint, daß, wenn es nicht dazu kommt, dieser Krieg umsonst geführt ist. Es sind mancherlei Punkte, in denen sich dieser *Gegensatz einer reaktionären und einer revolutionären Gruppe bezüglich der Friedensziele* ausdrückt. Ich möchte heute, im Anschluß an meine Gedanken über Volk und Nation, die ich das letzte Mal entwickelt habe, mich auf einen Punkt beschränken: *die internationale Gestaltung und die Rolle Deutschlands in ihr.*

Die reaktionären Politiker, unter denen es viele Schattierungen gibt, denken an eine Wiederherstellung aller kleinen und großen Staaten, ungefähr in den Grenzen der Zeit vor Hitlers Einmarsch in Österreich, mit Verbesserungen natürlich, aber doch ohne wesentliche Veränderungen. Jedes dieser Länder würde wieder souverän sein in seiner inneren und äußeren Politik, eingeschränkt nur durch einen verbesserten und machtvolleren Völkerbund. So würde es in Europa und in Asien sein. Handelsverträge würden die Zollschranken niedrig halten, und Abrüstungsverträge, beginnend mit einer völligen Abrüstung der Achsen-Mächte, würden die Armeen klein halten. Es ist im wesentlichen das Bild der Dinge, wie sie nach dem Ersten Weltkrieg aussahen, mit Verbesserungen auf Grund dessen, was man inzwischen gelernt hat.

Ich glaube nicht, daß diese Absichten sich durchsetzen werden. Obwohl sie im scheinbaren Interesse der kleinen, jetzt von Deutschland besetzten Nationen liegen, gibt es viele weitsichtige Vertreter dieser Nationen in Amerika und in England und vor allem in diesen Ländern selbst, die weiter sehen. Diese Männer wissen, daß ihren Völkern schlecht damit gedient wäre, wenn das diplomatische und militärische Spiel wieder beginnen würde, durch das Europa zwischen den Kriegen gespalten und beunruhigt wurde. Sie wissen, daß es sinnlos wäre, die wissenschaftlichen und geistigen Kräfte ihrer Länder, die zum Wiederaufbau gebraucht werden, an kostspielige und letztlich wertlose Heere zu vergeuden. Daher stehen sie — oft im Gegensatz zu den offiziellen Reden ihrer Regierungsvertreter — auf seiten der revolutionären Lösung. Sie wollen kleine und große Föderationen, nord- und osteuropäische, gesamteuropäische, wenn möglich sogar eine letzte, allumfassende Einheit. Und an diese Einheiten wollen sie ihre militärische und diplomatische Souveränität abgeben und nur ihre kulturelle und innerpolitische Selbständigkeit behalten. Auch die wirtschaftlichen Fragen sollen in erster Linie von den großen Einheiten, den Föderationen, oder wie immer man sie nennt, behandelt werden. Jedes der Länder, das zu einer solchen Föderation gehört, soll zu deren Regierung und deren Polizeitruppe entsprechend seiner Bedeutung beitragen, aber keine Nation soll mehr imstande sein, von sich aus über Krieg und Frieden und über Absperrung von der übrigen Welt durch Zollgrenzen zu entscheiden. In einer solchen Lösung wäre der Nationalismus überwunden und die Grundlage für eine neue Organisation der Menschheit gegeben. Und in einer solchen Lösung wäre auch für Deutschland der Platz, der ihm zukommt. Es würde in einer solchen Föderation keine unterdrückende, aber auch keine unterdrückte Nation geben. Deutschland würde keins von beiden sein, weder, was es jetzt ist, noch, was es nach Versailles war, sondern ein gleichberechtigtes Glied eines größeren Ganzen.

Ich sagte, daß selbst Vertreter der kleineren, jetzt unterworfenen Völker solche Gedanken haben. Für sie ist es am schwersten, im gegenwärtigen Kampf für ihre Freiheit, so zu denken. Wenn sie es doch tun, so ist das ein um so stärkerer Beweis für die Richtigkeit dieser Lösung. In den großen, unbesiegten Völkern, ist es leichter, für die föderative Weltorganisation zu sprechen. Und es gibt Männer in den höchsten Stellungen in Amerika und England, die es offen tun. Ich wies das letzte Mal auf den Vizepräsidenten der Vereinigten Staaten hin, der sich in einer glänzenden und mutigen Rede gegen die reaktionäre Lösung eingesetzt hat. Auch die in vielem so blasse und vage Atlantische Erklärung setzt eine Weltorganisation wirksamerer Art voraus, als es der Völkerbund war, wenn sie die Freiheit von Furcht für alle Völker verkündet. Auch ist bekannt, daß man den reaktionären Vertretern der besetzten Länder kein Versprechen gegeben hat, weder in Washington noch in London, daß alles wieder werden soll wie vorher.

In demokratischen Ländern spielt die öffentliche Meinung eine Rolle, von der man sich in Deutschland keine Vorstellung machen kann. Darum versuchen die Vertreter der revolutionären Lösung, in Reden und Schriften das amerikanische und englische Volk von der Notwendigkeit einer radikalen Neuordnung der internationalen Beziehungen zu überzeugen. Der natürliche Konservatismus des durchschnittlichen Menschen, seine Unfähigkeit und Unwilligkeit, neue Gedankenbahnen zu gehen, macht das nötig. Und der Erfolg ist überraschend. Gedanken, die noch vor zwei Jahren phantastisch, vor einem Jahr ungewöhnlich erschienen, werden jetzt überall ausgesprochen. Vor mir liegt ein Bericht über eine öffentliche Debatte[18], die am 11. Juli in einem großen amerikanischen Institut vor zweitausend Hörern stattgefunden hat und wo der Hauptredner vor Vertretern verschiedener Nationen und eines führenden amerikanischen Senators folgende Gedanken ausführte: "Die verschiedenen Souveränitäten müssen in einer einheitlichen Weltsouveränität zusammenfließen. Ein solcher Plan ist unsere beste und vielleicht unsere letzte Hoffnung, nicht nur den Krieg, sondern auch den Frieden zu gewinnen. Die

alliierten Nationen müssen mehr als bisher der Frage der Nachkriegsorganisation ihre Gedanken und ihre Kräfte widmen. Geschieht das
nicht, so geht der Friede rettungslos verloren, auch wenn der Krieg
gewonnen wird. Geschehen kann aber eine solche Reorganisation der
Welt nicht dadurch, daß man die Regierungen, sondern nur dadurch,
daß man die Völker zusammenbringt. Direkt gewählte Vertreter der
Bevölkerung in allen Nationen müssen die Weltföderation leiten."
Sehr scharf sagte der Redner: „Der alte Begriff der unabhängigen
Souveränität der Nationen ist eine Formel der Anarchie. Das alte
Prinzip der gleichen Souveränität der Nationen ist ein Rezept für
Verantwortungslosigkeit und Untätigkeit. Da alle, die menschliche Art
haben, heute mit solcher gebieterischen Dringlichkeit eine Weltordnung
brauchen und fordern, so ist es vernünftig zu glauben, daß ein Weg
dazu in unserer Zeit gefunden wird." Daß heute in solcher Öffentlichkeit so gesprochen werden kann, und daß die größte Zeitung des
Landes einen ausführlichen Bericht darüber gibt, ist ein hoffnungsvolles Zeichen dafür, daß die Götzendämmerung des Nationalismus
angebrochen ist.

Der Kampf darum ist freilich noch nicht gewonnen. Es gibt auch
andere Stimmen, und auch sie kamen in jener Versammlung zum Ausdruck. Es muß weiter gekämpft werden. Denn die Föderation ist nicht
nur die Hoffnung für die Welt, sie ist auch, und in besonderem Maß,
die Hoffnung für Deutschland. Nur in einer umfassenderen Einheit,
nicht als souveräne Nation, kann ein besiegtes Deutschland eine Zukunft haben. Darum aber ist es nötig, daß Deutschland, daß Ihr, die
Ihr das wirkliche Deutschland seid, anfangt, für die neue Organisation
der Welt mitzukämpfen. Es wäre eine große Hilfe für uns, die wir
den reaktionären Plänen Widerstand leisten müssen, wenn Ihr, die
deutsche Opposition, den Gedanken der Föderation in Euch bewegen
würdet und uns wissen ließet, welche Form dieser Gedanke in Euch
angenommen hat. Ihr habt Erfahrungen gemacht, die wir nicht kennen. Ohne die unterdrückte deutsche Bevölkerung kann keine dauernde
Organisation errichtet werden. Siebzig Millionen Menschen, auch wenn
sie besiegt und zerrieben sind, haben in der Welt ein Wort mitzureden,
das nicht überhört werden darf, ohne daß die Welt in ein neues Unglück gestürzt wird. Darum fangt jetzt schon an mitzureden, in Eurem
Innern, zueinander und wo immer es möglich ist, zu uns. Versucht,
eine öffentliche Meinung der deutschen Opposition im geheimen, im
Untergrund, zu schaffen und zeigt uns, daß sie da ist. Sie wird gehört
werden und sie wird Einfluß haben auf die Gestaltung des Friedens.

Im Kampf mit den reaktionären Mächten kommt sehr viel darauf an, daß die Gegner davon überzeugt werden, daß auch der deutsche Nationalismus seinen Todesstoß erhalten hat. Es ist unendlich wichtig für die kommende Gestaltung der Welt, daß die Stimme desjenigen Deutschland nicht stumm bleibt, das genauso unterdrückt und mißhandelt ist wie die eroberten Länder und das genauso auf Befreiung wartet wie diese. Wir wissen, wie schwer und gefährlich jede Lebensäußerung für Euch ist. Aber ganz unmöglich ist sie nicht. Gebt uns Waffen gegen die Reaktion in den alliierten Ländern, nicht, indem Ihr um schonende Behandlung bittet oder indem Ihr selbst alles wieder wie bisher haben wollt. Mit solchen Gedanken würdet Ihr nur die Reaktion unterstützen und Eure Zukunft ruinieren. Sondern gebt uns Waffen, indem Ihr *zeigt*, daß für Euch das Rückgrat des Nationalismus von den Nazis selbst gebrochen ist, *daß Ihr nicht Nation, sondern Föderation, nicht das einzelne Volk, sondern die ganze Welt wollt.* Das ist heute das Thema der Weltgeschichte, und dazu könnt Ihr Entscheidendes beitragen, um Eurer selbst und um der Menschheit willen.

18.

NACHKRIEGSGESTALTUNG ALS WIRTSCHAFTLICH-SOZIALE NEUGESTALTUNG

25. Juli 1942

Meine deutschen Freunde!

Als ich das letzte Mal zu Euch sprach, waren es Fragen der Weltgestaltung nach dem Krieg, die ich behandelte. Die Frage, was soll nach dem Krieg werden, ist deswegen die wichtigste von allen, weil von ihrer Beantwortung der Sinn unseres und Eures Kampfes abhängt. Unser wie Euer Kampf hat als erstes Ziel den Sieg über die nationalsozialistische Diktatur. Darüber sind alle Völker einig, die jetzt im Krieg mit Deutschland stehen. Darüber sind alle Parteien in diesen Völkern einig, von der Linken bis zur Rechten; ja für dieses Ziel kämpfen mit besonderer Leidenschaft die Arbeitermassen in den demokratischen Ländern. Sie wissen, daß nichts in der Welt besser werden, daß kein soziales Problem gelöst werden kann, solange die Unterdrückungsmaschine des Nationalsozialismus an der Macht ist. Und darüber, daß zuerst die deutsche Diktatur geschlagen werden muß, sind all diejenigen in Deutschland mit uns einig, die in stillem oder offenem Widerstand um die Rettung des besseren von dem schlechteren Deutschland ringen. Aber es genügt nicht, einig zu sein im Nein. Man muß irgendwann einmal auch im Ja einig werden. Ohne diese tiefere Einigung würde man eines Tages doch auseinanderfallen und in verschiedener Richtung laufen, ja vielleicht gegeneinander stehen und den Kräften der Zerstörung eine letzte Gelegenheit geben, ihrem Schicksal zu entrinnen. Darum werden in den demokratischen Ländern so viele und ernsthafte Anstrengungen gemacht, Friedensziele zu formulieren, über sie in kleinen und großen Gruppen und in weitester Öffentlichkeit zu diskutieren. Man will darüber zur Klarheit kommen, man will sich, soweit es menschlich möglich ist, einigen, man will die zahllosen Einzelfragen so sachlich und wissenschaftlich gerecht, wie es irgend erreichbar ist, behandeln. Viele Sachkenner, Wirtschaftler, Geschichtsforscher, Geographen, Politiker aller Länder, auch deutsche und italienische Feinde der Diktatur, arbeiten gemeinsam an diesen Fragen. Wir wünschten nichts mehr, als daß Abgesandte von Euch, der innerdeutschen Opposition, schon jetzt bei uns sein könnten und mithelfen an der Lösung der Weltgestaltung nach dem Krieg und insonderheit der Gestaltung Europas und Deutschlands. Aber wenn Ihr auch noch nicht mit uns reden könnt, so könnt Ihr doch schon mit uns denken, und das, was ich und viele andere Woche für Woche zu Euch herübersprechen, soll Euch helfen, mit uns über diese wichtigsten aller Fragen nachzudenken.

Vor einer Woche war es die Frage der internationalen Gestaltung und ihre Behandlung in den demokratischen Ländern, über die ich zu Euch gesprochen habe. Ich werde wieder und wieder darauf zurückkommen. Denn diese Dinge sind im Fluß, und das Bild mag sich noch wesentlich ändern, wie es sich schon ständig, und zwar zum Besseren, geändert hat. Heute möchte ich mit Euch über eine andere, gleich wichtige Frage der Nachkriegsgestaltung nachdenken, *die soziale Frage.* Auch über ihre Behandlung in den demokratischen Ländern ist viel zu berichten. Ich habe wohl schon einmal davon gesprochen, welches Interesse die Kirchen in Amerika und England an der Frage der sozialen Gerechtigkeit nach dem Kriege nehmen, wie radikal in ihren Forderungen nach wirtschaftlicher Neuordnung die Programme aller christlichen Konfessionen sind. Man hat verstanden, daß zwischen dem Geist des Christentums und dem Geist der alten Wirtschaftsordnung ein unversöhnlicher Widerspruch besteht. Man hat in führenden Kreisen aller Kirchen begriffen, daß es vergeblich ist, am Sonntag von der göttlichen Gnade und der Liebe zum Nächsten zu predigen, wenn man gleichzeitig die Menschen dem seelischen und leiblichen Elend der Arbeitslosigkeit preisgibt oder sie in ständiger Angst und Unsicherheit leben läßt. Es geht in den demokratischen Ländern ein ständiger Strom dieser Einsicht von den Kanzeln und Zeitschriften in alle Kreise des Volkes. *Nachkriegsgestaltung heißt nicht nur weltpolitische, sondern auch wirtschaftlich-soziale Neugestaltung:* Das weiß man jetzt, auch wenn man über die Einzelheiten der Gestaltung noch wenig weiß. Mit diesem Geist führt man den Krieg und mit diesem Geist denkt man an den Frieden. Nichts liegt diesen Menschen ferner als Plutokratie, wie es die deutsche Propaganda nennt.

Es ist selbstverständlich, daß neben den Kirchen Arbeiterparteien und vor allem die mächtigen Gewerkschaftsbewegungen für die soziale Neugestaltung während des Krieges und nach dem Krieg arbeiten. Ihr wißt, daß in England die Arbeiterpartei stark in der Regierung vertreten ist. Aber darüber hinaus kämpfen die Vertreter dieser Parteien im Parlament, in Zeitungen, Reden, Büchern für eine grundsätzliche Neuordnung der Gesellschaft, soweit wie möglich schon während des Krieges, und endgültig — nicht nur in England, sondern auch auf dem europäischen Kontinent — nach dem Krieg. Dieser Kampf kann unter der Kriegszensur geführt werden. Und er wird mit Leidenschaft und Erfolg geführt. Letzthin erschien ein Artikel von einem geistigen Führer der englischen Arbeiterbewegung in einer einflußreichen, politisch-wirtschaftlichen Zeitschrift, dessen Schärfe nichts zu wünschen übrig ließ und der trotzdem auch in den konservativen Zeitungen Amerikas ausführlich zitiert wurde. Er enthielt einen Angriff auf die reaktionären Kräfte, die auch heute noch in der englischen Regierung sind und alles tun, um die Privilegien der herrschenden Klassen zu erhalten. Niemand wird in dieser Kritik geschont, auch die Spitze der Regierung nicht. Es wird aufs deutlichste gesagt, daß man den Krieg nicht für die alte Ordnung, sondern für eine Neuordnung führen müsse und daß, wenn diese Neuordnung nicht zustande kommt, alle alten Übel wiederkehren werden. Keine Zensur hat diesen Artikel unterdrückt. Er zeigt, daß man in den Demokratien für soziale Gerechtigkeit kämpfen kann, aber auch, daß man für sie kämpfen muß. Ich würde Euch ein falsches Bild geben, wenn ich sagen würde, daß die demokratischen Länder als ganze dem Sozialismus zugeneigt sind. Davon kann keine Rede sein. Für jeden Fußbreit sozialer Gerechtigkeit muß hier, wie in England, wie überall in der Welt gekämpft werden. Überall gibt es mächtige Interessengruppen, die keine ihrer Privilegien opfern wollen. Überall gibt es Gleichgültige, die nicht kämpfen wollen, und Törichte, die nicht sehen wollen. Und überall ist der Kampf für Gerechtigkeit ein schwerer und gefährlicher Kampf. Aber das ist das Große an der Demokratie, und das unterscheidet sie auch von der besten Diktatur, daß man in ihr für Gerechtigkeit kämpfen kann und mit Aussicht auf Erfolg.

Es ist eine dritte Gruppe neben den Kirchen und den Arbeiterbewegungen, die eine soziale Neugestaltung nach dem Kriege fordert: das sind die Schriftsteller, Gelehrten, Philosophen und Erzieher, die den Sinn dieses Krieges verstanden haben. Es herrscht eine erstaunliche Übereinstimmung aller dieser Männer in einem Punkt: Dieser Krieg ist nicht in erster Linie ein Krieg von Völkern, sondern es ist eine Weltrevolution in der Form eines Krieges von Völkern. Jeder, der den Versuch gemacht hat, in ernsthafter, gedanklicher und wissenschaftlicher Bemühung auf die Wurzeln dieses Krieges zu kommen, hat entdeckt, daß sie sehr viel tiefer liegen, als er vorher angenommen hatte. Es ist nicht der Friede von Versailles mit all seinen Mängeln, der für den Krieg verantwortlich ist; es ist auch nicht die wirtschaftliche Konkurrenz der industriellen Großmächte, es ist auch nicht der deutsche oder angelsächsische Imperialismus. Ursache des Krieges, in letzter Hinsicht, ist der Verfall einer Gesellschaftsform, die ihre große Zeit gehabt hat und nun untergeht. Das gilt in erster Linie für die wirtschaftlichen Fundamente dieses Systems. Sie tragen nicht mehr. Sie können den Massen der Menschen nicht mehr die Sicherheit und das materielle Glück geben, das die Menschen im Zeitalter der unbegrenzten Produktionskräfte fordern können. Und weil das so ist, darum kann die Welt nicht zur Ruhe kommen, ehe ihre wirtschaftlichen Fundamente nicht umgebaut sind. Diese Einsicht ist Gemeingut der meisten denkenden Menschen in den demokratischen Ländern. Nur diejenigen, die durch Interessen bewußt oder unbewußt gebunden sind, können sich noch nicht dazu durchringen. Eine Fülle von Büchern, Broschüren, Artikeln, veröffentlicht vor und nach dem Ausbruch des Krieges, bringt diesen Grundgedanken zum Ausdruck: Ohne soziale Neugestaltung ist der Friede verloren, auch wenn der Krieg gewonnen ist. Die Wirkung dieser Literatur ist sehr groß, niemand kann ermessen, wie groß. Eins aber kann ich sagen: In den vielen Jahren, in denen ich die gesellschaftskritischen Schriften verfolgt habe, gab es nie eine so weitgehende Einigkeit unter den führenden Schriftstellern wie heute in der Deutung des Krieges als einer allumfassenden Revolution.

Religiöse, soziale und geistige Führer überall in der Welt kämpfen für die soziale Neugestaltung in und nach dem Krieg. Sie wollen Euch als Bundesgenossen.

Es wird eine Frage von Euch in diesem Zusammenhang gestellt werden; und wenn Ihr sie nicht stellt, wird die deutsche Propaganda Euch darauf stoßen: Wie verhält sich der Wille zu einer sozialen Neugestaltung nach dem Krieg zu dem Bündnis der Demokratien mit Rußland? Ist Rußland das Muster für soziale Neugestaltung? Hat das Bündnis mit Rußland den sozialen Willen geschaffen oder gefördert? Soll Europa bolschewisiert werden, beginnend mit den skandinavischen Ländern, wie die deutsche Propaganda jetzt behauptet? Alle drei Fragen müssen mit einem klaren Nein beantwortet werden. In keinem demokratischen Land ist es möglich, Rußland, ein halbasiatisches Land, mit einer überwiegenden Bauernbevölkerung und nicht der geringsten Erfahrung in demokratischen Lebensformen, zum Muster zu machen für rein europäische oder amerikanische Nationen mit hoher industrieller Kultur und alten demokratischen Einrichtungen. Derartiges liegt außerhalb jeder Vorstellung. Und das gilt für Amerika selbst ebenso wie für die Gestaltung des europäischen Kontinents. Darum sind die Bewegungen für soziale Nachkriegsgestaltung auch in keiner Weise abhängig von dem gegenwärtigen politischen Bündnis mit Rußland. Sie waren alle vorher da und entwickeln sich auch weiterhin unabhängig davon. Man ist mit Rußland verbündet, weil man — wie Rußland — vom deutschen Faschismus angegriffen ist. Und man bewundert Rußland wegen seines Widerstandes gegen einen kriegstechnisch weit überlegenen Gegner.

Und darüber hinaus gibt es viele in den demokratischen Ländern, die der Überzeugung sind, daß Rußland selbst nach dem Kriege nicht mehr das sein wird, was es vorher war, daß demokratische Einflüsse es dem annähern werden, was man hier als Bild sozialer Neuordnung vor Augen hat. Wenn diese Hoffnung gerechtfertigt wäre und Ihr, die deutsche soziale Opposition, die Vermittlung zwischen beiden Völkern übernehmen würdet, dann wäre der Friede gewonnen.

19.
NACHKRIEGSGESTALTUNG
ALS GEISTIGE NEUGESTALTUNG   1. August 1942

Meine deutschen Freunde!
In meinen letzten Reden habe ich die Fragen der Nachkriegsgestaltung behandelt. Ich habe von dem Gedanken der Föderation, von der Stellung Deutschlands in ihr und von der wirtschaftlichen Neuordnung gesprochen. Ich werde immer wieder auf diese Dinge zurückkommen. *Heute aber möchte ich über Fragen der geistigen Neugestaltung zu Euch reden.* Auch darüber wird in den demokratischen Ländern viel nachgedacht. Und auch auf diesem Gebiet gibt es lebhafte Gegensätze. Es ist eine Gruppe da, die Deutschland durch eine jahrelange Erziehung von dem Gift befreien will, das die nationalsozialistischen Lehren vielen Deutschen, besonders der jüngeren Generation, eingeflößt haben, oft ohne daß sie es selbst wußten. Man will geistig führende Persönlichkeiten aus verschiedenen Ländern hinüberschicken, um eine lebendige Übermittlung der westlichen Weltanschauung und Kultur zu ermöglichen. Andere meinen, daß dies nicht der richtige Weg ist. Sie meinen, daß ein besiegtes Volk nicht geneigt sein wird, von denen Lehren anzunehmen, die es besiegt haben, jedenfalls nicht unmittelbar nach der Niederlage. Sie erwarten außerdem, daß das Unheil, das der Nationalsozialismus über Deutschland und die Welt gebracht hat, das beste Mittel sein wird, die geistigen Wurzeln dieser Weltanschauung von Grund auf auszurotten. Sie denken, daß das Schicksal ein besserer Lehrer ist als irgendwelche Schulmeister und Kulturmissionare. Ich glaube, daß diese zweite Richtung tiefer sieht als die erste. Man kann ein Kulturvolk, auch wenn es einer Herrschaft der Barbarei zum Opfer gefallen ist, nicht in die Schule eines anderen Kulturvolkes schicken. Es würde aus der Schule laufen und in Gefahr kommen, sich nun bewußt der Barbarei zu ergeben. Wenn ich recht sehe und mein eigenes Gefühl zum Maßstab nehmen darf, erweckt die Mitteilung, daß man erzogen werden soll, mehr Widerstand als Drohung, daß man bestraft werden wird. Darin gebe ich denen recht, die vor einem Versuch warnen, durch Erziehung der besiegten Völker den geistigen Wiederaufbau in Angriff zu nehmen.
Aber damit, daß man den Weg der ausdrücklichen Erziehung ablehnt, hat man die Frage nach dem geistigen Wiederaufbau noch nicht beantwortet. Und so gibt es eine dritte Gruppe, zu der Europäer und

Amerikaner gehören und zu der auch ich mich rechnen würde. In dieser Gruppe ist man sich vor allem über eines klar: Geistiger Wiederaufbau ist nicht nur in den Ländern nötig, die gegen die demokratische Kultur kämpfen, sondern auch in den Demokratien selbst. Wenn dieser Krieg mehr ist als ein Kampf von Nationen, wenn er etwas wie eine Weltrevolution bedeutet, dann muß das Wiederaufbauprogramm die Welt umfassen, Diktaturen und Demokratien, Sieger und Besiegte. Eine solche Einsicht bei geistigen Führern der demokratischen Völker nimmt auch der ganzen Frage den Stachel, nämlich die Einteilung der Völker in solche, die erziehen können, und solche, die erzogen werden müssen. Diese Einteilung macht jeden geistigen Wiederaufbau von vornherein aussichtslos. Das weiß man in der dritten Gruppe, von der ich sprach, und man weiß in ihr auch, daß die geistige Auflösung, die dem Nationalsozialismus den Sieg ermöglicht hat, in allen Ländern der westlichen Zivilisation im Fortschreiten war und daß noch in keinem Land die geistige Neuschöpfung geschehen ist, die die auflösenden Kräfte überwinden kann. Darum ist man im Kreise dieser Menschen selbstkritisch, bescheiden und ohne jenen erziehungssüchtigen Pharisäismus, der die erste Gruppe kennzeichnet. Aus dieser Bescheidenheit, aus diesem Gefühl heraus, daß die geistige Wiedergeburt an allen Stellen gleich nötig ist, spreche ich zu Euch.

Geistiges Leben kann nicht künstlich erzeugt werden. Der Geist weht, wann er will und wo er will. Man kann ihm eine Form geben, wenn er da ist, aber keine Form kann ihn bringen, wenn er nicht da ist. Darum hat es wenig Sinn zu fragen: Wie können wir geistig wieder aufbauen, sondern wir müssen fragen: Wo in dieser Welt weht der Geist, der sich ein neues Haus bauen kann? Wenn diese Frage beantwortet ist, dann kann man ein Doppeltes tun: Man kann den Geist, der irgendwo spürbar zu schaffen beginnt, vor Verstümmelung und Unterdrückung schützen, und man kann zweitens bewußt an dem Haus mitarbeiten, das er sich bauen will. Geistiger Wiederaufbau heißt nicht Geist machen, sondern Geist formen.

So komme ich zurück auf die Frage: Wo ist der Geist, den wir formen sollen? Vorher aber müssen wir wissen, warum es zu einer geistigen Auflösung in der westlichen Welt gekommen ist und wie es möglich war, daß die Feindschaft gegen den Geist in Deutschland zum Siege kam. Die Antwort darauf ist nicht schwer. Jeder, der an dem geistigen Leben der letzten Jahrzehnte teilgenommen hat, weiß, daß in allem Reichtum und aller Mannigfaltigkeit etwas fehlte: ein letzter, einender, verpflichtender Lebenssinn; es fehlte etwas Höchstes, für das man leben wollte, für das man sich opfern konnte. Wie oft ist mir das in allen europäischen Ländern von den Besten der jüngeren Generation gesagt worden, wie vielfältig ist es in Dichtung und Literatur ausgesprochen worden! Man hatte den Glauben an den Sinn und die Wahrheit der religiösen Symbole verloren. Man griff sie nicht mehr an, wie es in der älteren Generation geschehen war, sondern man ging an ihnen vorüber, weil sie nichts mehr zu sagen hatten zu der Wirklichkeit des gegenwärtigen Lebens. Aber man hatte nicht nur den Glauben an den Sinn der religiösen Symbole verloren, sondern man glaubte auch nicht mehr an die Vernunft, mit der man die Religion angegriffen hatte und die für frühere Generationen ein letztes Prinzip für Handeln und Denken gewesen war. Man zweifelte und verzweifelte schließlich. Es entstand ein leerer Raum in der Seele, den man vergeblich durch den Wechsel von Arbeit und Ablenkung zu füllen suchte. Auf die Frage, wozu das alles, war keine Antwort da. Und weil auf diese Antwort im geistigen Leben alles ankommt, so löste sich das geistige Leben auf. Man hatte große Gelehrte auf allen Gebieten — sie bereicherten unser Wissen unermeßlich —, aber auf die Frage, wozu all dies Wissen, wußten sie keine Antwort. Man machte große Entdeckungen und Erfindungen, und auf die Frage, wozu, antwortete man: zur Beherrschung der Natur und zur Vermehrung der Produktion. Aber wenn man dann fragte, wozu dieses, so erhielt man vorläufige Antworten, wie Profit, Wohlstand, Fortschritt! Aber weiter, nämlich nach dem letzten Sinn, durfte man nicht mehr fragen. Und wenn man versuchte, eine Antwort zu finden, wie einzelne Dichter, Maler, Philosophen es taten, dann geriet man in einen solchen Widerspruch zu der Welt, in der man leben mußte, daß man entweder den Kampf aufgab oder in die Einsamkeit, ja in den Wahnsinn gedrängt wurde. Persönlichkeiten wie Gemeinschaften werden zur Auflösung getrieben, wenn ein letzter Lebenssinn, ein einender Mittelpunkt fehlt. So sah es in der westlichen Welt aus, so sieht es noch immer weithin in ihr aus. Das ist der Grund, warum eine geistige Wiedergeburt in ihr nötig ist und warum ohne sie die Nachkriegsgestaltung ohne belebende Mitte und darum ohne Kraft und nicht von Dauer sein würde. Auch die besten Einsichten, auch die gerechtesten politischen und sozialen Lösungen helfen nichts, wenn kein Geist da ist, der die Formen erfüllt.

In den leeren Raum, den der geistige Zerfall hinterlassen hat, brachen die nationalsozialistischen Ideen ein. Der Nationalsozialist, der das Wort sagte, das mir noch heute in den Ohren klingt: „Wenn ich

,Geist' höre, entsichere ich meinen Revolver", drückte klassisch aus, was geschah: Der leere Raum, den das zerfallene Geistesleben hinterlassen hatte, wurde von gegen-geistigen Kräften erobert. Sie konnten ihn erobern — selbst ohne den Revolver ernsthaft zu gebrauchen —, weil der Geist in sich schwach geworden, sein innerstes Zentrum verlorengegangen war. Und nun herrscht die Geistfeindschaft in diesem Raum, in dem der Geist schaffen sollte. Nicht der Ungeist ist das Schlimmste, nicht die Dummheit und Gleichgültigkeit und Trägheit. Es gibt nirgends viele, die sich aus dieser dreifachen Knechtschaft befreien. Aber der Gegengeist ist das Schlimmste, weil er von solchen getragen wird, die weder dumm, noch träge, noch gleichgültig sind. Das Geistige im Gegengeist macht ihn gefährlich. Wenn mit allen Mitteln der Klugheit, der Wissenschaft, der sittlichen Forderung Gedanken verkündet, Taten vollbracht, Gefühle erregt werden, die dem Geist widersprechen, dann ist die Seele des Volkes aufs tiefste gefährdet. Dann ist der Kampf um geistige Erneuerung das Wichtigste, was überhaupt in einem Volk getan werden kann. Und das müßt Ihr tun, Ihr selbst, niemand kann es Euch abnehmen. Die Tyrannis kann von außen gestürzt werden, und irgendwann einmal wird sie auch gestürzt werden. Der Widergeist, da er Geist ist, kann nicht von außen, er muß von innen gestürzt werden. Für die Gestaltung der Welt könnt Ihr in Deutschland nur wenig tun. Für das Schicksal Deutschlands in dieser Welt könnt Ihr mehr tun, für die soziale Neugestaltung könnt Ihr vieles tun, für den geistigen Neubau müßt Ihr das meiste tun. Von außen kann man Euch helfen, man kann Euch freie Bahn geben, man kann Euch schützen vor Unterdrückung. Aber der Geist, der den Widergeist des Nationalsozialismus überwinden muß, kann Euch nicht von außen gegeben werden, er muß aus Euch selbst kommen. Und so rufe ich Euch heute, mehr als in einer meiner anderen Reden, dazu auf, selbst etwas Entscheidendes zu tun. Und zwar, nicht nur für Euch, sondern auch für uns: den Kampf gegen den Widergeist des Nationalsozialismus bis zur tiefsten Wurzel zu führen. Die Wurzel liegt sehr tief im Boden der abendländischen Kultur, und darum schickt sie Schößlinge an die Oberfläche aller Länder dieser Kultur. Und diese Schößlinge wachsen und verbreiten sich wie giftiges Unkraut. Ihr in Deutschland wißt mehr davon als wir. Viele sind dem Gift des Gegengeistes zum Opfer gefallen. Aber die, die das Gift kennengelernt haben und ihm nicht zum Opfer gefallen sind, sind die berufensten Träger des Kampfes gegen ihn. Und vielleicht sind sie mehr als das, vielleicht ist vor ihren Augen etwas sichtbar geworden von zukünftiger Gestaltung, woraus geistige Schöpferkraft erwachsen kann. Wenn das so ist, dann ist ein Ort gefunden, wo der Geist weht, der zu neuer Gestaltung kommen soll. Ihr, die Ihr unter dem grauenvollen Druck des Gegengeistes lebt, seid die, bei denen wir zuerst anklopfen, wenn wir Antwort suchen auf die Frage nach dem neuen Geist.

20.
DER GEISTIGE WIEDERAUFBAU IN DER EINHEIT VON WAHRHEIT UND GEIST 8. August 1942

Meine deutschen Freunde!

Über geistige Wiedergeburt in und nach dem Kriege habe ich das letzte Mal zu Euch gesprochen. Und ich habe an Euch, die deutsche Opposition, appelliert als an die Gruppe, ohne die ein geistiger Wiederaufbau in Deutschland und Europa nicht möglich ist. Ich will nun auf einzelne Bewegungen unter Euch eingehen und zeigen, welche Bedeutung sie im Zusammenhang mit der geistigen Lage der Welt für die kommende Periode der Geschichte haben können. Heute will ich mich auf eine Bewegung beschränken, auf die ich schon mehrfach hingewiesen habe, auf die der Kirchen, und darüber hinaus, der Vertreter des Christentums überhaupt, auch wenn sie keine feste Verbindung mit einer Kirche haben. Ich möchte mich dabei besonders auf die protestantische Welt beziehen, nicht nur, weil ich persönlich zu ihr gehöre und andere von hier zu den deutschen Katholiken sprechen, sondern auch, weil die Alliierten in ihrer überwiegenden Mehrheit vom Protestantismus geformt sind. Ohne eine Zusammenarbeit der großen englischen, amerikanischen, holländischen und skandinavischen Kirchen mit der kämpfenden deutsch-protestantischen Kirche kann von einer weltweiten Neugestaltung des geistigen Lebens keine Rede sein.

In diesen Tagen sind wichtige Nachrichten aus Norwegen zu uns gekommen[19]. In Norwegen gab es bisher eine sogenannte Staatskirche, das heißt eine Kirche, in der die lutherischen Bischöfe und Pfarrer zugleich Beauftragte des Staates waren und mit einem Teil ihrer Tätigkeit als Beamte wirkten. Das hatte natürlich zur Folge, daß der Staat einen starken Einfluß auf die Kirche hatte, aber auch umgekehrt, daß die Kirche wirksame Forderungen an den Staat stellen konnte. Nur in einem Punkt, dem entscheidenden, war die Kirche völlig unabhängig: in ihrer christlichen Verkündigung in Kirche, Schule und

Öffentlichkeit. Diejenigen unter Euch, die sich noch an die Lage in Deutschland vor dem Ersten Weltkrieg erinnern, werden ein Bild von dem haben, was ich meine. Inzwischen ist, wie Ihr wißt, in Norwegen der berüchtigte Quisling mit Hilfe der Besatzungsarmee zum Ministerpräsidenten gemacht worden. Er hat versucht, Kirche und Schule in den Dienst der nationalsozialistischen Weltanschauung und Politik zu stellen. Er ist damit gescheitert, wie die sogenannten „Deutschen Christen" gescheitert sind, als sie die deutsch-evangelischen Kirchen zu einer Pflanzstätte des nationalsozialistischen Neu-Heidentums machen wollten. Der führende Bischof Berggrav und einige andere wurden daraufhin unter Arrest gestellt und an der Ausübung ihres Amtes gehindert. Als Reaktion darauf legte der größte Teil der norwegischen Pfarrer und alle Bischöfe ihre staatliche Tätigkeit nieder, übten aber weiter ihr geistliches Amt aus. Vor einigen Tagen nun hat eine Zusammenkunft wichtiger Vertreter der Norwegischen Kirche stattgefunden, in der beschlossen wurde, die Verbindung mit dem Staat aufzulösen und eine unabhängige Freikirche in Norwegen zu schaffen. Als Grund wurde angegeben, daß der Quisling-Staat die Voraussetzungen für eine Zusammenarbeit der christlichen Kirchen mit dem Staat zerstört hätte. Die Norwegische Kirche lehnt es ab, in den Dienst antichristlicher Propaganda gestellt zu werden. Die Regierung hat diesen Beschluß nicht angenommen, sondern erklärt, daß für sie die Staatskirche noch zu Recht bestände. So liegen die Dinge jetzt, und man wartet gespannt auf die Weiterentwicklung. Daß der Staat keine unabhängige Kirche wünscht, entspricht genau der Lage in Deutschland. Eine Freikirche ist eine geistige Gefahr für einen bewußt heidnischen, alles verschlingenden Staat. Eine von dem Staat wenigstens teilweise abhängige Kirche kann leichter beeinflußt und ihr geistiger Widerstand von innen her unterhöhlt werden.

Die Ereignisse in der Norwegischen Kirche zeigen, daß der deutsche Kirchenkampf nicht eine Angelegenheit von einzelnen Starrköpfen war, sondern der notwendige Zusammenstoß zweier Welten, die auf keine Weise und unter keinen Umständen vereinigt werden können. Der Kampf der nationalsozialistischen Weltanschauung mit allen christlichen Kirchen geht täglich weiter, auch wenn äußerlich Waffenstillstandszeiten gekommen sind. Innerlich gibt es keinen Waffenstillstand. In jeder Schrift, in jeder Rede, in jeder Unterrichtsstunde, in jedem vertrauten Gespräch, in der Familie oder unter Freunden, geht der Kampf weiter. Und er findet nicht nur in Deutschland und den besetzten Ländern statt. In allen Ländern der Welt muß das prophetisch-

christliche Lebensprinzip sich verteidigen gegen heidnisch-nationalisti-
sche Angriffe. Aber freilich nirgends so offen, nirgends so grundsätzlich, nirgends bis jetzt so sehr in einem Kampf auf Leben und Tod
wie in den vom Nationalsozialismus beherrschten Ländern. Nirgends
sage ich und nehme die Frage auf, die manche von Euch mir stellen
werden: auch in Rußland nicht? Und ich antworte in voller Überzeugung, wie ich immer auf diese Fragen geantwortet habe, auch als
Rußland noch nicht mit dem Nationalsozialismus zusammenarbeitete:
Auch in Rußland ist der Angriff auf das prophetisch-christliche Prinzip nicht so grundsätzlich und so gefährlich wie in Deutschland. Sicherlich war die äußere Bekämpfung der griechisch-orthodoxen Kirche
schärfer und in vieler Beziehung zerstörerischer als die Bekämpfung
der deutschen Kirche durch den Nationalsozialismus. Aber was da in
Rußland bekämpft wurde, war ja eine Kirche, die mit dem Zarentum
eins war. Es war eine Kirche, die keinen Schein der Freiheit gegen
den Staat hatte und die selbst wichtige Teile des prophetisch-christ-
lichen Prinzips preisgegeben hatte, nämlich die Forderung der Gerechtigkeit und die Anerkennung der Würde jedes einzelnen Menschen. Wenn
die russische Revolution dieser Kirche die Macht nahm, so tat sie es —
in allem Unrecht und aller Brutalität des Bürgerkrieges — nicht ohne
ein Stück göttlichen Rechts. Auch die griechisch-orthodoxen Vertreter,
zum Teil russische Flüchtlinge, die auf den großen Kirchenkonferen-
zen der Vorkriegsjahre saßen, stimmten dem Satz zu, daß durch den
kirchenfeindlichen Kommunismus eine von den Kirchen vernachläs-
sigte göttliche Wahrheit zur Geltung gebracht worden ist. Ein solcher
Satz wurde von den Vertretern aller Kirchen, auch denen der russisch-
griechischen Kirche, angenommen. Man fühlte, daß der prophetische
Geist, der Gerechtigkeit fordert, im Neuen wie im Alten Testament,
in der Christenheit schwach geworden war und daß darum die Bewegungen für soziale Gerechtigkeit in eine antichristliche Haltung gedrängt worden sind, die gar nicht ihrem Wesen entspricht. Denn christliche Verkündigung und die Forderung sozialer Gerechtigkeit gehören
zusammen. Und darum sagen wir, und mit uns die feinsten und gei-
stigsten Vertreter des russischen Christentums, daß die russische Revolution, ohne es zu wissen und zu wollen, für ein Stück echten Christentums gegen die christlichen Kirchen gekämpft hat.

Ganz anders der Nationalsozialismus. Er verfährt viel vorsichtiger
und diplomatisch klüger mit den Kirchen, die in seiner Hand sind.
Er zerstört sie nicht, sondern er sucht sie von innen her zu erobern.
Er gebärdet sich religiös und manchmal sogar christlich, nicht weil er

Religion und Christentum höher schätzt, als die russischen Revolutionäre es taten, sondern weil er sie weniger ernst nimmt und sie darum auch benutzen kann, wenn es ihm in sein zynisches Spiel mit geistigen Werten paßt.

Und das führt uns auf den tiefsten Punkt unserer Frage: Warum setzt jeder geistige Wiederaufbau die völlige Überwindung des nationalsozialistischen Prinzips voraus? Warum müssen die Kirchen und mit ihnen alle geistigen Menschen einen Kampf auf Leben und Tod gegen den nationalsozialistischen Gegen-Geist führen, wenn nicht die Herrschaft grauenvollster Barbarei beginnen soll? Die Antwort ist: Weil der Nationalsozialismus die religiöse, geistige und sittliche Einheit des Menschengeschlechtes zerreißt und jeden Teil der Menschheit gegen jeden anderen zum Vernichtungskampf aufruft. Warum nennen wir denn den Nationalsozialismus neuheidnisch? Weil er Glaube an einen besonderen, statt an den allen gemeinsamen Gott ist. Er ist Glaube an den deutschen Gott, nicht im Sinne der altheidnischen Mythen — die zu ihrer Zeit ein großes, tiefes und tragisches Lebensgefühl ausdrückten —, sondern im Sinne einer neuheidnischen nationalen Machtanbetung. Aber in diesem Sinne ist er echter Götzendienst: der eigene Gott wird über alle anderen erhoben, die anderen werden nicht geleugnet, aber sie werden besiegt. Von den Dienern des nationalen Gottes wird volle Hingabe, nicht nur des Leibes, sondern auch der Seele verlangt. Jedes Opfer wird gefordert — das Zerreißen aller anderen Bindungen, Ehe, Familie, Freundschaft, geistige und religiöse Gemeinschaft ist selbstverständlich —, wenn der Götze der nationalen Macht durch seine Priester, die politischen Machthaber, es gebietet. Ich habe ein anderes Mal davon gesprochen, wie durch dieses neue Heidentum die Gerechtigkeit und das Recht zerbrochen werden. *Ich möchte heute, wo uns die Frage des geistigen Wiederaufbaus beschäftigt, darauf hinweisen, was dieses Prinzip für den Geist bedeutet.*

Was immer wir unter geistiger Wiedergeburt verstehen, eins gehört dazu: die Wahrheit. Die Wahrheit aber ist eine. Wenn die Wahrheit verteilt wird auf verschiedene Götter, die einander widersprechen, dann ist es keine Wahrheit mehr; wenn Nation oder Rasse zum Maßstab der Wahrheit gemacht werden, dann ist die Wahrheit geopfert. Und in Deutschland liegt heute die Wahrheit blutend auf dem Götzenopferaltar der nationalen Machtanbetung. Sie wird jeden Tag, jede Stunde von der Lüge gemordet. Und diese Lüge nimmt den Namen Wahrheit an, weil sie ja im Dienst des nationalen Götzen auf den Thron erhoben wird. Wo aber die Wahrheit geopfert wird, da stirbt der Geist ab. Und darum stirbt heute in Deutschland nicht das technische Können, aber der schöpferische Geist, außer bei denen, die schweigen müssen, weil sie ihre Knie nicht beugen wollen vor dem nationalen Götzen. Darum sind heute die Kirchen, die selbst so oft in der Geschichte der Selbstanbetung und damit der Geistlosigkeit, ja Geistwidrigkeit, verfallen sind, heute die Verteidiger des Geistes und eine der Hoffnungen für den geistigen Wiederaufbau der Welt. Die christlichen Kirchen, in all ihrer Schwachheit, wissen um den einen Gott und darum um die eine Wahrheit und darum um den Geist, der in all seiner Vielfältigkeit aus einer Quelle fließt. Um dieser *Einheit der Wahrheit und des Geistes* willen gibt es keine Gemeinschaft zwischen Kirche und Nationalsozialismus, zwischen Anbetung Gottes und Götzendienst der Nation.

21.
DIE TRAGIK IM GANG DER GESCHICHTE

14. August 1942

Meine deutschen Freunde!

Die letzten Wochen haben Ereignisse gebracht, die es notwendig machen, auf sie einzugehen und ihre religiös-sittliche Bedeutung für Euch und für uns herauszuarbeiten. Ich denke an zwei Dinge: die Befreiungsbewegung in Indien, die zur Verhaftung Mahatma Gandhis und seiner Mitarbeiter geführt hat[20], und die deutschen Erfolge in Rußland, die ein weiteres großes Stück Rußland verwüstet haben[21]. Es ist nicht meine Aufgabe, über die militärische Bedeutung dieser Vorgänge zu sprechen. Das geschieht von anderer Seite. Meine Aufgabe ist es, mit Euch zu einem tieferen Verständnis zu kommen über das, was eigentlich mit all dem geschehen ist, ganz gleich, welche militärischen Folgen es in der nächsten Zeit haben wird. Eine solche Betrachtung unterbricht zwar den Gang unserer Gedanken über die zukünftige Gestaltung der Welt, aber es gibt diesen Gedanken zugleich eine tiefere Grundlage und kann darum auch für diesen unseren wichtigsten Zweck nützlich sein.

Als ich über die Ereignisse in Indien und Rußland nachdachte, kam ich auf etwas, was sie alle gemeinsam haben und nicht nur sie, sondern dieser ganze Krieg: *das Tragische im geschichtlichen Werden.* Manche von Euch werden sofort verstehen, was ich meine. Dafür hat die deutsche Erziehung seit Jahrhunderten gesorgt. Und vieles des Besten und Tiefsten, was der deutsche Geist hervorgebracht hat — aber, wir müssen es eingestehen, auch einige seiner gefährlichsten Züge —, stammt aus diesem Verständnis für die Tragik des Lebens und der Geschichte. Es ist etwas Merkwürdiges um die deutsche Schwermut, die auch in den sieghaftesten Gestalten wie Luther und Goethe immer wieder durchbricht, die die Religion und Kunst der Deutschen geformt hat und die aus den zahllosen tragischen Wendungen der deutschen Geschichte immer neue Nahrung zieht. Aber was auch ihre Gefahren sein mögen — zum Beispiel ein Sich-Abschließen von der übrigen Welt und zugleich eine Begierde, es der übrigen Welt gleichzutun —, eins gibt sie denjenigen Deutschen, die heute die Wahrheit über ihre Lage erkennen wollen: Es gibt ihnen die Möglichkeit, zu verstehen, was vor sich geht. Es gibt Euch — und uns, die wir mit Euch denken und fühlen — den Blick in die Tiefe dessen, was jetzt geschieht, seiner Tragik und der Hoffnung, die über die Tragik hinausblickt.

Niemand in der Welt und niemand selbst in England, der ein sittlich-religiöses Gefühl hat, zweifelt heute daran, daß in dem Verhältnis zu Indien England eine unermeßliche Fülle tragischer Schuld auf sich geladen hat: tragische Schuld, das heißt eine Schuld, die nicht böswillig geschaffen ist, sondern die unabtrennbar ist von dem Guten, was die englische Herrschaft den Indern gebracht hat. Es gibt auch Schuld, die nicht tragisch ist oder nur in geringem Maße, zum Beispiel, was der Nationalsozialismus den europäischen Juden getan hat und noch tut. Dies ist, soweit das menschlich möglich ist, das reine Böse; und es hat darum das Grauen der ganzen Welt hervorgerufen. Aber das ist ein seltener, ein äußerster Fall, etwas, was an der Grenze von Menschlichem und Teuflischem liegt. Ganz anders eine tragische Schuld, eine Schuld, wie sie am häufigsten im menschlichen Leben und in der menschlichen Geschichte ist. Da gibt es nicht reines Böses, sondern Böses, das mit Gutem gemischt ist, das von dem Guten lebt, das es mit sich gebracht hat. So war das Verhältnis von Indien und England. Und darum konnte es so lange Dauer haben, und darum gibt es heute noch viele Inder, die das Böse jeder Fremdherrschaft nicht aufgeben wollen, weil sie fürchten, damit auch das Gute zu verlieren. — Und nun die andere Seite: Niemand versteht besser als das amerikanische Volk die indische Freiheitsbewegung. Und auch noch heute gilt Gandhi hier als einer der größten jetzt lebenden Menschen. Und dieses Bild wird bleiben, ganz gleich, was jetzt mit ihm oder durch ihn geschieht. Jeder in Amerika fühlt, daß es etwas Gutes ist, die Freiheit des eigenen Landes zu wollen. Aber nun tritt das tragische

Verhängnis ein, daß die erste, große Gelegenheit, diese Freiheit zu erkämpfen, ein Ereignis ist, das von ganz woanders her diese Freiheit aufs schwerste bedroht: die japanischen Siege in Südost-Asien. Japan bringt nicht Freiheit, sondern eine schlimmere, altertümlichere, sklavenhaftere Form der Unfreiheit. Und die indische Freiheitsbewegung wird in dem Augenblick, wo sie eine Chance hat, sich durchzusetzen, zu einer Bewegung, die eine neue, schlimmere Knechtschaft befördern hilft. Das ist weltgeschichtliche Tragik. Niemand sollte es zum Gegenstand kleinlichen moralischen Scheltens gegen die eine oder andere Gruppe machen. Wir sollten verstehen, was vor sich geht, und daraus einen neuen Antrieb gewinnen, die Weltordnung zu gewinnen, innerhalb derer zwar nicht das Tragische überhaupt, aber doch viele Einzeltragödien, wie die zwischen England und Indien, überwunden sind.

Die andere weltgeschichtliche Tragödie ist das, was sich jetzt in Rußland abspielt. Ich denke dabei nicht zuerst an die unermeßlichen Opfer, die der Überfall auf Rußland das russische und deutsche Volk gekostet hat. Ich denke auch nicht an die entsetzlichen Leiden, die der letzte Winter in Rußland gebracht hat. Das alles ist furchtbar, ist Unglück, aber es ist noch nicht Tragik. Tragisch wird es erst dadurch, daß es sich dabei um die beiden Völker handelt, die mehr vielleicht als zwei andere große Völker aufeinander angewiesen waren und sind. Ich denke dabei nicht an die Möglichkeiten wirtschaftlicher Ergänzung, die fast unbegrenzt sind, sondern ich denke an das gemeinsame Schicksal, das beide Völker im letzten Weltkrieg erfahren haben, Besiegte zu sein. Dieses Schicksal brachte in beiden Ländern revolutionäre Bewegungen. Es brachte in der Generation, die aus dem Krieg zurückkam, den Willen zu einer völligen Neugestaltung, zur Beseitigung all der tiefer liegenden, sozialen Schäden, die mitverantwortlich waren für den Ersten Weltkrieg. In beiden Ländern war Begeisterung für die neue Weltordnung, revolutionärer Schwung, eine große Hoffnung und eine große Hingabe. Und dann gingen die Wege auseinander, und die Tragik begann. In Rußland wurde die Revolution in ihrer radikalsten Form zum Sieg geführt und gegen den Ansturm aller Gegenkräfte verteidigt. Aber aus dem Grauen des Bürgerkrieges erwuchs in Deutschland wie in allen europäischen Ländern eine Abwehr und Abscheu gegen das System, das in solchen Strömen von Blut sich durchsetzte: die Tragik schritt fort. Denn in der Abwehr gegen diese Schrecken wurde Deutschland mehr und mehr auf die entgegengesetzte Seite getrieben. Die Erfolge der sehr gemäßigten deutschen Revolution wurden von den reaktionären Mächten Schritt für Schritt beseitigt.

Und als der Nationalsozialismus kam, mit der Absicht, eine Gegen-
revolution zu machen, fand er reichlich Unterstützung bei denen, die
von dem Bild der russischen Revolution erschreckt waren. Und als
der Nationalsozialismus an der Macht war, da fand er, um seines
Gegensatzes gegen Rußland willen, Unterstützung bei den reaktionären Kräften der ganzen Welt. Die Tragik hatte einen weiteren
Schritt vorwärts getan, nun schon sichtbar für jedermann in den Mün-
chener Verhandlungen. Dann folgte der unehrliche Vertrag des Nationalsozialismus mit Rußland, der alle Kräfte, die für eine Neugestaltung der Welt kämpfen, in allen Ländern ohne Ausnahme in eine
furchtbare Verwirrung stürzte. Es schien, als ob nunmehr alles, was
nach dem Ersten Weltkrieg an Hoffnungen in der Kriegsgeneration gelebt hatte, von dem Abgrund verschlungen wäre. Verzweifelt wandten
sich viele von der Geschichte ab. Eine Welle zynischen Zweifels ging
durch die Jugend. Es schien nichts mehr zu geben, woran man sich
halten, worauf man hoffen konnte. Ihr wißt, daß ich damit Eure Erfahrungen beschreibe. Aber Ihr wißt vielleicht nicht, in welchem Maße
in allen anderen Ländern ähnliches vor sich ging. Dies war geistig
gesehen der Höhepunkt der deutsch-russischen Tragödie. Äußerlich
gesehen war es der Augenblick, in dem auf Befehl Hitlers das gegenseitige Zerfleischen der beiden Völker begann. Aber in diesem Augenblick war geistig schon das Schlimmste vorüber: der Betrug, der alle
Kräfte der Neugestaltung in Verwirrung und Verzweiflung getrieben
hatte! Und nun rollt die Tragödie der beiden Völker ab. Darum sollte
es unter Euch trotz des natürlichen nationalen Selbsterhaltungstriebes
keine Freude über die Siege geben, die jetzt errungen werden. Was sie
auch militärisch bedeuten, eins bedeuten sie sicher, sie vertiefen den
tragischen Gegensatz zweier Völker, die in ihren besten Kräften zu-
sammengehören, ich wiederhole es, mehr als zwei andere große Völker
mit so verschiedener Kultur. Es entsteht ein Haß im russischen Menschen gegen den Zerstörer seiner neuen, großartig sich entfaltenden
Welt, ein Haß, wie ihn der Erste Weltkrieg nicht gebracht hat, ein
Haß, der wie ein tragischer Fluch sich noch lange erhalten wird zum
Unheil beider Völker! Vielleicht gibt es niemanden außer Euch, die
deutsche Opposition, die etwas von diesem Fluch wegnehmen kann.
Wenn Ihr zeigt, daß Ihr den Willen zu einer neuen Welt teilt, der
sich in Rußland in so grauenvollen Wehen und in vielfach so unvoll-
kommenen und tyrannischen Formen durchgesetzt hat, dann werden
die Russen Euch und durch Euch das beste Deutschland verstehen. Die
Tragik ist mächtig, aber sie ist nicht allmächtig.

Und damit komme ich zum Schluß auf etwas, was vielleicht tiefer als alles andere den Gegensatz ausdrückt, in dem sich die christliche, sozialistische und demokratische Weltanschauung zum Nationalsozialismus befindet. Der Nationalsozialismus weiß um das Tragische im Leben. Er kennt es so gut, wie alles Heidentum das Tragische kennt. Er erzieht zum tragischen Heldentum, er erzieht zum Tod. Aber der Nationalsozialismus kennt nur das Tragische und nichts, was darüber triumphiert, wie selbst die Alten es kannten. Und darum ist seine Erziehung zu Tod und Heldentum eine Erziehung zur Auslöschung alles Persönlichen und zur Mechanisierung alles Menschlichen. Das Christentum kennt das Tragische, es kennt es in seiner letzten Tiefe als Schuld und Sünde. Demokratie und Sozialismus hatten es oft vergessen und mußten es neu lernen in der Tragik unseres Zeitalters. Aber sie alle haben etwas, was jenseits des Tragischen steht, eine Hoffnung, die mehr ist als Hoffnung für das Leben eines Volkes oder einer Rasse. Sie haben eine Hoffnung für die Menschheit, jenseitig und diesseitig. Sie glauben, daß die Kraft der Einigung auch unter den Völkern schließlich größer ist als die Kraft der Zerspaltung, aus der die Tragik der Geschichte entspringt. Als die Deutschen sich in großen Massen dem Nationalsozialismus ergaben, warfen sie den Glauben an die Einheit und die Hoffnung auf die Menschheit von sich; sie unterwarfen sich freiwillig der Herrschaft des Tragischen, und das Tragische hat Macht über sie gewonnen und treibt sie zur Zerstörung der anderen und ihrer selbst. Es ist der Sinn der deutschen Opposition, das Tragische zu sehen, mit aller Schärfe, ohne Illusionen, und zugleich in sich das Tragische zu überwinden durch Hoffnung um ihrer selbst und um der Welt willen.

23.

DIE ÜBERWINDUNG DER POLITISCHEN
UNREIFE DES DEUTSCHEN VOLKES

28. August 1942

Meine deutschen Freunde!

Wenn über die Rolle Deutschlands in der kommenden Weltordnung gesprochen wird, dann fragen sich auch die Freunde Deutschlands, ob das deutsche Volk irgendwann einmal zu politischer Reife kommen wird. Die einen zweifeln daran und sagen, daß die schöpferischen Kräfte der Deutschen, die nur blinder Haß bestreiten kann, auf alles andere gerichtet sind als auf politische Gestaltung. Sie ziehen daraus den Schluß, daß Deutschland wieder zum Land der Dichter und Denker gemacht werden müsse und daß andere Völker, vor allem die Angelsachsen, die politische Seite der neuen Weltordnung übernehmen müßten. Ein politisch unselbständiges oder zum mindesten weitgehend abhängiges Deutschland wäre das beste nicht nur für Europa und die übrige Welt, sondern auch für die Deutschen selbst. Andere glauben nicht, daß dies der rechte Weg ist. *Sie meinen, und ich denke, sie haben recht, daß auch das Denken und Dichten verkehrt wird, wenn es ohne die Möglichkeit politischer Gestaltung und ohne den Ernst politischer Verantwortung unternommen wird.* Ein Denken, das von vornherein darauf verzichten muß, je in die Wirklichkeit übertragen zu werden, wird träumerisch. Ein Dichten, das keine Beziehung zur sozialen Wirklichkeit hat, wird spielerisch. Und wenn das geistige Leben eines Volkes ins Träumerische und Spielerische geraten ist, dann verliert es die Widerstandskraft gegen politische Abenteurer und Verbrecher und wird leicht ein Opfer der Tyrannei. Ohne politische Verantwortung und Leidenschaft wird das geistige Leben unernst, und ein Volk ohne ernsthaften, politisch verantwortlichen Geist ist eine Gefahr für sich selbst und die übrigen Völker. Darum ist es in jeder Beziehung unklug, ein großes Volk der politischen Mitverantwortung für sich und für die Welt berauben zu wollen. Die Dichter und Denker, die einem solchen Volk erwachsen, sind gefährlich, gerade weil sie spielen und träumen. Vor hundert Jahren hat ein deutscher Dichter die Gefahren beschrieben, die in der träumenden deutschen Philosophie der klassischen Zeit enthalten waren, für Deutschland wie für Europa. Er hat die Gefahren so beschrieben, daß man glauben könnte, er hätte miterlebt, was in den letzten zehn Jahren geschehen ist. Er hat das politische Unheil, das aus einer politisch unverantwortlichen Philosophie hervorgehen würde, mit prophetischer Klarheit bis in die Einzelheiten vorausgesehen. Nein! Deutschland darf nicht wieder das Volk der Dichter und Denker werden, während ihm andere Völker die politische Verantwortung abnehmen. Das hieße, Deutschland von vornherein zu verkrüppeln, auch sein Dichten und Denken, und es zu einem Herd künftiger Gefahren für die Welt zu machen.

Aber wenn wir zu einer solchen Lösung Nein sagen, dann erhebt sich mit um so größerer Wucht die Frage: Ist das deutsche Volk politischer Verantwortung fähig? Ist ein politisch reifes deutsches Volk denkbar? Und wenn ja, wie kann es zur politischen Reife gelangen? Wer kann es dazu führen? Ich zweifle nicht, daß Ihr, die Ihr zur deutschen Opposition gehört, mir recht gebt, wenn ich das gefährliche Traumideal des Dichter- und Denker-Volkes verwerfe. Aber wenn Ihr mir recht gebt, könnt Ihr mir helfen, die Fragen zu beantworten, die sich aus unserer Antwort ergeben? Wollt und könnt Ihr diejenigen sein, die das deutsche Volk der politischen Reife näher bringen? Wollt und könnt Ihr die politische Verantwortung übernehmen?

Eines ist sicher: Die politische Verantwortung fällt niemandem in den Schoß, der nicht für sie gekämpft hat. Und wenn es doch geschieht, wie in dem Zusammenbruch 1918, dann verliert er sie sofort wieder. Nur die können die politischen Führer werden und bleiben, die jetzt darum kämpfen, daß in dem Untergang des nationalsozialistischen Deutschlands ein anderes, politisch gereiftes und verantwortliches Deutschland entsteht. Dieser Kampf kann zur Zeit nur im Verborgenen geschehen. Aber er muß geschehen, Tag für Tag! Reife politische Gedanken müssen viele unter Euch bewegen, immer neue Menschen müssen in diese Gedanken eingeführt werden. Und wo immer es möglich ist, irgend etwas, und wäre es das Kleinste, zu verwirklichen, da muß es versucht werden, als ein Teil der Erziehung des deutschen Volkes zu politischer Reife. Es gibt keinen anderen Weg der Erziehung zu politischer Reife als den politischen Kampf. Es hat keinen Sinn, einem Volk politische Erzieher zu geben, eigene oder gar fremde, wie es jetzt oft in den demokratischen Ländern gefordert wird[22], wenn es keine Gruppen in diesem Volk gibt, die politisch kämpfen. Es ist wichtig und fruchtbar, wenn kämpfende Bewegungen von anderen lernen, die reichere Erfahrung haben. Aber es ist sinnlos und unfruchtbar, wenn Menschen, die gar nicht den Willen haben, sich politisch einzusetzen, über politische Ideen und Lebensformen unterrichtet werden. An dem Kampf der deutschen Opposition, und an ihm allein, hängt es letztlich, wenn ein politisch verantwortliches und damit ein geistig ernsthaftes Deutschland aus den Trümmern des gegenwärtigen Europa hervorgehen soll. Hilfen, die Euch von Theoretikern und Praktikern politisch reiferer Völker gegeben werden, können nützlich sein, wenn Ihr selbst den Kampf führt. Sie können nur schaden, wenn Ihr ihn nicht selbst führt.

Warum ist das so schwer in Deutschland? Was hat die politische Reifung des deutschen Volkes so lange zurückgehalten? Wie war es möglich, daß ein kulturell so hoch entwickeltes Land sich so leicht als Werkzeug einer zerstörenden Schicksalsmacht gebrauchen ließ? Der erste Grund dafür ist der Rückzug der deutschen, insonderheit der deutsch-protestantischen Religion aus dem Diesseits in das Jenseits.

Man sieht das deutlich, wenn man lange in Ländern lebt, bei denen das nicht so ist. Weder der Katholizismus der romanischen Länder noch der Protestantismus der angelsächsischen Länder hat die Menschen so stark vom Diesseits aufs Jenseits verwiesen, wie das in Deutschland, insonderheit im evangelischen Deutschland, der Fall war. Die angelsächsischen Kirchen und Sekten haben sich, wie auch die katholische Kirche, immer für die politische und soziale Gestaltung der Welt verantwortlich gefühlt. Sie haben darum, besonders in den angelsächsischen Ländern, viel, ja Entscheidendes zur politischen Erziehung des einzelnen Menschen beigetragen. Meine Freunde von den deutschen evangelischen Kirchen! Ihr müßt diese Verantwortung auf Euch nehmen, wenn Ihr wollt, daß das deutsche Volk zur politischen Reife kommen soll! Ihr könnt nicht länger vom Reiche Gottes als einer jenseitigen Macht reden, die keinerlei Macht in dieser Welt haben soll. Damit übergebt Ihr diese Welt satanischen Mächten, solchen, wie sie heute in Deutschland Gewalt haben und die die Kirche mit dem Volk zerstören.

Diese Aufgabe ist im Augenblick um so wichtiger, als sicherlich viele Menschen durch die Tragik der gegenwärtigen Welt zur Flucht in ein reines Jenseits getrieben werden. So war es schon oft in der deutschen Geschichte, verständlich und doch falsch. So kann es jetzt wieder geschehen, wenn die deutsche religiöse Opposition nicht gelernt hat, was in diesen zehn Jahren zu lernen war: daß, wenn man das Politische von Gott trennt, der Teufel es in die Hand nimmt. Ich rede nicht zu Euch, wie manche Vertreter der amerikanischen Kirchen zu ihren Hörern reden: daß ein Staat mit guter Verfassung und guter Politik selbst das Reich Gottes ist. Sicher ist er es nicht. Aber ich sage Euch, daß die Verkünder des Reiches Gottes den Maßstab haben, an dem jede Verfassung und alle Politik gemessen werden müssen, und daß sie darum im höchsten Maße verantwortlich sind für das Politische, auch wenn sie nicht selbst Politiker sind. Die Gegner des Christentums unter den gegenwärtigen deutschen Machthabern sind sich viel klarer über diese Dinge als manche Pfarrer und Theologen. Sie wissen, daß vom Standpunkt der christlichen Verkündigung ihre Politik verurteilt ist, und darum verfolgen sie diese Verkündigung. Um so mehr solltet Ihr, die Ihr für ihre Wahrheit steht, ihren politischen Sinn herausarbeiten und dazu beitragen, daß das deutsche Volk endlich zu der politischen Reife gelangt, auf die es, wie alle Völker, Anspruch hat.

Ein anderer Grund für die politische Unreife des deutschen Volkes ist die Flucht seiner geistigen Führer in die Innerlichkeit des Herzens

aus der Äußerlichkeit des politischen Handelns. Als der Freiheitskampf der französischen Bürger die alte Ordnung von Herrschaft und
Knechtschaft erschütterte, wurden auch die deutschen Dichter und
Denker aufs tiefste bewegt. Alle Großen der klassischen deutschen
Zeit begrüßten zuerst die Französische Revolution, aber bald geschah
das Verhängnisvolle, daß die Deutschen, anstatt an dem politischen
Freiheitskampf teilzunehmen, von der inneren, der geistigen Freiheit
sprachen und sie der politischen Freiheit entgegenstellten. Die Freiheit,
die der Mensch hat, auch wenn er in Ketten geboren ist, wurde zum
Wahlspruch gegenüber der Freiheit, die die Ketten zerreißt. Eine Freiheit des Denkens, die in Wirklichkeit eine Freiheit des Träumens war,
ersetzte die Freiheit des Lebens. Wieder möchte ich ein Mißverständnis
verhindern: Sicherlich gibt es eine geistige, innere Freiheit, ohne die
die äußere Freiheit nicht viel wert ist, ja auf die Dauer verlorengeht.
Und sicherlich gibt es eine Freiheit, auch in Ketten, eine Menschenwürde, die durch keinen Zwang gebrochen werden kann. Aber es gibt
sie doch nur, solange der Mensch seine Ketten als Ketten empfindet und
sie zu zerreißen sucht. Wer nicht mehr fühlt, daß er in Ketten ist, der hat
auch die innere Freiheit verloren. Das ist der Grund, warum es auf die
Dauer keine geistige ohne eine politische Freiheit gibt und warum es zum
deutschen Unglück gehört, daß die Träger des deutschen Geistes nicht zugleich Träger des deutschen politischen Willens waren. Und darum rufe
ich all denen, die sich für den deutschen Geist verantwortlich wissen, zu,
daß sie eben damit die allergrößte Verantwortung für die deutsche
Politik tragen. Von ihnen hängt es zum großen Teil ab, ob es je zu
einem politisch reifen Deutschland kommen wird.

Der dritte Grund, warum es bisher nicht dazu gekommen ist, ist die
deutsche Trennung von Volk und Obrigkeit. Schon das Wort „Obrigkeit" deutet diese Trennung an. Sein Gegensatz ist Untertan. Aber
das ist ein falscher, unmenschlicher Gegensatz. Es gibt ein Volk und
seine Regierung, die ihm gehört und ihm verantwortlich ist. Das Politische steht nicht neben dem Menschlichen, wie es nicht neben dem
Religiösen und neben dem Geistigen steht. Es ist ein Teil des Menschlichen, dessen Fehlen volle Menschlichkeit unmöglich macht. Daß das
deutsche Volk sein Menschliches von seinem Politischen gesondert hat,
ist die Ursache dafür, daß seine Menschlichkeit nicht voll entwickelt
wurde und seine Politik unmenschlichen Mächten in die Hände fiel.
Wir wünschen und arbeiten dafür, daß das furchtbare Geschehen der
Gegenwart den deutschen Menschen zu einem politisch reifen und
darum voll entwickelten Menschen macht. Wir wollen, daß die Tren-

nung von Geistigem und Politischem, von Religiösem und Politischem, von Menschlichem und Politischem, diese Wurzel des deutschen Unglücks, überwunden werde in dem Unglück der Gegenwart; zuerst in der deutschen politischen Opposition und dann — vielleicht einmal — im ganzen deutschen Volke.

24.

DIE TRAGIK DES DEUTSCHEN GEISTES UND DEREN ÜBERWINDUNG 4. September 1942

Meine deutschen Freunde!

Heute möchte ich zu einer Gruppe von Menschen sprechen, die vielleicht klein ist in ihrem tragenden Kreis, aber groß in ihrem Gefolge und in ihren Wirkungen: Ich meine die Träger der wissenschaftlichen Arbeit, der Kunst und Literatur, der Musik und der öffentlichen Rede. Selbst wenn es hunderttausend wären, wären es wenig im Verhältnis zu den Millionen des deutschen Volkes. Aber unter diesen Millionen gibt es niemanden, der nicht in irgendeiner Weise von jener Gruppe beeinflußt ist, und wäre es nur in der Sprache, die er spricht, und der Technik, die er benutzt. Darum sind die Führer des geistigen Lebens eines Volkes so unendlich wichtig für sein Schicksal. Für die Tragik Deutschlands und das Unglück, das es über die Welt und sich selbst gebracht hat, ist jene Gruppe geistig führender Deutscher mehr verantwortlich als die Massen des Volkes und fast so verantwortlich wie jene kleine Schicht von Großgrundbesitzern und Großunternehmern, die dem Nationalsozialismus Waffen und Geld geliefert haben, weil sie vor einer sozialen Neuordnung zitterten. Warum machte ein großer Teil der deutschen Gelehrten und Schriftsteller und Künstler gemeinsame Sache mit den Mächten der Reaktion, die dem gegenwärtigen Regime die Steigbügel gehalten haben? Manche werden sagen, was viele dieser Steigbügelhalter heute sagen: Wir wußten nicht, daß der Reiter, dem wir in den Sattel verholfen haben, das deutsche Volk und viele Völker mit ihm in den Abgrund reiten würde. Wir waren im Irrtum, und wir haben dafür zu büßen. Solch Eingeständnis ist sicherlich wertvoll und für die Zukunft verheißungsvoller als die Haltung derer, die auch heute noch, wo der Abgrund schon sichtbar geworden ist, ihre damalige Haltung für richtig erklären. Und doch ist das Eingeständnis des Irrtums nicht genug. Man muß verstehen, wie es zu dem Irrtum kommen

konnte, welche Wurzeln er hat, und man muß diese Wurzeln ausrotten, damit nicht neue Irrtümer und neues Unheil aus ihnen hervor-
wächst.

*Welches sind die Wurzeln, aus denen das Versagen der deutschen
geistigen Führer zu erklären ist, wie können sie ausgerottet werden
und welche Aufgabe hat eine tragende geistige Schicht in dem Wiederaufbau Deutschlands?* Diese Frage sollte sich jeder denkende Deutsche
stellen, vor allem diejenigen, die sich selbst zu den Trägern des geistigen Lebens rechnen.

Die Fragen, die ich stelle, sind nicht auf Deutschland beschränkt.
Sie werden überall gefragt und besprochen. In dieser Woche hat in
einer großen amerikanischen Stadt ein Gelehrtenkongreß stattgefunden [23], auf dem ein Redner nach dem andern die Notwendigkeit betonte, daß die Wissenschaft dem Wiederaufbau der Welt diene, nicht
im Sinne der Technik, sondern im Sinne des Geistes. Die Technik, so
sagte ein wissenschaftlicher Führer des angeblich so technisierten
Amerika, ist zweideutig: Sie schafft Werkzeuge des Aufbaus und
Werkzeuge der Zerstörung in gleicher Vollkommenheit. Sie ist neutral
gegen gut und böse. Aber die Wissenschaft dürfte nicht neutral bleiben
gegen gut und böse. Sie müsse sich in den Dienst des Guten stellen.
Viel Unheil hätte vermieden werden können, wenn die geistigen Führer der verschiedenen Völker aus dem Ersten Weltkrieg die Lehre gezogen hätten, daß der Geist dem guten Leben dienen müsse und es
sich nicht selbst überlassen dürfe. Es ist gut, solche Stimmen zu hören,
und es wäre gut, wenn sie auch in Deutschland gehört werden könnten. Aber das ist ein seltenes Ding, nicht nur jetzt, wo Stimmen der
Wahrheit überhaupt nicht mehr gehört werden können, sondern auch
vorher, wo jeder sagen konnte, was er dachte. Auch in jener Zeit meinten viele Gelehrte, daß es die Wissenschaft verunreinigen würde, wenn
sie in den Schmutz des täglichen Lebens herabstiege. Und vielen Künstlern war es mehr um schöne Form als um Lebenswahrheit zu tun. Und
wenn Träger des Geistes aufstanden und es anders machten, wenn sie
Wissenschaft und Kunst benutzten, um die dunklen Untergründe des
menschlichen Daseins zu enthüllen, dann wurden sie verlacht und bekämpft. Man fand oberflächliche Schönheit wichtiger als tiefdringende
Wahrheit. Man hatte Angst vor der Wahrheit, am meisten die Träger
des Geistigen selbst. Man fand eine kämpfende Wissenschaft, einen revolutionären Geist unter seiner Würde. Und so geschah es, daß man heute
einen versklavten Geist, eine verkitschte Kunst und eine der Zerstörung
dienende Wissenschaft hat. Aus der Reichskulturkammer, in die der deut-

sche Geist eingesperrt ist, dringen nur noch Fetzen geistiger Schöpfung in das Bewußtsein des deutschen Volkes. Die vornehmen Gelehrten und Schriftsteller, die sich zu vornehm für das wirkliche Leben der Menschen hielten, sind von diesem Leben entmächtigt worden. Sie wollten keine geistige Macht über das Leben, und nun hat ungeistiges Leben Macht über sie gewonnen. Es gibt keinen leeren Raum. Die Seiten des Lebens, die vom Geist nicht geformt sind, erheben sich gegen den Geist und zerstören ihn. Und das ist in Deutschland geschehen. Man hatte in Deutschland den Glauben an den Geist verloren, weil man den Glauben an die Kraft des Geistes verloren hatte, das Leben zu formen. Und man hatte diesen Glauben verloren, weil der Geist, den man fand, in sich und in anderen, nicht dem Leben entstammte. Ich sage dies alles, obgleich ich weiß, daß es auch andere gab, die einen verzweifelten Kampf gegen diesen leeren Geist kämpften, an Universitäten, in Schulen, im Theater, in der Dichtung, in der Kunst. Überall gab es einige, für die der Geist Leben, Kampf, Revolution, Sendung bedeutete. Aber wo sind sie heute? In der Verbannung, im Konzentrationslager, in der Verborgenheit, im Grab. Sie wurden verraten von ihren Berufsgenossen, sie wurden gehaßt von den sogenannten Gebildeten, sie blieben unverstanden von den Massen. Niemand schützte sie, als sie von dem Ungeist und Widergeist verfolgt wurden. Als Einsame gingen sie zugrunde oder entflohen. Und die, die zu ihnen hätten stehen müssen, unterwarfen sich, paßten sich an, ließen sich ihre einzige Waffe nehmen, die Schärfe des Geistes. Das ist ein gewaltiges Stück deutscher Tragik!

Als ich zuletzt zu Euch sprach, suchte ich die Frage zu beantworten, warum das deutsche Volk nie zur politischen Reife gekommen ist. Einer der Gründe ist die Haltung der geistigen Führer Deutschlands, ihr Unglaube an die Macht des Geistes und ihr Verrat des Geistes. Sie glaubten an ihre Wissenschaft, sie glaubten an ihre Kunst. Aber sie glaubten nicht, daß beide, Wissenschaft und Kunst, Dichtung und Rede nur einen Sinn haben, wenn sie das Leben jedes einzelnen im Volke ausdrücken und seiner Sehnsucht nach besserem Leben Sprache und Gestalt geben. In einem tiefen Sinne muß alles Denken und Dichten und Reden und Gestalten revolutionär sein. Es muß versuchen, der ewigen Unzufriedenheit mit allem, was ist — einer Unzufriedenheit, die den Menschen vom Tier unterscheidet —, Ausdruck zu geben; es muß versuchen, das menschliche Leben, das persönliche und gesellschaftliche zu wandeln. Es muß ein Stück Prophetie sein, es muß verurteilen und fordern, es muß Hoffnung geben. Wenn es das nicht tut, ist es ein schönes Spiel, aber ohne Ernst. Es ist ein Traum, aber keine Wahrheit; und was schlimmer ist als Spiel und Traum, es lenkt ab von der Wahrheit. Die Enthüllung der Wahrheit ist denen nicht angenehm, die die Macht haben und diese auf Kosten der anderen mißbrauchen. Darum fürchten sie den Geist und suchen, seine Träger entweder auszurotten oder — was auf die Dauer viel wirksamer ist — zu kaufen und in ihren Dienst zu stellen. Und damit sind wir mitten in der Tragik des deutschen Geistes: Er verherrlichte, wo er hätte verdammen sollen. Er verhüllte, wo er hätte enthüllen sollen. Er schwieg, wo er hätte reden sollen, er wich zurück, wo er hätte kämpfen sollen, er verriet, wo er hätte leiden sollen. Ohne daß die Träger des Geistes es selbst begriffen, wurden sie von den herrschenden Mächten gekauft, als Staatsbeamte, als erfolgreiche Schriftsteller, als berühmte Männer, als Günstlinge des Reichtums. Wieder muß ich sagen: Nicht auf alle trifft das zu. Aber vielleicht auf mehr als in den anderen Kulturvölkern. Selbst unter den Großen der deutschen Dichtung und Philosophie gibt es nur wenige, die nicht irgendwann ihren Frieden mit den Herrschern ihrer Zeit schlossen. Es gehört zur deutschen Tragik, daß ein Goethe an einem Fürstenhof lebte, und zwar, wie er selbst sagte, als ein Privatmann. Es gehört zur deutschen Tragik, daß Hegel die Vernunft, diese revolutionärste aller Kräfte, mit dem preußischen Staat gleichsetzte und sie dadurch zu einem harmlosen Büro-Stück für höhere Beamte machte. Es gehört zur deutschen Tragik, daß die deutschen Geschichtsschreiber zu zeigen suchten, wie eine große Vergangenheit zu einer noch viel größeren Gegenwart geführt hat, deren sich zu freuen Pflicht jedes Deutschen ist. Es gehört auch zur deutschen Tragik, daß die Naturwissenschaftler und Techniker zwar die Natur erkennen und beherrschen konnten, aber nie fragten: Wozu? Für wen? Wo bleibt der Mensch, der all dies tut? Wie sieht es in den Massen aus? Wie sieht es in den Seelen der einzelnen aus? Wovon leben die Menschen, ihre Leiber und ihre Seelen? Solchen Fragen wurde der Einlaß in das Allerheiligste der Wissenschaft versperrt. Aber eben damit hörte die Wissenschaft auf, Heiliges oder gar Allerheiligstes zu sein. Sie wurde neutral und fiel, als die Stunde gekommen war, der Macht der Zerstörung als willkommenes Werkzeug in die Hand.

Kann der deutsche Geist von dieser Tragik erlöst werden? Es hieße, das ganze deutsche Volk der Hoffnungslosigkeit zu überlassen, wenn es keine Befreiung des deutschen Geistes von seiner Knechtschaft gegenüber den herrschenden Mächten gäbe. Aber zu solcher Verzweiflung ist kein Anlaß. Die Revolution, die dieser Krieg bedeutet, hat auch die wahren Träger des deutschen Geistes revolutioniert. Die Gefangenschaft des kritischen Geistes unter der nationalsozialistischen Diktatur hat die Knechtschaft, die der deutsche Geist immer geliebt hat, so furchtbar, so unausweichlich gemacht, daß auch dem Verblendetsten die Augen geöffnet werden. Es ist etwas Merkwürdiges geschehen: Die Träger des Geistes, die sich halb ohne Wissen und Willen den Gewaltigen des deutschen Bürgertums verkauft hatten, sind von diesen an die Gewaltigen des Nationalsozialismus weiterverkauft worden. Und die neuen Herren sind, wie es oft den Sklaven geschieht, tausendmal schlimmer als die alten. Während sie sich aber vorher frei fühlten oder wenigstens halb frei, wissen sie nun, daß sie unfrei sind. Und das ist die Hoffnung für den deutschen Geist. Nun muß er entweder absterben oder revolutionär werden. Nun ist er zum Befreiungskampf aufgerufen und kann ihm nicht ausweichen, ohne sich selbst aufzugeben.

Zu den Trägern des Geistes, den Gelehrten und Dichtern, den Künstlern und Rednern, habe ich heute in erster Linie gesprochen. Aber die Geistigen jeden Volkes gestalten nicht nur das Volk, sondern werden auch von ihm gestaltet. Und darum rufe ich dem deutschen Volk zu: Laßt Euch die Philosophen und Schriftsteller nicht länger gefallen, die Euch eine Welt vorzaubern, die nicht Eure ist, und die Euch in Eurem Elend sitzenlassen. Fordert von ihnen Geist, der in Wahrheit Geist ist, der nicht eine schlechte Wirklichkeit verherrlicht, sondern der die Wurzeln dieser Wirklichkeit enthüllt und bloßstellt, den Geist, der eine neue Wirklichkeit schaut und in Gemeinschaft mit Euch baut, den Geist, der sagt, was Ihr fühlt, und denkt, was Ihr hofft. Laßt den alten, ohnmächtigen Geist hinter den Mauern der Reichskulturkammer verkommen und gebt Raum dem neuen Geist, der die Wirklichkeit wandelt.

25.

DAS VERHALTEN GEGENÜBER DEM FEIND

12. September 1942

Meine deutschen Freunde!

Kürzlich hat der Reichspropagandaminister einen Aufsatz in der Zeitschrift „Das Reich" veröffentlicht, der bei denkenden Menschen viel Aufmerksamkeit erregt hat. Der Aufsatz tadelt das deutsche Volk, weil es noch viele Deutsche gebe, die nicht nur den englischen Rundfunk hörten, sondern ihm auch weithin Glauben schenkten. Das zeige, schreibt der Propagandaminister, einen bedauerlichen Mangel an nationalem Haß gegen die Engländer. Und dann fährt er fort mit dem Zugeständnis, daß an den Engländern vieles bewundernswert sei, daß man aber trotz der Anerkennung ihrer guten Seiten sie als Deutscher hassen müsse, denn nur dann könne man erfolgreich mit ihnen Krieg führen.

Diese merkwürdigen, widerspruchsvollen Sätze geben mir Anlaß, heute über eine Frage mit Euch nachzudenken, die für die Kriegsführung, für den Kampf gegen den Nationalsozialismus und für die Nachkriegsgestaltung von entscheidender Bedeutung ist. Ich meine die Frage: *Wie soll man sich zum Feind stellen?*

Zunächst laßt mich Euch dies sagen: Die Anklage des Propagandaministers, daß das deutsche Volk noch nicht gelernt habe zu hassen, gehört zu den Dingen, die die Welt auf das positive Konto des deutschen Volkes geschrieben hat. Wir, die wir gegen den Nationalsozialismus und für die Zukunft des deutschen Volkes in einer neuen Welt kämpfen, sind allen denen, die der Minister tadelt, aufs tiefste dankbar. Sie haben gezeigt, daß die Prinzipien des Nationalsozialismus, aus denen Haß notwendig folgt, die Seele des deutschen Volkes noch nicht ganz vergiftet haben. Was Goebbels beklagt, ist ein Stück Ehrenrettung der Deutschen. Und da er nichts mehr haßt als das Fehlen des Hasses, so ist er der beste Zeuge dafür, daß der nationalsozialistische Versuch, das ganze deutsche Volk zu korrumpieren, noch nicht gelungen ist. Das ist die erste wichtige Betrachtung, zu der Goebbels Enthüllung-wider-willen Anlaß gibt: Der raffinierteste und ruchloseste aller Vergifter des deutschen Volkes muß zugeben, daß sein Gift noch nicht so gewirkt hat, wie er es gewünscht hätte.

Aber, werdet Ihr fragen, wenn der Haß gegen die Feinde Gift ist, wie steht es mit unserem Haß gegen die Nationalsozialisten? Können wir sie bekämpfen, wenn wir sie nicht hassen? Ist es möglich, sie nicht zu hassen, wenn man weiß, was von ihnen täglich und stündlich an Greueln verübt wird? Sicherlich, wir hassen die Engländer und Russen nicht, so werdet Ihr fortfahren. Wir bekämpfen sie, weil wir müssen. Aber mit den Nationalsozialisten ist es etwas anderes: Wir bekämpfen sie, weil wir sie hassen, von Grund aus, mit ganzem Herzen, bis zu ihrer völligen Ausrottung. Nichts ist natürlicher, als daß Ihr so sprecht, als daß alle so fühlen, denen von den Nationalsozialisten unendliches Leid angetan ist, in Deutschland und außerhalb Deutschlands, in allen Ländern, bis an die Grenzen der bewohnten Erde. Ich kann mir nicht vorstellen, daß in der gesamten Geschichte der Menschheit eine geschichtliche Macht solch universalen, erdumspannenden, verzehrenden Haß gegen sich hervorgebracht hat wie der deutsche Nationalsozialismus: Nicht weil er die uneingeschränkte politische Macht errungen hat, nicht weil er in vielen Schlachten siegreich war, nicht weil er vieles Bestehende umgeworfen hat, sondern weil er all dies in unmenschlicher, Leben und Lebenssinn zerstörender Weise getan hat. Er hat eine Flutwelle des Hasses, nicht nur gegen sich selbst, sondern auch gegen sein Werkzeug, das deutsche Volk, erzeugt, weil er selbst in Haß geboren, in Haß zur Macht gekommen ist und mit Haß seine Macht ausgeübt hat.

Aber, wenn das so ist, werdet Ihr fragen, müssen wir ihn nicht hassen, gehören wir nicht in erster Linie zu denen, die die Flutwelle des Hasses gegen den Nationalsozialismus emporgetragen haben? Wenn Ihr so sprecht, fühlt Ihr nicht, daß Ihr in diesem Augenblick Euch ein Lob aus dem Munde des Propagandaministers verdient habt? Fühlt Ihr nicht, daß Ihr in diesem Augenblick so seid, wie die Nationalsozialisten Euch wünschen, Diener des Hasses wie sie selbst? Und darum sage ich Euch in vollem Bewußtsein dessen, was es bedeutet, und in tiefster Überzeugung, daß es wahr ist: *Ihr seid den Nationalsozialisten in dem Maße überlegen, in dem Ihr Euch von Haß gegen sie freihaltet!* Ihr seid ihnen in dem Maße gleich, in dem Ihr durch ihren Haß Euch Haß gegen sie aufzwingen laßt.

Aber, werdet Ihr weiter fragen, können wir gegen sie kämpfen, wenn wir sie nicht hassen? Und nun habt Ihr Euch selbst gefangen, denn nun habt Ihr den Gedanken ausgesprochen, auf Grund dessen Goebbels das deutsche Volk tadelt: Ihr habt ihm recht gegeben, indem Ihr andeutet, daß Ihr, ohne zu hassen, nicht kämpfen könnt. Und ebenso ist die Flutwelle von Haß, die sich heute gegen den Nationalsozialismus und gegen das deutsche Volk in aller Welt erhoben hat, ein Sieg der Nationalsozialisten, auch dann, wenn sie selbst von dieser Welle weggespült werden. Ihre Predigt von Haß wird böse Früchte bringen, auch wenn die Prediger selbst Opfer dieses Hasses geworden sind. Das Böse, das im Haß liegt, wird fortdauernd Böses erzeugen.

Wir sollen also nicht hassen, werdet Ihr antworten, wenn unsere Freunde oder Brüder oder Söhne oder Väter im Konzentrationslager zu Tode gequält werden; wir sollen nicht hassen, wenn wir ein elendes Leben in Angst und Sklaverei führen; die Juden sollen nicht hassen, wenn sie dem grausamsten Ausrottungsverfahren unterworfen sind; die eroberten Länder sollen nicht hassen, wenn ihre Männer erschossen und ihre Kinder durch Hunger getötet werden; die kämpfenden Länder sollen nicht hassen, wenn unter Bruch aller Verträge ihr Land verwüstet wird? Ist diese Forderung noch menschlich? Ist sie nicht übermenschlich? Mag sein, daß sie christlich ist. Aber hat die Forderung, Menschen wie die Nationalsozialisten zu lieben, hat die Forderung, solche Feinde zu segnen, irgendeinen realen Sinn? Ist es nicht der Ausdruck des Traumes von einer anderen Welt, war nicht der, der die Feindesliebe gebot, ein Träumer, den der Haß seiner Feinde begreiflicherweise ans Kreuz brachte? Aber wenn Ihr, die Gegner des Nationalsozialismus, so fragt, dann habt Ihr Euch selbst gefangen. Denn genau so sprechen ja die Nationalsozialisten, Eure Gegner. Darum haben sie ja den Kampf mit dem Christentum begonnen, darum nehmen sie ja das Christentum so ernst — wenn auch als seine Feinde. Darum nehmen sie es so viel ernster als Ihr, die Ihr gegen den Nationalsozialismus für die christliche Kultur kämpft, zugleich aber mit den Nationalsozialisten Euch im Haß der Feinde zusammenfindet und damit das Tiefste der christlichen Kultur ihren Gegnern überliefert.

Laßt mich nun vom Sittlich-Religiösen aufs Politische springen und sagen: Ein Sieg über den Nationalsozialismus wird nur errungen werden, wenn die Sieger ihn ohne Haß erringen. Wird er mit Haß errungen, dann haben die Besiegten im Grunde gesiegt, und eine neue Periode des Hasses wird die Welt weiter in den Abgrund ziehen!

Ein Beispiel aus dem vorigen Krieg wird das deutlich machen: In Versailles kämpften Gerechtigkeit und Haß miteinander. In weiten Regionen siegte der Haß, und die Antwort auf ihn war der Haß der Besiegten. Aber es war nicht die einzige Antwort: Die andere war das schlechte Gewissen der Sieger. Und dieses schlechte Gewissen der feinsten Menschen in England und Amerika war einer der Gründe, warum man so lange zögerte, ehe man gegen den Nationalsozialismus Stellung nahm. Man glaubte nicht, das Recht zu haben, gegen die Prediger des Hasses vorzugehen, nachdem man selbst dem Haß erlegen war. Wer haßt, tut Unrecht. Und wenn er dann sein Unrecht bereut, tut er oft noch mehr Unrecht: Er hört auf, das Hassenswerte zu bekämpfen. Das ist ein Stück der Geschichte, die von einem Weltkrieg zum andern geführt hat.

Aber in dieser Geschichte liegt zugleich die Antwort auf die Frage, die in dem Aufsatz des Reichspropagandaministers gestellt ist: Gibt es erfolgreichen Kampf ohne Haß? Die Antwort lautet: Letztlich erfolgreich kann nur ein Kampf ohne Haß sein. Jeder Kampf mit Haß verlängert den Kampf, indem er neuen Haß erzeugt.

Was ist denn Haß? Es ist der Wille, dem anderen Böses mit Bösem zu vergelten. Aber um Böses mit Bösem zu vergelten, muß man selbst Böses tun, und dann hat man dem Bösen, anstatt es zu überwinden, neue Macht gegeben. Es gibt aber einen anderen Willen als den der Vergeltung, nämlich den der Rettung! Zur Rettung aber gehört, daß das Böse erkannt und gebrochen wird, und daß die, die es tun, gehindert, überwunden und gestraft werden. Darum muß der Nationalsozialismus in seiner Bosheit offenbart, in seinem Willen gebrochen, in seinem Sieg gehindert, in seiner Macht überwunden werden. Und diese Forderung ist nicht nur eine Sache kühler Erwägung, sondern höchster Leidenschaft. Wir wollen Euch nicht die Leidenschaft nehmen, wenn wir Euch den Haß nehmen. Wir könnten es auch gar nicht. Denn nichts Großes geschieht ohne Leidenschaft. Aber der Haß ist keine große Leidenschaft, und er kann nichts Großes schaffen, er kann nur zerstören.

Welches ist nun die Leidenschaft, die hinter unserm gemeinsamen Kampf gegen den Nationalsozialismus steht? Es ist die Leidenschaft für die Rettung! Die Leidenschaft für das Gute hat immer die eine Seite, daß sie Leidenschaft gegen das Böse ist. Wenn man *diese* Leidenschaft gegen das Böse Haß nennen will, dann gibt es einen heiligen Haß. Aber der ist nicht gegen Menschen gerichtet, sondern gegen Mächte im Menschen um der Rettung des Menschen willen. Solchen heiligen Haß, solche Leidenschaft für die Rettung des Menschen hat der große Verkünder der Feindesliebe gezeigt. Es wäre der Sieg des Nationalsozialismus, wenn man dem Christentum mit Recht Leidenschaft, heiligen Haß, heilige Feindschaft absprechen könnte. Aber man kann es nicht mit Recht. Das Bild seines Stifters und all seiner großen Vertreter zeigt genau das Gegenteil. Das Christentum haßt das Böse, aber es hat den leidenschaftlichen Willen, den Bösen zu retten.

Es kommt alles darauf an, daß der Kampf gegen den Nationalsozialismus in diesem Geist geführt wird. Nur dann hat er eine Chance, siegreich zu sein. Andernfalls ist er auch dann verloren, wenn er auch äußerlich siegreich ist. Das gilt für die außerdeutschen Gegner des Nationalsozialismus ebenso wie für die innerdeutsche Opposition: Der Haß, der nicht heiliger Haß gegen das Böse, sondern unheiliger, rachedürstender Haß gegen den Bösen ist, kann nicht siegen, auch wenn er äußerlich siegt. Wenn Goebbels Haß fordert, um zu siegen, fordern wir Verzicht auf Haß — damit wir nicht als Sieger besiegt sind! Wir lehnen es ab, den Haß, den er gegen uns gerichtet hat, gegen ihn zu richten. Wir folgen ihm nicht, wir lehnen es ab, Nationalsozialisten zu werden, um den Nationalsozialismus zu überwinden. Wir wissen, daß wir dann gerade von ihm besiegt werden würden.

Es wird in den alliierten Nationen viel über diese Dinge gedacht und gesprochen. Gerade, weil man in vielen Kreisen diesen Krieg als einen Kampf für alles Menschliche und Heilige empfindet, will man ihn von Haß freihalten, ohne ihm die Leidenschaft zu nehmen. Man will die Nationalsozialisten besiegen, ihre Macht des Bösen vernichten, die Verantwortlichen zur Rechenschaft ziehen. Aber man will dem Haß nicht Raum geben, am allerwenigsten dem Haß gegen das deutsche Volk. So denken und sprechen die Führer der Kirchen, der Arbeiter und vor allem der kämpfenden Jugend. Ihr sollt Euch mit ihnen zusammenschließen in der haßüberwindenden Leidenschaft, die nicht rächen, sondern eine zerbrechende Welt retten will. Nichts kann der Nationalsozialismus mehr fürchten als einen solchen Sieg. Nur wenn seine Kraft des Hasses besiegt ist, ist er selbst besiegt.

27.

DIE WELT NACH DEM KRIEG   29. September 1942

Meine deutschen Freunde!

In allen Völkern, die in diesen Krieg verwickelt sind, wird die Frage gestellt: *Wie soll die Welt nach dem Krieg aussehen?* Die Antworten sind überall verschieden; die einen sind erfüllt von Sorge und oft der Verzweiflung nahe, wenn sie auf die Verwüstungen sehen, die jeder Tag vermehrt. Die anderen sind beseelt von Hoffnung und oft in Gefahr, Illusionen zu pflegen, wenn sie auf die unendlichen Möglichkeiten sehen, die in der gegenwärtigen Umwälzung beschlossen sind. Die einen wollen zurück zu dem, was war, oder wenigstens zu etwas, das ihm möglichst ähnlich sieht. Die andern wollen vorwärts zu etwas Neuem oder wenigstens zu etwas anderem, als da war, und für das es sich lohnt zu kämpfen. Die einen denken mehr an die internationale Gestaltung der Welt, vor allem gewisser Teile der Welt, wie Europa und Asien. Die andern denken mehr an die soziale und wirtschaftliche Umwälzung, die mit diesem Krieg vor sich geht, vor allem in den großen Industriestaaten. Und neben diesen umfassenden Unterschieden in dem Bild der künftigen Welt gibt es unzählige Einzelfragen, über die gedacht, gearbeitet und gestritten wird. Zahllos sind die offiziellen und inoffiziellen Gruppen, die sich ein Bild der Nachkriegswelt zu machen suchen und über ihre Ergebnisse in Büchern,

Zeitschriften und Broschüren berichten. Das Schrifttum der ganzen Welt ist voll von Bildern der kommenden Welt, wirklichkeitsnahen und wirklichkeitsfernen, ausführlichen und angedeuteten, sachlich begründeten und leidenschaftlich geforderten. Noch nie in der Welt ist so viel über die Gestaltung der Welt gedacht und gesagt worden wie in diesen Jahren[24]. Das ist etwas Neues. Das gab es auch nach dem Ersten Weltkrieg nicht. Wohl gab es damals eine Menge Schlagworte, aber keine ernsthafte Arbeit zur Vorbereitung des Friedens, und sicher ist das einer der Gründe, warum der Friede nach dem Ersten Weltkrieg so schlecht gemacht wurde, daß er die Geburtsstätte des Zweiten Weltkrieges wurde. Diese Gefahr ist jetzt überwunden. Unvorbereitet geht man nicht auf den nächsten Frieden zu. Jede Frage ist hundertmal gestellt, beantwortet, wieder gestellt und wieder beantwortet. Alle Möglichkeiten sind erforscht und ständig werden neue entdeckt mit den neuen Wendungen des Krieges selbst. Das Bild einer Welt beginnt, sich im Bewußtsein der Menschen aus den Trümmern zu erheben, die der Zweite Weltkrieg hinterläßt.

Denn darin sind sich alle einig, daß es um die Welt geht. So verschieden das Bild der Welt aussieht, das die einzelnen Gruppen sich machen, immer geht es um die Welt. Wenn hier und da Menschen mit rückgewandtem Blick nur auf ihr eigenes Stückchen Welt sehen, dann sind das Ausnahmen, über die schon heute alle Verantwortlichen hinweggehen. Wenn manche, die aus ihren Vaterländern vertrieben sind, sich von dem Bild vergangener Isolierung und uneingeschränkter Unabhängigkeit nicht frei machen können, dann bedeutet das für den großen Zug der Entwicklung gar nichts. Die Zeit für nationale Kleinstaaterei ist vorbei, auch wenn diese Kleinstaaten siebzig und hundert Millionen Einwohner haben. Der Welt als ganzer gegenüber bleiben es Kleinstaaten. Viele von Euch werden sich an die lächerliche Rede von den bayerischen oder badischen oder mecklenburgischen Belangen erinnern, die so viel zum Untergang des republikanischen Deutschland beigetragen hat. Aber heute ist es ebenso lächerlich, wenn man von den deutschen oder französischen oder italienischen Belangen sprechen würde, von kleineren Staaten gar nicht zu reden. Es wäre ebenso lächerlich und ebenso verderblich, wie es nach dem Ersten Weltkrieg war, den Belangen der einzelnen deutschen Länder ein einheitliches Deutschland zu opfern, wenn man nach dem Zweiten Weltkrieg den Belangen der einzelnen europäischen Länder ein einheitliches Europa und darüber hinaus eine neue Welt opfern würde. Sicherlich ist diese Gefahr groß. Aber die Tatsache, daß man überall in der Welt über die

Welt denkt und schreibt und spricht, gibt Grund zu der *Hoffnung, daß die Welt nach dem Krieg nicht zurückfallen wird in Welt-Kleinstaaterei,* daß Europa nicht zurückfallen wird in europäische Kleinstaaterei und Amerika nicht in amerikanische Kleinstaaterei und Asien nicht in asiatische Kleinstaaterei.

Aber wenn wir diese Hoffnung auf eine Welt haben — und ohne sie wäre alles Leiden und Sterben dieser Jahrzehnte sinnlos —, dann müssen wir wissen, was Welt bedeutet und vor allem, was es nicht bedeutet. Auch die deutsche Propaganda spricht von einer Überwindung des Nationalismus und der Errichtung eines Europa und der Einrichtung einer Welt[25]. Aber wenn der Nationalsozialismus solche Worte gebraucht, so bedeuten sie in seinem Munde etwas anderes, als was ihr echter Sinn ist. Auch die tiefsten Worte, auch die höchsten Ideale werden verzerrt und in ihr Gegenteil verkehrt, wenn sie von den Mächten der Ungerechtigkeit und Unterdrückung in ihren Dienst genommen werden.

Was ist denn Welt im Sinne der neuen Welt, auf die wir zugehen? Es ist die Einheit. Aber was für eine Einheit? Die Einheit dessen, was besonders, einmalig, frei und schöpferisch ist. Es gibt auch eine andere Einheit, die Einheit dessen, was nicht mehr schöpferisch ist, weil es seine Freiheit verloren hat, weil es nichts Besonderes, nichts Einmaliges mehr darstellt. Es gibt die Einheit der Maschine, wo jeder Teil nur ein Stück des Ganzen und darüber hinaus nichts ist. Es gibt die Einheit der Masse, wo jedes Teilchen den Bewegungen der Masse folgt, ohne Freiheit, ohne schöpferische Eigenart. Es gibt die Einheit der Unterdrückung, wo jede Regung zu eigenem Tun verdächtig ist und jeder selbständige Wille gebrochen und alles Einmalige, Lebendige eingeebnet wird zu einer grauen leblosen Starre. So etwas aber ist nicht Welt, solche Einheit ist das Gegenteil der Einheit, die wir die kommende Welt nennen und für die wir kämpfen und leiden. Meine deutschen Freunde! Laßt Euch nicht betrügen und seht zu, daß das deutsche Volk nicht betrogen wird, wenn die Propaganda der Nationalsozialisten von Weltgestaltung und der Einheit Europas spricht. Es ist die Einheit der Knechtung und des Todes, die sie bringen. Jeder Tag in jedem der eroberten Länder zeigt das. Nicht ein Schritt wird von seiten der Eroberer getan, um jedes Land in seiner Besonderheit und Einmaligkeit in die Einheit der neuen Welt zu bringen. Nichts geschieht, um die schöpferischen Kräfte der europäischen Völker der Einheit Europas dienstbar zu machen. Vielmehr geschieht alles, um die Starre des Todes über sie zu bringen. Ihre Einheit wird zerstört;

Gruppen nach dem Herzen des Nationalsozialismus werden gegen das übrige Volk gestellt, auch wenn sie nur eine verschwindende Minderheit darstellen. Nicht das, was holländisch an den Holländern und norwegisch an den Norwegern ist, wird für die Einheit Europas und den Aufbau der Welt benutzt, sondern das, was an fremden, nationalsozialistisch beeinflußten Kräften in ihnen zu finden ist, wird mit Hilfe der deutschen Maschinengewehre dem echten Holland und Norwegen aufgezwungen. Die Vertreter aber der eigenartigen unersetzlichen und schöpferischen Kultur dieser Länder werden als Geiseln langsam und sicher dahingemordet. So geschieht es zur Zeit in besonders grauenvoller Weise in den Niederlanden. Eine breite Gruppe führender Männer aus allen Schichten des holländischen Lebens ist gefangengesetzt und wird durch ständige Erschießungen dezimiert bis zur Ausrottung. Es ist die Methode, die der Herzog Alba anwandte, als er im Auftrag des fanatischen Herrschers von Spanien die Blüte der holländischen Nation erschlagen ließ. Unsere Hoffnung ist, daß die Antwort Hollands heute die gleiche sein wird wie damals zur Zeit seines Freiheitskrieges.

Eins aber wissen wir, und eins sollte jeder Deutsche tief fühlen: Dieses ist nicht die Weise, wie Welt geschaffen wird. Dieses ist die Weise, wie Welt verhindert und, wo sie da ist, zerstört wird. Nach dem großen Befreiungskriege war Holland für immer verloren für die Einheit des deutschen Kaisertums, die damals eine Art Welteinheit bedeutete; wird nicht die Unterdrückung der heutigen Holländer und Norweger und Polen und Tschechen durch die deutschen Albas von heute und ihre Gestapo-Henkersknechte Welt eher unmöglich machen als aufbauen? Ist es nicht eine grauenvolle Lüge, wenn man von der Einheit Europas spricht, die man zu schaffen vorgibt, und dann alles tut, an jedem Tag und in jeder Stunde, um diese Einheit zu verhindern? Man beraubt die Länder Europas ihrer führenden Menschen, man verschleppt ihre Arbeiter in die Sklaverei, man raubt ihre Reichtümer und zerstört ihre wirtschaftlichen Grundlagen, man verhindert ihre kulturelle Entfaltung, man preßt sie in ein Schema, das nichts mit ihrem wahren Wesen zu tun hat, und dann sagt man, man schafft zusammen mit ihnen ein neues Europa, eine neue Welt! So viel Worte, so viele Lügen! Man zerstört, was an alter Einheit noch da war, man zerstört alle Möglichkeiten einer besseren Einheit in der Zukunft. Einheit von Welt und Einheit durch nationalsozialistische Eroberung sind äußerste Gegensätze. Der Nationalsozialismus ist ohne Welt, er ist eine dämonische Kraft der Weltzerstörung, der Einheit des Todes.

Freunde von der deutschen Opposition! Vielleicht gibt es niemanden, der besser Welt verstehen und Welt aufbauen kann als Ihr. Ihr seid Feinde des weltzerstörenden Nationalsozialismus und zugleich seid Ihr Deutsche. Ihr seid nicht nationale Feinde der Nationalsozialisten wie alle anderen, die gegen sie kämpfen. Ihr seid nicht in Versuchung, in einen Nationalismus gegen Deutschland zu verfallen. Ihr seid durch Eure furchtbare Erfahrung natürliche Feinde alles weltzerspaltenden Nationalismus. Ihr seid natürlich offen für Welt. Ohne Euch kann es keine Welt geben, durch Euch muß das neue Europa, die neue Welt so vorbereitet werden, daß die Kräfte der nationalistischen Zerspaltung, die es in allen Ländern gibt, nicht überhandnehmen. Je früher die übrigen Völker sehen, daß die Besten im deutschen Volk Welt wollen als die Einheit der Freien, desto leichter kann Deutschland als freie, schöpferische Kraft in diese Einheit aufgenommen werden. An der deutschen Opposition hängt es zum großen Teil, ob wir einer Welt oder einer Totenstarre zugehen. Es ist der Sinn dieses Weltkrieges, daß Welt aus ihm wird. Die Völker der Welt wollen es so. Nehmt auch Ihr es in Euren Willen auf und in Euer Denken und Handeln, Freunde der deutschen Opposition. Auf Euren Schultern ruht Verantwortung für das Werden von Welt.

28.

VERTEIDIGUNGSKAMPF – WOFÜR?

6. Oktober 1942

Meine deutschen Freunde!

Es gibt Reden, die Ereignisse sind, wie Schlachten und Staatsstreiche; eine solche Rede war die Ansprache, die der Führer Deutschlands zur Eröffnung der diesjährigen Winterhilfsaktion gehalten hat[26]. Es war eine Rede, die sich in Ton und Inhalt von allem unterschied, was seit Kriegsbeginn von maßgebender Stelle in Deutschland gesagt worden ist. Jeder denkende Deutsche muß sich die Frage vorgelegt haben: Was bedeutet das, was ist geschehen? Wohin führt man uns? Und nicht nur in Deutschland, sondern auch in allen übrigen Ländern ist viel Nachdenken darauf verwendet worden. Es ist mir ein Bedürfnis, heute mit Euch darüber zu reden und mich und Euch zu fragen, wie die Wendung zu begreifen und zu werten ist, die sich in *Hitlers Winterhilfswerkrede* ausdrückt.

Das allgemeine Gefühl in allen außerdeutschen Ländern ist, daß Deutschland sich entschlossen hat, vom Angriff zur Verteidigung, von

der Offensive zur Defensive überzugehen. Die Offensive ist an ihrer
Grenze angekommen. Der Widerstand der Angegriffenen hat sich von
Monat zu Monat verstärkt, im Osten wie im Westen. Weitere Ausdehnung der Fronten würde Gefahren mit sich bringen, die man vermeiden will. Aber wichtiger als all dieses ist die Abneigung des deutschen Volkes gegen weitere Eroberungen, die, selbst wenn sie möglich
wären, keinen Sieg bringen würden. Aus jedem Wort der Winterhilfswerkrede spricht der Wunsch, den Deutschen zu sagen, daß ihre Opfer
nicht weiteren Offensiven dienen sollen. Aus jedem Wort kann man
den inneren Widerstand der deutschen Massen gegen die Welterobe-
rungspläne des Nationalsozialismus heraushören. Eine Rückschau über
die großen Gewinne der deutschen Armeen, die im Vergleich mit den
Gewinnen ihrer Gegner in der Tat erstaunlich sind, wird gegeben.
Aber keine Vorwärtsschau wird daraus abgeleitet, nur die Erklärung,
daß das Gewonnene verteidigt werden soll. Selbstverständlich wird
es, wie bei jeder Verteidigung, auch Angriffe geben. Aber die große
Linie wird die Verteidigung und nicht der Angriff sein. Drei Jahre
lang war es umgekehrt. Drei Jahre lang war jede Rede eine Angriffs-
fanfare, jede Schlacht — auch wenn es zeitweise Verteidigungskämpfe
gab — eine Angriffsschlacht, die Strategie eine reine Strategie der Offensive. Ungeheure Versprechungen wurden dem deutschen Volk gemacht, ungeheure Drohungen gegen die Feinde ausgesprochen. Manche
von diesen Drohungen und Versprechungen wurden gehalten, viele
blieben unerfüllt. Dieses Mal aber wurde nichts versprochen als eine
endgültige Festlegung der östlichen Front und nichts angedroht als
eine Vergeltung für die Bombenangriffe auf Deutschland. Es ist Euch
nicht mehr gesagt, daß Euch „morgen die Welt" gehören wird! Sondern, es ist Euch gesagt, daß Ihr in einem unabsehbaren Verteidigungskrieg werdet halten können, was Ihr gewonnen habt.

Und nun möchte ich fragen: *Was soll eigentlich verteidigt werden,
und ist es die Verteidigung wert?* Es gibt Dinge, die wert sind, verteidigt zu werden, und es hat Verteidigungskriege gegeben, die schließlich zum Siege geführt haben. Aber ist das, was der Nationalsozialismus verteidigt, wert, daß es auch vom deutschen Volk verteidigt wird?
Es ist klar, was der Nationalsozialismus verteidigen will: die Macht,
die er erobert hat, zuerst in Deutschland, dann in Europa. Aber ist
dieses ein würdiger Gegenstand der Verteidigung durch das deutsche
Volk, einer Verteidigung, die, ob erfolgreich oder nicht, Deutschland
in einen Trümmerhaufen verwandeln wird? Es ist klar, daß der
Nationalsozialismus alles tun wird, um seine Macht über Deutschland

zu erhalten. Nicht nur weil jeder, der an der Macht ist, sich an der Macht halten will, sondern auch, weil das Ende der Macht des Nationalsozialismus das Ende seiner Existenz und das aller seiner Anhänger ist. Wenn je eine Gruppe ihr Leben verteidigt hat, so sind es die Nationalsozialisten. Das Blut der Gegner, das sie in feiger Grausamkeit Tag für Tag seit ihrem Anstieg zur Macht vergossen haben, schreit gegen sie. Und sie hören diesen Schrei immer, wenn sie nicht künstlich ihre Ohren verschließen. Darum wird ihre Verteidigung eine verzweifelte sein, und mehr Blut Unschuldiger wird vergossen werden nach dem Gesetz, daß jedes Verbrechen, um sich zu decken, ein neues Verbrechen verlangt. Aber ist diese Verteidigung eine Angelegenheit des deutschen Volkes? Ist nicht das deutsche Volk als erstes Opfer der Tyrannis auch die erste Macht, gegen die die Tyrannis sich verteidigen muß? Steht das deutsche Volk bei dieser Verteidigung nicht auf seiten der Angreifer? Jeder Deutsche muß sich diese Frage vorlegen. Jeder Deutsche, alle Schwankenden, Furchtsamen, Gespaltenen, alle, die halb zu den Nationalsozialisten stehen, halb gegen sie, müssen sich jetzt entscheiden. Sie alle müssen sich fragen: Wollen wir in den Wall hineingehen, hinter dem sich die Nationalsozialisten verschanzen, wollen wir zusammen mit ihnen weitere Verbrechen der Unterdrückung begehen oder wenigstens durch Schweigen decken, wollen wir mit ihnen im Verteidigungskampf für ihre Herrschaft untergehen? Oder wollen wir außerhalb der Schanzen bleiben und denen folgen, die den Kampf gegen sie geführt haben? Es wird immer mehr unmöglich werden, unentschieden zu bleiben, gegen den Nationalsozialismus zu stehen und ihn zugleich zu unterstützen. Offiziere und Soldaten, Beamte und Angestellte, Schriftsteller und Gelehrte müssen sich entscheiden, wohin sie sich in dem Verteidigungskampf stellen wollen, zu dem der Nationalsozialismus jetzt gezwungen ist. Und wehe über die, die sich falsch entscheiden und sich mit neuen Verbrechen vor den Folgen der alten schützen wollen. Einmal kommt diese unheimliche Kette zu ihrem Ende. Und dann gibt es keine Rettung mehr.

Viele Deutsche werden dem zustimmen und erklären, daß sie nichts mehr begrüßen würden, als den Zusammenbruch des Nationalsozialismus und aller seiner Verteidigungen. Aber, werden sie fortfahren, was wir verteidigen, ist nicht der Nationalsozialismus, sondern das deutsche Volk. Und um es zu verteidigen, müssen wir mit den Nationalsozialisten zusammengehen. Aber was wird denn in Wirklichkeit verteidigt? Zunächst doch eroberte Länder, im Westen wie im Osten. Millionen deutscher Soldaten verteidigen Hunderte von Millionen fremder Völker, die nichts denken und wünschen — Tag und Nacht — als Befreiung von ihren Verteidigern. Sie betrachten die, gegen die sie verteidigt werden, als ihre Befreier. Und die, von denen sie verteidigt werden, als ihre Verknechter. Ist es ein Ziel für das deutsche Volk, seine Macht über die meisten Gebiete Europas zu verteidigen, die Macht, fremde Völker auszuplündern zu lassen, sie auszubeuten und ihrer Führer zu berauben, sie nach Deutschland in die Sklaverei zu verschleppen, ihre Einrichtungen zu zerstören, ihre Massen verhungern zu lassen? Ist das ein Ziel, wert eines Verteidigungskrieges, in dem der Haß gegen das deutsche Volk ins Unermeßliche steigen wird und in dem von all diesen Ländern — wie von Deutschland selbst — nur Trümmer und verelendete Bettler übrigbleiben werden? Europa zu verteidigen, wenn es eine Einheit wäre, wenn alle Länder freiwillig an diesem Verteidigungskrieg teilnähmen, das wäre ein Ziel, des größten Einsatzes wert. Aber solch eine europäische Einheit gibt es nicht. Es ist den nationalsozialistischen Eroberern nicht gelungen, Welt zu schaffen, nicht einmal in Europa. Die Einheit, die jetzt existiert, ist Einheit im Unterdrücktsein, nicht gestaltete freie Einheit. Ist es ein Ziel, wert eines unabsehbaren Erschöpfungskrieges, daß diese Einheit des unterdrückten, vergewaltigten, ruinierten Europas aufrechterhalten wird? Für die Nationalsozialisten ist es sicher ein Ziel. Denn es steht heute so, daß ihre Herrschaft in Deutschland von ihrer Herrschaft in Europa abhängt. Aber ist es für das deutsche Volk ein Ziel? Will das deutsche Volk weiter opfern, damit deutsche Offiziere und Zivilisten in einem Dutzend eroberter Länder als Sklavenhalter und Sklavenversender leben? Ist die Unfreiheit und das Elend von mehr als hundert Millionen ein Gegenstand, für den das deutsche Volk einen selbstzerstörerischen Verteidigungskrieg führen soll, Monat für Monat, Jahr für Jahr, ins Unabsehbare? Aber, wird man fragen, ist diese Verteidigung nicht die äußere Linie der Verteidigung Deutschlands? Darauf müssen wir antworten: Nazi-Deutschlands sicher, Deutschlands sicher nicht! Was ist denn das Deutschland, das es wert wäre, zu verteidigen? Seine Freiheit, ist die erste Antwort. Aber diese Freiheit ist ihm ja genommen worden, als es einer Tyrannei verfiel. Wer ist heute frei in Deutschland, frei von Furcht, frei für das Wort, frei für die Tat? Einige wenige an der Spitze, alle anderen sind unfreier, als sie je in der deutschen Geschichte waren. Dieser Krieg gegen Deutschland ist im Grunde ein deutscher Befreiungskrieg, und er wird es um so mehr sein, je mehr sich die Deutschen selbst auf der Seite ihrer Befreier an ihm beteiligen. Vielleicht werdet Ihr sagen: lieber innere als äußere

Unfreiheit! Aber äußere Freiheit im Sinne der Souveränität der einzelnen Staaten kann es nach diesem Krieg überhaupt nicht mehr geben. Kein Volk wird in diesem Sinne frei sein. Alle Völker der Welt werden sich in übergreifenden Einheiten zusammenschließen! Wollt Ihr Deutschland gegen diese Einheit, die zugleich der einzige Weg kommender Freiheit ist, verteidigen? Oder soll die deutsche Kultur, Sprache, Dichtung, Kunst, Religion, Erziehung, Familie, das deutsche Haus verteidigt werden? Aber ist nicht das alles längst aufgesogen in die eine deutsche Wirklichkeit, die übriggeblieben ist, die der Macht, der kriegerischen, erobernden und nun sich verteidigenden Macht? Ist die Verteidigung dieser Macht um der Macht willen, dieses alles verschlingenden Ungeheuers, dieses Zerstörers der Leiber und Seelen, der Religion und Kultur, wert, verteidigt zu werden? Ist das nicht in Wahrheit die Verteidigung der nationalsozialistischen Herrschergruppe und von sonst nichts?

Meine deutschen Freunde! Die Phase der Verteidigung nach drei Jahren des Angriffs hat begonnen. Was verteidigt Ihr? Wollt Ihr Eure Unfreiheit, die Unfreiheit der Eroberten, wollt Ihr Euer Unglück, das Unglück vieler Völker, wollt Ihr Eure Tyrannen und die Ausbeuter und Unterdrücker von Hunderten von Millionen verteidigen? Das ist die Frage, die die große Wendung der deutschen Strategie an jeden Deutschen stellt.

29.

DIE INNEREN GRENZEN DER MACHT

13. Oktober 1942

Meine deutschen Freunde!

Eins ist aus den Reden der deutschen Führer in den letzten Wochen klar hervorgegangen: Deutschland ist an die Grenzen gestoßen, über die hinaus es seine Macht nicht erweitern kann. Wir haben das letzte Mal darüber gesprochen, daß nunmehr die große Wendung vom Angriff zur Verteidigung geschehen ist, und wir haben uns gefragt, was eigentlich verteidigt werden soll. Vielleicht ist Euch auf diese Frage von ehrlichen Nationalsozialisten die Antwort zuteil geworden: Die Macht, die wir gewonnen haben, wollen wir verteidigen! Politik ist Kampf um die Macht, unsere Politik ist Kampf um die Macht über ein Volk, äußere Politik ist Kampf um die Macht eines Volkes über andere Völker, wenn möglich über Erdteile und die Erde selbst. Niemand kann zweifeln, daß dieses die politische Überzeugung des Nationalsozialismus ist, ja daß es der Kern und das Hauptstück aller Überzeugungen ist, die er hat. Aus dem Glauben an die Macht als den höchsten aller menschlichen Werte ist sein Wille hervorgegangen, erst Deutschland und dann die Welt zu erobern. Und da es ein wirklicher fanatischer Glaube war, so hat er dem Nationalsozialismus Erfolge gebracht, die einige Jahre vorher sich niemand in der Welt hätte träumen lassen. Er hat eine der größten Machtkonzentrationen aller Zeiten geschaffen; er hat sich das deutsche Volk restlos und Europa mit wenigen Ausnahmen unterworfen. Er hat alle großen Mächte der Welt bedroht und den größten aller Kriege über die Erde gebracht. Jeder, den Machtentfaltung beeindruckt, war und ist verwirrt, fasziniert, erschreckt oder begeistert von diesem Geschehen. Und manche, die ihr Leben lang an Gerechtigkeit und Menschlichkeit geglaubt haben, sind irre geworden in ihrem Glauben. Sie fragen sich, ob die Religion der Macht nicht doch die wahrere Religion ist. Noch vor einem Jahr wäre es schwer gewesen, auf diese Zweifel zu antworten. Als die deutschen Heere durch die Weiten Rußlands vorwärtsstießen und es keine Grenze für sie zu geben schien, hätte man vergeblich den Machtanbetern die Fragwürdigkeit ihres Götzen zu zeigen versucht. Heute ist es anders: Das „Bis hierher und nicht weiter" ist vernehmlich gesprochen worden, und es ist nicht nur vom Schicksal gesprochen, sondern auch von den Priestern der Machtanbetung verstanden worden: Die Reden der deutschen Führer sind das Echo jenes Schicksalsrufes! Heute ist es darum möglich, über die Macht zu reden und ihre Grenzen aufzuzeigen, nicht nur die äußeren, die das Schicksal sichtbar gemacht hat, sondern auch die inneren, die für jede Macht gelten.

Ein Beispiel kann *die inneren Grenzen der Macht,* auch der Macht des Nationalsozialismus, zeigen. Niemand scheint heute wehrloser der deutschen Macht ausgeliefert zu sein als die eroberten europäischen Völker. Ohne Waffen und ohne wirtschaftliche Selbständigkeit, sind sie auf Gnade und Ungnade den deutschen Eroberern und den Werkzeugen ihrer Macht preisgegeben. Sie werden ausgeraubt, in die Gefangenschaft und Arbeitssklaverei geschickt, sie werden bestraft, ausgehungert, getötet, ohne sich dagegen wehren zu können. Sie bieten ein Bild völliger Ohnmacht und die deutschen Eroberer ein Bild unbegrenzter Macht. Aber sobald man näher zusieht, sieht das Bild ganz anders aus. Von Norwegen bis Griechenland, von Polen bis Frankreich wächst ein Widerstand der Ohnmächtigen, gegen die alle Macht der Machthaber umsonst kämpft. Aus der Ohnmacht der besiegten

Völker erhebt sich eine Macht, deren Schatten schon heute das scheinbar so strahlende Licht der deutschen Siege verdunkelt. Die deutschen Armeen waren stark genug, die Macht der gegnerischen Länder zu brechen. Aber weder die deutsche Armee noch die Henkersknechte der nationalsozialistischen Schreckensherrschaft sind imstande, die Macht der Ohnmacht und ihres Widerstandes zu brechen. Woher kommt diese Macht, die so ganz anders aussieht als der Götze, den die Machtanbeter verehren? Was sind die Wurzeln dieser Macht, von der in den deutschen Schulen und Jugendgruppen und Ordensburgen keine Rede ist? Es ist die Macht des Leidens für die Gerechtigkeit. Der Machtgötze, den der Nationalsozialismus Tag für Tag predigt und dessen Verehrung er den Seelen der deutschen Kinder einprägt, hat einen Gegner, dem er nicht gewachsen ist: die Gerechtigkeit. Ihr wißt, was die Nationalsozialisten mit der Gerechtigkeit gemacht haben. Sie haben gesagt, daß gerecht ist, was dem deutschen Volk nützt; sie haben die Gerechtigkeit in die Sklaverei der Macht verkauft. Aber diese scheinbar ohnmächtige, versklavte Gerechtigkeit ist die Kraft, die gegen sie aufgestanden ist und in allen besiegten und unbesiegten Ländern eine Macht entfaltet, die die Deutschen in die Verteidigung gezwungen hat. Für jeden erschossenen Holländer, Norweger, Franzosen oder Serben stehen viele neue da, um den Widerstand gegen die Macht, die nichts ist als Macht, durchzuführen. Die englischen Bombenangriffe werden in den besetzten Ländern begrüßt, selbst wenn sie die eigenen Volksgenossen töten. Den Hunger, ja das Verhungern zieht man der Verschleppung in die Sklaverei vor. Man lehnt es ab, sich auf die Seite der siegreichen Macht zu stellen, obgleich man Vorteile davon haben könnte. Die wenigen in den besetzten Ländern, die sich von der Macht kaufen lassen, verlieren als Verräter jede wirkliche Macht und können nur mit Hilfe der Eroberer existieren. In all dem ist etwas sichtbar, was deutlicher als jede Theorie die Grenzen der reinen Macht zeigt. Es ist wie eine weltgeschichtliche Unterrichtsstunde, die durch die Praxis widerlegt, was das deutsche Volk an falscher Theorie eingesogen hat. Die Macht, die nicht mit Gerechtigkeit geeint ist, ist nur scheinbar Macht, in Wahrheit tiefste Ohnmacht; und die Gerechtigkeit, die ohne äußere Macht ist, ist nur scheinbar ohnmächtig, in Wirklichkeit aber eine unbesiegbare Macht. Warum ist das so?

Um das zu beantworten, wollen wir einmal überlegen, wie es eigentlich gekommen ist, daß der Nationalsozialismus in Deutschland zur Macht gekommen ist und wie es ihm gelingen konnte, jeden Widerstand, wenigstens äußerlich, zu brechen: weil es einen Augenblick in der deutschen Geschichte gab, wo viele Deutsche glaubten, daß der Nationalsozialismus die höhere Gerechtigkeit vertrete. Und wenn es auch niemals eine Mehrheit war, die nationalsozialistisch dachte, so gab es doch Unzählige, die irgendwo in ihrer Seele den Sieg des Nationalsozialismus herbeiwünschten. Sie meinten, daß die Ungerechtigkeit des letzten Friedens in Gerechtigkeit verwandelt würde, sie meinten, daß die Ungerechtigkeiten der sozialen Ordnung, vor allem der dauernden Arbeitslosigkeit, überwunden würden, sie glaubten, daß auf diesem Boden eine deutsche Einheit geschaffen und die gerechten Ansprüche Deutschlands in der Welt erfüllt würden. Sie gaben dem Nationalsozialismus Macht, weil sie glaubten, daß er der Vertreter einer höheren Gerechtigkeit sei. Und nicht nur in Deutschland war das so, sondern auch in manchen der jetzt eroberten Ländern. Es gab einflußreiche Gruppen in ihnen, die mit den meisten Deutschen an die Ungerechtigkeit des letzten Friedens glaubten und den Nationalsozialisten eine Chance geben wollten; ja selbst in den jetzt feindlichen Ländern dachte man lange so und weigerte sich, den neuen deutschen Machthabern Schwierigkeiten zu machen. Durch den Glauben vieler, daß sie Gerechtigkeit bringen würden, sind die Nationalsozialisten zur Macht gekommen. Selbst sie, die Anbeter der Macht, mußten die Hilfe der Gerechtigkeit in Anspruch nehmen. Sie wollten nicht Gerechtigkeit, sie wollten Macht und nichts anderes. Aber sie mußten den Glauben erwecken, daß sie Gerechtigkeit wollten; sonst hätten sie ihr Ziel nicht erreicht, weder in Deutschland noch in der Welt. Ja auch heute noch sagen sie dem deutschen Volk, daß sie ihm eine bessere Gerechtigkeit gebracht hätten, als sie in den demokratischen Ländern zu finden wäre. Auch heute noch sagen sie den europäischen Völkern, daß sie für eine gerechtere Ordnung Europas kämpften. Auch heute, nachdem sie die Gerechtigkeit in Theorie und Praxis in Deutschland und außerhalb Deutschlands tagtäglich mit Füßen getreten haben, brauchen sie die Berufung auf Gerechtigkeit um ihrer Macht willen. Aber freilich: Niemand glaubt es ihnen heute mehr. Die Opfer, die sie dem Götzen ihrer eigenen und der nationalen Macht gebracht haben, schreien gegen sie und übertönen alle klugen Reden, in denen sie ihre Macht mit Bekenntnissen zur Gerechtigkeit festigen wollen.

Es ist eben so, daß der Sinn der Macht nicht Macht ist, sondern Leben! Macht soll das Leben schützen, indem sie dafür sorgt, daß jedem Lebendigen das Seine wird und kein Lebendiges das andere vergewaltigt. Macht soll das Leben schützen, indem es das Recht durchsetzt, das jedes Lebendige hat. Eine Macht, die das tut, ist Leben schaffend, weil sie nichts für sich selbst will, sondern für das Recht eines jeden steht, über den sie Macht hat. Eine solche Macht ist unerschütterlich, denn sie ist aufgebaut auf der Anerkennung aller derer, die Gerechtigkeit von ihr erfahren. Sobald diese Anerkennung entschwindet, sobald begriffen ist, daß eine Macht für Willkür und nicht für Recht steht, ist ihre Grundlage unterhöhlt. So ist es heute mit der Macht des Nationalsozialismus. Sie ist unterhöhlt, aber freilich, sie ist noch nicht zerbrochen.

Denn dieses ist das Unheimliche der Macht: Wenn sie einmal da ist, entwickelt sie Werkzeuge, die sie noch lange aufrechterhalten können, nachdem ihre eigentliche Grundlage, die Gerechtigkeit, entschwunden ist. Und dann kommt die Zeit, wo sie besonders grausam, tyrannisch und blutig wird. Ihre Träger wissen, daß die Fundamente ihrer Macht zerfallen sind. Sie fühlen, daß niemand sie mehr anerkennt, daß niemand mehr an die Gerechtigkeit glaubt, mit der sie sich schmücken wollen. Aber sie haben die Werkzeuge der Macht noch in ihrer Hand. Und weil sie ahnen, daß ihre Macht zu Ende geht, weil der Götze der Macht seine Anbeter im Stich läßt, gebrauchen sie die Werkzeuge zu immer wachsender Vergewaltigung und damit zu immer größerer Ungerechtigkeit, und damit zu immer schnellerer Selbstvernichtung. Dieses Gericht vollzieht sich jetzt an den nationalsozialistischen Machtanbetern, es vollzieht sich in den eroberten Ländern, es vollzieht sich in Deutschland selbst.

Freunde von der deutschen Opposition: Das ist Eure Hoffnung! Seht zu, daß immer mehr Deutsche begreifen, daß eine Macht, die die Gerechtigkeit zerstört hat, schon nicht mehr Macht ist, auch wenn sie die ungeheuersten Werkzeuge der Vergewaltigung noch in der Hand hat. Sagt den Deutschen, daß der Götze der Macht sich schon heute gegen seine Anbeter gewendet hat und jeden zugrunde richten wird, der bei ihnen steht.

30.

DIE KRIEGSVERBRECHER
UND IHRE BESTRAFUNG   30. Oktober 1942

Meine deutschen Freunde!

Eine Frage wird zur Zeit in der Öffentlichkeit der verbündeten Nationen viel besprochen. Sie bezieht sich auf die *Behandlung Deutschlands nach dem Kriege*. Und da die innerdeutsche Propaganda diese

Debatten benutzt, um Furcht vor dem Frieden und Haß gegen die Verbündeten zu erzeugen, möchte ich heute zu Euch darüber sprechen.

Es ist die Frage der sogenannten *Kriegsverbrecher und ihrer Bestrafung*. In den letzten Wochen haben die Regierungen der besetzten Länder in London und Washington energisch gefordert[27], daß nach dem Zusammenbruch Deutschlands diejenigen zur Verantwortung gezogen werden sollen, die als Werkzeuge einer unbeschreiblichen Schreckensherrschaft in den besetzten Gebieten gewirkt haben und den Schrecken von Woche zu Woche verschärfen. Die russische Regierung hat das gleiche für die gefordert, die als Sklaventreiber gegenüber den Bewohnern der eroberten Teile Rußlands tätig sind. Die englische und amerikanische Regierung haben dem zugestimmt, der Präsident der Vereinigten Staaten erst vor einigen Wochen und mit der Einschränkung, daß er keine Massen-Vergeltung wünsche. Wir wissen, daß in allen betroffenen Ländern Listen derjenigen geführt werden, die sich besonderer Grausamkeiten in Befehl und Ausführung schuldig gemacht haben, und es ist sicher, daß es nicht so gehen wird wie im vorigen Krieg, daß man die Bestrafung dieser Verbrecher und ihrer Werkzeuge als undurchführbar fallen lassen wird. Und das bringt mich auf Erinnerungen an den vorigen Krieg und die Wirkungen, die der Kriegsverbrecherparagraph im Vertrag von Versailles auf die Deutschen hatte. Dieser sowie der Kriegsschuldparagraph machten damals den stärksten Eindruck unter all den harten Bedingungen des Vertrages. Sie verletzten das deutsche Gefühl mehr als die Abtretungen und die Entwaffnungsbestimmungen. Auch diejenigen, die damals die Entwaffnung als ein Glück für Deutschland, als die Befreiung Deutschlands und Europas von einer unerträglichen Last empfanden, waren durch die moralische Verurteilung dieser Paragraphen getroffen. Es ist leicht für die nationalsozialistische Propaganda, die Erinnerung an diese Dinge zu erwecken und sie zur Erzeugung von Haß und verzweifelten Kampfwillen zu benutzen. Was kann die deutsche Opposition dagegen tun, daß die Erklärungen der verbündeten Nationen über die Bestrafung der Kriegsverbrecher in dieser Weise ausgenützt werden? Es gibt nur einen Weg: den Willen des deutschen Volkes mit dem Willen der verbündeten Nationen zu vereinigen; dem deutschen Volk zu zeigen, daß die Kriegsverbrecher wirkliche Verbrecher sind gegen alles, was Menschenwürde und Menschenhoffnung ist, und vor allem: dem deutschen Volk zu zeigen, daß die Kriegsverbrecher zuerst und vor allem Verbrecher gegen das deutsche Volk sind.

Das zu zeigen ist wahrlich nicht schwer. Jeder unter Euch weiß eine endlose Liste solcher Verbrechen gegen Leib und Seele, gegen Eigentum und Ehre von Deutschen, mit denen er bekannt oder befreundet war, oder von deren Unglück er auf Umwegen gehört hat. Jeder von Euch kennt den Typus Mensch, der für diese Verbrechen erzogen ist und sie mit kaltem Blut und gutem Gewissen tut. Und wir alle wissen, daß dieses nicht Entgleisungen einzelner sind, die von allen Verantwortlichen abgelehnt werden, sondern daß es ein System ist. Die Verbrechen dieses Krieges gegen die Eroberten sind die Fortsetzung der Verbrechen gegen die Deutschen in den Jahren vor dem Krieg. Es ist das gleiche System, das das eine wie das andere geschaffen hat. Darum ist in diesem Krieg alles so anders als im vorigen. Das erste Land, das in diesem Krieg erobert worden ist, ist Deutschland. Und zahllos sind die Opfer dieser Eroberung: Hunderttausende von Flüchtlingen, Hunderttausende von Menschen, die in Konzentrationslagern oder Gefängnissen gestorben oder an Leib und Seele zerbrochen sind, Hunderttausende, denen, auch abgesehen vom Krieg, die Existenz zerstört, das Bewußtsein, ein Mensch zu sein, genommen, der Funken der Hoffnung, die das Leben möglich machte, geraubt ist. Die gleiche Art Menschen, die dieses am deutschen Volk getan hat, ist nun über die eroberten Länder hergefallen, nicht die kämpfenden Soldaten, sondern die, die ihnen nachfolgten, mit und ohne Uniform. Unter dieser Gruppe, die hinter den kämpfenden Armeen herzieht, sind die Kriegsverbrecher, gegen die sich die Empörung der Welt richtet und gegen die sich noch viel mehr die Empörung des deutschen Volkes richten sollte, das ihr erstes Opfer war. Diejenigen sind gemeint, die für die Erschießung Unschuldiger, für den Raub fremden Eigentums, in gesetzlichen und ungesetzlichen Formen, verantwortlich sind. Diejenigen sind Kriegsverbrecher, die Bevölkerungen verschleppen, Männer und Frauen in die Sklaverei führen, Orte vom Erdboden vertilgen, Massen von Menschen verhungern und erfrieren und in Konzentrationslagern verkommen lassen. Was sie Euch getan haben, tun sie nun den anderen.

Und wenn das so ist, warum sollte irgendein Deutscher zögern, die Bestrafung dieser tausendfachen Verbrecher zu fordern und — was mehr ist — sie selbst zu übernehmen, sobald es an der Zeit ist? Das deutsche Volk sollte den verbündeten Nationen nicht mehr viel zu tun übrig lassen.

Wenn die Listen der Verbrecher bekanntgemacht werden, sollte es sich zeigen, daß die meisten der Genannten nicht auffindbar sind, nicht weil sie sich versteckt haben, sondern weil das Gericht schon an ihnen vollzogen ist. Mit dieser Gesinnung sollt Ihr, die deutsche Opposition, so viele Deutsche als irgend möglich erfüllen. Ihr sollt ihnen sagen, daß nicht fremde Völker über das deutsche Volk zu Gericht sitzen werden, sondern daß das deutsche Volk im Verein mit den übrigen Opfern über eine machtvolle Bande von Verbrechern und ihren Helfern zu Gericht sitzen wird, daß das deutsche Volk dieses Gericht eröffnen und so weit wie möglich durchführen wird, noch ehe die andern dazu kommen.

Vielleicht aber werden manche fragen, warum überhaupt Bestrafung? Genügt es nicht, im politischen Kampf sowohl wie im Krieg, den Gegner zu besiegen und ungefährlich zu machen? Klingt „Bestrafung politischer Verbrecher" nicht sehr nach Rache, erinnert es nicht an die verächtlichen Racheakte, mit denen die Nationalsozialisten ihre früheren Gegner nach dem Siege über sie verfolgt haben, und klingt Bestrafung militärischer Verbrecher nicht sehr nach den militärischen Rache- und Ausrottungsakten in den Kriegen früherer Zeiten? Sicher wird diese Frage gestellt werden, und sicher wird sie von der nationalsozialistischen Propaganda, die am allerwenigsten ein Recht dazu hätte, für ihre Zwecke ausgenutzt werden. Was können wir darauf antworten?

Strafe ist die Form, in der die verletzte Rechtsordnung sich durchsetzt gegen den, der das Recht gebrochen hat. Alles, was die nationalistischen Verbrecher getan haben, ist eine Verletzung der natürlichsten Rechte, des einfachsten Gefühls für das Gute und Menschenwürdige. Dinge, die unter den primitivsten Völkern anerkannt waren, die Heiligkeit der Verträge, der Schutz des Fremden, die Unterscheidung des kämpfenden und nicht-kämpfenden Teils einer Bevölkerung, die Verteidigung der Familie, die Achtung des Menschen auch im Feinde, auch im Angeklagten und Verurteilten, die Aufrechterhaltung der Gesetze auch den Mächtigen gegenüber, all das ist im Nationalsozialismus systematisch verneint und mit Füßen getreten worden. Wohl hat es immer Verfallszeiten gegeben, in denen die Machthaber alle göttlichen und menschlichen Gesetze verachtet haben. Aber das waren doch nur kurze Episoden, an deren Ende der Untergang stand. Was heute versucht wird, ist die grundsätzliche und dauernde Aufhebung der Ordnungen, ohne die keine menschliche Gruppe und erst recht nicht die Menschheit als Ganzes leben kann. Es ist falsch, das als Rückkehr zu primitiven Stadien der Menschheit zu bezeichnen. Das wäre eine Beleidigung der Primitiven. Es ist vielmehr ein Versuch, mit allen Mitteln der höchsten Intelligenz und technischen Reife eine Welt zu schaffen, in der das Menschliche verschwunden ist. Ihr alle kennt die Gesichter der Sturmtruppen, die wie Maschinen, erstarrt und entmenschlicht, durch die Straßen ziehen. Sie sind ihrer Persönlichkeit, ihrer natürlichen Gefühle, ihres eigenen Willens und Denkens, ihres Gewissens beraubt worden. Und nun handeln sie als Räder in diesem grauenvollen Mechanismus, der unvergleichlich ist im Zerstören und, wie jeder Mechanismus, unfähig, auch nur das Kleinste zu schaffen. So etwas gibt es in keiner primitiven Kultur. Hier und da in der Geschichte ist ähnliches versucht worden, aber noch war zuviel Menschliches im Menschen, als daß es gelingen konnte. Der Nationalsozialismus erst hat mit raffinierter Methode Schritt für Schritt eine ganze Generation entmenschlicht. Er hat sie abgeschnitten von allen natürlich-menschlichen Beziehungen, von allem, was Güte, Gerechtigkeit, Wahrhaftigkeit und Liebe ist. Und an die Stelle der menschlichen Gefühle hat er Fanatismus, Haß, Verachtung, kalte Grausamkeit und Gleichgültigkeit gegen das eigene und gegen fremdes Leben gepflanzt. Und mit diesen Werkzeugen hat er das deutsche Volk unterjocht und es dann gezwungen, andere Völker zu unterjochen. Er hat mit teuflischer Klugheit versucht, alle Deutschen in die Solidarität seiner Verbrechen hereinzuziehen. Nichts freut die Nationalsozialisten mehr, als wenn im Ausland das ganze deutsche Volk schuldig gesprochen wird. Aber diese Freude wird ihnen von keiner verantwortlichen Stelle in den verbündeten Nationen gemacht. Nur einige Toren, Fanatiker und Unwissende schreiben die Verbrechen des Nationalsozialismus dem ganzen deutschen Volk zu, niemand sonst.

Und nun verstehen wir, warum die Kriegsverbrecher bestraft werden müssen: nicht aus Rache, nicht wegen der Siege der deutschen Soldaten, sondern um der verletzten Menschenwürde willen. Es muß weltgeschichtlich sichtbar werden, daß niemand die Menschlichkeit zerstören kann, in sich und anderen, ohne sich selbst zu vernichten. Es muß offenbar werden, daß es ewige Gesetze gibt, die niemand verletzen kann, ohne unter ihr Gericht zu fallen. Nicht nur die unmenschliche Maschine des Todes, die der Nationalsozialismus geschaffen hat, muß zerbrochen werden, sondern auch die, die sie geschaffen haben, die den Menschen entmenscht und die Weltordnung teuflisch ins Gegenteil verkehrt haben. Die Bestrafung der Kriegsverbrecher, in erster Linie durch das deutsche Volk und weiter durch alle übrigen versklavten und verwundeten Völker, ist die Antwort der göttlichen Weltordnung, die von den Nationalsozialisten angegriffen ist. Es ist die Antwort der Menschenwürde, die von den entmenschlichten Werkzeugen des Nationalsozialismus in den Staub getreten ist, zuerst in Deutschland und dann in ganz Europa, es ist die Antwort der Gemeinschaft der Menschen und der Völker, die von den Nationalsozialisten im Innersten getroffen ist. Es ist die Antwort des Göttlichen in der Welt auf den Versuch, es ins Teuflische zu verzerren.

31.

DIE NACHKRIEGSERZIEHUNG DER DEUTSCHEN
27. Oktober 1942

Meine deutschen Freunde!

Als ich das letzte Mal zu Euch sprach, war es die Frage der Kriegsverbrecher, die uns beschäftigte. Ich sagte Euch, daß diese Frage in den letzten Wochen in allen Ländern der verbündeten Nationen viel besprochen worden ist, und ich versuchte, mit Euch einen Weg zu finden, der für die deutsche Opposition gangbar ist. Wir kamen zu der Lösung, daß die Deutschen selbst zuerst und vor allem die Strafe an den nationalsozialistischen Verbrechern vollziehen müssen. Wie die Deutschen die ersten Opfer ihrer Untaten waren, so sollten sie auch die ersten sein, die die strafende Gerechtigkeit an ihnen ausüben. Auf diese Weise wird dem Weltgewissen genuggetan, ohne daß das deutsche Gefühl verletzt wird.

Ich will heute über eine ähnliche Frage reden, die auch viel besprochen wird und ein leidenschaftliches Für und Wider hervorgerufen hat: Es ist die *Frage der Nachkriegserziehung der Deutschen, die durch die nationalsozialistische Erziehung verdorben sind*[28]. Diese Frage wird hier sehr ernst genommen; und sicher werden Euch von der deutschen Propaganda verzerrte Berichte darüber gegeben. Sicher werdet Ihr von diesem oder jenem törichten Vorschlag hören, der im Laufe dieser Verhandlungen gemacht ist und der den falschen Eindruck erweckt, daß die ganze Frage töricht sei. Sie ist es aber nicht. Im Gegenteil: Sie ist im Grunde wichtiger als die Frage der Bestrafung der Kriegsverbrecher. Sehr viel hängt von ihrer Beantwortung ab für die zukünftige Gestaltung der Welt.

Seit der Mitte der zwanziger Jahre sind Teile der deutschen Jugend und Kreise von Erwachsenen unter dem Einfluß der nationalsozialistischen Erziehung. Seit 1933 steht das ganze Volk unter dem ausschließlichen Einfluß der nationalsozialistischen Propaganda. Die Jugend insbesondere hat niemals andere Eindrücke empfangen als diejenigen, die vom Nationalsozialismus zugelassen sind. Diese Jugend weiß nichts anderes, als was ihr von den gegenwärtigen Machthabern gesagt ist, sie hat keinen Maßstab, um demgegenüber kritisch zu sein; sie kennt nur Deutschland, nicht einmal Europa, geschweige denn die übrige Welt. Und wenn sie als Eroberer in ein fremdes Land kommen, dann kommen sie nicht als solche, die lernen und verstehen wollen, sondern als die höhere Rasse, die das Recht zur Unterdrückung und Ausbeutung hat.

Diese Absonderung des deutschen Volkes und besonders der deutschen Jugend von der übrigen Welt gehört zur nationalsozialistischen Erziehung. Es ist ein Teil der Unmenschlichkeit dieser Erziehung. Menschliche Erziehung erweckt die Freude an dem Reichtum menschlicher Möglichkeiten, an anderen Völkern, Rassen, Sitten und Fähigkeiten. Unmenschliche Erziehung erweckt Verachtung für alles, was fremd ist, die Unwilligkeit, es zu verstehen, und den Willen, es zu bekämpfen und auszurotten. Solcher Erziehung ist das deutsche Volk nun seit zehn Jahren unterworfen worden, die Jugend zum Teil seit fünfzehn und mehr Jahren, ein halbes Menschenalter. Kein Wunder, daß die Erziehung wirksam geworden ist und Menschentypen geschaffen hat, die verschlossen sind für alles allgemein Menschliche, für alles, was sie nicht selbst sind, für alles, was nicht deutsch im Geist des Nationalsozialismus ist. Wie kann eine Welt mit solchen Menschen aufgebaut werden? Das ist die Frage, die man sich hier dauernd stellt. Werden diese Typen nicht eine ständige Bedrohung der übrigen Welt darstellen? Werden sie nicht eine Tradition fortpflanzen, die über kurz oder lang zu neuen Ausbrüchen der alten Unmenschlichkeit führen muß? Und da man sie nicht ausrotten kann und will, muß man sie nicht umerziehen, hinein in eine Menschheit, die das Prinzip der Menschlichkeit anerkennt?

Das sind die Gedankengänge, die viele ernsthafte Menschen in den verbündeten Nationen bewegen. Berufserzieher, Kirchenmänner, Schriftsteller, Politiker erwägen die Möglichkeiten einer solchen Umerziehung der nationalsozialistisch erzogenen deutschen Jugend. Ihr, die deutsche Opposition, solltet Euch diesem Nachdenken anschließen. Es wäre von unendlichem Wert für uns, wenn wir erfahren könnten, was Ihr darüber denkt. Wie kann nach Eurer Meinung die deutsche Jugend umerzogen werden? Glaubt Ihr, daß es überhaupt Möglichkeiten dafür gibt? Oder denkt Ihr, daß das nationalsozialistische Gift zu tief eingedrungen ist, um je wieder aus den Gemütern entfernt zu werden? Auch wenn nur eine leichte Hoffnung besteht, müßte es versucht werden, denn wenn es nicht gelingt, bleibt als die andere Möglichkeit nur die Isolierung oder gar Ausrottung dieser Jugend übrig, und das will niemand außer ein paar ebenso fanatischen wie bedeutungslosen Deutschenhassern.

Es muß also versucht werden, die nationalsozialistisch vergiftete deutsche Jugend zu entgiften, zu vermenschlichen und in eine neue Gemeinschaft hineinzuziehen. Aber wie kann das versucht werden? Wer soll es tun, auf welche Weise und unter welchen Gesichtspunkten?

Zunächst: Wer soll es tun? Es sind hier Vorschläge gemacht worden, daß man amerikanische Lehrer, englische Geistliche, Persönlichkeiten aus allen Zweigen des angelsächsischen Lebens herüberschicken soll, um das deutsche Volk und vor allem die deutsche Jugend in den Geist der demokratischen Völker einzuführen. Die Besatzungsarmeen sollen von solchen Erziehern zu höherer Menschlichkeit und Christlichkeit begleitet werden. Schon werden einzelne zu diesem Zweck ausgebildet. Ich glaube nicht, daß dies der richtige Weg ist. Fast noch verletzender als die Erklärung, daß man jemand bestrafen will, ist die Erklärung, daß man ihn erziehen will. Nirgends gilt das Wort: „Man merkt die Absicht und man ist verstimmt" mehr als in der Erziehung. Der Gedanke, daß Abgesandte eines Kulturvolkes ein anderes hoch und in mancher Beziehung höher kultiviertes Volk erziehen könnte, widerspricht allem, was wir von der menschlichen Seele wissen. So reagieren Völker nicht! Und besonders dann nicht, wenn die Abgesandten von einem Volk kommen, das als Sieger zugleich die politische Macht über die ausübt, die es erziehen soll. Man kann nicht zugleich Sieger und Erzieher sein. Dieser Weg ist ungangbar, und Ihr, die Ihr unter der nationalsozialistischen Erziehung Eurer Kinder mehr leidet als irgend jemand anders, solltet dieses denen deutlich zu verstehen geben, die solche Torheiten vorschlagen. Aber Ihr solltet zugleich über andere, bessere Wege nachdenken. Ihr werdet mir zustimmen, wenn ich sage, daß der erste und mächtigste Erzieher und Umpräger des deutschen Volkes und der deutschen Jugend das Schicksal selbst ist. Es ist ein mächtiger und ein furchtbarer Erzieher, und schon hat er seine Arbeit begonnen. Auf den Schlachtfeldern, in den Lazaretten, in den Kellern der zerbrechenden Häuser, beim Lesen der Todesnachrichten von der Front in die Heimat und von der Heimat an die Front, unter den haßerfüllten Blicken der eroberten Völker, in dem Mangel an allen Dingen, der mehr und mehr fühlbar wird, in dem hoffnungslosen Nachdenken über das Ende und die Endlosigkeit des Krieges, in all dem wirkt der Erzieher, dessen Name Schicksal ist und dessen Hand sich schwerer und schwerer auf das deutsche Volk legt. Es ist nicht vorstellbar, daß dieses Geschehen ohne umprägenden Einfluß, auch auf die hartnäckigsten Opfer der nationalsozialistischen Erziehung, bleiben kann. Sie müssen andere Menschen geworden sein, wenn sie auf den Ruinen stehen, die der Nationalsozialismus über Deutschland und ihr eigenes Leben gebracht hat. Sie mögen nur bitter oder nur verzweifelt oder nur gleichgültig gegen alles sein. Aber sie sind anders, als sie in den Tagen der großen Hoffnungen und der großen Siege waren, auch wenn sie es noch nicht zugeben, sich selbst nicht und anderen nicht.

So viel kann das Schicksal tun, und so viel tut es täglich zur Umerziehung der deutschen Jugend und vieler Erwachsener im deutschen Volk. Dann aber müßt Ihr einsetzen, die Ihr begreift, was dieses Schicksal bedeutet. Das Schicksal ist der erste, Ihr, die deutsche Opposition, seid der zweite Erzieher und Umerzieher der Deutschen. Viel könnt Ihr tun, weil Ihr nichts tun müßt, als zu deuten, was geschieht. Wer immer unter Euch, die Ihr diese Worte hört, begriffen hat, was das Schicksal meint, der ist damit ein Erzieher der Deutschen geworden. Auch wenn er nie etwas von Erziehung gelernt hat, auch wenn er nicht studiert hat und wenig von den Dingen weiß, die man in den Schulen lehrt, auch wenn er ein einfacher Soldat oder Arbeiter oder Beamter ist, kann er ein Erzieher werden für die, die verzweifeln und hassen. Wer immer den Sinn der Tragödie des deutschen Volkes, die sich jetzt vor unseren Augen vollzieht, verstanden hat, der ist der berufene Erzieher der Deutschen. Wenn ich an diese Menschen denke, an Euch, die Ihr mich hört und mir zustimmt, dann fühle ich noch tiefer als sonst, wie unmöglich es ist, jemand zu Euch zu schicken, der Euch sagen soll, was Ihr aus der Tiefe Eures Leidens heraus so viel besser wißt. Nebst dem Schicksal seid Ihr die Erzieher der Deutschen.

Und dann kann es noch eine dritte Gruppe geben, nicht von Leuten, die Euch erziehen wollen, sondern von Leuten, die mit Euch leben wollen. Ich meine die, die mit der deutschen Jugend zusammensein werden, wenn das Ende des Krieges die Grenzen geöffnet hat. Wenn sie als Erzieher kämen, würden sie unüberwindlichen Widerstand erwecken. Wenn sie aber kommen, weil ihr Beruf sie zwingt oder weil sie von Euch lernen wollen, oder wenn sie Euch auffordern, in ihre Länder zu kommen, damit Ihr sehen könnt, wie sie leben, dann kann eine Gemeinschaft entstehen, die das Gift des Nationalsozialismus beseitigen kann. Es gibt viele in den Ländern der verbündeten Nationen, die über die Kriegsfeindschaft und den Haß gegen die

Nazis hinweg eine neue Gemeinschaft mit den Deutschen, vor allem mit der deutschen Jugend, suchen. Es gibt viele, die wissen, daß jeder künstliche Versuch der Erziehung des deutschen Volkes fehlgehen muß, daß es darauf ankommt, mit den Deutschen in Gemeinschaft zu kommen, in eine Gemeinschaft des Gebens und Nehmens. Es gibt viele unter den jetzigen Feinden Deutschlands, die wissen, daß sie von den durch unendliches Elend hindurchgegangenen Deutschen mehr bekommen können, als sie ihnen zu geben imstande sind.

Die Erziehung des deutschen Volkes, die Umprägung der deutschen Jugend geschieht durch das Schicksal zuerst, durch die Deutschen, die das Schicksal deuten, an zweiter Stelle, durch die Menschen anderer Länder, die die Deutschen aufnehmen in eine Gemeinschaft des Gebens und Empfangens an dritter Stelle. Das Schicksal wirkt von selbst, für seine Deutung müßt Ihr sorgen, meine deutschen Freunde, für die neue Gemeinschaft werden die Besten in den Ländern Eurer jetzigen Feinde sorgen, wenn Ihr selbst bereit seid.

32.

DAS DEUTSCHE SCHICKSAL
IN VERGANGENHEIT UND GEGENWART

3. November 1942

Meine deutschen Freunde!

Als ich das letzte Mal über die Umerziehung der deutschen Jugend mit Euch sprach, kam ich auf die Frage des deutschen Schicksals, das in diesen Jahren der eigentliche und wahre Erzieher sein müsse. *Heute möchte ich von diesem deutschen Schicksal selbst sprechen, nicht nur von dem gegenwärtigen, sondern auch von dem vergangenen.* Denn das Schicksal der Gegenwart ist bestimmt von der Vergangenheit, wie das Schicksal der Zukunft von der Gegenwart bestimmt wird.

Die Frage des deutschen Schicksals ist um so wichtiger, als in den Ländern der verbündeten Nationen viel über den deutschen Charakter gesprochen wird. In weiten Kreisen hält man den Nationalsozialismus für einen Ausdruck des deutschen Charakters. Erst vor einigen Tagen hat ein verantwortlicher Staatsmann eine Rede gehalten[29], in der er dem deutschen Volk den Vorwurf macht, daß es seit einem Jahrhundert in dauernden Angriffskriegen seinen kriegerisch-aggressiven Charakter bewiesen habe. Andere werfen den Deutschen vor, daß sie sich seit Jahrhunderten von ihrer militärischen Herrenschicht, den Junkern

125

und ihrem bürgerlichen Gefolge, haben beherrschen und in einen Krieg nach dem anderen haben hetzen lassen. Man wirft den Deutschen vor, daß sie einen unterwürfigen Charakter entwickelt haben, der es ihnen unmöglich macht, ihren Obrigkeiten Widerstand zu leisten, auch wenn sie von ihnen in Krieg und Verderben geführt werden. Und man sagt endlich, daß dieser Charakter der Deutschen sich in der deutschen Dichtung und Philosophie ausdrücke, ja, daß sogar das lutherische Christentum Züge dieser Mischung von Unterwürfigkeit nach innen und kriegerischem Geist nach außen zeige. In vielen Reden und Schriften werden diese Gedanken heute durchgeführt; man versucht in eingehenden Untersuchungen, sie aus der Geschichte zu beweisen. Man benutzt sie für die Kriegspropaganda, und man baut darauf Pläne für die zukünftige Gestaltung Europas und die Rolle Deutschlands darin. Ein Bild des deutschen Charakters ist in der Öffentlichkeit der Welt entstanden, von dem die deutsche Opposition wissen muß, damit sie sehen kann, welche ungeheure Verantwortung für die deutsche Zukunft auf ihr liegt[30]. Denn wenn dieses Bild in die Seelen der Völker hineingezeichnet wird und dort stehenbleibt für Generationen, dann wehe dem deutschen Volk. Solche Bilder über den Charakter einer Nation sind wichtiger für die Zukunftsgestaltung der Welt als irgendwelche militärischen Machtmittel. Der Nationalsozialismus hat selbst das furchtbarste Beispiel dafür gegeben: Das Zerrbild, das er von dem jüdischen Volk gezeichnet und der deutschen Jugend eingeprägt hat, ist zum zerstörenden Schicksal für die Juden geworden. Kein anständiger Deutscher und am allerwenigsten jemand, der der religiösen oder politischen Opposition angehört, glaubt, daß dieses Zerrbild wahr ist. Und doch hat es eine ungeheure Wirkung gehabt. Warum? Weil Züge dieses Bildes seit Jahrhunderten in die Seelen vieler christlicher Menschen eingeprägt sind, weil sich ein Bild des jüdischen Charakters im Unbewußten großer Massen entwickelt hat, über das sie sich selbst nicht klar waren. Sie hätten es nicht anerkannt, wenn man es ihnen gezeigt hätte, und doch wirkte es in ihnen und hinderte sie, der antisemitischen Haßpropaganda einen stärkeren Widerstand entgegenzusetzen.

Es ist eine Ironie der Weltgeschichte, daß heute genau das gleiche, was in Deutschland mit der Zeichnung des jüdischen Charakters geschehen ist, in der Welt mit der Zeichnung des deutschen Charakters geschieht. Die Gefahr, die das in sich schließt, ist ungeheuer. Sie beginnt, wenn dieses Zerrbild der Deutschen in die unbewußte Tiefe der Seelen der anderen Völker sinkt und dort liegenbleibt, auch wenn der

Krieg längst vorbei und die Explosion des Hasses, die er erweckt, längst vergessen ist. Es wird dann für eine unabsehbare Zeit gewissenlosen Deutschfeinden gelingen, diese unbewußte Abneigung gegen alles Deutsche zu benutzen, um ein großes schöpferisches Volk zu einem ausgestoßenen und verachteten Paria der Menschheit zu machen. Und selbst gutgesinnte Vertreter einer strafenden Gerechtigkeit werden sagen, daß damit den Deutschen nur vergolten wird, was sie nicht nur seit Jahrhunderten mit den Juden, sondern auch seit Generationen mit den Polen und Tschechen getan haben. Auch deren Bilder sind in gräßlicher Verzerrung dem deutschen Unbewußten eingeprägt worden. Und die Folge zeigt sich jetzt in der barbarischen Behandlung, die früher harmlose Deutsche diesen Völkern zuteil werden ließen. In all dem bereitet sich eine der furchtbarsten Schicksalstragödien vor; und nichts sollte unversucht bleiben, um diese Tragödie abzuwenden, solange es noch Zeit ist.

Zunächst kann ich Euch eins sagen, woraus Ihr ersehen könnt, daß immer noch eine Hoffnung besteht, daß das Schlimmste abgewendet wird: Nicht alle sehen den deutschen Charakter in der Verzerrung, in der er von denen gezeichnet wird, die das mit den Deutschen tun wollen, was die Nationalsozialisten mit den Juden und Polen getan haben. Erst vor einigen Tagen hat der Erzbischof von Canterbury einen großen Teil einer Rede der Frage des Deutschenhasses gewidmet und mit den stärksten Worten davor gewarnt. Und das ist nicht eine Stimme in der Wüste, sondern die Stimme des menschlich wertvollsten Teils in den Völkern der verbündeten Nationen. Noch gibt es überall große Massen, deren Unbewußtes dem deutschen Volk freundlich ist, gerade weil sie es als das erste Opfer des Nationalsozialismus betrachten. Noch kann ein anderes Charakterbild der Deutschen in diese Seelen gezeichnet werden; irgendwann einmal aber mag es zu spät sein, und dann — ich wiederhole es — wehe dem deutschen Volk!

Charakter ist Schicksal. Der deutsche Charakter ist eine Folge des deutschen Schicksals. Aber Charakter ist auch Entscheidung und darum fähig, das Schicksal zu bestimmen und zu wandeln. Werden die Deutschen imstande sein, unter Führung von Euch, der gegenwärtigen Opposition, durch neue Entscheidungen sich von dem Schicksalsfluch zu befreien, der über ihnen liegt? Das ist die Frage der deutschen Zukunft.

Das deutsche Volk steht in der Mitte Europas, ungeschützt nach allen Seiten. Seit dem Zeitalter der Reformation ist es der Kriegsschauplatz Europas, erst in den Religionskriegen, dann in den Kriegen der absoluten Herrscher, dann in den Freiheitskriegen. Deutsche und Nichtdeutsche wohnen gemischt in vielen Grenzländern. Erst vor siebzig Jahren ist den Deutschen ein staatlicher Zusammenschluß gelungen. Das alles war Schicksal und bestimmte den deutschen Charakter, und dieser Charakter bestimmte dann neues Schicksal in den beiden Weltkriegen. Ein verhängnisvoller Kreislauf, eine tragische Wechselwirkung von Schicksal und Charakter. Er muß durchbrochen werden, heute und jetzt! Das Schicksal, das der Nationalsozialismus über das deutsche Volk gebracht hat, muß die deutsche Opposition und in ihrem Gefolge die deutschen Massen zu einer Entscheidung treiben, in der dieser tragische Kreislauf verlassen und ein neuer Abschnitt der deutschen Geschichte begonnen wird. Wie wir in einzelnen Menschen oft von einem neuen Charakterzug überrascht werden, der plötzlich zutage tritt und das ganze Charakterbild verändert, so soll es mit dem deutschen Volk geschehen. Das ist unsere große Hoffnung! Es muß den berufsmäßigen Deutschenhassern unmöglich gemacht werden, ihr Handwerk fortzusetzen, durch eine Entscheidung, eine Tat, einen Neubeginn des deutschen Volkes, den niemand bestreiten kann. Die militärischen Züge müssen ausgewischt werden durch eine Wandlung, die mit einem Schlag Charakter und Schicksal verändert.

Und das gleiche gilt von der deutschen Unterwürfigkeit. Auch sie hat ihre geschichtlichen Wurzeln: Während im Südwesten unzählige Kleinstaaten einen Einheitsstaat unmöglich machten, entwickelte sich im kolonialen Nordosten der preußische Staat, der unter Führung der Junkerklasse die deutsche Einigung schuf und naturgemäß seinen Charakter dem geeinten Volk auferlegte. Aber schon vorher war durch zahllose kleine Fürsten und Potentaten dem deutschen Volk das Gefühl für persönliche Freiheit genommen worden. Im Unterschied zu den westlichen Ländern hat es in Deutschland kein machtvolles revolutionäres Bürgertum gegeben. Der deutsche Bürger wollte so sein wie der deutsche Adlige, und der deutsche Arbeiter ahmte den deutschen Bürger nach; und der deutsche Bauer hat sich nie von den niederschmetternden Folgen der großen Bauernrevolution erholt. Das war Schicksal, und das hat den Charakter geformt. Und der Charakter hat dann wieder das Schicksal herbeigerufen: die widerstandslose Unterwerfung unter die Nazidiktatur. Auch hier ein tragischer Kreislauf zwischen Schicksal und Charakter. Auch dieser Kreislauf muß durchbrochen werden, wenn das deutsche Volk leben soll. Es wird fast noch schwerer sein, ihn zu durchbrechen als den zwischen kriegerischem Charakter und Kriegsschicksal. Der Kreislauf zwischen unterwürfigem

Charakter und dem Schicksal, unterworfen zu werden, ist so sehr mit dem deutschen Sein verbunden, daß es wie eine Wiedergeburt sein wird, wenn es überwunden ist. Das aber ist, mehr als alles andere, die Aufgabe der deutschen Opposition. Sie muß zeigen, was der deutsche Charakter in Wahrheit ist, daß er die Kraft hat zur Selbsterneuerung, daß die Züge, die man im Deutschen mit Recht haßt, nicht das ganze Bild bestimmen.

Die Tatsache, daß es eine deutsche Opposition gibt, ist an sich schon ein Beweis dafür, daß das Zerrbild von Deutschen so unwahr ist, wie das Zerrbild von Juden es ist. Je sichtbarer die Opposition wird, je größere revolutionäre Stoßkraft sie gewinnt, desto schneller wird jenes Zerrbild verschwinden. Eine deutsche Revolution gegen alle, die das deutsche Volk in Unterwürfigkeit gehalten und es von einem Krieg in den anderen gehetzt haben, wäre der Durchbruch durch das Verhängnis, das über dem deutschen Schicksal liegt und das den deutschen Charakter verzerrt und die Feindschaft der Welt gegen ihn geschaffen hat. Welche Form immer diese Revolution haben wird, wie lange es auch noch dauern wird, ehe sie Wirklichkeit werden kann: kommen muß sie, und innerlich vorbereitet werden muß sie schon heute! Sie darf nicht wieder ein bloßer Zusammenbruch sein wie 1918, wo der Charakter des deutschen Volkes nicht geändert wurde, es sei denn zum Schlimmeren, und der alte Fluch bald sich erneuert. Deutschland braucht eine Revolution, die Wiedergeburt und Sieg über sein Schicksal ist.

36.
ADVENTSHOFFNUNG   8. Dezember 1942

Meine deutschen Freunde!

Wir sind in der Adventszeit, der Zeit des Wartens und der Erwartung! In diesen Wochen vor Weihnachten erfüllte Hoffnung die Herzen der Kinder und Gedanken der Liebe die Herzen der Erwachsenen. Auch wenn man sich fern fühlte von dem kindlichen Glauben an die Weihnachtsgeschichte, konnte man sich ihrem Zauber nicht entziehen, und man blickte mit den Kindern vorwärts auf Tage des Lichtes und der Freude und der menschlichen Wärme. Wie ist es in diesem Jahr? *Auf was blickt Ihr in dieser Adventszeit? Was ist Eure Hoffnung, Eure Erwartung?* — Es ist eine dunkle Adventszeit in diesem Jahr, dunkler als irgendeine, die das deutsche Volk in diesem Krieg erlebt hat. An allen Fronten ballen sich die Wolken zusammen, aus denen der Sturm der nächsten Jahre hervorbrechen wird. Jeder, der etwas von den Kriegsereignissen in Rußland, in Afrika, in Asien, auf dem Meer und in der Luft weiß, kann nicht einen Augenblick daran zweifeln, daß der Wendepunkt erreicht ist! Die nächsten Monate und Jahre werden die Macht der Naziheere langsam zermahlen, und kein Opfer, das dem deutschen Volk aufgezwungen wird, kann daran etwas ändern. Die Adventszeit aber verkündet das kommende Licht und nicht die wachsende Dunkelheit, die kommende Rettung und nicht die sichere Zerstörung! Was hat solche Verkündigung heute dem deutschen Volk zu sagen? Könnt Ihr heute fühlen, was Ihr einst in den Adventswochen gefühlt habt? Habt Ihr etwas, auf das Ihr blicken könnt? Menschen können nicht leben, wenn sie nichts haben, auf das sie hoffen. So wollen wir miteinander die Frage bedenken: Worauf können Deutsche heute blicken, worauf können sie hoffen?

Es gibt eine Gruppe unter den Deutschen, die nichts zu hoffen hat und nichts hat, auf das sie blicken kann, als den Tod! Das sind diejenigen, die in Unmenschlichkeit und Grausamkeit Millionen anderen jede Hoffnung abgeschnitten haben. Es sind die Henker und Henkersknechte des Nationalsozialismus, die für Unzählige in Deutschland und in den eroberten Ländern den Tod zum Ziel der Sehnsucht gemacht haben, weil es im Leben nichts mehr gab, auf das sie blicken konnten. Für diese Mörder von Glück und Leben ist Advent, das heißt Ankunft, nichts als die Ankunft des Gerichts! Unerbittlich, unentrinnbar bricht es über Euch herein, die Ihr schuld seid an dem Elend der Unschuldigen und an dem Zerbrechen des Lebensglücks von Millionen! Ihr, die Henker und Henkersknechte des Nationalsozialismus, könnt nur auf das Urteil blicken, das schon über Euch gesprochen ist und das auf Tod lautet! Es ist gesprochen über Euch in den Herzen derer, deren Glück Ihr zerstört habt. Es ist gesprochen in dem Willen derer, die das Schwert der Gerechtigkeit gegen Euch tragen. Es ist gesprochen in der Weltordnung, die Ihr verletzt habt und deren Rache Ihr nicht entgehen könnt. Das ist die Gerichtsbotschaft der Adventszeit. Und wer immer sie hört und noch nicht selbst an der Blutschuld des Nationalsozialismus teilgenommen hat, der sage sich noch heute von ihm los! Viele von Euch stehen auf der Grenze, sie wollen sich nicht an den Verbrechen des Nationalsozialismus beteiligen; aber sie haben auch nicht den Mut, Nein zu sagen. Und so werden sie mitschuldig und kommen in Gefahr, dem gleichen Gericht zu verfallen wie die eigentlichen Täter. Sagt Euch los von ihnen!

Auf was sollt Ihr blicken in dieser Adventszeit, wo liegt eine Hoffnung, aus der Ihr leben könnt? Das ist die Frage, die wir uns gestellt haben. Und die erste Antwort war: Es gibt viele in Deutschland, die nichts haben, auf das sie blicken können als auf das Gericht und den Tod. Advent gibt sonst auch dem Übeltäter Hoffnung: nicht für dieses Leben freilich, in der die strafende Gerechtigkeit ihn trifft; aber für die Ewigkeit, in der es Vergebung und Rettung auch für den schwersten Sünder gibt! Doch solche Botschaft wird nicht von denen vernommen, die heute das deutsche Volk regieren. Sie wollen nichts wissen von dem, was über den Tod hinaus liegt und was auch dem Verbrecher Hoffnung geben kann. Sie kennen nur den Tod, und sie werden in unabdingbarer Gerechtigkeit von ihm getroffen werden. Viele unter ihnen wissen das heute schon, und die Angst vor dem Kommen des Gerichts treibt sie zu immer neuen Verbrechen und immer tieferer Verzweiflung.

Auf was sollt Ihr blicken, was ist Eure Hoffnung? Es gibt noch eine andere Antwort darauf als die hoffnungslose, die den nationalsozialistischen Henkern gegeben werden muß! Es gibt für das deutsche Volk noch etwas, auf das es blicken, noch eine Hoffnung, aus der es leben kann. Die Adventszeit auch dieses Jahres ist nicht nur Ankunft des Gerichtes, sondern auch der Rettung. So dunkel auch alles ist, was Ihr in der Gegenwart seht, in der Zukunft scheint ein Licht, auf das Ihr blicken könnt im Geist der Adventszeit. Es ist noch eine Hoffnung vorhanden für das deutsche Volk!

Zwar nicht die Hoffnung, mit der viele auf die Erhebung des Nationalsozialismus blickten, irregeleitet durch Leidenschaften, Interessen, Torheit und Selbstbetrug! Diese Hoffnungen wurden von manchen früher, von manchen später begraben; nur wenige sind unwissend genug, sie heute noch aufrechtzuerhalten. Die Wiedergeburt, die der Nationalsozialismus dem deutschen Volk versprach, war eine Wiedergeburt zum Bösen und zur Zerstörung. Es war nie eine Adventshoffnung und kann nie eine werden.

Auch die Hoffnung ist für jeden Sehenden zerbrochen, die sich auf die deutschen Siege gründete: ein einheitliches Europa, geleitet von Deutschland als Teil einer umfassenden Welteinheit. Wenn es je eine solche Möglichkeit gab, das deutsche Volk hat sie in diesem Krieg verwirkt. Als es sich in die Hände der Nationalsozialisten gab, hörte es auf, seine Mission in Europa und der Welt zu erfüllen: Es schloß sich ab von der übrigen Menschheit und brach aus seiner Abschließung hervor zu einem Eroberungskrieg, der ihm die Feindschaft des größten

Teils der Welt und den unversöhnlichen Haß aller besiegten Völker einbrachte. Die anfänglichen militärischen Siege sind kein Grund zur Hoffnung mehr. Sie haben nicht geeint, sondern getrennt. Sie haben nicht geschaffen, sondern zerstört, zuerst das übrige Europa und nun, langsam, aber sicher, Deutschland selbst. Hier ist das Licht nicht zu finden, auf das Ihr blicken könnt, hier ist nur Dunkelheit.

Die Hoffnung, die für das deutsche Volk geblieben ist, liegt jenseits des Zusammenbruchs aller seiner falschen Hoffnungen. So ist es im Leben des einzelnen, so im Leben der Völker. Nichts ist schwerer und schmerzlicher als solche Katastrophen der Hoffnung. Zugleich aber: Nichts ist reinigender! Und die Hoffnung des Advent ist nur für den gegeben, der durch solche Reinigung hindurchgegangen ist. Ich glaube, daß der Nationalsozialismus der Ausbruch und die Zusammenballung fast aller Krankheitsstoffe der deutschen Seele war. Lange haben diese Gifte sich in ihr angesammelt. In der großen Krise der dreißiger Jahre haben sie die Oberhand gewonnen und das deutsche Volk in furchtbaren Fieberkrämpfen geschüttelt. Es war eine Krankheit, die zum Tode hätte führen können. Aber es ist meine Überzeugung, daß die tiefste Macht der nationalsozialistischen Gifte gebrochen ist. Das deutsche Volk fängt an, sie auszuscheiden, wenn auch mit Hilfe schwerer Eingriffe von außen. Es wäre gut gewesen, für Deutschland und für die Welt, wenn diese Eingriffe nicht nötig gewesen wären, wenn die Seele des deutschen Volkes das nationalsozialistische Gift von selbst ausgeschieden hätte. Es war zu schwach dazu, nun aber hat die Reinigung begonnen. Und das ist das Licht, auf das Ihr blicken könnt in aller Dunkelheit der Gegenwart: ein gereinigtes Volk!

Aber, werdet Ihr fragen, ist das noch möglich? Werden die Eingriffe von außen uns nicht vollends zerstören, und haben wir nach allem, durch das wir seit dem Ersten Weltkrieg gegangen sind, die Kraft der Wiedergeburt? Auf die erste Frage ist es leicht zu antworten: Niemand in verantwortlicher Stellung unter den Gegnern Deutschlands will Deutschland die Hoffnung nehmen. Sie wollen verhindern, daß eine ähnliche, alles zerstörende Krankheit wie der Nationalsozialismus noch einmal ausbricht. Sie wollen ein gesundes Deutschland, das sich selbst wiedergefunden hat und darum die Welt wiederfinden kann und darum von der Welt wiedergefunden wird. Je schneller Ihr das Gift ausscheidet, das Euren Körper noch schüttelt, desto schneller werden die Eingriffe von außen aufhören und desto sicherer wird ein neues Deutschland aus den Trümmern des nationalsozialistischen Deutschland erwachsen. Das ist es, worauf Ihr blicken sollt. Das ist die deutsche Adventshoffnung, die einzige, die Euch als Volk geblieben ist.

Und es ist mir nicht zweifelhaft, daß Deutschland die innere Kraft zu dieser Wiedergeburt hat. Es ist manchmal gut, in die eigene Vergangenheit zu blicken, um aus ihr den Mut zur Zukunft zu schöpfen. Kein Volk in Europa hat eine größere Vergangenheit als das deutsche. Kaum eines war in ein so furchtbares Elend gestoßen wie das deutsche nach dem Dreißigjährigen Krieg. Und doch ist es wiederauferstanden. Es hat gezeigt, daß es Kräfte der Wiedergeburt hat. Es hat sie auch heute. Obwohl wehrlos gemacht durch das nationalsozialistische Gift, bewegt sich die Seele des deutschen Volkes in unsichtbaren Tiefen und gewinnt die Kräfte wieder, aus denen sie einst gelebt hat. Es gibt auch in diesem Jahr der Dunkelheit einen deutschen Advent. Es gibt ein Licht in der Zukunft, auf das Ihr blicken könnt. Es ist eine Hoffnung vorhanden für das deutsche Volk!

38.

WEIHNACHTSBOTSCHAFT FÜR ALLE
21. Dezember 1942

Meine deutschen Freunde!

Wenn Ihr heute, am Weihnachtstag, eine Stimme hört, die über Ozean und Kontinent zu Euch spricht, dann denkt für einen Augenblick darüber nach, was dies allein schon bedeutet: Aus einem Land, das mit Euch im Krieg liegt, wird mit Euch gesprochen, als gäbe es keinen Unterschied der Räume! Wir, die wir zu Euch sprechen, sind nicht nur im Geist bei Euch unter dem Weihnachtsbaum, unsere Stimme ist leiblich gegenwärtig über Tausende von Meilen. Jedes Kind weiß heute, daß das so ist und daß die Technik die Menschen einander nähergebracht hat, als selbst die Märchen der Vergangenheit es für möglich hielten. Jedes Kind weiß, daß die Trennungen des Raumes auf der Erde nicht mehr viel bedeuten und daß die Menschheit heute eine Einheit bildet wie nie zuvor. Aber gibt es viele, auch unter den nachdenklichen Erwachsenen, die sich klarmachen, was die Überwindung des Raumes für das menschliche Dasein bedeutet? Ich glaube kaum! Und ich glaube, daß man in Deutschland das Denken darüber nicht begünstigt hat. Denn was in Deutschland durch die nationalsozialistischen Führer versucht worden ist, ist gerade die Zerspaltung der Menschheit in viele Räume! Sie wollten nicht, daß aus der Überwindung des Raumes eine Menschheit sich bildete. Sie wollten den Zwiespalt der Rassen und Völker verewigen. Sie haben in dem Augenblick, wo es dem Menschengeist gelungen war, die Spaltungen in viele Räume zu überwinden, furchtbarere und umfassendere Zerklüftungen geschaffen, als sie je möglich waren. Sie haben Rasse gegen Rasse, Volk gegen Volk gehetzt. Und der engere Raum, auf dem die Menschheit heute lebt, ist zum Schauplatz unendlichen Hasses und unermeßlicher Zerstörung geworden.

Was hat all das mit Weihnachten zu tun? Viel, sehr viel! Zuerst dieses, daß *die Weihnachtsbotschaft an die Menschheit als Ganzes gerichtet ist*. Sie ist nicht an ein einzelnes Volk gerichtet, nicht an die Juden allein, aber auch nicht an die Deutschen allein. Sie gilt nicht nur für die abendländische, sondern auch für die morgenländische Menschheit. Sie gilt nicht nur für die semitische, aber auch nicht nur für die indogermanische Rasse. Auf den alten deutschen Bildern, die die Geschichte von den Weisen aus dem Morgenland darstellen, finden sich Vertreter aller Rassen, die man damals kannte, nicht nur der weißen, sondern auch der schwarzen Rassen. Von dem Kind in der Krippe gilt kein Unterschied der Völker und Rassen. Sie alle kommen, sie alle bringen ihre Gaben, sie alle empfangen ihren Segen! Als unsere alten Maler diesem großen Gedanken Ausdruck gaben, da dachten sie sicherlich nicht, daß eines Tages aus ihrem Blut Menschen entspringen würden, die alles hassen und verfolgen würden, wofür die Weihnacht steht. Unsere alten deutschen Maler und Dichter der Weihnachtsgeschichte würden sich mit Schrecken von dem Bild eines Tyrannen abgewandt haben, der im Namen der deutschen Rasse eine andere Rasse abschlachten läßt. Sie würden einen deutschen Herzog verflucht haben, der, wie Herodes, die Unschuldigen töten und das Kind in der Krippe verfolgen ließ. Waren die alten Maler und Dichter der Weihnacht weniger deutsch, weil sie andächtig vor dem Geheimnis der Heiligen Nacht standen, weil sie auf die Rettung der Menschheit und die Einheit aller Völker und Rassen hofften? Waren die Maler, die den Neger mit dem Weißen vor dem Kind aus Judas Stamm knien ließen, schlechtere Deutsche als die Zeichner haßerfüllter Verzerrungen anderer Rassen und Völker; oder waren unsere alten deutschen Weihnachtsdichter schlechtere Deutsche als die bezahlten Haß-Poeten, die alles schmähen, was nicht ihrem jämmerlichen Bild vom Deutschen entspricht? Tausend Jahre deutscher Weihnachtsmaler und Weihnachtsdichter, tausend Jahre deutscher Menschen, deren Seele überwältigt war von der Größe der Weihnachtsbotschaft an alle Menschen: Das sind die Richter des gegenwärtigen Deutschland. Sie wußten besser, was deutsch war, als die fanatischen Selbstverherrlicher des deutschen Volkes und der nordischen Rasse. An sie, Eure Vorfahren, denkt, wenn Ihr heute Weihnachten feiert, und wendet Euch noch mehr und noch entschlossener ab von dem Hitler-Herodes unserer Tage, der sich in einer Stunde deutscher Verblendung zum Herrscher der Deutschen machen konnte.

Und nun laßt uns zurückkommen zu der gegenwärtigen Welt in ihrer Größe und ihrem Jammer. Der Menschengeist hat die Grenzen der Räume aufgehoben. Eine Einheit ist da, von der sich unsere Väter nichts träumen ließen. Was heute, am Weihnachtstag, an der entgegengesetzten Seite der Welt geschieht, in Australien, in Indien, an der Westküste Amerikas, das betrifft ganz unmittelbar Euch, die Ihr in einem deutschen Dorf unter dem Weihnachtsbaum sitzt. Und das, was bei Euch, in Euren Herzen, heute am Weihnachtstage geschieht, das wird sich bald in den Steppen Asiens und in den Ebenen Amerikas bemerkbar machen. So eng ist die Welt geworden, so nah sind wir alle einander gerückt, so wahr ist die Sehnsucht und Verheißung der alten Propheten und Weisen geworden. Zum ersten Mal seit dem Beginn der Geschichte gibt es eine Menschheit, die eine ist im Raum, wo jedes Glied unmittelbar abhängt von jedem anderen. Die Schöpferkraft des menschlichen Geistes hat dies ermöglicht und wird noch unendlich viel mehr ermöglichen im Laufe der Geschichte. Der Herrschaft des Menschen über die Natur sind kaum Grenzen gesetzt, und je weiter diese Herrschaft ausgedehnt wird, desto mehr wird die Menschheit aus einem Traum zu einer Wirklichkeit. Als der Engel in der Weihnachtsgeschichte die Geburt des Retters aller Welt verkündigte, da gab es noch nicht so etwas wie Welt. Das Römische Reich umfaßte einen kleinen Teil der Erde; was darüber hinauslag, war im Dunkel oder ganz unbekannt. Heute gibt es Welt. Kein Stück der Erdoberfläche ist dem anderen unbekannt. Keins liegt außerhalb des Weltverkehrs, der Weltpolitik, der Weltmission. Überall wird Weihnachten gefeiert. Menschen aller Rassen blicken in diesen Tagen nach Bethlehem. Menschen aller Völker und Rassen hören die Botschaft: „Friede auf Erden".

Sie hören die Botschaft in aller Welt, in der Welt, die zum ersten Mal in der Geschichte wahrhaft Welt ist, und sie fragen: Warum ist kein Friede auf Erden? Warum ist das Ungeheuerliche geschehen, daß in dieser Zeit, wo die Menschheit eine geworden ist, der größte und furchtbarste aller Kriege tobt? Ist es nicht wie ein Spott auf die

Schöpferkräfte des Menschengeistes, daß jetzt, wo er seine größten Triumphe errungen hat, alles in Frage gestellt ist und die Menschheit auseinanderzufallen droht in einem Kampf der völligen Selbstzerstörung? Es gibt wohl keinen denkenden Menschen, der diese Frage nicht stellte, wenn er das Wort vom Frieden auf Erden in der Weihnachtsgeschichte hört. Gibt es eine Antwort auf diese Frage?

Es gibt sie, aber nur für den, der glaubt, daß Liebe stärker ist als Haß und daß die Einheit der Menschheit mächtiger ist als die Feindschaft der Menschen. Die Menschheit kann nicht von außen her geeint werden. Auch der glänzendste technische Fortschritt kann das nicht leisten. Zwei Weltkriege haben gezeigt, daß die Einheit des Raumes noch nicht Einheit des Lebens ist. Aber die Einheit des Lebens muß kommen, sonst wird die Einheit des Raumes zum Fluch! Wenn Menschen, die sich nicht lieben, eng zusammenleben müssen, so fangen sie an, sich zu hassen und gegenseitig zu zerstören. Wenn die Völker der Welt auf einer enggewordenen Erde zusammenleben müssen, so müssen sie sich entweder vereinigen oder gegenseitig vernichten. Vor dieser Entscheidung steht heute die Menschheit. Sie muß unser aller Weihnachtsgedanke sein! Und wir müssen uns klar sein, ob die Entscheidung für oder gegen den Geist der Weihnachtsgeschichte erfolgen soll! Ihr, meine deutschen Freunde, müßt Euch mehr als jeder andere darüber klar sein. Das deutsche Volk hat sich zum Werkzeug derer machen lassen, die sich gegen die Einheit der Menschheit entschieden haben. Das deutsche Volk ist durch seine Tyrannen und Herodesse zu Taten gebracht worden, die zur Selbstzerstörung der Menschheit auf der enggewordenen Erde führen müssen. Alles, was der Menschengeist an Großem, Raumüberwindendem geschaffen hat, ist in den Dienst der Zerspaltung, des Gegeneinander, des Hasses und der Zerstörung gestellt worden. Die Werkzeuge der Gemeinschaft, in der Luft, auf dem Wasser, auf der Erde, sind zu Werkzeugen der Feindschaft gemacht worden. Das Flugzeug trägt die todbringende Bombe, das Schiff das todbringende Torpedo, der Wagen das todbringende Geschoß, die elektrische Welle verbindet die Erdteile durch das Wort, das Lüge und Haß verbreitet und die Einheit, die es schafft, gleichzeitig zerstört! Die Menschheit ist den Schöpfungen des eigenen Geistes nicht gewachsen gewesen. Sie sind ihr zum Fluch geworden, weil keine geeinte Menschheit da war, die sie hätte gebrauchen können — zum Segen, statt zum Fluch.

Meine deutschen Freunde! Wenn Ihr Weihnachten feiern wollt im Geiste der Weihnachtsgeschichte, denkt und sprecht von der einen

Menschheit! Für sie gilt die Weihnachtsbotschaft und nicht für ein einzelnes Volk oder eine einzelne Rasse. Sprecht miteinander von der einen Menschheit, die wir schaffen müssen aus den Trümmern der gegenwärtigen Selbstzerstörung. Denkt und sprecht von der einen Menschheit, die heute schon einen Raum hat, die aber noch nicht weiß, wie sie auf diesem Raum leben soll. Denkt beim Klange der Weihnachtslieder, wie Ihr das deutsche Volk befreien könnt von dem Griff derer, die die eine Menschheit zertrümmern wollen um ihrer Herrschaft willen. Sprecht miteinander von der einen Menschheit, zu der das deutsche Volk zurückkehren muß, nachdem falsche Führer es freventlich von der Menschheit losgerissen haben. Wenn Ihr so denkt und sprecht, dann ist der Geist der Weihnacht bei Euch. Dann werdet Ihr fühlen, daß Ihr eine Gemeinschaft habt mit vielen in allen Ländern, die mit Euch sich nach der einen Menschheit sehnen. Ein Ausdruck dieser verborgenen Gemeinschaft, die stärker ist als Krieg und Haß, sind diese Worte, die über den Ozean zu Euch kommen am Weihnachtstage 1942.

39.

LICHTER IM DUNKEL DER ZUKUNFT
Dezember 1942

Meine deutschen Freunde!

Das Ende des Jahres steht bevor. 1942 wird in einigen Tagen Geschichte geworden sein: ein wichtiges, eines der entscheidendsten Jahre der Weltgeschichte. 1942 wird von kommenden Geschlechtern erinnert werden als das Jahr der großen Wende! Bis zur Mitte dieses Jahres waren die vereinigten Mächte des Faschismus in siegreichem Angriff. Seitdem sind sie überall zum Stillstand gekommen oder geschlagen worden. Die verbündeten Nationen haben die Kraft zum Angriff erlangt, und es sieht nicht so aus, als ob sie sie wieder verlieren würden. So stark auch die Festung Europa sein mag, so mächtig auch die deutsche Verteidigung noch ist, es ist die Verteidigung einer belagerten Festung, und die Frage ist nur noch: Wie lange kann man sie halten? Die Frage ist nicht mehr: Können die faschistischen Mächte siegen? Diese Frage ist durch das Jahr 1942 klar und endgültig beantwortet worden: Ein Sieg der Achse liegt außerhalb der Möglichkeit!

Mit dieser großen Wendung aber, die das vergangene Jahr gebracht hat, sind auch andere Wandlungen geschehen. Das Ende des alten Jahres lenkt die Blicke auf das neue Jahr und erweckt die Frage: Was ist es, dem wir entgegengehen, und was ist es, was wir tun sollen im Hinblick auf das Kommende? *Wie tief wird das Dunkel des neuen Jahres sein und wo ist das Licht, das uns in ihm leiten kann?* — Eins ist sicher: Es wird ein dunkles, ein unendlich hartes Jahr sein. Es wird hart sein, nicht nur im Sinne derer, die immer neue Opfer von Euch verlangen, sondern das neue Jahr wird hart sein in dem Sinne, daß die Sinnlosigkeit all Eurer Opfer sichtbar werden wird. Das neue Jahr wird Euch die Gewißheit bringen, daß der Krieg aussichtslos ist und daß alle Opfer, die Ihr für den Sieg gebracht habt, vergeblich waren. Und obgleich Ihr mehr und mehr die Hoffnungslosigkeit begreift, werdet Ihr trotzdem das Letzte hingeben müssen für . . . ja, wofür? Eine Frage ohne Antwort!

Aber wie, wenn Ihr dem allen eine andere Wendung geben würdet? Wie, wenn Ihr Deutschen, die Ihr diese Worte hört, für etwas kämpfen würdet, das nicht hoffnungslos ist, für das es sich lohnt zu kämpfen und zu opfern? Könnte der Blick auf das neue Jahr nicht zum Blick auf eine neue Gesellschaft werden, auf eine neue Menschheit, auf ein neues Leben der Völker und der einzelnen? Ich glaube, dieser Krieg, wie jede große Wende der Zeiten, hat nicht nur den Schmerz, sondern auch das Glück der Geburt in sich! Etwas Neues will werden in vielen Völkern, nicht nur ein neues Jahr, sondern eine neue Periode der Geschichte. Auch in Deutschland will Neues werden, nicht das Neue, das der Nationalsozialismus verheißen hat und das eine Rückkehr zum Allerältesten war. Nicht das Neue des Nationalsozialismus, das eine Wiederbelebung vorchristlicher, ja vormenschlicher Instinkte ist. Nicht das Neue, das sich übermenschlich gebärdet und in Wahrheit untermenschlich ist. Was der Nationalsozialismus gebracht hat, war die Wiederbelebung ältester Mächte, vorgeschichtlicher, längst überwundener Triebe und Gedanken. Es war Feindschaft gegen den Geist, gegen reine Menschlichkeit, gegen die Würde des einzelnen Menschen. Uralt ist diese Feindschaft, so alt wie die Natur, aus der sich der Geist befreit hat. Als im Jahre 1933 der Nationalsozialismus die Herrschaft über Deutschland errang, da hatten Menschlichkeit und Geist eine ihrer größten Schlachten verloren. Die Mächte der ältesten Vergangenheit hatten triumphiert, als Hitler mächtig wurde! Die Natur hatte den Geist, das Untermenschliche den Menschen besiegt, als der Nationalsozialismus von Toren und Verbrechern die Waffen erhielt, das Geistige und das Menschliche zu verfolgen. In all dem war nicht Zukunft, in all dem war Erhebung dessen im Menschen, was für immer hätte Vergangenheit bleiben sollen. Wie ein Ungeheuer der Urzeit sitzt der Nationalsozialismus im Nacken der Menschen und Völker. Die Taten des Schreckens, zu denen er seine Träger zwingt, sind wie eine blutige Sage der Vorzeit. Menschlich fühlende Menschen glauben nicht, daß so etwas heute geschehen kann. Und da die Berichte unwiderleglich sind über den hunderttausendfachen Mord der Unschuldigen durch jenes Ungeheuer der Vorzeit, so erschrecken sie im Tiefsten ihrer Seele. Wir alle hatten geglaubt, daß das Unmenschliche im Menschen nur noch in seltenen Ausnahmen erscheinen kann. Wir haben nicht erwartet, daß es Gegenwart werden könnte in Millionen von Menschen. Nun aber ist die vormenschliche Vergangenheit unseres Geschlechts Gegenwart geworden. Nun will sie uns die Zukunft rauben.

Es gibt keine Zukunft für das deutsche Volk, ehe nicht das vormenschliche Ungeheuer, der Nationalsozialismus, erschlagen ist. Es gibt keine Zukunft für Europa, ehe nicht der „Alte Drache" besiegt ist, von dem die Sage erzählt: der Drache, der ein Bild ist des Vormenschlich-Vergangenen, das sich erhebt und die menschliche Kultur verschlingt. Wehe dem Menschen, wehe dem Volk, das sich diesem Drachen anvertraut, wie es das deutsche Volk vor einem Jahrzehnt getan hat!

Das ist der Blick in die Vergangenheit, zu dem wir an dieser Jahreswende bereit sein müssen. Nur dann können wir in eine andere Zukunft blicken, als der Nationalsozialismus sie uns geben wollte. Und das wollen wir, das müssen wir tun, um leben zu können.

Ich sehe Keime der Wiedergeburt unter den Trümmern des Vergangenen. Ich sehe das Wiedererstehen des Menschlichen unter der Decke des Unmenschlichen unserer Zeit. Das neue Jahr wird nicht nur eine andere Zahl tragen als das alte, es wird auch einen anderen Charakter haben. Es wird ein Jahr der Zukunftserwartung werden.

Allenthalben ist das sichtbar: Was in den vergangenen Kriegsjahren nur wenige Menschen taten: zu denken über das, was nach dem Krieg kommen soll, das wird jetzt von vielen getan, einzelnen und Gruppen, Freiwilligen und Beauftragten, Staaten und Kirchen. Eine öffentliche Meinung bildet sich, die für die Gestaltung des Friedens entscheidend sein kann. Und in dieser öffentlichen Meinung und den Vorschlägen, aus denen sie genährt wird, sind Keime der Hoffnung enthalten für die Zukunft. Nicht nur für die Zukunft der verbündeten Nationen, sondern auch für die Zukunft Deutschlands. Es ist eine Lüge der nationalsozialistischen Propaganda, wenn die Zukunft dem deutschen Volk als bloßes Dunkel dargestellt wird. Bloßes Dunkel ist es freilich für die, die für den Mord der Unschuldigen verantwortlich sind, die

Henker und Henkersknechte, die den deutschen Namen geschändet haben. Aber für das deutsche Volk ist es nicht nur Dunkel, sondern auch Licht: Über drei Dinge werden sich immer weitere Kreise der Alliierten einig: Das erste, was man nach dem Krieg tun will, ist die Rettung der europäischen Völker von Hunger, Massenkrankheit und gegenseitiger Zerstörung. Schon jetzt sind mächtige Vorbereitungen getroffen, durch die das europäische Chaos verhindert und die Grundlagen eines neuen Europa gelegt werden können. Die Frage, die so manchen Deutschen bei Hitler festhält, die Frage: Was soll an seine Stelle treten? ist schon in den Grundlinien für die ersten Jahre nach dem Krieg beantwortet. Ihr braucht nicht einen Abgrund vor Euch zu sehen, wenn Ihr auf die kommenden Jahre und den Zusammenbruch der deutschen Armeen blickt. Die siegreichen Nationen werden nicht kommen, um Euch das Letzte zu nehmen, wie es die Nationalsozialisten in den besetzten Ländern getan haben, sondern sie werden Euch etwas bringen, damit Ihr leben und neu beginnen könnt. Das ist das erste Licht in dem Dunkel, das vor uns liegt.

Das zweite ist der Wille der Alliierten, eine Ordnung der Völker zu schaffen, in der Freiheit und Sicherheit vereinigt sind. Es ist nicht die nationalsozialistische Ordnung Europas, die man zum Vorbild nimmt, wo es zwar Sicherheit, aber zugleich Sklaverei gibt. Das ist leicht, aber es ist unter der Menschenwürde. Völker wollen nicht Sicherheit mit Verlust der Freiheit bezahlen. Sie wollen eine Ordnung der Welt, die sicherer ist als die, die die Welt in zwei Kriege gestürzt hat, aber sie wollen nicht eine Ordnung der Welt, in der es herrschende und unterworfene Völker gibt. Das ist die Hoffnung, die Deutschland hat, die einzige, die ihm gelassen ist. Wenn die Alliierten die Grundsätze des Nationalsozialismus auf das deutsche Volk anwenden würden, dann gäbe es keine deutsche Zukunft. Aber gerade dagegen kämpfen sie. Sie wollen auch Deutschland hereinnehmen in die Ordnung der Freiheit und Sicherheit, die sie schaffen wollen. Sie wissen, daß die neue Ordnung ohne die Aufnahme Deutschlands in sie unmöglich ist. Das ist das zweite Licht in dem Dunkel, das vor uns liegt.

Und das dritte ist der Kampf um die soziale Neugestaltung nach dem Krieg. Ihr könnt Euch kaum ein Bild davon machen, wie mächtig das Ringen um diese Fragen in Amerika und vor allem in England ist. Man will Euch nichts davon wissen lassen, damit Ihr denkt, daß nur der Nationalsozialismus soziale Sicherheit geben kann. Aber es ist im Inneren wie im Äußeren: Sicherheit mit Sklaverei ist leicht zu geben. Aber Sicherheit, geeint mit Freiheit, das ist die große Frage.

Und um sie bemühen sich alle fortschrittlichen Geister der Welt. Regierungskommissionen machen Vorschläge, die noch vor wenigen Jahren undenkbar gewesen wären. Die soziale Wirklichkeit wird nach diesem Krieg anders aussehen als vor ihm. Und das ist das dritte Licht in dem Dunkel, das vor uns liegt.

Deutsches Volk an der Jahreswende: Blickt nicht zurück, blickt vorwärts! Viel Dunkel liegt vor Euch, das Schicksal der Welt hat sich gewendet im vergangenen Jahr. Es hat sich gegen das nationalsozialistische Deutschland, aber nicht gegen das wahre Deutschland gewendet. Lichter sind sichtbar im Dunkel der Zukunft, drei Lichter: *Rettung aus dem Abgrund des Zusammenbruchs, neue Gemeinschaft der Völker, eine gerechtere soziale Ordnung für alle, Sicherheit ohne Verlust der Freiheit nach innen und außen, das sind die Lichter, die aus der Zukunft leuchten.*

39 a.

DIE FRAGE DER SCHULD   Januar 1943

Meine deutschen Freunde!

Als wir am Ende des alten Jahres zurückblickten auf die geschichtlichen Ereignisse, die wir miterlebt haben, bewußt und vielleicht mitverantwortlich, da erhob sich eine ernste und schwere Frage: Ich meine *die Frage der Schuld an all dem Furchtbaren, was über unsere Generation gekommen ist.* Wer war schuld an dem Ersten Weltkrieg? Wer war schuld an der Niederlage, an dem Scheitern der deutschen Republik, an dem Aufkommen der nationalsozialistischen Weltanschauung? Wer war schuld an ihrem Sieg und der Dauer ihrer Herrschaft? Wer ist schuld an dem Zweiten Weltkrieg, an der blutigen Grausamkeit, mit der er geführt wird, und der weltweiten Ausdehnung, die er gewonnen hat? Alle diese Schuldfragen hängen zusammen. Niemand ist heute imstande, sie annähernd zu beantworten. Niemand wird je imstande sein, sie ganz zu beantworten. Und doch ist es für Krieg und Friedensschluß von unendlicher Wichtigkeit, daß die Frage der Schuld eine wahre Antwort findet. Die Schuldfrage muß beantwortet werden, damit die Ursachen des Elends unserer Zeit beseitigt werden können, seien es Einrichtungen, seien es Menschen. Die Schuldfrage muß beantwortet werden, weil die sittliche Weltordnung verlangt, daß die Kräfte der Zerstörung selbst zerstört werden.

Man hat in Deutschland oft das Gefühl, daß die Frage der Schuld ein Vorwand ist, um den Siegern ein gutes Gewissen für die Zertrümmerung der Besiegten zu geben. Aber nun seht Euch die deutsche Propaganda an: Sie versichert immer wieder, daß die anderen an allem schuld sind, erst die deutsche Republik, dann die Bolschewisten, dann die Demokratien, zu allen Zeiten die Juden, manchmal die Kapitalisten und manchmal die Kommunisten, manchmal die Kirchen und manchmal die Geistigen. Immer aber ist jemand schuld. Es gibt keine Führerrede und keine Propagandarede in Deutschland, wo nicht irgendwelchen Gruppen oder einzelnen die Schuld für irgend etwas gegeben wird! Niemand arbeitet mehr mit der Schuldanklage als die deutsche Propaganda. Die nationalsozialistischen Redner, die alle sittlichen Gesetze verachten und mit Füßen treten, benutzen ständig das sittliche Gefühl, das in jedem Menschen lebt. Wenn sie von Schuld reden, zeugen sie gegen ihren Willen für die Macht des sittlichen Bewußtseins. Wenn aber die deutschen Führer selbst die Schuldfrage stellen, dann ist es lächerlich, daß sie den anderen das gleiche verbieten wollen. Die Schuldfrage muß gestellt werden, sie ist gestellt worden von den Nazis, und sie wird gestellt werden von den Alliierten.

Die Schuldfrage schließt viele Fragen ein, Fragen, die zurückgehen bis vor den Ersten Weltkrieg und weiter zu den Wurzeln unserer modernen Kultur. Eine Frage aber steht jetzt im Vordergrund: *die Frage nach der Schuld am gegenwärtigen Kriege. Über sie möchte ich heute mit Euch reden.* Man kann verschieden über die Kriegsschuld reden. Man kann es machen wie Jungens nach einem Streit, wo jeder dem anderen vorwirft, daß der andere angefangen hat. Auch Völker handeln so. Und es ist auch zuweilen möglich, festzustellen, wer angefangen hat, zum Beispiel welcher Junge zuerst den anderen beschimpft hat oder welche Armee zuerst die Grenze überschritten hat. Das ist zuweilen wichtig zu wissen. Es ist wichtig zu wissen, daß Deutschland zuerst die Grenzen Polens, Norwegens, Hollands, Belgiens, Serbiens, Rußlands überschritten hat. Es ist wichtig zu wissen, daß Japan zuerst die Grenzen Chinas, Hinterindiens, Westindiens überschritten hat. Es ist wichtig zu wissen, daß Italien zuerst die Grenzen Äthiopiens, Griechenlands, Frankreichs überschritten hat. Das zu wissen ist wichtig, weil damit äußerlich, für das natürliche Empfinden aller Menschen, Deutschland, Japan, Italien die Angreifer sind. Niemand, der den Einfall Deutschlands in die neutralen Länder und in das vertraglich halb befreundete Polen und Rußland miterlebt hat, kann zweifeln, wer die Verantwortung für diesen Krieg trägt. Und das gleiche gilt von dem japanischen Angriff auf China, auf die holländischen Kolonien, auf Amerika. Wenn die Frage gestellt würde, wer hat angefangen, dann wäre die Beantwortung der Schuldfrage leicht. In allen Fällen haben die Achsenmächte zuerst die Grenze überschritten. In allen Fällen tragen sie die erste Verantwortung für den blutigsten aller Kriege! Kein deutscher Propagandist kann das bestreiten.

Und doch behauptet die deutsche Propaganda, daß die andern schuld sind. Wie ist das möglich, da doch vor aller Augen liegt, daß sie die Angreifer sind? Und wie ist es möglich, daß viele Deutsche, Italiener und Japaner an die Schuld der anderen glauben? Wir wollen einmal die Gründe, die von der Achsenpropaganda für die Schuld der Alliierten angegeben werden, einen nach dem andern untersuchen. Dann werden wir finden, daß nicht nur die äußere Verantwortung, sondern auch die wirkliche Schuld bei den Achsenmächten liegt.

Der erste Grund ist überhaupt kein Grund, sondern ein System von Lügen: Als die Italiener Äthiopien überfallen wollten, schufen sie ein paar Zwischenfälle und erklärten sich bedroht von den waffenlosen Eingeborenen. Als die Japaner China überfallen wollten, schufen sie einen etwas größeren Zwischenfall und sprechen noch heute von dem chinesischen Zwischenfall anstatt von dem Krieg mit China. Als die Nationalsozialisten Polen überfallen wollten, bauten sie ein Lügensystem über polnische Angriffe auf deutsche Grenzbewohner auf, als sie Norwegen, Holland und Belgien besetzen wollten, erzählten sie von Angriffsvorbereitungen dieser musterhaft neutralen, völlig unvorbereiteten Länder. Das einzig Interessante an all diesen Lügen — die jeder als Lügen durchschaut — ist die Frage: wozu? Warum nicht einfach angreifen, statt so zu tun, als ob der Angriff eine Verteidigung wäre? Wozu dieser Aufwand an Lüge? Er ist die Verbeugung der Nationalsozialisten vor einer sittlichen Weltordnung, die sie nicht anerkennen, aber auf die sie Rücksicht nehmen müssen. Es ist das Zugeständnis, daß es Schuld gibt, und darüber hinaus, daß sie selbst schuldig sind.

Ein anderer Grund, mit dessen Hilfe die Propaganda der Achsenmächte die Kriegsschuld von sich abwälzen will, ist die Tatsache, daß England und Frankreich die Kriegserklärung gegen Deutschland abgegeben haben und daß Deutschlands Friedensangebote an diese Mächte von ihnen zurückgewiesen sind. Man könnte darauf antworten, daß ja Deutschland und Italien Amerika den Krieg erklärt haben, Italien Frankreich und Japan Amerika und England. Aber wichtiger ist, daß die deutschen Versuche, mit England und Frankreich Frieden zu halten, nach dem Einmarsch in Polen geschehen sind und daß Polen die Garantie von England erhalten hatte, daß ein Angriff auf Polen als Angriff auf England betrachtet werden würde. Als Deutschland Polen angriff, wußte es, daß es damit England angriff. Und Englands Kriegserklärung war eine Antwort auf diesen Angriff. Die Schuld Deutschlands an diesem Krieg kann auch auf diese Weise nicht abgewälzt werden.

Die deutsche Propaganda weiß das und benutzt darum andere, tiefer greifende Gedanken, um die Schuld von Deutschland abzuwälzen. Sie spricht von einem Kampf derer, die „haben", gegen die, die „nicht haben"; sie stellt den Krieg dar als eine Revolution der proletarischen gegen die kapitalistischen Völker. Das ist freilich schwer zu beweisen, wenn man an Rußland, die Balkanländer, China und selbst Frankreich und Norwegen denkt. All diesen Ländern war Deutschland wirtschaftlich weit voraus; und die Lebenshaltung der deutschen Massen war in den meisten Fällen besser als selbst in England und manchen Teilen Amerikas. Und als die große Wirtschaftskrise kam, traf sie die übrigen Länder und selbst Amerika ebenso scharf wie Deutschland. Die Nationalsozialisten eroberten Deutschland in dem Augenblick, in dem der Höhepunkt der Weltwirtschaftskrise überschritten war und ein natürlicher Gesundungsprozeß eingesetzt hatte. Sie unterbrachen diesen Prozeß, weil er ihren Interessen zuwider war, und zwangen erst das deutsche Volk und dann die ganze Welt, die Früchte des größten Teils aller menschlichen Arbeit für Maschinen der Zerstörung zu gebrauchen. Sie brachten gleiches Elend über die, die haben, wie über die, die nicht haben, um Macht zu gewinnen über alle. Von dieser Schuld kann niemand die Nationalsozialisten freisprechen.

Und so versuchen sie es mit einem letzten Grund, um die Kriegsschuld von sich abzuwälzen. Sie sagen, daß sie den Fortschritt darstellen und alle anderen Völker, Russen und Amerikaner und der großbritannische Völkerbund rückschrittlich sind. Sie sagen, daß Krieg ist, weil die Mächte des Rückschritts den Fortschritt unterdrücken wollen. Aber welchen Fortschritt hat der Nationalsozialismus gebracht? War es ein Fortschritt in Gleichheit und Sicherheit? Aber warum dann der Krieg gegen Rußland, wo all das viel gründlicher durchgeführt ist? Oder war es ein Fortschritt in Freiheit und Menschlichkeit? Aber warum dann der Krieg mit Amerika, wo dieses die Grundlage des Lebens seit eineinhalb Jahrhunderten ist? Oder war es ein Fortschritt in einer neuen internationalen Ordnung? Aber warum dann die Zerstörung des Völkerbundes und alles internationalen Rechtes? Nicht

Wille zum Fortschritt, sondern Wille zur Macht hat die Nationalsozialisten in den Krieg getrieben. Nicht gegen eine neue Ordnung
der Welt, sondern gegen die Unterwerfung der Welt haben sich die
Völker der Erde vereinigt.

*Es gibt keinen Weg, auf dem der Nationalsozialismus die Kriegs-
schuld von sich abwälzen kann. Er allein ist schuldig. Mit dieser
Schuld wird er in die Geschichte eingehen. Um dieser Schuld willen
wird die Geschichte ihn richten.*

40.

TRAUERTAGE FÜR STALINGRAD   Januar 1943

Meine deutschen Freunde!

Trauer ist über Deutschland. Nicht nur in den meisten deutschen Häusern. Das war schon lange so; fast jede deutsche Familie beklagte einen
Toten, Gefangenen oder Verwundeten. Jetzt aber hat Deutschland als
Ganzes angefangen zu trauern. Die drei Trauertage für die Niederlage
bei Stalingrad[31] waren der Anfang einer Trauer, die nicht mehr aufhören
wird, ehe aus den Trümmern des zerfallenden ein neues Deutschland
geboren ist. Wie sollt Ihr, meine deutschen Freunde, diese Trauertage
auffassen? Wie habt Ihr die drei Tage der befohlenen Trauer begangen? Wie werdet Ihr die Trauertage auffassen, die folgen werden,
einer nach dem anderen, in immer schnellerer Folge, ganz gleich, ob sie
amtlich als Trauertage angeordnet werden oder nicht? Ich wünschte,
ich könnte mit Euch von Mensch zu Mensch darüber reden, was diese
letzte, schwerste Zeit des Weltkrieges für Euch bedeutet! Die drei
Tage der Trauermärsche und gesenkten Fahnen und sinkenden Zuversicht waren der Eingang in die Endperiode des Krieges. Mit welchen
Gefühlen seid Ihr in sie eingegangen?

Wohl mancher unter Euch wird sich gefragt haben: Warum diese
Betonung der Niederlagen in Rußland? Warum ist Trauer befohlen,
wenn doch der endgültige Sieg uns sicher sein soll? Warum die Beschreibung der Schrecken des russischen Krieges und der Gefahren für
Deutschland, nachdem noch vor kurzem Rußland für besiegt erklärt
wurde? Alle diese Fragen müssen jedem von Euch kommen und Euch
mit Unruhe erfüllen. Was will man mit uns, was soll die Schwarzmalerei, was sollen die Trauertage?

Ich will versuchen, eine Antwort auf dieses Euer unruhiges Fragen
zu geben – nicht um Euch zu beruhigen, sondern um Euch zuerst noch

viel tiefer zu beunruhigen und dann vielleicht den Weg zu einer echten Ruhe zu zeigen.

In den Trauertagen für Stalingrad wurde ins Offene gebracht, was in den meisten von Euch im Verborgenen lebte, die bange Frage: Was ist geschehen? Diese Frage ist nicht nur offen gestellt, sondern auch offen beantwortet worden: Schlimmes ist geschehen, so Schlimmes, daß eine dreitägige Trauer des ganzen Volkes angebracht war. Nun weiß es jeder, nun kann es jeder sagen — und damit hat es seinen Stachel verloren. Es wühlt nicht mehr im Geheimen, es hat nicht mehr den Reiz des verborgenen Wissens, und es erzeugt nicht mehr die Angst der Ungewißheit. Anstatt das Volk auseinanderzureißen, brachte es für einen Augenblick das Volk enger zusammen durch die gemeinsame Trauer. — All das war sehr klug! Aber war es mehr als das? Kann die offene Anerkennung der Niederlage, kann die gemeinsame Trauer die Unruhe bannen, die in jedem deutschen Herzen lebt? Sicherlich nicht! Denn die Unruhe, die Euch alle quält, stammt ja nicht nur aus der Frage: Was ist geschehen? und aus der schmerzlichen Antwort darauf! Die Unruhe in Euch allen stammt ebensosehr aus der Frage: Was wird werden? Auch diese Frage ist an die Öffentlichkeit gebracht und in der Öffentlichkeit beantwortet worden. Die Antwort war: Schweres wird kommen. Schweres auf den Schlachtfeldern, Schweres in der Heimat, Opfer ohnegleichen werden von Euch verlangt werden, von den Armeen und vom Volk. Jeder fühlt, daß es so ist, daß es unentrinnbar so kommen muß. Und jeder ist aufs tiefste beunruhigt darüber. Im geheimen wußtet Ihr das schon lange. Nun ist es offen ausgesprochen worden. Die Lage ist dunkel und wird in dunklen Farben geschildert. Aber gerade, weil das offen ausgesprochen und ans Licht gebracht wird, verliert es etwas von seiner Dunkelheit und ist leichter zu ertragen als die wühlende Angst der Ungewißheit. Auch das war klug. Aber war es mehr als das? Kann es die Unruhe bannen, die in Euren Herzen lebt? Sicherlich nicht!

Ihr wißt, daß kein Mittel, so klug es auch ausgedacht sein mag, Eure Unruhe heilen kann! Denn Eure Unruhe ist das Vorgefühl dessen, was kommen muß und kommen wird. Und darum können Trauertage und Schwarzmalerei Euch für einen Augenblick Erleichterung geben. Aber sie sind auf die Dauer wirkungslos. Denn das Schwarz, in dem gemalt wird, ist die Wahrheit, und die Trauer, die verlangt wird, ist berechtigt. Auch die Trauertage, auch die Schwarzmalerei waren als Lüge gemeint. Aber sie sind die Wahrheit. Und darum können sie für einen Augenblick, aber nicht für die Dauer, beruhigen.

Um was habt Ihr in den Trauertagen für Stalingrad getrauert? Habt Ihr getrauert um tote, verwundete, gefangene Deutsche? Aber um sie hättet Ihr seit Beginn des Angriffs auf Rußland trauern müssen. Habt Ihr getrauert um die große Zahl der Opfer? Aber es gab mehr Opfer in den mißlungenen Angriffen auf Moskau im letzten Winter. Habt Ihr getrauert um eine militärische Niederlage? Aber solche gibt es in jedem Krieg, und sie werden nicht als Anlaß zu Trauertagen genommen. In Wahrheit habt Ihr um etwas ganz anderes getrauert: nämlich um das Unglück Deutschlands. Das Unglück Deutschlands ist nicht eine militärische Niederlage, genauso wenig, wie zahlreiche militärische Niederlagen das Unglück Englands oder Rußlands waren. Sie nahmen es nicht als Unglück, sie machten keine Trauertage, sondern sie kämpften weiter und verwandelten die Niederlage erst in entschlossenen Widerstand und dann in Sieg. Das Unglück Deutschlands ist so wenig die militärische Niederlage bei Stalingrad, wie die militärische Niederlage bei Dünkirchen das Unglück Englands und die militärische Niederlage bei Minsk das Unglück Rußlands war. Das Unglück Deutschlands ist, daß die Niederlage bei Stalingrad der Ausdruck für die kommende Niederlage Deutschlands überhaupt war. Das fühlte jeder, das fühlten auch die nationalsozialistischen Führer. Und darum setzten sie die Trauertage an, die in Wahrheit Trauer über das deutsche Schicksal waren. Diejenigen unter Euch, die das begriffen haben, haben die rechte Trauer gehabt. Die andern wußten nicht und fühlten nur dumpf, um was sie trauerten.

Mit den Trauertagen um Stalingrad hat das deutsche Volk die Tage der Trauer begonnen, die nicht mehr enden werden vor der Neugeburt Deutschlands. Aber eben darum ist die Trauer nicht das Letzte. Und eben darum gibt es eine Freude, die die Trauer überwinden und eine Hoffnung, die über die Unruhe hinwegtragen kann.

Ihr trauert über Deutschland! So sagt Ihr, aber ist das wirklich so? Ist das wirklich notwendig? Sicherlich: Nazi-Deutschland muß untergehen. Und an den rauchgeschwärzten Wänden der Stalingrader Ruinen ist die Schrift erschienen in feurigen Buchstaben: „Gewogen, gewogen und zu leicht befunden." Das gilt für Nazi-Deutschland! Aber gilt es auch für Deutschland? Nein! Nicht Deutschland ist gewogen und zu leicht befunden, sondern die Schicht, die zuerst Deutschland und dann Europa erobert hat und nun an ihre Grenze gestoßen ist! Die Trauer um die Toten von Stalingrad, die Opfer einer frevelhaften Prestigepolitik, ist zugleich Trauer um Deutschland; nichts ist mehr berechtigt als das. Und doch: Es sollte nicht *nur* Trauer um

Deutschland sein. Es sollte auch die Freude um Deutschland enthalten, daß nun Deutschland von denen befreit werden wird, die es in sein Unglück und seine Schande gestoßen haben. Berechtigt ist die Trauer, daß das deutsche Volk durch all dies namenlose Elend gehen muß. Aber mehr noch berechtigt ist die Freude, daß nun zum ersten Mal die Möglichkeit einer deutschen Wiedergeburt sichtbar geworden ist. Deutschland hatte sich zum Werkzeug einer Tyrannei machen lassen, von der es sich nicht mehr befreien konnte, nachdem es von ihr in Fesseln geschlagen war. Andere, mächtigere Opfer dieser Tyrannei sind im Begriff, sich selbst und das deutsche Volk zu befreien. Das ist die Hoffnung, die in der deutschen Finsternis dieser Tage liegt. Ihr konntet Euch nicht selbst befreien. Nun werdet Ihr befreit. Die Opfer, die das kostet, werden Euch nicht erspart! Die Trauer darüber, daß Ihr zum Werkzeug der nationalsozialistischen Mächte der Zerstörung geworden seid, kann niemand von Euch nehmen. Wer von bösen Geistern besessen ist, leidet, wenn höhere Mächte ihn befreien. Er ist traurig, daß böse Geister Besitz von ihm ergriffen haben. Aber er ist zugleich fröhlich, weil die Stunde der Befreiung gekommen ist.

So sollt Ihr fühlen, meine deutschen Freunde! Die Trauertage sollen der Trauer gewidmet sein, daß das deutsche Volk in die Hände von Mächten geraten war, die es in Schmach und Elend geführt haben. Die Trauertage sollen Trauertage über den Sieg des Nationalsozialismus in Deutschland sein; aber auf ihrem Grund soll eine Freude sein und eine Ruhe, die daraus kommt, daß nun der Anfang des Endes dieser Mächte gekommen ist. Ihr sollt die Ruhe haben dessen, der weiß, daß er durchs Feuer gegangen ist und ein anderer geworden ist und nichts mehr zu fürchten hat. Deutschland, das durchs Feuer gegangen ist und befreit ist von seinen bösen Geistern, hat nichts zu fürchten.

41.

DIE KIRCHEN ALS VORKÄMPFER
FÜR SOZIALE GERECHTIGKEIT   Januar 1943

Meine deutschen Freunde!
Zu den erfreulichsten und wichtigsten Ereignissen in der christlichen Kirche gehört die Forderung einer sozialen Neuordnung nach dem Krieg. Noch vor einem Jahrzehnt waren es nur einzelne Persönlich-

keiten oder Gruppen innerhalb der Kirchen, die ein radikales soziales Programm aufstellten. Die offiziellen Vertreter der Kirchen hielten sich zurück oder lehnten derartige Programme als gefährlich ab. Noch vor zehn Jahren waren die Mehrheiten aller kirchlichen Synoden auf seiten der konservativen und oft einer ganz reaktionären Politik. Kirchliche Erklärungen, ob von Bischöfen oder Behörden oder Versammlungen erlassen, waren bewußt diplomatisch unklar und verschwommen, sobald es um soziale Fragen ging. Man hatte ein schlechtes Gewissen auch in den offiziellen Kreisen der christlichen Kirchen über die jahrhundertelange Vernachlässigung der wirtschaftlichen Ordnung und die Kluft zwischen Kirche und Arbeiterschaft. Aber man wagte nicht, die Nutznießer der gegenwärtigen Ordnung zu verletzen. Man sagte, daß die Kirche sich auf wirtschaftliche Fragen nicht einlassen dürfe oder nur in allgemeinsten Grundsätzen, die niemandem wehe tun. Viel von dem Unglück, das über das deutsche Volk gekommen ist, war durch diese Haltung der Kirchen mitverschuldet. Die Zerstörung der deutschen Demokratie durch den Nationalsozialismus war mit vorbereitet durch die ständigen Angriffe von Geistlichen auf die Republik und die Arbeiterbewegung, von der die gestützt war. Hätten die Kirchen geahnt, welches unermeßliche Elend die Zerstörung der deutschen Republik über das deutsche Volk, Europa und die Welt bringen würde, sie hätten sich von ihrer Verbindung mit den antisozialen Gruppen und Mächten losgelöst. Hätten sie geahnt, daß das Ende der deutschen Demokratie der Anfang eines Jahrzehnts von Kirchenverfolgungen werden sollte, die Kirchen hätten gemeinsame Sache mit der Arbeiterbewegung gemacht, und vielleicht wäre das Schlimmste vermieden worden. Aber alle mußten lernen und umlernen durch furchtbare Erfahrungen. Auch den Kirchen war die Weisheit versagt, die die gegenwärtige Weltkatastrophe hätte abwenden können. Nur kleine Gruppen in ihnen wie die religiösen Sozialisten sahen das Kommende und warnten vergeblich und versuchten vergeblich, das soziale Gewissen der Kirchen wachzurufen.

So war es in Deutschland, so war es in geringerer Schärfe in den demokratischen Ländern, so war es im Weltprotestantismus, so war es, obwohl in geringerer Schärfe, im Weltkatholizismus. Es schien, als ob Christentum und sozialer Umbau sich ausschlössen, als ob Kirchen und Bewegungen für soziale Gerechtigkeit notwendig gegeneinander kämpfen müßten.

Die letzten zehn Jahre haben diese Lage grundsätzlich geändert. In der Nachkriegsperiode werden die Kirchen auch in ihren offiziellen

Vertretern Vorkämpfer der sozialen Gerechtigkeit sein; die Kluft zwischen Christentum und Arbeiterbewegung wird sich schließen. Religion wird nicht mehr das Opium sein, mit dem die Massen über ihr wirtschaftliches Elend hinweg betrogen werden, sondern Religion wird das Feuer sein, das dem Kampf für Gerechtigkeit die innere Glut gibt. Das ist eine große Hoffnung, eine große Hoffnung für Sieger und Besiegte am Ende dieses Krieges. Aber es ist eine begründete Hoffnung. Unter den vielen Stimmen von Konferenzen, Synoden und einzelnen möchte ich heute eine herausgreifen, die wichtigste von allen, die des gegenwärtigen Hauptes der englischen Staatskirche und des Ökumenischen Rates der Kirchen, des Erzbischofs von Canterbury[32]. Er hat vor einigen Monaten ein kleines Buch erscheinen lassen, „Christentum und soziale Ordnung", das einen großen Einfluß auf die englisch sprechenden Völker ausübt.

Seine Bedeutung kann daraus entnommen werden, daß die deutsche Propaganda es angegriffen hat. Die faschistischen und nationalsozialistischen Regierungen hatten ihren Völkern immer wieder gesagt, daß sie, und nicht die christlich-demokratischen Länder, die soziale Umgestaltung vorgenommen hätten. Noch heute nennen sie die Demokratien in jeder Rede Plutokratien und Sklaven des Kapitalismus. Darum ist es ihnen sehr wenig angenehm, daß einer der geistigen, religiösen und politischen Führer Englands sich an die Spitze der sozialen Bewegung stellt und ein radikaleres Programm entwickelt als sie selbst. Vor allem ist es der Achsenpropaganda unbequem, daß das Programm des Erzbischofs soziale Sicherheit für alle vorsieht, ohne politische Versklavung zu gebrauchen. Wenn die Beseitigung der Arbeitslosigkeit und die gleichen Aufstiegschancen für alle ohne Diktatur und Gestapo möglich sind, dann ist den Diktatoren das stärkste Argument genommen. So aber ist es.

Es sind sechs Forderungen, in denen der Erzbischof sein Programm zusammenfaßt, nicht allgemeine Prinzipien, nicht vage, unbestimmte Ideale, sondern ganz bestimmte, ganz spezielle Vorschläge, deren Erfüllung allerdings eine Umwälzung des gesamten gesellschaftlichen Lebens bedeuten würde.

Die erste Forderung, die von dem Haupt der englischen Kirche gestellt wird, ist, daß jedes Kind zum Leben erwachen soll als Glied einer Familie, die eine anständige, menschenwürdige Wohnung hat. Dort soll das Kind aufwachsen in einer glücklichen Gemeinschaft, die nicht gestört ist durch Unterernährung und Raummangel, durch schmutzige und häßliche Umgebung oder durch die monotone Öde einer Fabrikvorstadt. — Eine solche Forderung könnte durchgeführt werden mit einem Bruchteil der Gelder, die der Nationalsozialismus durch seine Aufrüstung dem deutschen Volk und der übrigen Welt ausgepreßt hat. Schon sind große Pläne zur Durchführung dieser Idee in England in Vorbereitung. Nicht Prunkbauten für den Ruhm von Diktatoren, sondern Wohnungen für die Massen des Volkes plant man in den demokratischen Ländern.

Die zweite Forderung, die der Erzbischof von Canterbury stellt, ist, daß jedes Kind bis zum Reifealter eine Erziehung genießen soll, die seinen besonderen Fähigkeiten entspricht. Es soll für jedes Kind in England möglich werden, seine Kräfte voll zu entwickeln. Der Mittelpunkt dieser Erziehung soll die Verehrung Gottes als des letzten Grundes und Zieles alles Lebens sein. — Wer etwas von der bisherigen englischen Erziehung weiß und den Privilegien der oberen Klassen, auf denen sie aufgebaut war, der versteht, wie revolutionär diese Forderung ist. Sie bedeutet eine völlige Umwälzung der Gesellschaft. Was haben die Diktatoren dem entgegenzustellen, nachdem sie zehn Jahre die uneingeschränkte Macht gehabt haben, durchzuführen, was sie wollten?

Die dritte Forderung, die der Führer des Weltkirchenrates stellt, ist, daß jeder Bürger in dem sicheren Besitz eines solchen Einkommens sein soll, das es ihm möglich macht, ein Heim zu haben und seine Kinder in der geforderten Weise aufzuziehen. — Dieses ist zweifellos die radikalste Forderung, die in dem Programm vorkommt. Ihr Sinn ist in erster Linie die Abschaffung der Arbeitslosigkeit. Die Arbeitslosigkeit ist die furchtbarste Krankheit der gegenwärtigen Gesellschaft. Die Unsicherheit und Furcht, die mit ihr verbunden sind, und das Gefühl der Sinnlosigkeit, das den dauernd Arbeitslosen zur Verzweiflung treibt, ist die unmenschlichste Folge unseres wirtschaftlichen Systems. Die Diktatoren haben das Problem der Arbeitslosigkeit durch die Einführung der Kriegswirtschaft von Anfang an gelöst und haben sich viel dessen gerühmt. Aber der Preis für diesen Weg, die Arbeitslosigkeit zu beseitigen, war der Krieg und mit ihm ein Elend, das alles Elend der Arbeitslosigkeit unendlich übertrifft. Der Erzbischof und mit ihm viele große Wirtschaftsdenker der Demokratien suchen einen Weg, jedem einzelnen Sicherheit zu geben, ohne alle ins Unheil zu treiben. Mit Kriegswirtschaft kann jeder Esel die Arbeitslosigkeit beseitigen. Die Demokratien aber wollen es mit Friedenswirtschaft, und dazu gehören Weisheit und Menschlichkeit.

Die vierte Forderung des englischen Kirchenfürsten ist die Teilnahme jedes Arbeiters an der Führung seines Geschäftes oder Unternehmens, damit er das Gefühl bekommt, daß seine Arbeit einen Sinn für das Ganze hat. Die Arbeit soll nicht Sklaverei im Dienst des Profits oder der Willkür einer herrschenden Bürokratie sein; Arbeit soll gemeinsamer Dienst an der Gemeinschaft sein. Ein jeder soll Einsicht in die Führung und die Ziele der Arbeit haben und mit über sie bestimmen. Das hat mit der Arbeitssklaverei der nationalsozialistischen Kriegswirtschaft so wenig zu tun wie mit der des alten Kapitalismus. Es ist ein demokratischer Weg, der industriellen Arbeit Sinn und Würde zu geben.

Die fünfte Forderung des Erzbischofs verlangt neben täglicher Ruhezeit zwei freie Tage für jeden Arbeiter in jeder Woche und darüber hinaus bezahlte Ferien. Auch dieses wird als Forderung der Menschenwürde hingestellt. Die „Kraft-durch-Freude-Organisation" hatte ursprünglich einen ähnlichen Sinn. Sie ist aber dadurch verdorben worden, daß sie ganz in den Dienst der politischen Propaganda gestellt wurde und das Freiheitsbedürfnis des einzelnen mißachtete.

Freiheit ist die sechste und letzte Forderung des Erzbischofs. Sie zeigt den Geist, aus dem dieses radikale Sozialprogramm gedacht ist: aus dem Geist, der die Würde des Menschen bejaht und sie anerkannt haben will in allen Beziehungen des Lebens. Das ist der Geist, der dem des Nationalsozialismus und Faschismus aufs äußerste widerspricht. Aber das ist der Geist, auf den die Völker hoffen.

43.

ZEHN JAHRE HITLER-REGIME   Februar 1943

Meine deutschen Freunde!
Der zehnte Jahrestag des Hitler-Regimes ist gekommen. Gestern ist er begangen worden. Aber es war kein Tag des Jubels wie vor zehn Jahren, als die Fackelzüge vor dem Reichskanzlerpalais den Beginn einer neuen Periode deutscher Geschichte ankündigten. Es war eine neue Periode. Aber war es eine Periode, die den Jubel rechtfertigte, mit dem man sie begann? Heute, nach zehn Jahren, weiß das ganze deutsche Volk, daß nicht Jubel, sondern Trauer angebracht war, als Hitler zum Reichskanzler ernannt wurde. Heute, nach zehn Jahren, weiß jeder Deutsche, daß dem Nationalsozialismus kein zweites Jahr-

zehnt, nicht einmal ein halbes Jahrzehnt, mehr beschieden ist. Der zehnte Jahrestag des Hitler-Regimes ist der trübste Tag in diesen zehn Jahren für das Regime und alle, die es gestützt haben. Es ist ein Tag des Rückblicks, aber nicht ein Tag des Ausblicks. Denn in der Zukunft liegt Dunkel und nichts als Dunkel für alle, die verantwortlich sind für die letzten zehn Jahre deutscher Geschichte.

Was haben diese zehn Jahre dem deutschen Volk gebracht? Zerstörung ohnegleichen in der ganzen deutschen Geschichte! Nie, auch nicht in den Schrecken des Dreißigjährigen Krieges, ist so viel wertvollstes deutsches Gut zerstört worden wie in dem Jahrzehnt der Naziherrschaft. Ich könnte lange sprechen von der wirtschaftlichen Zerstörung, die die Aufrüstung und der Krieg gebracht haben. Seit zehn Jahren arbeitet das ganze deutsche Volk nur für den einen Zweck: Kriegswaffen zu schmieden. Seit zehn Jahren ist Deutschland in eine einzige Waffenschmiede verwandelt worden. Alle Arbeitskräfte und alles Material sind für den einen Zweck verwendet worden, Mittel zum Töten zu schaffen. Nur das Nötigste wurde für das Leben produziert, der Lebensstand sank von Jahr zu Jahr, und er wird weiter sinken, denn Waffenschmieden können kein Brot schaffen; und die Anlagen, die für den täglichen Lebensbedarf arbeiten, werden von Jahr zu Jahr mehr heruntergewirtschaftet. Und niemand kann sie ersetzen. Denn Waffen, mehr Waffen, ist die einzige Forderung – seit zehn Jahren.

Ich könnte auch lange sprechen von der politischen Zerstörung. Von dem ersten Jahre der Nazi-Herrschaft an sind alle politischen Kräfte ausgerottet oder unterdrückt worden, die der Diktatur unbequem waren. Zu allen Zeiten der deutschen Geschichte gab es mannigfache Kräfte, deren Ausgleich die Größe und den Reichtum Deutschlands ausgemacht haben.

Sicherlich ist Zerspaltung eine Gefahr. Aber ebenso groß ist die Gefahr einer Einheit, die die Zerstörung aller Mannigfaltigkeit bedeutet. Wenn es keine Kritik, keine Gegengewichte mehr gibt, wenn die Diktatur alles in sich hineinschlingt und kein Leben neben sich duldet, dann zerstört sie sich selbst und das Volk. Willkür und Tyrannei ersetzen Weisheit und ausgleichende Gerechtigkeit. Die Diktatoren wachsen in wahnsinnige Selbstüberschätzung hinein, und die Massen werden der Fähigkeit beraubt, politisch zu denken und zu wollen. Alles, was das deutsche Volk in vergangenen Jahrzehnten und Jahrhunderten an politischer Erfahrung und Erziehung gewonnen hat, ist ausgerottet. Und mit dem politischen Bewußtsein ist das

Gefühl für das Recht zerstört worden. Durch zahllose Rechtsbrüche sind die Nationalsozialisten zur Macht gekommen, alle Garantien des Rechts sind dem deutschen Menschen geraubt worden. Nicht der, der unrecht hat, wird strafbar, sondern der, den die Diktatur vernichten will. Es gibt keinen Schutz vor den Polypenarmen der Gestapo, vor der Willkür der Nazi-Gewaltigen, vor der Bosheit der Denunzianten. Schritt für Schritt ist das deutsche Recht in eine Waffe gegen das Recht der Deutschen verwandelt worden. Was Jahrhunderte großartiger Rechtsentwicklung geschaffen haben, ist in zehn Jahren zerstört worden.

Weiter könnte ich reden von der Zerstörung menschlichen Glücks und Lebens in den letzten zehn Jahren. Es fing an mit der Ausrottung von Minderheiten und dem Raub ihres Eigentums, und es endet mit dem Schlachtopfer des Zweiten Weltkrieges, in dem sich das deutsche Volk verblutet. Eben sind Verordnungen bekannt geworden, die schon die Sechzehnjährigen in den Kriegsdienst zwingen[33]. Moloch, der Gott, dem die Söhne des Volkes zum Opfer gebracht werden, sperrt seinen Rachen auf, und Millionen deutscher Jünglinge und Männer verschwinden in seinem glühenden Bauch. — Sechs Jahre hat man an der Kriegsmaschine gebaut, die dazu bestimmt ist, das Leben und Glück unzähliger deutscher Menschen zu zerstören. Und nun — seit Kriegsbeginn — geht sie über die Lande und mordet alle, die ihr in den Weg kommen, nicht nur die Männer auf dem Schlachtfeld, sondern auch die Frauen und Kinder in den Städten. Niemand kann ermessen, wie viele menschliche Werte der Nationalsozialismus in den zehn Jahren seiner Herrschaft zerstört hat, indem er die Menschen zerstörte, die ihre Träger waren. Das deutsche Volk ist unendlich viel ärmer an schöpferischen Menschen geworden seit 1933. Viele der Größten sind im Ausland; viele sind in den ersten Jahren ermordet worden, sehr viele aus der Jugend sind in ihrer schöpferischen Entwicklung gebrochen worden, viele, Unzählige verkommen auf den Schlachtfeldern. Es wird manches Jahrzehnt dauern, ehe die menschliche Zerstörung wieder gutgemacht ist, die das eine Jahrzehnt der Nazi-Herrschaft über das deutsche Volk gebracht hat.

Ich könnte reden von der Zerstörung der sittlichen Welt in den zehn Jahren der Nazi-Herrschaft. Nachdem Hitler in seinem Buch die Lüge zum Mittel der Massenbeherrschung erhoben hat, ist die Wahrheit und Wahrhaftigkeit auf allen Wegen verfolgt worden. Auf zehn Jahre Verfolgung der Wahrheit und Zerstörung der Wahrhaftigkeit blickt das deutsche Volk in diesen Tagen zurück. Jede Lüge gilt als recht, wenn sie den Zwecken der Macht dient, und keine Wahrheit ist zugelassen, wenn sie den Zielen der Machthaber zuwider ist. Die Wahrheit ist verfolgt im politischen Leben. Jeder, der sie auszusprechen wagt, bringt sein Leben in Gefahr. Nur in tiefster Verborgenheit kann sie noch gehört und gesagt werden. Die Wahrheit ist verfolgt im täglichen Leben, auf dem Markt, unter Freunden, in der Familie. Nur selten vertraut der Nachbar dem Nachbarn eine Wahrheit an, nur selten kann es unter Freunden eine freie Aussprache über die Wahrheit geben, nur selten können Eltern vor ihren Kindern sagen, was auf ihrem Herzen ist. Und die Wahrheit ist verfolgt in den Stuben der Gelehrten und den Klassenräumen der Universitäten, sie ist verfolgt in den Ateliers der Künstler, auf den Bühnen der Theater, in den Büchern der Schriftsteller. Die Schätze der deutschen Kultur und die schöpferischen Kräfte des deutschen Geistes werden einer tödlichen Vorzensur unterworfen, und jede Macht gefährlicher Wahrheit wird ausgemerzt. Und die Wahrheit wird verfolgt in den Schulen: Nur unter ständiger Gefahr und ständiger Verhüllung können Lehrer Keime der Wahrheit in die Herzen der Kinder senken und können Kinder nach der Wahrheit fragen. Die Wahrheit ist verfolgt worden zehn Jahre lang in deutschen Landen, und die Wahrhaftigkeit ist bestraft worden zehn Jahre lang an deutschen Menschen! Mit der Wahrheit aber ist die Menschlichkeit zerstört worden in einer ganzen Generation! Vielleicht ist dies das Schlimmste an dem Bild der zehn Jahre, auf die Ihr zurückschaut, daß das Gefühl für die Würde des Menschen ausgerottet ist in unzähligen Deutschen. Zweitausend Jahre deutscher Erziehung aus Barbarei zu Menschlichkeit sind zurückgenommen worden. Die Ritterlichkeit des Mittelalters gegen den Feind ist vergessen, aber die Grausamkeit des Mittelalters ist wiedererstanden und hat die Herzen verroht und alles Edle zertreten. Die Humanität des klassischen deutschen Zeitalters ist verächtlich gemacht, aber die kriegerischen Instinkte der deutschen Vergangenheit sind ins Unermeßliche gesteigert worden. Der andere ist der Feind, dieses Gefühl ist der deutschen Jugend eingehämmert worden; und nun ist der andere wirklich zum Feind geworden. Die Möglichkeit einer menschlichen Gemeinschaft ist unter den deutschen Horizont gesunken. — *„Deutsch-Sein oder Mensch-Sein"* ist zehn Jahre lang den Deutschen eingeprägt worden. Und so haben viele Deutsche aufgehört, Menschen zu sein.

Das sind die Wirkungen von zehn Jahren Hitler-Herrschaft auf das deutsche Volk: Zerstörung allenthalben! Was über die deutschen

Grenzen hinaus zerstört ist, davon können wir heute nicht reden. Was in Deutschland zerstört ist, wird ein Jahrhundert der Wiederherstellung erfordern. Es ist ein böses Bild, das vor unseren Augen an dem zehnten Jahrestag des Nazi-Regimes erschienen ist. Es ist das Bild einer selbstverschuldeten, ungeheuren Katastrophe eines großen, edlen Volkes. Es ist das Bild einer unermeßlichen Zerstörung des Eigensten und Besten, was ein Volk in zwei Jahrtausenden erworben hat. Es ist ein Bild, über das das deutsche Volk trauern wird für Generationen. Es ist das Bild des sittlichen und menschlichen Tiefpunkts in seiner ganzen Geschichte. Es war seine dunkelste Zeit.

44.
ZEHN JAHRE NAZI-HERRSCHAFT   Februar 1943

Meine deutschen Freunde!

Es war keine glückliche Stunde für das deutsche Volk, als es vor einer Woche den zehnten Jahrestag der Nazi-Herrschaft beging. Es war eine dunkle Stunde, als die Botschaft des Führers verlesen wurde und die englischen Bomben den Stellvertreter des Führers in den Keller trieben in dem Augenblick, in dem er seine Festrede beginnen wollte[34]. Es war eine dunkle Stunde für jeden Deutschen, der begriffen hat, was diese zehn Jahre dem deutschen Volk gebracht haben an innerer Zerstörung. Aber noch dunkler ist das Bild für den, der begriffen hat, *was die zehn Jahre Nazi-Herrschaft dem deutschen Volk an Zerstörung in der Gemeinschaft der Völker gebracht haben.* Wer das von außen her sieht, der kann nicht anders als aufs tiefste erschüttert sein. Ein Volk, wie das deutsche, geachtet und geliebt, überall in der Welt, von einzelnen und von Nationen, wird plötzlich der Gegenstand des Hasses, der Verachtung, der unversöhnlichen Feindschaft im Herzen vieler, die es vorher geachtet und geliebt haben. Das ist nicht ein Erfolg der Kriegspropaganda, sondern das ist der Erfolg der Taten des Nationalsozialismus! Wer Gelegenheit hatte zu beobachten, wie die Stimmung in den Ländern der Welt sich in den zehn Jahren der Nazi-Herrschaft gewandelt hat, der muß als Deutscher dem Nationalsozialismus fluchen!

Es wird viel Schlechtes über die deutsche Republik gesagt. Das meiste davon ist Lüge. Das aber hat selbst die Lüge nicht zu behaupten gewagt, daß das Verhältnis der deutschen Republik zu der Gemeinschaft der Völker ein schlechtes war. Es gehört zu ihren größten Leistungen, daß sie es verstanden hat, in kurzer Zeit die Feindschaft und das Mißtrauen zu überwinden, das der Erste Weltkrieg übriggelassen hatte. Als kurz nach dem Ersten Weltkrieg ein deutscher Minister aus England zurückkehrte, hörte ich ihn sagen, daß er auf einen Wall von Eis gestoßen wäre. Fünf Jahre später wurde jeder Deutsche in den vorher feindlichen Ländern aufs freundlichste empfangen. Man suchte Verbindung mit Vertretern eines Volkes, das sich so schnell, so tatkräftig und so erfolgreich aus dem Unglück eines verlorenen Krieges heraufgearbeitet hatte. Und noch mehr: Man suchte von Deutschland zu lernen wie vielleicht nie zuvor: Die Völker der Welt, vor allem die in ihnen, die imstande waren, über ihre eigenen Grenzen hinauszuschauen, blickten auf das Deutschland der Republik. Dort geschah etwas, was man sonst nirgends sehen konnte: Neue Wege wurden auf allen Gebieten gesucht und gefunden. Die besiegten und verarmten Deutschen begannen, die Lehrer der siegreichen Völker zu werden. Die deutschen Universitäten hatten wenige Jahre nach dem Krieg ihr altes Ansehen wiedergewonnen. Und Studenten aller Völker saßen zu Füßen der großen deutschen Gelehrten. Auch heute ist es so, nur daß die großen deutschen Gelehrten in fremden Ländern lehren und ihre Schüler nicht mehr nach Deutschland kommen, sondern das Land bedauern und die Regierung verachten, die sich selbst dieser Männer beraubt hat. Wie oft hört man in England und Amerika sagen: Was Deutschlands Fluch geworden ist, daß es seine geistigen Führer vertrieben hat, das ist uns zum Segen geworden, die wir sie aufgenommen haben! — Ebenso hatte die deutsche Kunst, Musik, Dichtung, Bühne, Baukunst sich eine führende Stellung in der zivilisierten Welt wiedererobert; eine gewaltige Leistung nach vier Jahren Weltkrieg und Abschließung von der übrigen Welt! Zehn Jahre Nationalsozialismus haben genügt, um diesen blühenden Garten der deutschen Kultur zu verwüsten, als wären wilde Tiere in ihn eingebrochen! Und heute sind die Gärtner in alle Welt zerstreut, auf den Bühnen fremder Städte, in den Büchern fremder Sprachen, in den Museen fremder Länder, in den Konzerten fremder Völker! Man sucht deutsche Kultur überall — außer in Deutschland! In Deutschland ist sie durch zehnjährige Barbarei zerstört!

Mit Staunen hatte die Welt gesehen, wie die deutsche Republik aus den Trümmern der Niederlage und der Inflation einen Neubau begonnen und weithin durchgeführt hatte. Noch heute spielt diese

Leistung in der Beurteilung des deutschen Charakters eine große Rolle. Man bewunderte die Entschlossenheit, mit der die Republik Veraltetes fallen ließ und Neues schuf. Man pries die soziale Gesinnung, mit der die Republik die deutschen Städte erneuerte, man beneidete die deutsche Arbeiterschaft um ihre politische Macht in den Arbeiterbewegungen der übrigen Länder. Man ahmte die städtischen und ländlichen Siedlungen in anderen Völkern nach. Und dann erlebte man, wie das alles erst geschmäht und beschmutzt und dann zerschlagen und vernichtet wurde. Die Welt begriff nicht, wie das möglich war, wie ein Volk solche Selbstentehrung und Selbstverstümmelung vollbringen konnte. Man konnte nicht verstehen, warum die Deutschen in sich selbst bekämpften, was die Gemeinschaft der Völker als das Beste am Deutschen rühmte. Und heute, nach zehn Jahren, hat sich die große Enttäuschung über die Deutschen in Feindschaft gegen alles Deutsche Luft gemacht, nicht bei allen, aber bei vielen.

Man hat angefangen zu fragen, welches der wahre Charakter der Deutschen ist. Jeder im Ausland, der das deutsche Volk kannte, war beeindruckt von der Tüchtigkeit, Freundlichkeit, Gradheit des einfachen deutschen Menschen. Viele liebten Deutschland mehr als alle anderen Länder um seiner Menschen willen. Und heute, nach zehn Jahren Nazi-Herrschaft, fragt man sich: War das alles Täuschung? Ist hinter der liebenswerten Außenseite des Deutschen all das Böse und Verlogene und Brutale verborgen, das die Nazis stolz sind zu zeigen? Was kann man, so fragen sich zahllose Freunde der Deutschen in allen Ländern der Welt, mit einem Volk machen, das sich von solchen Führern hat leiten lassen? Zehn Jahre Nazi-Herrschaft haben die Freunde des deutschen Volkes verwirrt, zum Schweigen gebracht oder zu Feinden gemacht. Sie haben den Feinden alle Waffen gegen Deutschland in die Hände gegeben, die sie brauchten, und noch viel mehr! Alles, was die Nationalsozialisten gesagt und getan haben, bedeutete eine geistige Aufrüstung aller Gegner Deutschlands, von den Deutschen selbst geliefert!

Aber sie haben noch mehr getan: Der Nationalsozialismus hat Deutschland zum Fluch für viele Völker gemacht und für Millionen einzelner, deren Lebensglück durch die Nationalsozialisten zerstört ist. Meine deutschen Freunde! Ich möchte heute nach zehn Jahren nationalsozialistischer Diktatur Eure Ohren öffnen, damit Ihr und so viele Deutsche wie möglich den Fluch hört, den diese Diktatur über Euch gebracht hat. Ich möchte, daß Ihr den Fluch hört, der an dem Elend des geschlachteten jüdischen Volkes schauerlich durch alle Räume klingt und alle Herzen, außer die der nationalsozialistischen Henker, mit Jammer erfüllt. Aller Segen, den selbst eine gute Regierung bringen könnte, wird aufgewogen durch das Gewicht dieses Fluches, den der Nationalsozialismus über Euch gebracht hat.

Und ich möchte, daß alle Deutschen den Fluch vernehmen, der aus den Seelen verfolgter und geknechteter Norweger und Holländer aufsteigt und sich eisig auf die Gemüter der deutschen Soldaten in diesen Ländern legt und sie zu Verzweiflung, Selbstmord und Flucht treibt.

Und ich möchte, daß die Deutschen endlich begriffen, aus welchen Quellen der ungeheure und jetzt siegreiche Widerstand des einfachen russischen Soldaten stammt! Es ist der Haß gegen den Eroberer, der die großartige Entwicklung eines Zweihundert-Millionen-Volkes mit brutalster Gewalt unterbrochen und weithin zerstört hat! Aus der russischen Erde, aus den Seelen der einfachen russischen Bauern und Arbeiter, ist der Fluch aufgestiegen, der sich als Todesschicksal über Hunderttausende deutscher Soldaten legt. Das ist es, was zehn Jahre Nationalsozialismus dem deutschen Volk gebracht haben.

Ich könnte so fortfahren, aber vielleicht würden es auch die Wissenden unter Euch nicht ertragen! Ihr wißt, daß ich recht habe, daß ich nicht zuviel, sondern zuwenig gesagt habe! Ihr wißt, daß so die Ernte der Saat aussieht, die die Nationalsozialisten in den Boden des deutschen Volkes gesät haben. Jetzt, nach zehn Jahren, ist die Ernte reif geworden. Und ihr Name ist: Fluch! Fluch derer, die bereit waren, Euch zu ehren, aufzunehmen, sogar zu lieben, als Volk und als einzelne!

Das ist nun für lange unmöglich. Der Fluch muß sich auswirken, und er tut es schon! Aber er ist nicht das letzte Wort. Und Ihr, die ihr all das wißt und aufs tiefste darunter leidet, Ihr seid es, die ein neues Wort sprechen könnt! Das letzte Wort ist ein Wort der Versöhnung und der neuen Gemeinschaft der Völker, jenseits von Verbrechen, Fluch und Strafe. Aber nicht die Nationalsozialisten sind es, die das Wort der Versöhnung sprechen können. Sie sind im Grunde schon verstummt. Sie haben nichts mehr zu sagen. Der Fluch, den sie gerufen haben, ist schon über ihnen, jetzt, nach zehn Jahren ihrer Herrschaft.

45.

EIN NEUES PRINZIP DER KRIEGSFÜHRUNG

15. Februar 1943

Meine deutschen Freunde!

Vor einigen Tagen sprach ich einen verwundeten Offizier, der direkt aus Nordafrika kam. Unter allem Interessanten, was er erzählte, war es ein Satz, der mich aufs stärkste beeindruckte. Als ich ihn nach der Stimmung der Bevölkerung in Nordafrika fragte, antwortete er: „Wir nehmen nicht, wir geben." Die amerikanische Armee ist stolz darauf, daß sie überall, wo sie hinkommt, etwas mitbringt, anstatt, wie andere Armeen, etwas oder alles wegzunehmen. Das ist etwas Neues in der Geschichte der Kriegsführung. Wenn in früheren Jahrhunderten siegreiche Armeen in Dörfer oder Städte einfielen, dann wurde den Einwohnern alles genommen, wovon sie leben konnten, und oft auch das Leben selbst. Nur langsam setzten sich menschlichere Regeln der Kriegsführung durch und wurden als Völkerrecht von allen zivilisierten Völkern anerkannt: Der Nichtkämpfer darf nicht wie ein Kämpfer behandelt werden, er darf nicht getötet, mißhandelt, durch Hunger ausgerottet werden. Der Sieger ist verantwortlich für ihn. Im 19. Jahrhundert wurden diese Gesetze von den meisten Armeen befolgt, aber im 20. Jahrhundert sind viele humane Regeln der Kriegsführung außer Kraft gesetzt worden. Man ist barbarischer geworden, als man im 19. Jahrhundert war, auf diesem wie auf allen Gebieten. Verantwortlich dafür ist die faschistische und nationalsozialistische Gedankenwelt und ihr Ebenbild in Japan. Die eroberten Länder sind Gegenstand unbegrenzter Ausbeutung durch die Sieger geworden. In den von Deutschland eroberten Ländern wird der Bevölkerung nahezu das Letzte an Nahrung und Kleidung genommen. Die Kinder werden für ihr Leben durch Unterernährung geschädigt. Alle stehen an der Grenze des Verhungerns. Die Deutschen nehmen alles, was genommen werden kann, und kümmern sich nicht um die Hunderttausende, die zugrunde gehen. Und wenn die ausgeraubte Bevölkerung aufschreit, werden Geiseln erschossen, und den anderen wird noch mehr von dem Wenigen genommen, was ihnen gelassen war. Von den deutschen Armeen in den besetzten Gebieten wird nicht gesagt werden: „Sie haben gegeben und nicht genommen." Von ihnen wird gesagt werden, sie haben alles genommen, was sie nehmen konnten, und nichts gegeben. Sie haben uns ausgesogen, beraubt, bestohlen und, wenn wir uns wehren wollten, ermordet. Und die Deutschen haben die Antwort erhalten: Bitterer Haß gegen die Räuber und Diebe, die alles genommen haben, erfüllt die Herzen der Menschen in allen von Deutschland besetzten Gebieten. Der Haß ist so groß, daß schon allein um deswillen Deutschland unter den militärischen Schutz der Alliierten gestellt werden muß. Der Geist des Nationalsozialismus, der unterdrückt und ausraubt, der nimmt und nicht gibt, hat eine Saat gesät, die im Aufgehen begriffen ist und für Deutschland zum Verhängnis werden wird. Die vermenschlichte Kriegsführung hat ihre Überlegenheit gezeigt. Sie ist nicht nur das menschlich Höhere, sondern auch das für den Krieg Zweckmäßigere. Die nationalsozialistische Beseitigung der Menschlichkeit hat sich nicht bezahlt gemacht. Und sie konnte sich nicht bezahlt machen, denn sie widersprach einer ewigen Lebensordnung. Es gilt heute wie für alle Zeit, daß Geben glücklicher macht als Nehmen. Der amerikanische Offizier, der auf die Frage nach der Stimmung der Bevölkerung im besetzten Nordafrika sagte: „Wir nehmen nicht, wir geben", hat eine allgemeine Lebensordnung zum Ausdruck gebracht. Er hat zugleich den Weg einer wahrhaft wirksamen Politik gezeigt.

Als die Amerikaner das Protektorat über die Philippinen übernommen hatten, da brachten sie von Anfang an den Grundsatz zur Anwendung: Wir sind nicht gekommen zu nehmen, sondern zu geben. Und der Erfolg war, daß in dem Kampf gegen die japanischen Eroberer die Philippiner mit den Amerikanern Hand in Hand kämpften. Ihnen war gegeben worden, und nun haben sie wiedergegeben. Das Menschlichste hat sich zugleich als das Klügste erwiesen, in den Philippinen wie jetzt in Nordafrika. — Und umgekehrt, die nationalsozialistische Barbarei hat sich zugleich als das Dümmste erwiesen! Leidenschaft im Kampfe gegen den Nationalsozialismus war schwer zu erwecken in den friedensbedürftigen Völkern der Erde. Lange hat man sich gegen diesen Krieg gesträubt, noch länger gegen Begeisterung für den Kampf gegen den Nationalsozialismus. Als dann aber die Unmenschlichkeit der Nationalsozialisten gegen politisch Andersdenkende, gegen die Juden, gegen die Polen und Tschechen, gegen die Russen, gegen ganz Europa bekannt wurde, da erhoben sich die Gegenkräfte und wurden stärker mit jedem Tag. Und heute ist der Nationalsozialismus überall in der Verteidigung und an vielen Stellen im Zurückweichen. Was gegen die ewigen Lebensordnungen verstößt, muß früher oder später zugrunde gehen. Das Unmenschliche ist auf die Dauer das Dümmste. Das Menschliche ist zugleich das Klügste.

„Wir nehmen nicht, sondern wir geben": Dieser Satz des amerikanischen Offiziers ist nicht nur der Schlüssel für das, was in den letzten

Jahren geschehen ist. Er ist zugleich ein Schlüssel für die Zukunft. Mit diesem Prinzip, daß der Sieger nicht nehmen, sondern geben soll, ist etwas Neues in die Kriegsführung eingeführt worden, was auch noch über das humane Völkerrecht des 19. Jahrhunderts hinausgeht. Während die Nationalsozialisten in die barbarische Kriegsführung früherer Jahrhunderte zurückfielen, haben die Amerikaner die humane Kriegsführung des 19. Jahrhunderts noch überboten. Sie haben die volle Verpflichtung des Siegers anerkannt, dem Besiegten zu geben.

Wir wollen uns klar werden, was dieses *neue Prinzip der Kriegsführung, daß man geben und nicht nehmen soll, bedeutet.* Es bedeutet zunächst einmal den Triumph einer sittlichen Idee gegenüber der Verherrlichung der Gewalt und Unterdrückung, wie sie von den Nationalsozialisten gepredigt und durchgeführt wird. Das Prinzip des Gebens anstatt des Nehmens bedeutet weiter, daß Kriege sich nicht mehr lohnen. Zwar sind sie notwendig, wenn man in so verräterischer Weise angegriffen wird, wie Rußland von den Nazis und Amerika von den Japanern; aber sie bringen keinen Vorteil. Auch der Sieger kann nichts mehr nehmen, wenn er sittlich und klug zugleich handelt. Wenn aber nichts mehr genommen werden kann, sondern etwas gegeben werden muß, dann hat auch der siegreiche Krieg seinen Reiz verloren. Und noch etwas anderes ereignet sich, wenn der Sieger gibt, anstatt zu nehmen: Die Keime des Hasses, die zum neuen Krieg führen müssen, können sich nicht entfalten. Wenn der Sieger dem Besiegten gibt, wird der Besiegte nicht auf Rache sinnen, sondern er wird in eine Gemeinschaft mit dem Sieger kommen. Nehmen bedeutet die Geburt des nächsten Krieges, Geben das Ende der verhängnisvollen Kette, die zu immer neuen Kriegen führt.

Es ist kein Zweifel, daß das Wort jenes amerikanischen Offiziers: „Wir nehmen nicht, wir geben", den Geist weiter Kreise des amerikanischen Volkes ausdrückt. Sie wollen geben, weil es das Gute und das Kluge ist, zu geben und nicht zu nehmen. Gewaltige Vorbereitungen werden gemacht, um das hungernde Europa zu füttern und das frierende Europa zu kleiden und das zerstörte Europa wieder aufzubauen. Jeder einzelne Amerikaner muß etwas von seinen Bedürfnissen opfern, damit Europa gegeben werden kann, was es braucht, um zu leben. Schon heute sind riesige Vorräte da, die allen Europäern, auch den Deutschen, gegeben werden. Sicherlich geschieht das alles nicht nur aus sittlichen Gründen; aber ebensowenig geschieht es nur aus Klugheitsgründen! Die Nationalsozialisten sind ja an sich nicht dümmer als die amerikanischen Führer, aber sie haben eine verkommene, verderbte

Sittlichkeit. Und durch sie wurden sie verblendet und dazu getrieben, immer mehr zu nehmen, bis zur Selbstzerstörung. Ihre sittliche Niedrigkeit trieb sie zu der Dummheit, an der sie zugrunde gehen.

Die Amerikaner wollen geben und nicht nehmen, weil es gut und zugleich klug ist. Das bedeutet nicht, daß die Amerikaner bessere Menschen sind als andere Völker. Auch unter den Amerikanern gibt es viele, die lieber nehmen als geben. Das ist selbstverständlich. Entscheidend aber ist, daß in Amerika sich unter günstigen Umständen die Auffassung entwickelt hat, daß es besser ist, zu geben als zu nehmen, während sich in Deutschland unter ungünstigen Umständen die Auffassung entwickelt hat, daß es besser ist, zu nehmen und nicht zu geben.

Das ist entscheidend für die Zukunft Europas und Deutschlands. Wenn die siegreichen Alliierten Deutschland nach Nazi-Prinzipien behandeln würden, dann wehe Deutschland und Europa! Aber sie wollen es nicht und werden es nicht. Sie wollen auch den Deutschen geben. Auch für die Deutschen wird heute schon Korn und Fleisch gesammelt, auch für die deutschen Kinder wird heute schon Milch pulverisiert. Aber der Wille der Amerikaner zu helfen geht weit über diese unmittelbaren Nöte hinaus. Man will Schutz geben, man will Freiheit geben, man will eine bessere wirtschaftliche Ordnung geben, man will eine neue Hoffnung für die Zukunft auch dem deutschen Volk geben. Und man will nichts nehmen außer den Waffen der Zerstörung. Man will geben und nicht nehmen.

Das und das allein ist der Weg zu einer besseren Welt nach dem Untergang der gegenwärtigen. Das allein ist die Hoffnung für Deutschland. Der Geist, der aus den Worten des schlichten amerikanischen Offiziers sprach: „Wir nehmen nicht, wir geben", ist der Geist, der imstande ist, ein neues Deutschland und eine neue Welt zu schaffen.

46.

EIN DEUTSCHER FRÜHLING?   23. Februar 1943

Meine deutschen Freunde!

In diesen letzten Tagen des Februar dringen die jungen Knospen durch die winterliche Erdkruste. Überall in Deutschland, im Süden schneller als im Norden, im Westen früher als im Osten, erscheinen die Boten des nahen Frühlings. Und mit der Wärme der ersten Vorfrühlingstage wird das Herz warm. Hoffnung und Liebe erwachen. Neue Lebensfreude wird möglich, neuer Lebenswille wächst auf. Oft aber geschieht es, daß der Winter zurückkehrt und alles Leben sich wieder versteckt in der schützenden Nacht der Erde. Was sich zu weit vorgewagt hatte unter der Lockung der ersten warmen Sonne, das erfriert und verdorrt. Und die kaum erwachte Lebensfreude wandelt sich in Trauer und verzweifelte Ungeduld.

Ich sage dies zu Euch, die Ihr irgendwann einmal in diesen zehn Jahren geglaubt habt, daß mit Hitler der Frühling zu Deutschland gekommen sei und Deutschlands Wiedergeburt begonnen habe. Es gab viele solche in den ersten Jahren des Nationalsozialismus, auch unter denen, die nicht Nationalsozialisten waren. Sie hatten das Gefühl, daß seit dem unglücklichen Ausgang des Ersten Weltkrieges ein dauernder Winter sich über Deutschland gesenkt hätte und daß unter der Sonne des Nationalsozialismus das Eis des deutschen Winters hinschmelzen würde. Hitler erschien ihnen als die Sonne des deutschen Frühlings und der Nationalsozialismus als eine wiederbelebende Wärme. Nach manchen Schwankungen wurde dieser Glaube erneuert, als die ersten großen Siege, die Eroberung Europas und großer Teile Rußlands, grenzenlose Hoffnungen in vielen Deutschen erweckten. Und dann kamen die Schneestürme und der eisige Hauch des ersten russischen Winters. Zahllose Knospen deutscher Hoffnung erfroren und verwelkten, in einzelnen und im ganzen Volk. Die Sonne Hitler verlor ihren Glanz. Doch noch einmal kamen warme Tage: neue Siege im Osten und Süden. Japanische Siege ohnegleichen! Vielleicht trauten schon manche unter Euch diesem Frühling nicht mehr. Sie hatten recht gegen alle die, die glaubten, daß der Winter nun endgültig überwunden wäre. Er war nicht überwunden! Er kehrte wieder, zerstörender und endgültiger als je zuvor. Die Japaner wurden zurückgedrängt, und die deutschen Heere erlitten Niederlagen in Rußland und in Afrika, die den Anfang des Endes bedeuten. Es ist wieder Winter geworden über Deutschland, und kein Frühlings- und Sommertag dieses Jahres kann den eisigen Bann brechen, der nun für lange über Deutschland liegen wird. Die Sonne Hitler ist so glanzlos geworden, daß sie kaum mehr öffentlich zu erscheinen wagt.

Die Nationalsozialisten haben aber nur eine Aufgabe, alles zu zertreten, was sich an besserem Leben in Deutschland und in Europa zeigt. Wer an den Frühling Deutschlands glaubte, als die Nationalsozialisten zur Herrschaft kamen, der erlebt nun, was die Pflanzen erleben, die eine zu frühe Sonne hervorgelockt hat und die der wiederkehrende Eishauch des Winters zerstört. Es war eine Täuschung, es war ein ungeheurer Betrug, der an dem deutschen Volk begangen worden ist. Mit dem Glutwind des Fanatismus hat man Kräfte künstlich zur Entfaltung gebracht, die einer langen Entwicklung bedurft hätten, um reif zu werden. Es waren starke Kräfte, insonderheit in der deutschen Jugend, die hervortraten und eine Welt in den Grundfesten erschütterten. Aber es waren irregeleitete Kräfte, blind gemacht gegen Vernunft und Menschlichkeit, angefüllt mit Haß und Vorurteilen, hineingezwungen in einen Mechanismus des Machtwillens, der Zerstörung und schließlich der Selbstzerstörung. Großes hätte mit diesen und all den anderen Kräften in Deutschland gemacht werden können; schöpferische Möglichkeiten waren in dem aufgerüttelten und tiefbewegten deutschen Volk nach dem Ersten Weltkrieg vorhanden wie nirgends sonst. Die Völker der Welt erkannten das an und empfingen Anregung über Anregung von dem, was in Deutschland vor sich ging, und sie erwarteten noch Größeres von der Zukunft. Und dann wurde das düstere Feuer des Nationalsozialismus angezündet und zog viele der schöpferischen Keime an sich, zerstörte die einen und brachte die anderen zu voreiliger Entfaltung. Viel deutsches Leben wandte sich der nun verlöschenden Sonne Hitlers zu und verdorrte nach kurzer unfruchtbarer Blüte. Niemand hat mehr unter der falschen Sonne Hitlers und unter der verdorrenden Glut des Nationalsozialismus gelitten als die deutsche Jugend. Wie viele Keime deutscher Zukunft sind in ihr und mit ihr zugrunde gegangen! Der junge Mensch will angesprochen sein von starken, fordernden Gedanken. Er braucht eine Richtung für die schöpferischen Kräfte, die er in sich fühlt, er braucht ein Ziel für seine Fähigkeit zu opfern, und wenn es sein muß zu sterben. Nichts ist wichtiger im Leben eines Volkes, als daß in der älteren Generation Menschen sind, die der jüngeren Generation solche Ziele zeigen! Sind es falsche Ziele, die gezeigt werden, so kommt Unheil über das Volk mit unentrinnbarer Notwendigkeit. Das aber ist das Schicksal, das der Nationalsozialismus über die deutsche Jugend und das deutsche Volk gebracht hat. Die schöpferischen Kräfte der jungen Generation sind aufs grauenvollste mißleitet und mißbraucht worden. Ein falscher Glaube, ein düsterer Fanatismus, eine sklavische Unterwerfungs- und Todesbereitschaft sind in die Herzen der Kinder und jungen Männer und Frauen gepflanzt worden. Das Gefährlichste eines falschen Glaubens aber ist, daß, wenn er zerbrochen wird, der Mensch enttäuscht, leer, höhnisch und verzweifelt zurückbleibt. Ausgebrannten Feuern gleichen die Herzen der

165

jungen Menschen, die von der Glut des Nationalsozialismus ergriffen waren. Kalte Asche ist zurückgeblieben. Die Leidenschaften sind zusammengesunken, Liebe und Haß erscheinen sinnlos. Nichts Großes, Heiliges ist geblieben für eine solche Jugend, kein Schöpferwille, keine Schöpferkraft. Statt dessen ein großer Ekel und eine große Müdigkeit, unnatürlich für die Jugend und verhängnisvoll für die Zukunft des Volkes. Vielleicht ist die seelische Zerrüttung der deutschen Jugend das schlimmste Erbe, das der Nationalsozialismus hinterläßt, wenn er vom Schauplatz abtreten wird.

Gibt es heute noch etwas wie einen deutschen Frühling, nachdem das, was so aussah, sich als falsch erwiesen hat? Gibt es Keime einer deutschen Wiedergeburt? Gibt es eine Jugend in Deutschland, die nicht verführt ist durch den Gluthauch des Fanatismus? Gibt es noch irgendwo im deutschen Land Menschen, junge Menschen, die sich vor den verdorrenden Strahlen der falschen Sonne Hitler verborgen haben und darum frisch geblieben sind in ihrer Seele? Gibt es noch Gläubige, Hoffende, Schaffende unter denen, die die Zukunft Deutschlands bestimmen werden? Können die Deutschen auf einen neuen, echten Frühling in Deutschland warten? Oder haben die Spötter recht, die von allem enttäuscht sind?

Dies, meine deutschen Freunde, ist eine unendlich wichtige Frage. Es ist die eigentliche Frage der Zukunft Deutschlands. Wie es äußerlich mit der nächsten Zukunft bestellt ist, das weiß jetzt jeder, der aufmerksam zwischen den Zeilen der deutschen Reden und Berichte liest: ein kurzer oder langer Verteidigungskrieg ohne die leiseste Aussicht auf Sieg mit immer furchtbareren Opfern für das deutsche Volk und dann der Zusammenbruch! Der Winter des deutschen Schicksals wird tiefer und härter werden mit jedem Monat. Die letzten falschen Hoffnungen werden erfrieren und absterben. Dann aber werden sich langsam die neuen Keime zeigen, echte Hoffnungen und unverdorbene Kräfte! Dies ist der Brunnen der Erneuerung für das deutsche Volk! Nur wenn er fließt, hat es einen Sinn, auf einen deutschen Frühling zu warten! Wer unter dem Glutwind des Nationalsozialismus im Verborgenen, im Dunkeln, gleichsam unter der Erde geblieben ist, der kann dann ans Licht kommen. Wer sich von der falschen Sonne Hitler nicht hat bescheinen lassen, sondern lieber im Schatten unscheinbar geblieben ist, der kann dann sichtbar werden. Wer dem Irrglauben und Götzendienst der Nationalsozialisten nicht verfallen ist und darum nicht ausgebrannter Asche gleicht, der kann jetzt wieder seinen Glauben zeigen und die echte Glut, die er still bewahrt hat, als die meisten aufflammten und dann zusammensanken! Das ist das Material, aus dem Deutschland wieder aufgebaut werden muß. Wir wissen, daß es viel solch kostbares Material in Deutschland gibt. Wir wissen, daß in tiefster Verborgenheit lebendige Keime gewachsen sind, die zur rechten Zeit hervorbrechen werden. Es sind nicht die, die nach der Niederlage den nächsten Krieg vorbereiten. Es sind nicht die, die sich mit Schlauheit durch die schweren Nachkriegsjahre schlagen werden. Es sind nicht die, die sich verzweifelt auf sich selbst und ihren engsten Kreis zurückziehen werden. Es sind nicht die, die mit den neuen Herren Geschäfte machen werden, nachdem es mit den alten nicht mehr geht. Sie alle haben nichts mit dem deutschen Frühling, mit der deutschen Wiedergeburt zu tun. Sondern *auf denen beruht Deutschlands Hoffnung, die sich nicht durch das falsche Licht und die falsche Glut des Nationalsozialismus haben hervorlocken lassen, sondern die im Verborgenen die schöpferischen Kräfte des deutschen Volkes und sein großes Erbe bewahrt haben.*

47.

DAS GERMANISCHE ERBE
DER DEUTSCHEN VERGANGENHEIT   2. März 1943

Meine deutschen Freunde!

Wir haben in der letzten Zeit oft über die deutsche Zukunft gesprochen. Anlaß dazu gab zuerst die große Wendung des Krieges aus der Offensive in die Defensive und dann der Rückblick auf zehn Jahre Nazi-Herrschaft. Ich möchte die Gespräche über die deutsche Zukunft fortsetzen und mit Euch darüber nachdenken, welche Kräfte die deutsche Zukunft gestalten können. Ich möchte dabei von allem absehen, was von außen geschehen wird, von seiten der Sieger und unter dem Druck der gesamten Weltlage. Es ist heute schwerer denn je, darüber etwas zu sagen, obgleich noch nie seit Kriegsbeginn so viel über Nachkriegsgestaltung gesagt und geschrieben ist. Aber all das ist nicht letztlich entscheidend für die Zukunft des deutschen Volkes. Entscheidend ist, welche Kräfte im deutschen Volk selbst hervortreten werden. Entscheidend ist das Maß, in dem in Deutschland noch ein ursprünglicher Lebenswille da ist. Und entscheidend für die deutsche Zukunft ist die Kraft, mit der sich das deutsche Volk zu seinem echten Erbe zurückfindet.

167

Es ist nötig, daß die Deutschen sich zu ihrer Vergangenheit zurückfinden. Der Nationalsozialismus war ein Abbruch ohnegleichen. Selten in der Geschichte der Welt hat es eine so völlige Abkehr von allem gegeben, was einer Nation wertvoll, groß und heilig war. Selten in der Geschichte ist so bewußt und so erfolgreich eine neue Menschenart geschaffen worden, die keine Verbindung mit der Vergangenheit mehr hatte. Der ausgeprägte jüngere Nationalsozialist hat nichts gemeinsam mit irgend etwas, was es in der deutschen Vergangenheit gegeben hat. Er ist deutsch nur insofern, als er von deutschen Eltern auf deutschem Boden geboren ist und eine verstümmelte deutsche Sprache benutzt. Sonst ist nichts deutsch an ihm. Er ist ein Produkt des Maschinenzeitalters, in dem alle echten Traditionen untergegangen waren. Der junge Nationalsozialist ist selbst nichts als ein Teil einer Maschine, der er Geist, Seele, Freiheit und Menschlichkeit geopfert hat. Nie hat es einen undeutscheren Menschentyps auf deutschem Boden gegeben als denjenigen, den der Nationalsozialismus geschaffen hat. Nie war Deutschland weniger deutsch als heute, wo ihm auf blutigen Altären Anbetung und Opfer gebracht werden. Es kann keine deutsche Zukunft geben, wenn Deutschland sich nicht zu sich selbst zurückfindet, wenn es nicht das Verzerrte, Undeutsche, Unmenschliche des Nationalsozialismus ausstößt, wie ein gesundender Leib verderbliche Fremdkörper ausscheidet.

Deutschland nach dem Kriege wird politisch machtlos, wirtschaftlich arm, geistig zerrüttet, seelisch unglücklich sein. Das ist das Schicksal, das der Nationalsozialismus über das deutsche Volk gebracht hat und von dem es jetzt schon unausweichbar ergriffen ist. Die Zukunft Deutschlands kann nicht dadurch gerettet werden, daß man sich an dem Unglück, das die Nationalsozialisten herbeigezogen haben, vorbeidrückt. Dazu ist es längst zu spät. Wer die Zukunft Deutschlands auf schlaue Methoden und politische Tricks zur Vermeidung der Katastrophe baut, der baut in die Luft. Nur die unter Euch, die klar sehen, wie unentrinnbar das äußere Verhängnis ist, können Baumeister des Neuen werden. Sie werden jetzt schon anfangen zu bauen, aber auf einem Boden und in einer Tiefe, wo das äußere Unglück keine Macht hat. Sie werden die menschlichen Bausteine und die geistigen Formen schaffen, aus denen das Gebäude der deutschen Zukunft errichtet werden muß. Wie diese Bausteine und Bauformen der deutschen Zukunft aussehen müssen, darüber will ich heute und weiterhin mit Euch reden.

Aber vorher muß ich eine andere Frage stellen: Gibt es unter Euch noch genügend Menschen, deren Wille, daß Deutschland leben soll, nicht gebrochen ist durch die vergangenen und kommenden Katastrophen? Gibt es noch einen starken Lebens- und Zukunftswillen im deutschen Volk? Diese Frage wird um so dringlicher werden, je sichtbarer das Ausmaß der Zerstörung sein wird! Der deutsche Lebenswille wird um so gefährdeter sein, je größer die Last des Leidens sein wird, die jeder einzelne in wachsendem Maße tragen muß. Gerade der falsche Aufschwung, die wahnwitzig übersteigerte Zukunftserwartung, der unechte Fanatismus für Deutschland, den die Nazis gebracht haben, wird zum Gegenteil treiben. Aus überspannter Hoffnung wird übertriebene Verzweiflung werden. Das ist die Gefahr, die jeder sehen muß, der an eine deutsche Zukunft glaubt! Kann sie überwunden werden? Ist der Lebenswille stärker als die tödliche Müdigkeit, die sich bei Unzähligen einstellen wird? Seht zu, Ihr, die Ihr diese Worte hört, daß sie nicht in Euch mächtig wird und in denen, die mit Euch wissen und kämpfen. Würde das geschehen, so gäbe es keine deutsche Zukunft mehr, so würden die Deutschen den Fellachen gleich werden, jenen aus der hohen ägyptischen Kultur herabgesunkenen Stämmen, in denen alle Schöpferkraft erloschen ist! Soll das die deutsche Zukunft sein?

Es sind drei Fundamente, auf denen die deutsche Kultur in der Vergangenheit gebaut war: das Christliche, das Menschliche und das Germanische. Jede dieser großen Kräfte der deutschen Geschichte ist wie ein Strom, der viele Nebenflüsse in sich aufgenommen hat, die sich dann miteinander gemischt und etwas Einzigartiges hervorgebracht haben: 2000 Jahre deutscher Geschichte. Von diesen Quellen wollte der Nationalsozialismus das deutsche Volk abschneiden. Die Fundamente der deutschen Kultur wollte er zerstören: das Echt-Germanische ebenso wie das Allgemein-Menschliche und das Jenseitig-Christliche. Das große Erbe der Vergangenheit wurde geschmäht und zertreten. Der Geist der Söhne wurde gegen den Geist der Väter aufgebracht, nicht in der Weise, wie jede Generation ihr Eigenes suchen muß, sondern in dem Sinne einer völligen Abwendung. Es ist aber eine alte Wahrheit, daß jede menschliche Gruppe zugrunde gehen muß, wenn sie nicht mehr die Quellen erneuern kann, aus denen sie entsprungen ist. Eine deutsche Kultur, abgeschnitten von den Quellen der deutschen Kultur, ist ein Wahngebilde. Es ist zu schnellem Untergang verurteilt! Und schon sind wir mitten in dem Verfall der Kultur, die der Nationalsozialismus künstlich geschaffen hat und die er nicht nur dem deutschen Volk, sondern dem ganzen christlich-germanischen Europa auferlegen wollte.

Laßt mich beginnen mit etwas, was Euch vielleicht erstaunen wird: *der Abwendung des Nationalsozialismus von dem germanischen Erbe und der Notwendigkeit, zu diesem Erbe zurückzukehren.* Germanisch ist mehr als deutsch. Es umschließt Völker verschiedenster Sprache und Geschichte. Aber sie haben Gemeinsamkeiten, die nichts mit Blut und Boden zu tun haben, sondern frühesten Erlebnissen entspringen und sich in frühen Sitten und Glaubensformen ausgedrückt haben. Diese Gemeinsamkeiten sind nicht besser und nicht schlechter als die anderer Völkergruppen. Aber sie gehören dem germanischen Erbe an, sie sind das Beste aus diesem Erbe; und niemals hätten die Nazis Deutschland überrennen können, wenn das germanische Erbe nicht schon teilweise vergeudet gewesen wäre. Ich denke an drei Eigenschaften: *Ritterlichkeit, Freiheitsbedürfnis, seelische Tiefe.* Wenn wir diese drei Dinge nennen und uns das Bild irgendeines typischen Nationalsozialisten ansehen, so wissen wir, was verlorengegangen ist — Ritterlichkeit gegen die Schwächeren, die zu den höchsten Tugenden des germanischen Rittertums gehörte, ist vom Nationalsozialismus in sein vollkommenes Gegenteil umgekehrt worden. Von Anfang an hat man es mit den stärkeren Bataillonen gehalten und die Schwachen verfolgt und ausgerottet. Was an hilflosen Gefangenen, Frauen, Kindern, wehrlosen Juden seitens der Nationalsozialisten getan ist, das schlägt jeder noch so begrenzten Ritterlichkeit ins Gesicht. Es ist der Wille zur menschlichen Erniedrigung, Schmähung und Ausrottung des Gegners, den die Nationalsozialisten dem deutschen Volk als deutsch angepriesen und der deutschen Jugend eingeprägt haben. Ritterlichkeit ist Stärke, gepaart mit Edelmut. Nationalsozialismus ist Brutalität, gepaart mit Rachsucht und einer tiefen inneren Schwäche. Niemand in der ganzen deutschen Geschichte hat weniger Recht, sich deutsch zu nennen, als die, die bewußt germanische Ritterlichkeit durch Brutalität ersetzt haben.

Das andere Erbgut, das verschleudert und durch sein Gegenteil ersetzt worden ist, ist das Freiheitsbedürfnis. Wer den germanischen Bauern aller Zeiten kennt, der weiß, daß ein unzähmbarer Freiheitswille für ihn bezeichnend ist. Alle Herrenschichten, die über diese Bauern dahingegangen sind, haben ihren Drang zur Selbständigkeit nicht unterdrücken können. Es ist kein Zufall, wenn der große Philosoph Hegel in seinen weltgeschichtlichen Betrachtungen von den germanischen Stämmen sagt, daß sie die Aufgabe haben, die Idee der Freiheit in der Welt zu verwirklichen. Und was haben die Nationalsozialisten aus dieser Aufgabe gemacht? Sie haben ein ganzes Volk in einen Staats- oder Parteimechanismus hineingezwungen, in dem jeder Rest von Freiheit vernichtet ist. Niemals in der Geschichte hat es eine solche Unterdrückungsmaschine gegeben wie das nationalsozialistische System. In den asiatischen Despotien, unter der Fürstenherrschaft des Mittelalters, unter den russischen Zaren gab es unendlich viel mehr persönliche Freiheit, als der einzelne Deutsche heute hat und auch vor dem Krieg hatte. Es gibt keine Freiheit mehr, wenn die Kinder dazu erzogen werden, gegen die Eltern zu spionieren, und die Nachbarn dem Nachbarn jedes freie Wort unmöglich machen. Niemand in der ganzen deutschen Geschichte hat weniger Recht, sich deutsch zu nennen als die, die Freiheit in totale Sklaverei verwandelt haben; niemand widerspricht mehr aller germanischen Tradition als die, für die der einzelne Mensch nur ein Teil einer grauenvollen, alles verschlingenden Maschine ist.

Und das dritte Erbgut der Germanen ist die seelische Tiefe, die in den Schöpfungen der deutschen Vergangenheit sichtbar ist und die die Größe und Gefahr aller Deutschen bedeutet. Ein Blick auf die Verderbnis der deutschen Sprache durch den Nationalsozialismus, auf die Flachheit aller seiner halbwissenschaftlichen Produkte, auf die Minderwertigkeit seiner Symbole und Ideale, zeigt, was für ein Abbruch dort geschehen ist. Nichts ist undeutscher als die Ausdrucksformen derer, die Priester der Götzenanbetung Deutschlands sind.

Kehrt zurück, Ihr, die Ihr den Kern der Zukunft bildet, zu dem germanischen Erbe der deutschen Vergangenheit: Ritterlichkeit, Freiheit, Tiefe!

48.

DAS CHRISTENTUM
UND DIE DEUTSCHE GESCHICHTE   8. März 1943

Meine deutschen Freunde!

Das letzte Mal sprach ich davon, daß es nur einen Weg zur deutschen Wiedergeburt gibt: die Rückkehr zu den Kräften, aus denen das deutsche Volk gelebt hat und groß geworden ist. Es sind drei Ströme, die sich in das Leben der deutschen Vergangenheit ergossen haben: der germanische, der christliche und der allgemein-menschliche. Wir haben das letzte Mal von dem germanischen Element gesprochen und gefunden, daß es Ritterlichkeit, Freiheit und Tiefe war, die das deutsche Volk aus germanischem Erbe empfangen hat. Und wir haben uns zum

Bewußtsein gebracht, wie von den Nationalsozialisten dieses germanische Erbe verschleudert worden ist, wie Ritterlichkeit in Rachsucht, Freiheit in Sklaverei, Tiefe in Propagandageschwätz verwandelt worden ist. Wir haben gesehen, wie der Nationalsozialismus mit seiner Anbetung der germanischen Rasse alles verraten und zerbrochen hat, was echt germanisch war. Und wir sind uns klargeworden, daß ein deutscher Wiederaufbau nur möglich ist, wenn die germanische Erbschaft der Ritterlichkeit, Freiheit und Tiefe wieder erworben wird.

Heute möchte ich von dem zweiten Strom reden, der sich in die deutsche Geschichte ergossen hat, dem Christentum. In dem Augenblick, wo die germanischen Stämme in die Weltgeschichte eintraten, wurden sie christlich. Und seit jenen Tagen der Völkerwanderung ist die Geschichte des Christentums zu einem wichtigen Teil deutscher Geschichte geworden. Im Mittelalter kämpften die deutschen Kaiser mit den römischen Päpsten um die Stellung der obersten Schutzherren der Christenheit. In der Reformation war es ein deutscher Mönch, aus dessen Gewissenskämpfen eine neue Periode der Kirchengeschichte hervorbrach. In der neueren Zeit waren es deutsche Dichter und Philosophen, die sich um die Vereinigung der christlichen Ideen mit allgemein-menschlichen Lebensformen bemühten. Der Versuch des Nationalsozialismus, das deutsche Volk vom Christentum loszulösen, ist der Versuch, es von seiner gesamten Geschichte zu trennen. Der germanische Geist kann ohne den christlichen keine Erfüllung finden; und das Christentum braucht das germanische Wesen zu seiner weltgeschichtlichen Mission. Es gibt auch andere große christliche Völker, romanische, slawische und — mehr und mehr — auch asiatische. Aber wenn man sich das deutsche, nordische und angelsächsische Christentum aus der Welt wegdenkt, dann würde das Christentum aufhören, eine weltgeschichtliche Macht zu sein. Und wenn man das Christentum aus der Geschichte der angelsächsischen, nordischen und deutschen Stämme wegdenkt, dann würde das Tiefste und Schöpferischste dieser Völker hinfallen. Wer ein Feind des Christentums ist, der ist auch ein Feind des Germanentums. Als die Germanen das Christentum annahmen, unterwarfen sie sich nicht einer fremden Macht, sondern sie fanden ihr Eigenstes, das, was ihnen Erfüllung und Bedeutsamkeit gab. Die Germanen fanden nicht etwas Fremdes, sondern ihr Tiefstes und Bestes, als sie christlich wurden. Davon zeugen alle Denkmäler der deutschen Vergangenheit.

Und sie alle werden von den Nationalsozialisten geschmäht und beschmutzt. Um das Christentum zu beseitigen, muß man die ganze deutsche Vergangenheit opfern. Denn sie ist ohne Christentum nicht für einen Augenblick denkbar. Der Nationalsozialismus opfert die deutsche Vergangenheit, weil er das Christentum haßt, weil sein Geist allem zuwider ist, was zweitausend Jahre christlicher Kultur dem deutschen Volk gebracht haben. Und der Nationalsozialismus muß das Christentum hassen: Es ist die Verkörperung alles dessen, was ihm feindlich ist; und der Nationalsozialismus ist die Verkörperung alles dessen, was dem Christentum feindlich ist. Sie sind wie Feuer und Wasser. Und der Versuch der „Deutschen Christen", sie zu vereinigen, hat nur dazu geführt, daß das Wasser das Feuer gelöscht hat. Unter den Deutschen Christen hat die nationalistische Flut die noch glühenden Funken des christlichen Feuers völlig verlöscht! Es war ein glückliches Zeichen, daß die „Deutsche-Christen"-Bewegung ohne Erfolg geblieben ist; es zeigt, daß es in Deutschland noch Kräfte gibt, die von den andringenden Wassern des antichristlichen Nationalismus und der Rassenanbetung nicht verschlungen sind. Unter denen, die das sogenannte deutsche Christentum abgelehnt haben, gibt es viele, die sich ihrer Christlichkeit kaum mehr bewußt waren, die aber fühlten, daß der nationalsozialistische Kampf gegen das Christentum alles zu zerstören drohte, was auch ihnen heilig war.

Wenn ich von der Rückkehr des deutschen Volkes zum Christentum spreche, so meine ich nicht die Rückkehr zu Dogma und kirchlichen Formen. So wichtig auch beides für viele Menschen ist und in Zukunft wohl für mehr Menschen sein wird als im letzten Jahrhundert, das deutsche Volk als solches kann eine solche Wendung nicht vollziehen. Das ist schon deswegen unmöglich, weil es verschiedene Kirchen mit verschiedenen Dogmen gibt und weil große Massen des Volkes zu einem kirchlichen und dogmatischen Christentum keinen Zugang mehr haben. Nicht darum handelt es sich, sondern um die christliche Welt- und Lebensanschauung, die auch da mächtig ist, wo man sich um das kirchliche Christentum nicht mehr kümmert. Warum anders haben die Nationalsozialisten dem Christentum den Krieg erklärt, als weil sie deutlich sahen, daß das Christentum auch da eine geistige Macht war, wo man es nicht bekannte! Die Nationalsozialisten fühlten, daß der alttestamentliche Glaube an Gerechtigkeit und der neutestamentliche Glaube an Wahrheit und Liebe in den Herzen der Massen lebte, die vom Christentum nicht viel wußten. Und darum suchten sie das deutsche Volk vom Christentum zu trennen. Sie wußten genau, daß der Einfluß des Christentums auf das deutsche Volk nicht in Zahlen der Kirchenbesucher gemessen werden kann. Diese Zahlen waren klein, als die Nazis zur Herrschaft kamen. Sie sind gewachsen, seitdem der Angriff der Nazis auf die Kirchen begonnen hat. Nichts hat dem kirchlichen Christentum mehr geholfen als die Feindschaft des Nationalsozialismus. Und trotzdem: das ist nicht das Entscheidende. Entscheidend ist, daß diese äußerlich schwachen Kirchen imstande waren, von Jahrhundert zu Jahrhundert das deutsche Volk im christlichen Geiste zu erziehen. Und als im vorigen Jahrhundert die Massen sich von dem kirchlichen Christentum abwandten, da taten sie es um der großen Ideen willen, die sie selbst vom Christentum gelernt hatten: *Gerechtigkeit, Wahrheit, Liebe*. Erst der Nationalsozialismus hat den Kampf gegen sie eröffnet und seit zehn Jahren die deutsche Jugend zu Ungerechtigkeit, Lüge und Haß erzogen. Die Rückkehr des deutschen Volkes zum Christentum bedeutet darum die Rückkehr der deutschen Jugend zu Gerechtigkeit, Wahrheit und Liebe!

Gerechtigkeit ist die Predigt der großen Propheten des Alten Testaments. Sie verkündeten den Gott der Gerechtigkeit für alle Völker und alle Klassen. Sie drohten dem eigenen Volk, daß es zugrunde gehen müsse, wenn es die Gerechtigkeit vergäße. Sie waren die tödlichen Feinde des religiösen Nationalismus der jüdischen Machthaber, und wurden verfolgt von ihnen, wie heute jeder verfolgt wird, der gegen den religiösen Nationalismus der deutschen Machthaber kämpft. Die Nationalsozialisten bekämpfen das Alte Testament, weil sie den Geist der Gerechtigkeit bekämpfen, der dort gegen den jüdischen Nationalismus wie gegen jeden anderen Nationalismus spricht. Jedes Volk, das die Gerechtigkeit verwirft, ist selbst verworfen. Eine Generation junger Menschen, die nicht mehr weiß, was Gerechtigkeit bedeutet, ist dazu bestimmt, den Weg des Todes zu gehen. Und wir sehen, wie sie mit verzweiflungsvollem Trotz diesen Weg geht. Der Weg der Ungerechtigkeit ist der Weg des Todes. Nur dann hat das deutsche Volk eine Zukunft, wenn es sich zurückfindet zu der Gerechtigkeit, die die großen Propheten verkündigt haben.

Und die Rückkehr zum Christentum ist Rückkehr zur Wahrheit. In der antichristlichen Bibel vieler Deutschen, in Hitlers „Mein Kampf", ist eine Lehre von der Lüge aufgestellt worden, die allem widerspricht, was das Christentum über Wahrheit gesagt hat, im Alten wie im Neuen Testament. Das Lob der Unwahrheit ist eins der furchtbarsten Gifte, das den Seelen der jungen Deutschen eingeflößt ist. Menschen, für die jede Lüge erlaubt ist, wenn sie im Dienst ihrer Sache geschieht, Menschen, die nicht mehr nachfragen, ob etwas wahr ist, wenn es vom Führer gesagt ist, Menschen, die Wahrheit und Macht nicht unterscheiden können, müssen sich im Netz der Lüge fangen, der sie dienen. Schon haben sich die deutschen Führer im Netz ihrer Lügen verfangen. Langsam erwacht das deutsche Volk und die deutsche Jugend und sieht mit Entsetzen, daß seine Augen geblendet waren. Die Wahrheit triumphiert, und das deutsche Volk kann nur leben, wenn es sich zur Wahrheit zurückfindet, so furchtbar die Wahrheit auch aussehen mag.

Und das Höchste, was das Christentum gebracht hat, ist die Botschaft des Neuen Testaments, die Botschaft der opfernden Liebe. Ihr wißt, daß sie von den Nationalsozialisten durch die Botschaft des Hasses ersetzt worden ist. Haß aber erzeugt Haß; und der Haß, den die Haß-Botschaft und die Haß-Taten des Nationalsozialismus erzeugt haben, ist so unermeßlich, daß jeder, der das deutsche Volk und seine große Vergangenheit liebt, für seine Zukunft zittert. Haß kann nur durch Liebe überwunden werden. Und dies ist der Weg, den die Besten im deutschen Volk finden müssen: den Weg zur Liebe, zur Botschaft des Christentums. Dann allein gibt es eine deutsche Zukunft.

49.
DIE UNAUFGEBBARE IDEE DER HUMANITÄT

16. März 1943

Meine deutschen Freunde!

Wir hatten uns die Frage gestellt, aus welchen Kräften eine deutsche Wiedergeburt nach der kommenden Katastrophe möglich ist. Und wir hatten geantwortet, daß es nur aus den Kräften möglich ist, die bisher die deutsche Geschichte getragen haben: das Germanische und das Christliche und das Allgemein-Menschliche. Wir hatten gesehen, wie der Nationalsozialismus das germanische und das christliche Erbe des deutschen Volkes vergeudet und verdorben hat. Heute wollen wir von dem allgemein-menschlichen Erbe sprechen und fragen, was der Nationalsozialismus daraus gemacht hat; und wir wollen bedenken, was Ihr, die Ihr für die deutsche Wiedergeburt verantwortlich seid, daraus machen könnt.

Das allgemein-menschliche Erbe, die Humanität, wie sie von den großen deutschen Dichtern genannt wurde, ist zu den Deutschen ebenso früh gekommen wie das Christliche. Und es ist in innigster Verbindung mit ihm gekommen. Als Deutschland christlich wurde, öffnete es sich zugleich den allgemein-menschlichen Grundsätzen und Idealen.

Schon früh hatten sich der christliche und der allgemein-menschliche Strom vereinigt. Sie ergossen sich dann gemeinsam in den Strom des Germanischen, und die großen Jahrhunderte der deutschen Geschichte begannen. In all diesen Jahrhunderten war Deutschland mehr als ein enger Nationalstaat. Es stand nicht für sich selbst, sondern für die weltumspannende Christenheit. Es gab den andern Völkern, was es hatte, und es nahm von den andern Völkern, was sie hatten. Kein beschränkter Nationalismus störte den Austausch der schöpferischen Gedanken. Deutschland war ein Kreuzungspunkt von Ost und West, von Süd und Nord. Der mächtige Hohenstaufe Friedrich II. war einer der ersten, die das Allgemein-Menschliche in den verschiedenen Völkern sahen. Seitdem gehört es zu dem deutschen Erbe, für das Menschliche, für die Humanität zu stehen. Dieses Erbe ist jahrhundertelang bewahrt worden. In der Reformation gab Deutschland sein Bestes, nicht für sich, sondern für die Welt: Es entdeckte die innere Freiheit des Gewissens, die jedem Menschen zukommt und die ihm keine Kirche und kein Staat nehmen kann. Was hat der Nationalsozialismus mit diesem Erbe gemacht? Es mit Füßen getreten!

Und dann kam die Zeit der großen deutschen Dichter und Musiker und Philosophen: Goethes und Beethovens und Kants! Sie hatten ein Gemeinsames, den Glauben an das Menschliche im Menschen, den Glauben an die Humanität. Jedes Wort der deutschen Klassiker atmet diesen Geist, der den Menschen im Menschen sieht, der die Würde des einzelnen Menschen anerkennt und getragen ist von dem Glauben an die Menschheit. „Alle menschlichen Gebrechen sühnet reine Menschlichkeit", sagt Goethes Iphigenie, Beethoven komponiert den Fidelio, in dem das Allgemein-Menschliche über die Tyrannei triumphiert und die Kerker sich öffnen vor der Stimme der Humanität. Wann werden sich die Kerker des Nationalsozialismus vor der gleichen Stimme öffnen? Schiller erhebt durch die Worte des Don Carlos die reformatorische Forderung der Gewissensfreiheit — eine Stimme, die heute von der Bühne verbannt ist! Kant spricht von der Allgemeinheit des Sittengesetzes, das an jeden gleiche Forderungen stellt, wie der gestirnte Himmel jedem Menschen in jedem Lande erscheint und ihm die Erhabenheit des Menschseins zum Bewußtsein bringt. — Er wußte nichts von einem deutschen Sternen-Himmel mit einer deutschen Vernunft und einem deutschen Sittengesetz: Er wäre heute zum Schweigen verurteilt. Und von keinem Verleger gedruckt würde Herders Buch über den „Geist der hebräischen Poesie" oder Lessings „Nathan der Weise", das große Schauspiel der Menschlichkeit gegen religiösen und nationalen Fanatismus. — *Der Nationalsozialismus hat die Idee der Humanität ge-schmäht und auszurotten versucht.* Er hat den Geist von hundert Jahren höchster deutscher Kultur ausgetrieben. Er hat das Menschliche im Menschen entstellt und zerstört. Wie ist es dazu gekommen? Pro-phetische Deutsche seit der Mitte des 19. Jahrhunderts haben mit Un-ruhe und Schrecken das Heraufziehen der Barbarei am deutschen Himmel beobachtet: Man wird herabsinken von der Humanität über die Nationalität zur Bestialität, hat einer von ihnen gesagt. Mit dem Kommen des Nationalsozialismus hat begonnen, was hier geweissagt ist: das Zeitalter der Bestialität, des Zertretens der Menschenwürde, des Endes der Humanität.

Es sind drei Dinge, die zur Humanität, zum Menschen als Menschen gehören: *Vernunft, Menschenwürde, Menschheit.* Dieses waren die drei Sterne, die an dem Himmel des großen deutschen Jahrhunderts stan-den und die jetzt hinter den grauen Wolken und dem schmutzigen Nebel der nationalsozialistischen Barbarei verschwunden sind.

Vernunft als menschliche Eigenschaft heißt nicht, daß alle Menschen vernünftig denken und handeln. Niemand hat das je behauptet. Keine noch so durchgeführte Demokratie hat solchen Unsinn geglaubt. Ver-nunft im Menschen heißt, daß der Mensch, und zwar jeder Mensch, die Anlage hat, vernünftig zu denken und zu handeln. Kein Mensch, kein Geschlecht und keine Rasse ist davon ausgeschlossen. Jeder Mensch ist imstande, den Unterschied von wahr und falsch, von gerecht und ungerecht, von gut und böse, von gläubig und ungläubig zu verstehen. Es ist der Sinn der Erziehung, diese Anlagen zu entwickeln und alle Menschen zu wahren Menschen zu machen, zu Wesen, die der Ver-nunft folgen, die auf ihr Gewissen hören, die um Wahrheit ringen, die ein Gefühl für das Heilige des Lebens haben. Um solche Erziehung bemühten sich die geistigen Führer Deutschlands seit den frühesten Zeiten und insonderheit in der klassischen Periode des deutschen Geistes. Der Nationalsozialismus hat alles getan, um den Glauben an die Ver-nunft zu zerstören. An die Stelle der Vernunft hat er den Willen zur Macht gesetzt. Die Erziehung zur Vernunft ist ersetzt durch die Er-ziehung zur Unterordnung unter eine alles umfassende Maschine, die selbst nicht durch Vernunft, sondern durch Machtwillen gelenkt ist. Der Maschinenmensch der Sturmtruppen ist der größte Gegensatz ge-gen den entfalteten Menschen der deutschen Klassiker. Er ist ent-menschter Mensch, eine Sache, über die andere verfügen; er gebraucht seine Vernunft nicht, um sie zu entfalten, sondern um auf sie zu ver-zichten. Nationalsozialismus ist Verrat an der Menschlichkeit, weil er

Verrat an der Vernunft ist. Deutsche Wiedergeburt ist nur möglich, wenn die Vernunft derer, die ihre Vernunft gewahrt haben in dieser Zeit des deutschen Wahnsinns, wieder zur Herrschaft kommen.

Weil der Mensch Vernunft hat, hat er Würde; auf seiner Vernünftigkeit beruht seine Menschenwürde. Als der Nationalsozialismus die Vernunft in Deutschland zerstört hatte, war es ihm ein leichtes, die Menschenwürde mit Füßen zu treten. Es gibt wenige Orte in der ganzen Geschichte der Menschheit, an denen mehr gegen die Menschenwürde gesündigt wird als in den deutschen Konzentrationslagern. Das Schlimme aber und für die deutsche Zukunft Verhängnisvolle ist, daß die Entwürdigung, die die Nationalsozialisten an ihren Opfern begangen haben, nicht auf Zufall oder Haß oder Bosheit beruhten, sondern auf bewußter Bestreitung der Menschenwürde in jedem Menschen. Die Unterschiede von Freund und Feind, von höherer und niederer Rasse, von Stark und Schwach verhüllten das Gemeinsame in allen Menschen für viele, nicht bösartige Deutsche. Sie konnten nicht mehr sehen, daß jeder Mensch, auch der Feind, auch der Schwache, auch der Fremde die gleiche Würde als Mensch hat, die sie selbst für sich in Anspruch nahmen. Sie entwürdigten sich selbst, als sie die andern entwürdigten! Es wird viel Blut und Tränen kosten, ehe in der deutschen Jugend das Gefühl wieder wach sein wird, daß jeder, der ein Menschenantlitz hat, eine Würde vertritt, die wir anerkennen müssen, wenn wir nicht unsere eigene Würde verlieren wollen. Wie viele gewaltige Worte, die für die Würde des Menschen zeugen, auch in den mißratensten Exemplaren, gibt es in der deutschen Dichtung und Philosophie! Wann werden sich die Herzen der Deutschen wieder öffnen, um diese Worte zu hören? Eins ist sicher: Nur wenn es dazu kommt, gibt es eine deutsche Wiedergeburt! Nur Deutsche, die um die Würde des Menschen in jedem Menschen wissen, können Träger eines neuen Deutschland werden. Zu diesem Erbgut muß die deutsche Jugend zurückgeführt werden, sonst wird sie für immer zugrunde gehen.

Und das Dritte, das den Menschen zum Menschen macht, ist dies, daß er ein Glied der Menschheit ist. Was Menschheit nach diesem Krieg bedeuten wird, was es für Deutschland bedeuten wird, darüber will ich ein ander Mal reden. Heute nur der eine Satz: Deutschland muß wiedergeboren werden in die Menschheit hinein; sonst gibt es keine deutsche Wiedergeburt.

50.

DIE RÜCKKEHR DES DEUTSCHEN VOLKES
IN DIE MENSCHHEIT 23. März 1943

Meine deutschen Freunde!

Deutschland muß in die Menschheit hinein wiedergeboren werden.
Das hatten wir gesagt, als wir das letzte Mal von den Kräften sprachen, aus denen die deutsche Vergangenheit gespeist war. Es waren
drei Ströme, die die deutsche Geschichte gemacht haben, das Germanische, das Christliche, das Allgemein-Menschliche. Von allen dreien
hat der Nationalsozialismus das deutsche Volk abgeschnitten. Am meisten aber von dem dritten, dem Allgemein-Menschlichen, von Vernunft,
Menschenwürde und Menschheit. Von Vernunft und Menschenwürde
in der deutschen Zukunft haben wir das letzte Mal gesprochen. Von
der Rückkehr des deutschen Volkes in die Menschheit wollen wir heute
reden.

Deutschland muß zur Menschheit zurückkehren, weil es immer zur
Menschheit gehört hat, weil es ohne die Menschheit nicht sein kann
und weil die Menschheit ohne Deutschland verstümmelt ist.

Deutschland hat immer zur Menschheit gehört, ehe die Nazis es
von der Menschheit abgeschnitten haben. Es gab immer eine lebendige
Beziehung zwischen Deutschland, Europa und der übrigen Welt, ehe
die Nazis ihr ein Ende machten und sich auf sich selbst zurückzogen,
um sich dann auf die übrige Welt zu stürzen. Viele Fäden gingen hin
und her zwischen allen europäischen Völkern und durch sie zwischen
allen Völkern der Welt. Und Deutschland war einer der Knoten-
punkte in diesem menschheitlichen Gewebe. Deutschland gab und
nahm. Es war ein Teil und es fühlte sich als ein Teil eines größeren
Ganzen. Die deutschen Ritter des Mittelalters fühlten sich als Teile
des großen christlichen Rittertums, das in allen christlichen Völkern zu
Hause war, die gleichen Ideale hatte und die gleichen Regeln ritter-
lichen Verhaltens. Die deutschen Mönche fühlten sich als Vertreter der
allumfassenden christlichen Kultur, für die sie arbeiteten nach den
gleichen Regeln wie die Mönche aller anderen christlichen Völker.
Und die Kaufleute der deutschen Hansastädte schufen im Austausch
mit den Kaufleuten aller anderen Städte Europas die Herrlichkeit,
die uns noch heute beglückt, wenn wir durch ihre Städte gehen. In jenen
großen Jahrhunderten gehörte Deutschland der Menschheit und die
Menschheit gehörte Deutschland. Wie armselig wirkt dagegen der eng-
stirnige, dumme und hochmütige Nationalismus der Nazis!

Daß Deutschland zur Menschheit gehörte und darum die Menschheit für Deutschland offen war, kann in allen folgenden Jahrhunderten der deutschen Geschichte gezeigt werden. Deutschland nahm und gab. Es weigerte sich nicht zu nehmen, was andere hatten, und darum konnte es ihnen geben, was es selbst hatte. Deutschland gab der Menschheit eine neue Form des Christentums und dafür empfing es von der Menschheit neue Formen des menschlichen Zusammenlebens. Deutschland schuf in völliger Gemeinsamkeit mit allen europäischen Völkern die moderne Wissenschaft und Technik. Das ist geschehen in einem unlöslichen Ineinander des Gebens und Nehmens, wo jeder gab und jeder nahm. Nichts ist törichter als der Versuch der Nationalsozialisten, einem Volk den Preis in dieser Zusammenarbeit zu geben; nichts ist furchtbarer als der Versuch der Nationalsozialisten, aus dem deutschen Volke die Erinnerung an seine Gemeinschaft mit der Menschheit herauszureißen. Viele in der jungen Generation wissen schon nicht mehr, daß Deutschland zur Menschheit gehörte, und manche in der älteren Generation haben es vergessen. Ihr, die Ihr es noch wißt und darum verantwortlich seid für die deutsche Zukunft, weckt das Bewußtsein wieder, daß Deutschland zur Menschheit gehört und die Menschheit zu Deutschland.

Ohne die Rückkehr Deutschlands zur Menschheit gibt es keine deutsche Zukunft, denn Deutschland kann nicht ohne die Menschheit sein. Kein Volk kann ohne Menschheit sein, heute weniger denn je. Die Menschheit ist so nah zusammengerückt, daß ein Teil, der sich absondern will, entweder unterworfen wird oder alles andere unterwerfen muß. Das nationalsozialistische Deutschland hat sich abgesondert, um dann den Versuch zu machen, sich alles zu unterwerfen, und daran zerbricht es nun, langsam, aber sicher. Nur durch Aufhebung der Absonderung, nur durch Rückkehr zur Menschheit kann Deutschland gerettet werden.

Alles, was schöpferisch ist im deutschen Volk, verlangt Rückkehr zur Menschheit. Und je stärker eine Gruppe zur Menschheit zurückstrebt, desto wichtiger wird ihre Rolle in der deutschen Zukunft sein. — Jeder schöpferische Politiker, der heute, verborgen vor den herrschenden Mächten, auf seine Zeit wartet, weiß, daß es keine deutsche Politik mehr geben kann, die nicht Menschheitspolitik ist. Menschheitspolitik, das ist das Gegenteil von Eroberungspolitik, und es ist das Gegenteil von Absonderungspolitik. Es ist Politik der Einfügung in ein Größeres, als man selbst ist, als ein tragendes Glied des Größeren. Wie immer das in Zukunft aussehen wird, ob es eine europäische Föderation oder eine Weltföderation oder ein Bund verschiedener Föderationen sein wird, es wird dabei um Menschheitspolitik gehen. Und für alle Völker, insonderheit aber für Deutschland, das Land der europäischen Mitte, wird alles darauf ankommen, daß das Nationale dem Menschheitlichen untergeordnet bleibt, sonst sind Nation und Menschheit verloren.

Der schöpferische Denker und Gelehrte, der heute in Deutschland lebt, ist abgeschnitten von dem geistigen Blutumlauf, der alle ernährt, weil er von allen nimmt und allen gibt. Aus dieser Isolierung sehnt er sich heraus, weil sie bedeutet, daß seine schöpferischen Kräfte absterben, daß er hinter der Entwicklung zurückbleibt, daß er eigenbrötlerisch und unfruchtbar wird. Es gibt Wissenschaft, von Deutschen gemacht, aber es gibt keine nationale deutsche Wissenschaft. Es gibt Philosophie, von Franzosen geschaffen, aber es gibt keine nationale französische Philosophie. Alle großen Denker haben in menschheitlichem Maßstab gedacht, jeder wissenschaftliche Fortschritt ist ein Fortschritt der Menschheit als ganzer. Als deutsche Gelehrte anfingen, deutsche Sozialwissenschaft zu treiben, hörten sie auf, Sozialwissenschaft zu treiben und hielten statt dessen patriotische Reden. Als deutsche Denker anfingen, deutsche Philosophie zu treiben, hörten sie auf, Philosophie zu treiben und wurden Sprachrohre des Propagandaministeriums. Niemand bestreitet, daß verschiedene Sprachen und Kulturen auch auf Wissenschaft und Philosophie einwirken. Das ist natürlich und bereichernd. Aber es bedeutet den Ruin des wissenschaftlichen Lebens einer Nation, wenn es national sein will, statt menschheitlich. Und es bedeutet den Verfall des Denkens einer Nation, wenn es national sein soll statt allgemeingültig. Alles, was vom deutschen Geist geblieben ist in diesen Jahren seiner Zerstörung, will zurück zur Menschheit, zu der großen Gemeinschaft des Denkens und Forschens.

Der deutsche Arbeiter will zurückkehren zur Menschheit. Ein Jahrhundert lang war die deutsche Arbeiterschaft eine Vorkämpferin der Menschheitsidee. Im Bündnis mit den Arbeiterschaften anderer Länder wurden die großen Fortschritte in der sozialen Lage der Massen von den deutschen Arbeitern erkämpft. Es war der Stolz der deutschen Arbeiter, daß übernationales Denken und Fühlen bei ihnen zu Hause war, obgleich der einzelne Arbeiter wenig Gelegenheit hatte, fremde Völker zu erleben. Nichts von der kleinbürgerlichen Enge, von der nationalen Stickluft, von der dummen nationalistischen Überhebung, die man so oft in Deutschland fand, war in der Arbeiterbewegung zu finden. Und nun sind die deutschen Arbeiter zwangsweise in der

Arbeitsfront zusammengeschlossen, alle übernationalen Bande waren schon vor dem Krieg zerrissen! Die deutsche Arbeiterbewegung konnte der Menschheit nichts mehr geben und konnte nichts mehr von ihr empfangen. Alle Querschnitte durch die Menschheit waren abgeschafft. die deutschen Arbeiter waren auf sich gestellt und neuen und alten Zwingherren preisgegeben. Die Arbeiterbewegung drängt zurück zur Menschheit. Sie hat, wie keine andere Bewegung, die Kräfte, durch die Deutschland der Menschheit wiedergegeben werden kann. Und sie braucht, wie keine andere Bewegung, die Menschheit, weil der Kampf um die soziale Umwandlung ein Kampf ist, der nur im Weltmaßstabe erfolgreich geführt werden kann.

Daß die deutsche Wirtschaft in die Menschheit zurückstrebt, ist selbstverständlich. Solange es Warenaustausch gibt, muß die Wirtschaft versuchen, die nationalen Grenzen zu sprengen, nicht nur zu ihrem Vorteil, sondern zum Vorteil des ganzen Volkes. Welche Entbehrungen die Abschnürung Deutschlands vom Güteraustausch der übrigen Menschheit gebracht hat, weiß jeder Deutsche. Es war erst eine freiwillige Abschnürung, zugunsten der Aufrüstung. Dann wurde es eine erzwungene Abschnürung durch den Krieg. Auch andere Völker haben sich teilweiser Selbstabschnürung schuldig gemacht, aber keines wie das Deutschland der Nazis. Die Erde und ihre Güter gehören der Menschheit. Und kein modernes Volk kann alles für sich selbst produzieren. Nationale Selbstabschnürung oder Offenheit für die Menschheit, das eine bedeutet Armut, das andere bedeutet Fülle.

Es ist auch selbstverständlich, daß die Religion in Deutschland zur Menschheit zurückstrebt! Nur die primitivste Stammesreligion will nichts mit der Menschheit zu tun haben! Daß die Nationalsozialisten eine neue Stammesreligion mit dem deutschen Volk als ihren Götzen geschaffen haben, ist der vollkommenste Ausdruck ihrer Absonderung von der Menschheit. Christentum ist Menschheitsreligion, oder es wird zur verkümmernden Sekte. Der Kampf der deutschen Kirchen gegen den Nationalsozialismus hat sie vorläufig vor diesem Schicksal gerettet. Aber auf die Dauer müßte es den deutschen Kirchen gehen wie jenen Splittern christlichen Lebens in heidnischer Umgebung, die langsam ihre schöpferische Kraft verloren haben und erstarrt sind. Auch die deutschen Kirchen würden langsam erstarren, wenn sie nicht zur Menschheit zurückkehren würden, die auf sie wartet. Denn nicht nur Deutschland braucht die Menschheit, sondern auch die Menschheit braucht Deutschland. Doch davon ein anderes Mal!

51.

ZU SPÄT FÜR DIE RETTUNG DEUTSCHLANDS?

30. März 1943

Meine deutschen Freunde!

Von der Wiedergeburt Deutschlands und seiner Rückkehr in die Menschheit haben wir die letzten Male gesprochen. Wir haben über die verschiedenen Kräfte der Wiedergeburt nachgedacht: die germanischen, die christlichen, die menschlichen. Sie alle sind vom Nationalsozialismus zerstört worden, und zu ihnen allen muß das deutsche Volk zurückkehren, wenn es eine Zukunft haben will. Und Deutschland muß zur Menschheit zurückkehren, von der die Nazis es losgetrennt haben! Denn ohne die Menschheit kann Deutschland nicht leben, wirtschaftlich nicht, geistig nicht, politisch nicht.

Die Rückkehr Deutschlands zur Menschheit ist nötig, und, darüber hinaus, sie ist dringend. Meine deutschen Freunde! Es ist nicht mehr. viel Zeit übrig, in der Ihr zurückkehren könnt! Ihr müßt Euch entschließen, schnell, sofort, damit Ihr bereit seid, wenn der Augenblick gekommen ist. Der Augenblick kann nahe bevorstehen, wo die Entscheidung von Euch verlangt wird: zurück zur Menschheit oder zerstört für Generationen! In diesem Augenblick müßt Ihr wissen, was Ihr wollt! Ihr könnt Euch für Selbstzerstörung entscheiden. Niemand kann Euch daran hindern. Niemand kann daran gehindert werden, Selbstmord zu begehen, wenn er es ernsthaft will, auch Deutschland nicht. Wenn Ihr den Nationalsozialisten in den Abgrund folgen wollt, der sich, täglich sichtbarer, unter ihnen aufgetan hat, so gibt es keine Rettung für Deutschland, so gibt es keine Rettung für Euch! Dann ist die große deutsche Geschichte mit dieser Generation abgeschlossen! Wenn Ihr ihnen aber nicht folgen wollt, wenn Ihr das deutsche Volk retten wollt, für eine neue Zukunft, dann müßt Ihr es bald tun! Es kann der Augenblick kommen, wo es zu spät ist.

Dieses „zu Spät" für die Rettung Deutschlands kann verschiedene Gründe haben. Es kann zu spät werden für Deutschland, weil die Welt es nicht mehr aufnehmen will, und es kann zu spät werden für Deutschland, weil die inneren Kräfte der Erneuerung zermürbt sind. Von beiden Gefahren möchte ich heute mit Euch reden.

Es kann zu spät werden für die Rettung Deutschlands, weil die Welt es nicht mehr aufnehmen will! Noch ist es nicht zu spät dafür. Aber der Gefahrenpunkt ist nähergerückt. Noch vor einigen Monaten kam jeder Beobachter der Stimmung in England, Amerika, Rußland zu einem für Deutschland günstigen Ergebnis: Die besten Kräfte und die wirklich verantwortlichen Führer in den alliierten Ländern waren ohne Bitterkeit und ohne Racheabsichten gegen Deutschland. Die wenigen Prediger des Hasses wurden nicht ernst genommen, und wenn sie sich hervorwagten, wurden sie zurückgewiesen. Kirchenführer, Politiker, Generäle und Jounalisten waren sich einig darin, daß keine Politik des Hasses und der Rache zugelassen werden dürfen. Die Reden der maßgebenden Staatsmänner in Rußland, England und Amerika brachten das klar zum Ausdruck. Erst vor wenigen Tagen hat die Frau des chinesischen Generalissimus Tschiangkaischek während ihres Besuches in Amerika eine wundervolle, tief-menschliche Rede gehalten. Madame Tschiangkaischek sagte darin, daß jede Art von Rache ausgeschlossen sein müsse von den Kriegszielen der alliierten Nationen. Aber die Dinge haben sich verändert und verändern sich ständig. Der Haß wächst mit dem Unheil, das die Nazis über die unterworfenen Völker bringen. Der Haß wächst allenthalben! Noch kann er zurückgedämmt werden; und die besten unter den alliierten Führern sind entschlossen, ihn zurückzudämmen. Aber irgendwann einmal mag der Damm brechen und die Fluten bitterster Feindschaft mögen sich über Deutschland ergießen, ohne daß irgend jemand, auch der mächtigste der alliierten Führer, sie zurückhalten kann. Dann ist es zu spät! Und, täuscht Euch nicht darüber, meine deutschen Freunde, dieser Augenblick ist nahegerückt. Die Menschheit kann es nicht mehr mit ansehen, was von den Nationalsozialisten täglich an unermeßlichem Leid über unschuldige Menschen gebracht wird. Niemand haßt die Deutschen, weil sie gute Soldaten sind und tapfer kämpfen. Aber jeder in der ganzen Welt, der ein menschliches Herz im Leib hat, haßt die Mißhandlung der unterjochten Völker, die Ausrottung der Juden, die Zerstörung der polnischen Nation, die Erschießung unschuldiger Geiseln, die Verschleppung der männlichen Bevölkerung der eroberten Länder in Arbeitssklaverei und ihrer Mädchen in Schlimmeres als das! Höher und höher steigen die Wasser des Zornes auch bei den Völkern, die nicht unmittelbar betroffen sind. Man kann es nicht länger mit ansehen, was an Greueln in der Festung Europa geschieht; und da man es doch mit ansehen muß, so sammelt sich ein Meer von Haß an, dessen drohendes Brausen schon überall vernehmbar ist! Noch vor kurzem hörte man überall, daß die Nazis und die Deutschen unterschieden werden müßten, daß die Deutschen die ersten Opfer der Nazis seien und daß man die Nazis ausrotten, aber die Deutschen zu neuem Leben bringen müsse. Heute hört man an vielen Stellen, daß dieser Unterschied nicht gemacht werden könne, daß alle Deutschen mitschuldig seien an den Nazi-Greueln! Man kann immer weniger begreifen, wie ein Volk von der hohen Kultur der Deutschen sich schon so lange die Herrschaft der Nazi-Eroberer hat gefallen lassen. Man sucht nach Ursachen in der deutschen Vergangenheit für den tiefen Fall des deutschen Volkes [35]. Man steht vor einem Rätsel, das man nicht lösen kann, und hört schließlich auf diejenigen, die sagen, daß in dem Charakter der Nazis sich der wahre Charakter der Deutschen gezeigt hat! Wehe dem deutschen Volk, wenn diese Überzeugung sich durchsetzt. Noch ist es nicht so weit, bald wird es so weit sein, wenn Deutschland keine Zeichen gibt, daß es sich von den Nazis innerlich losgesagt hat!

Aber nicht nur der äußere Haß, auch die innere Zermürbung kann die Aufnahme Deutschlands in die Menschheit und seine Wiedergeburt für Generationen unmöglich machen. Einmal, nach dem Ersten Weltkrieg, hat sich das deutsche Volk überraschend schnell erholt. Es war militärisch zermürbt, aber nicht seelisch. Im Gegenteil: Der militärische Zusammenbruch war für viele Deutsche das Signal für eine neue Zukunft. Seelische und geistige Kräfte wurden wach, auf die die Welt mit Staunen blickte. Wie aber ist es jetzt? Kann es nach dem zweiten Zusammenbruch einen solchen Aufschwung geben? Sicher nicht in dieser schnellen und kraftvollen Weise! Aber es ist zweifelhaft, ob überhaupt ein Aufschwung stattfinden kann, wenn die Zermürbung weitergeht. Denn dieses Mal handelt es sich nicht nur um eine militärische, sondern auch um eine seelische Zermürbung. Die seelische Zermürbung des deutschen Volkes begann, als die deutsche Seele mit unerfüllbaren Hoffnungen gespeist wurde. Als man den Deutschen sagte, daß sie die auserwählte Rasse sind und daß Hitler das göttliche Werkzeug für ihre Größe ist, da war die Voraussetzung geschaffen für die Zermürbung der deutschen Seele. Denn nichts ist schwerer zu ertragen als der Zusammenbruch eines starken, leidenschaftlichen Glaubens, besonders, wenn dieser Zusammenbruch langsam vor sich geht, Schritt für Schritt. Da ist das erste Aufzucken eines Zweifels in der Seele, das bald vergessen ist. Aber es kehrt wieder und wird bestärkt durch ruhiges Nachdenken. Noch einmal mag der Zweifel überwunden werden, wenn Nachrichten von großen Erfolgen kommen. Aber dann, bei dem nächsten Rückschlag, wird aus dem Zweifel bange Sorge. War das nicht der Weg, den viele Deutsche innerlich gegangen sind? Und dann kommt ein hartes, persönliches Schicksal, die Nachricht von dem Tod eines geliebten Menschen auf einem der Schlachtfelder. Und zu der

185

Sorge um das deutsche Schicksal gesellt sich die Frage: Wofür habe ich dieses Opfer gebracht? Dann wird langsam aus dem Zweifel und der Sorge und dem Leiden Verzweiflung: die Gewißheit, daß alles verloren ist, daß der Glaube an die Nazis ein Irrglaube war. Und dann verbindet sich die seelische Zermürbung mit all den äußeren Nöten, die den Leib zermürben; und die Kraft der deutschen Wiedergeburt ist dahin. Wollt Ihr es dahin kommen lassen, Ihr, die Ihr für die deutsche Zukunft verantwortlich seid? Seht Ihr nicht diesen Weg qualvoller Zermürbung, auf dem das deutsche Volk Schritt für Schritt die Kraft der Wiedergeburt einbüßt? Wollt Ihr es dahin kommen lassen? Wollt Ihr nicht „Halt" gebieten, ehe es zu spät ist, innerlich und äußerlich? Könnt Ihr noch lange mit ansehen, wie Haß von außen und Verzweiflung von innen erst langsam und nun aber schon schneller und schneller dem deutschen Volk die Zukunft rauben? Noch ist es Zeit! Nutzt die Zeit, die noch geschenkt ist, und brecht mit dem, was Euch zerstört!

52.

GRENZEN DER TYRANNENMACHT   6. April 1943

Meine deutschen Freunde!

Die Nachrichten der letzten Wochen aus den besetzten Gebieten und aus Deutschland haben etwas Gemeinsames, über das es sich lohnt nachzudenken. Sie alle bestätigen das schöne Wort Schillers: *„Denn eine Grenze hat Tyrannenmacht"*! Wir hören von einem Brief, den die belgischen Bischöfe an den deutschen Gouverneur geschrieben haben und in dem sie leidenschaftlich gegen die Verschickung belgischer Männer und Frauen in die Arbeitssklaverei protestieren. Wir hören davon, daß die Norweger eine wichtige Munitionsfabrik in die Luft gesprengt haben und daß der Widerstand der norwegischen Kirchen die Quislinge zu weitgehenden Rückzügen gezwungen hat. Wir hören von der Arbeitsverlangsamung, die gemeinsam von deutschen und ausländischen Arbeitern in den Waffenfabriken getrieben wird. Wir hören, daß in allen besetzten Gebieten eine blühende Untergrundpresse existiert, die trotz aller Verfolgung durch die Gestapo Zehntausende von Exemplaren herausbringt. Ihr selbst habt gehört, daß der serbische Widerstand ungebrochen ist, trotzdem ein Dorf nach dem andern dem Erdboden gleichgemacht wird. Ihr habt vielleicht etwas über die systematischen Sabotageakte gegen die deutsche Militärmaschine gehört. Sie fingen in Frankreich an und verbreiteten sich rasch in den besetzten Gebieten von ganz Europa. Neue Erschießungen schufen nur neuen Widerstand. Ihr wißt von dem heldenhaften Kampf der russischen Partisanen, die ein Schrecken für die deutsche Etappe und den militärischen Nachschub sind. Alle Versuche, sie auszurotten, sind erfolglos. Hier überall ist die Grenze der Tyrannenmacht sichtbar, und sie ist auch in Deutschland sichtbar. Im Norden gibt es Konzentrationslager für deutsche Offiziere und Soldaten, die an dem Widerstand, zum Beispiel der Norweger, seelisch zusammengebrochen sind und lieber sterben, als sich weiter zu Werkzeugen der Tyrannei und Unterdrükkung machen zu lassen. Deutsche Studenten sind erschossen worden, weil sie Flugschriften gegen die Zerstörer Deutschlands, die Nationalsozialisten, verbreitet haben. Wichtige militärische Brücken sind in Deutschland selbst angegriffen worden. Nachrichten aus neutralen und feindlichen Ländern sickern durch trotz aller Zensur und aller Bedrohung des Hörens fremder Stationen mit dem Tod.

Noch nie in der Weltgeschichte hat es eine Unterdrückungsmaschine gegeben, die in Ausmaß und Wirksamkeit der nationalsozialistischen gleichkam. Endlich schien die Tyrannei sich die Instrumente ausgebildet zu haben, vor denen es kein Entrinnen gibt. Es schien, als ob Tyrannenmacht grenzenlos geworden wäre. Es schien, als ob der Fortschritt der menschlichen Zivilisation und alle Erfindungen des Menschengeistes nur dem einen Zweck dienen sollten, eine Welttyrannei aufzurichten. Von der Gestapo bis zum Blockwart, von der Radio-Propaganda bis zur Überwachung der Eltern durch die Kinder, vom Bombenflugzeug zum Tank, schien ein System ohne Lücken geschaffen zu sein. Kein Platz für Widerstand war gelassen. Kein Ort für die Vorbereitung revolutionärer Bewegungen schien verborgen genug zu sein. Geistig und leiblich war alles beschlagnahmt durch die Diener der Tyrannei. Niemals hat die Welt etwas Derartiges gesehen. In allen früheren Perioden der Unterdrückung gab es Orte, zu denen man fliehen, und Plätze, an denen man sich verbergen konnte.

Und doch waren die Instrumente der Tyrannei unzulänglich. Jeder weiß heute, daß die Tyrannei trotz dieser ungeheuerlichen Instrumente zum Untergang verurteilt ist. Die Grenzen der Tyrannenmacht sind sichtbar geworden, das größte System der Unterdrückung, das Menschen geschaffen haben, kracht in seinen Fugen. Es zerstört sich selbst nach dem Gesetz, unter dem es steht. Tyrannei ist nicht—wie echte Herrschaft—getragen von dem Willen derer, die ihr unterworfen sind.

Darum muß Tyrannei den Widerstand derer ständig brechen, die ihre Herrschaft bedrohen. Sie muß immer rücksichtsloser in ihren Mitteln werden, weil mit den Mitteln der Unterdrückung auch die Mittel der Abwehr stärker werden. So entsteht ein wachsender Terror, immer raffinierter, brutaler, grausamer — und erfolgloser. Die Tyrannei der Tyrannen muß sich steigern, unaufhaltsam, um sich halten zu können, bis ein Punkt kommt, wo es nicht mehr weitergeht. Wenn jeder jedem verdächtig geworden ist, wenn die, die gestern noch Werkzeuge der Tyrannei waren, heute ihre Opfer geworden sind; wenn die, die heute sich noch sicher glauben, morgen verfolgt werden, dann bricht die Tyrannei in sich selbst zusammen. Noch ist dieser Punkt nicht erreicht. Er wäre längst erreicht worden, wenn die Tyrannen nicht den Ausweg des Kampfes nach außen gefunden hätten. Seit Kriegsbeginn besaßen sie in dem Kriegsrecht und der Angst vor dem nationalen Untergang schärfere Instrumente ihrer Herrschaft als je zuvor. So war es für die ersten Jahre des Krieges. Aber dann wirkte sich nach außen das gleiche Gesetz aus wie nach innen: Der Angriff auf die Freiheit fremder Völker brachte Drohungen von anderen Völkern, die dann auch angegriffen wurden, bis die ganze Welt sich gegen die deutschen Tyrannen und ihre Helfer stellte. Als Rußland angegriffen wurde, weil es kein Halt für die erobernde Tyrannei geben kann, trat das Gesetz der Grenzen aller Tyrannei in Kraft: An dem russischen Widerstand wurde sichtbar, daß der Eroberer ein Teil eines Ganzen ist, der sich selbst zerstört, wenn er sich über das Ganze erheben will. Es ist erstaunlich, zu sehen, mit welcher Sicherheit die deutschen Tyrannen alles taten, was sie nach dem Gesetz der Tyrannei tun mußten! Es ist erstaunlich, zu sehen, mit welcher Verblendung sie das Gesetz ihrer Selbstzerstörung erfüllten. Was jetzt noch geschieht, ist die dauernde und furchtbare Enthüllung dieses Gesetzes.

Tyrannenmacht hat Grenzen, weil sie Kräfte der Selbstzerstörung entwickelt, und sie hat Grenzen, weil der Mensch zur Freiheit geschaffen ist. Woher kommt jener unbeugsame Widerstand der Norweger und Holländer, der Tschechen und Serben, der französischen Saboteure und der russischen Guerillas? Denkt an die deutsche Geschichte! Es gab eine Zeit, wo Deutschland dem französischen Eroberer zu Füßen lag und Deutsche gegen die napoleonische Tyrannei als Saboteure und Guerillas mit Tat und Schrift kämpften. Es gab eine Zeit, wo deutsche Freiheitskämpfer für die gleichen Dinge erschossen wurden, für die jetzt die Freiheitskämpfer der eroberten Völker von den Deutschen erschossen werden. Die deutschen Freiheitskämpfer und mit

188

ihnen die spanischen und russischen Guerillas, die gegen die napoleonische Tyrannei kämpften, sind in allen deutschen Schulen verherrlicht, in allen deutschen Reden als Vorbild gepriesen worden. Und nun folgen die europäischen Völker diesem Vorbild; aber sie folgen ihm gegen die Tyrannen von heute, die Deutschen. Meine deutschen Freunde, habt Ihr Euch nie gefragt, warum das Gleiche Heldentum sein soll, wenn Ihr es gegen andere tut, und Verbrechen, wenn die anderen es gegen Euch tun?

Sie werden weiterkämpfen, die unterworfenen Völker, bis sie ihre Freiheit erreicht haben. Viele werden sterben, ehe das Ziel erreicht ist. Jeder aber, der in diesem Kampf stirbt, stirbt für den Menschen, für jeden Menschen, auch für den deutschen Menschen. Denn auch der deutsche Mensch will Freiheit, obgleich er zuerst zum Sklaven und dann zum Sklavenhalter herabgewürdigt ist. Ich könnte mir denken, daß in der Tiefe Eurer Seele etwas jubelt, wenn Ihr von den Heldentaten der europäischen Freiheitskämpfer hört. Haben wir nicht in unserer Jugend leidenschaftlich mitgefühlt, wenn wir von den Freiheitshelden fremder Völker und Stämme lasen? Lebten wir nicht mit ihnen, als wären wir sie selbst? Sicherlich könnt Ihr von dem Freiheitskampf der Europäer und Russen nicht ohne das schmerzliche Gefühl hören, daß der Kampf ja gegen Euer Volk gerichtet ist, weil Euer Volk das Werkzeug einer der furchtbarsten aller Tyranneien geworden ist! Ihr fühlt die ganze Tragik, die der Nationalsozialismus über das deutsche Volk gebracht hat, wenn Ihr merkt, daß das Beste in Eurem Innern mit den Freiheitshelden Eurer Gegner mitschwingt.

Wir haben in der letzten Zeit oft von der deutschen Zukunft gesprochen. Ich möchte, daß das deutsche Volk aus dieser Revolution der Freiheit gegen die deutsche Tyrannei etwas für alle Zukunft lernt: daß der Mensch zur Freiheit geschaffen ist und daß brutale Macht sich selbst zerstören muß. Sicherlich ist Deutschland das erste Opfer des Nationalismus geworden. Aber sicherlich nicht ganz ohne eigene Schuld. Es fehlte die Achtung vor der menschlichen Freiheit, es fehlte der Wille, sich für sie aufzuopfern im Kampf gegen die furchtbare Diktatur des Nationalsozialismus. Es war zuviel Anbetung der Macht, zuviel Unterwerfung, zuviel Götzendienst der Gewalt da. Die Revolution der Freiheit hat begonnen, geht mit ihr, meine deutschen Freunde! Hört auf, Instrumente der Tyrannei zu sein! Befreit Euch selbst, dann werdet Ihr frei sein, auch wenn die Armeen der Unterdrückung geschlagen sind. Die Revolution der Freiheit hat begonnen. Geht mit, Ihr, die ersten Opfer der Tyrannei!

55.

VERBRECHEN GEGEN DAS VÖLKERRECHT
IN JAPAN UND DEUTSCHLAND   27. April 1943

Meine deutschen Freunde!

Seit einigen Tagen wird in Amerika und den andern Ländern der verbündeten Nationen mit steigender Erregung über die *Erschießung amerikanischer Flieger in Japan* gesprochen. Sicherlich habt Ihr schon davon gehört. Vor einigen Monaten machte eine kühne Gruppe amerikanischer Flieger einen Bombenangriff auf die japanische Hauptstadt[36]. Dabei mußte ein Flugzeug landen; die Besatzung wurde gefangengenommen, in einem Scheinprozeß zum Tode verurteilt und erschossen. Als die Nachricht, die von der japanischen Regierung bestätigt ist, bekannt wurde, ergriff die Amerikaner ein ungeheurer Zorn, der heute noch im Wachsen ist. Es gibt heute nur eine Stimme in Amerika, und die sagt: Wiederholt den Angriff, sobald es irgend möglich ist, und in zehnfacher Stärke. Niemand, der verantwortlich ist, sagte, tut das gleiche an japanischen Kriegsgefangenen! Die Amerikaner lehnen es ab, sich auf die gleiche Stufe der Barbarei herabdrücken zu lassen, auf der die Japaner stehen. Aber wenn die japanischen Kriegsleiter damit erreichen wollten, daß die Amerikaner von weiteren Luftangriffen abgeschreckt würden, so haben sie genau das Gegenteil erreicht! Sobald es militärisch möglich ist, werden amerikanische Flieger über Tokio sein und dem Tod durch Erschießen mit der gleichen Ruhe entgegensehen wie dem Tode im Kampf mit japanischen Fliegern. — Wie war es möglich, daß sich die japanischen Führer so verrechneten, daß sie dachten, mit Barbarei vergangener Zeitalter ein Volk wie das amerikanische abzuschrecken? Vielleicht wollten sie das gar nicht? Vielleicht hatten sie gar nicht die Amerikaner, sondern ihr eigenes Volk im Sinn, als sie diese grausige Verletzung des Völkerrechts und aller Grundsätze menschlicher Gesittung befahlen.

Und damit kommen wir auf etwas, was Euch, meine deutschen Freunde, genauso angeht, wie die Japaner: das, was man Verblendung nennt. *Ihr kennt das alte Wort, daß, wenn die Götter jemand verderben wollen, sie ihn vorher verblenden.* So war es mit der Erschießung der amerikanischen Flieger in Japan. Es ist eine tausendjährige Verblendung, die über dem japanischen Volk liegt, die es zu großen Erfolgen geführt hat und an der es schließlich zugrunde gehen wird. Denn so machen es die Götter, oder vielmehr die bösen Kräfte in der Seele der Menschen und Völker, daß sie zuerst Erfolge geben, um die

Menschen sicher zu machen. Wenn sie dann sicher geworden sind, dann werden sie weiter und weiter getrieben. In ihrer Verblendung durch den Erfolg können sie den Abgrund nicht mehr sehen, dem sie entgegeneilen und in den sie schließlich stürzen. Wie war es in Japan? Eine Insel, seit Hunderten von Jahren von niemand angegriffen, sicher in sich selbst, kriegerisch und bereit anzugreifen, wo immer eine Gelegenheit war. Aus dieser Lage wurde die nationale Selbstvergötterung geboren, die in Japan stärker ist als irgendwo anders. Japan ist heiliges Land, die Japaner sind das auserwählte Volk, das Asien und den Stillen Ozean und vielleicht Amerika und Europa dazu beherrschen soll. Der japanische Kaiser ist der Gott auf Erden, in der Richtung zu dessen Palast die Japaner sich täglich verneigen. Diese Gedanken sind nicht eine ausgeklügelte Theorie. Sie sind im Blut jedes Japaners, sie bestimmen sein tägliches Leben, und sie bestimmen seine Haltung zu allen anderen Völkern der Erde. Sie sehen die andern nicht, sie sehen nur sich selbst. Auch die klügsten Politiker unter ihnen sind verblendet durch den Glauben an ihre Überlegenheit, an die Heiligkeit ihres Landes und an ihre Bestimmung, große Teile der Welt zu beherrschen. Aus dieser Verblendung wurden sie zu Barbaren und erregten den Haß der zivilisierten Welt mehr gegen sich als durch den heimtückischen Bruch des Friedens und den Angriff auf die amerikanische Flotte. Auch das war gegen alles Völkerrecht. Aber es war wenigstens eine Kampfhandlung und nicht die brutale Ermordung wehrloser Gefangener. Der Glaube an die eigene Heiligkeit hat sie zu Barbaren gemacht. Der Glaube an die Unverletzlichkeit ihres Landes hat den Fliegerangriff auf sie zu einem ungeheuerlichen Ereignis gemacht, das die ganze Kriegsstimmung in Japan bedrohte. Und darum mußten die amerikanischen Flieger sterben; sie sind Opfer eines verblendeten Nationalismus, der nicht mehr imstande ist, die Folgen seiner Selbstvergötterung und seiner Verachtung der anderen zu sehen. Als die fremden Bomben auf sie niederfielen, da war die Gefahr, daß sie ihren heiligsten Glauben verlieren würden. Nur der schnelle Tod derer, die dafür verantwortlich waren, konnte nach Meinung der japanischen Führer diese Gefahr abwenden. In ihrer Verblendung sahen sie nicht, daß sie damit diese Gefahr verzehnfachten.

Japan ist Deutschlands Bundesgenosse. Dies war nie sehr ehrenvoll für Deutschland. Nun aber ist es schamvoll geworden. Japan wird sich in der Erinnerung der Menschheit nur reinwaschen können, wenn es seine Kriegerkaste ausrottet und seine Selbstvergötterung aufgibt. Die alliierten Nationen sind entschlossen, dieses Ziel durchzusetzen, mit der Hilfe des japanischen Volkes oder gegen es. Und nichts hat diesen Entschluß so bestärkt wie die offizielle Ermordung der amerikanischen Flieger. Wie ein Blitz hat das der ganzen Kulturwelt deutlich gemacht, was von einem Volk zu erwarten ist, das durch tausendjährige Selbstvergötterung in einen Zustand zerstörerischer Blindheit geraten ist.

In diesem Spiegel müßte das deutsche Volk sich sehen. Die gegenwärtigen Herren Deutschlands stehen an Barbarei in nichts hinter den japanischen Kriegsherren zurück. Zwar haben sie keine Kriegsgefangenen erschossen — es war den Nationalsozialisten nicht möglich, das Ehrgefühl der deutschen Armee so weit zu zerstören, daß sie sich zu solchen Henkersdiensten hergegeben hätte —, aber die Erschießung von unschuldigen Geiseln, die Ausrottung ganzer Orte für Taten, mit denen sie nichts zu tun hatten, die Massenmorde an jüdischen Greisen, Kindern und Frauen, die Höllen der Konzentrationslager, all das übertrifft noch die japanischen Verbrechen gegen das Völkerrecht.

Der Grund für all das ist der gleiche wie in Japan: nationale Selbstvergötterung und die damit verbundene Verblendung, die erst die andern und dann sich selbst zerstört. — Der Nationalismus, den die Nazis erweckt haben, der Glaube an die Heiligkeit des deutschen Bodens und die Überlegenheit der deutschen Rasse haben die gleichen Ergebnisse gehabt wie der entsprechende Glaube in Japan: Barbarei und Überheblichkeit, Unfähigkeit, sich selbst richtig zu sehen und den anderen Gerechtigkeit widerfahren zu lassen. Ganz wie in Japan brachte das anfängliche Erfolge: Weite Kreise des deutschen Volkes waren wie von einem Rauschgift besessen. Man betete den Führer an und in dem Führer sich selbst, man verzichtete auf alles, was die deutsche Vergangenheit an Menschlichkeit und Christlichkeit in das deutsche Volk hineingepflanzt hatte. Man verlor alle Maßstäbe, zerbrach alle Grenzen, innere und äußere, und schien in seinem Glauben bestätigt zu sein durch Erfolge ohnegleichen. Der Rausch des Sieges, der Rausch der Selbstvergötterung verblendete Führer und Geführte. Göttliche und menschliche Gesetze wurden mit Füßen getreten, Verträge gebrochen, Rechte geraubt, Menschen versklavt und zerstört. Dies alles geschah, aber die, die es taten, sahen sich nicht, hatten keinen Spiegel, in dem das grauenvolle Antlitz des bösen Geistes erschien, der sie trieb. Das ist es, was Verblendung bedeutet. Die Deutschen hatten sowenig einen Spiegel wie die Japaner. Jeder, der ihnen den Spiegel vorhalten wollte, wurde zum Schweigen gebracht, in den Kirchen, an den Universitäten, in den Zeitungen, in Büchern. Diese

Nationalsozialisten machten es unmöglich, daß das deutsche Volk sich und seine Taten im Spiegel sah. Sie zerbrachen jeden Spiegel. Sie verblendeten das Volk und schließlich verblendeten sie sich selbst.

Und so sahen sie nicht, der Führer nicht und das Volk nicht, daß sie in ihren Abgrund rannten. Sie sahen nicht, daß der vertragsbrüchige Angriff auf Rußland eine Tat verblendeter Überheblichkeit war, die den eigenen Untergang in sich schloß. Sie sahen nicht, daß die Kriegserklärung an Amerika die Niederlage Deutschlands unvermeidlich machte, und sie sahen vor allem nicht, daß die Unmenschlichkeit und Barbarei ihres Umganges mit allen, die ihnen ausgeliefert waren, die Gefühle der ganzen Welt gegen sie aufbrachte. Jedes neue Verbrechen gegen das jüdische Volk schuf ihnen neue Feinde unter allen anständigen Menschen, jede neue Erschießung unschuldiger Opfer in den besiegten Ländern raubte ihnen Sympathien und erweckte den Zorn der Gleichgültigen. Aber verblendete Selbstvergötterung trieb sie weiter und weiter auf ihrem Weg. Und heute gibt es kaum mehr jemanden in der ganzen Welt, der nicht die Ausrottung dieser neuen Barbarei und aller ihrer Träger fordert.

Meine deutschen Freunde! Wenn diese Worte, die ich seit mehr als einem Jahr an Euch richte, einen Sinn haben, so ist es der, Euch einen Spiegel zu geben, in dem Ihr Euch, Eure Führer und die Welt um Euch herum sehen könnt. Die Nationalsozialisten versuchen, alle Spiegel zu zerbrechen. Sie wollen das deutsche Volk so lange wie möglich in der Verblendung erhalten, in die sie es durch langsame Vergiftung getrieben haben. Sie wissen, daß, wenn das deutsche Volk wieder sehen wird, es mit ihnen aus sein wird. Wenn das deutsche Volk die Fratze des Nationalsozialismus in dem Spiegel der übrigen Welt gesehen haben wird, dann wird es sich umwenden und die Träger dieser Fratze und die Verblender des deutschen Geistes vernichten. Unendliches Unheil, der Tod von Millionen könnte verhütet werden, wenn dies bald geschähe. Ihr, die Ihr diese Worte hört, gebt den Spiegel weiter, den Ihr erhalten habt! Zeigt vielen Deutschen, wo sie stehen, wie die Welt sie sieht, was Deutsche in zerstörerischer Verblendung in der Welt angerichtet haben!

Es ist ein furchtbares Wort, daß die Götter verblenden, wen sie verderben wollen. Sie haben das deutsche Volk verblendet, und nun haben sie angefangen, es zu verderben. Aber wer sind diese Götter? Es sind die bösen Instinkte, die in jedem Volk sind, mit deren Hilfe die Nazis zur Macht gekommen sind und die sie zu immer weiterer Verblendung benutzt haben. Erst wenn die Macht dieser Instinkte gebrochen ist, werden sich die Augen des deutschen Volkes öffnen. Unser einziger Wunsch ist, daß dies bald geschehen möge. Es wird ein furchtbarer Augenblick sein, wenn das deutsche Volk sich im Spiegel sieht, aber es wird der Augenblick der Rettung sein. Wen Gott retten will, dem öffnet er die Augen, so schrecklich auch dieses Erwachen sein mag. Es ist der Weg zur Rettung des deutschen Volkes, daß seine Augen wieder sehend werden.

56.
DIE BEDEUTUNG EUROPAS
IN VERGANGENHEIT UND ZUKUNFT

4. Mai 1943

Meine deutschen Freunde!

In den letzten Wochen war oft die Rede von einer gemeinsamen Erklärung der europäischen Länder. Man dachte an die Gründung eines Europa als übernationale Einheit[37]. Die deutschen Machthaber wollten eine solche Erklärung benutzen, um sich als Verteidiger Europas gegen Asien und Amerika auszugeben. Es ist nicht zu einer solchen Erklärung gekommen, und wenn es noch dazu kommen würde, hätte es wenig zu bedeuten. Denn eins ist jetzt schon klar: Freiwillig werden sich die europäischen Länder nicht zu einer Einheit zusammenschließen, die von den deutschen Eroberern beherrscht ist. Der Gedanke der europäischen Einheit ist von den Nationalsozialisten nicht verwirklicht, sondern für lange Zeit unmöglich gemacht worden. Die Mittel, mit denen er durchgesetzt werden sollte, haben seine Durchsetzung für lange, sehr lange Zeit verhindert.

Wir wollen heute darüber nachdenken, was Europa bedeutet hat und vielleicht einmal wieder bedeuten kann, wenn die Zerstörung Europas durch den Nationalsozialismus vergangen und vergessen ist. Europa hat für die Welt als Ganzes mehr bedeutet als irgendein anderer Teil der Erde. Amerika ist von ihm besiedelt, Afrika ist von ihm kolonisiert, Asien ist von ihm aufgeschlossen worden. Europa war seit Jahrhunderten der am meisten bewegliche, vorstoßende, vorwärtstreibende Erdteil. In ihm ist die moderne Welt geboren worden, mit der es zum Zentrum der Geschichte wurde. Und Jahrhunderte, ehe es zur Geburt der gegenwärtigen Welt kam, war Europa die Stätte des Christentums und hatte seine Einheit in der christlichen Kirche. Es ist kein Zufall, daß der Nationalsozialismus beides zerstören will, die Erbschaft des europäischen Mittelalters und die Erbschaft des modernen Europa. Er, der die Einheit Europas zu schaffen vorgibt, zerbricht die beiden Fundamente, auf denen die europäische Einheit geruht hat: das Christentum und die moderne Kultur. An Stelle dieser Kräfte der Einigung hat der Nationalsozialismus alle Kräfte der Zerspaltung gebraucht und bis zum Äußersten ausgenutzt: den Nationalismus, den Rassenaberglauben, die Anbetung der Macht. Statt Europa zu einigen, hat er Europa zerrissen, mehr als es je war. Alle nationalen Gegensätze hat er auf die Spitze getrieben, uralte Feindschaften hat er erneuert und vertieft. Neue Feindschaften hat er aus der Erde gestampft. Da, wo es keine Gegensätze mehr gab, hat er sie erzeugt; da, wo die europäischen Völker friedlich an ihren Grenzen lebten, hat er den Frieden zerstört. Vielleicht hat es nie in einem Erdteil eine solche unermeßliche Summe von Haß und Feindschaft gegeben wie im gegenwärtigen Europa. Vielleicht ist nie ein so giftiger, hassender und rächender Nationalismus lebendig gewesen wie im Nazi-beherrschten Europa. Es ist Hohn und die Lästerung einer großen gemeinsamen Vergangenheit, wenn die Vernichter der europäischen Einheit sagen, daß sie ein geeinigtes Europa geschaffen haben. Sie mögen Quislinge und Verräter zwingen, eine Einheitsformel zu unterschreiben. Noch haben sie nicht einmal das erreicht. Aber wenn sie es auch erreichen sollten, so haben sie nichts erreicht: Sie haben keine alte Feindschaft überwunden; statt dessen haben sie neue geschaffen. Sie haben keinen alten Haß verwandelt, statt dessen haben sie neuen bittersten Haß erzeugt.

Wer eine Einheit Europas schaffen will, der muß ein einigendes Band haben. Der Nationalsozialismus hat kein einigendes Band. Er selbst ist es nicht, und was er denkt und tut, ist es nicht.

Vergleichen wir den Nationalsozialismus mit den Kräften, die einmal Europa geeinigt haben: Zuerst war es eine religiöse Einheit jenseits von Nation, Sprache und Land, die Europa zusammenhielt. Zwar gab es auch im Mittelalter Feindschaften und Kriege, aber über allem stand doch der christliche Gedanke als etwas, was wichtiger und machtvoller ist als die nationalen Unterschiede. Es gab Deutsche und Franzosen und Spanier und Engländer. Aber sie alle lebten in demselben Glauben an den Sinn des Lebens, unter den gleichen Ordnungen der Kirche. Es gab nationale Ansprüche und Anmaßungen, aber niemand behauptete, vor Gott etwas Besseres zu sein als der andere. Niemand dachte oder sagte, daß an seinem Wesen, an dem Wesen seiner Nation die Welt genesen würde. Jeder wußte, daß die Welt überhaupt nicht an einer Nation oder Rasse genesen würde, sondern an dem, der sich für alle Nationen und

Rassen geopfert hat. Wenn wir heute durch die mittelalterlichen Teile der europäischen, auch der deutschen Städte wandern, dann finden wir diese Einheit in jedem Dom, in jedem Rathaus, in jedem alten Bild. So war Europa, das war europäische Einheit. Das christliche Europa war trotz aller unzähligen Gegensätze eins in der Tiefe des christlichen Gefühls und des Glaubens an eine gemeinsame Berufung. Wenn heute die Nazis den Glauben an die deutsche Rasse und ihre Auserwähltheit an die Stelle des christlichen Glaubens gesetzt haben, wie können sie erwarten, daß daraus eine Einheit Europas entstehen kann? Müssen nicht, wenn die Rassenlehre wahr ist, die Franzosen und Spanier und Engländer das gleiche von ihrer Rasse glauben? Und bedeutet das nicht Zerspaltung statt Einheit? Die mittelalterlichen Menschen wußten, wenn sie Deutsche waren, daß es etwas Höheres gibt als Deutschland; und wenn sie Franzosen waren, wußten sie, daß es etwas Höheres gibt als Frankreich. Und wenn auch manchmal die nationale Eitelkeit mit ihnen durchging, so machten sie doch daraus keinen religiösen Glauben. Sie beteten ihre Nation nicht an. Denn sie beteten den Gott an, der allen Nationen gleich nah und gleich fern ist. Es gab ein Europa. Heute gibt es keins, auch wenn die Nazis es tausendmal versichern und alle Quislinge ihnen Beifall klatschen. Die Nazis selbst haben seine Fundamente zerbrochen.

Sie haben auch das andere Fundament zerbrochen, auf dem Europa stand, nachdem das Fundament der kirchlichen Einheit geborsten war. Es ist die besondere, einmalige, welterobernde europäische Kultur. Wie war es möglich, daß aus diesem kleinen Erdteil die Kräfte erwachsen sind, die das Leben der ganzen Menschheit verändert haben? Es ist nur deswegen möglich, weil die besten Geister in Europa an das Allgemein-Menschliche glaubten, an die Vernunft, die den Menschen über das Tier erhebt, an die Würde jedes einzelnen, der ein Menschengesicht hat. Sicherlich wurde auch dieser Glaube oft nicht angewandt. Sicherlich gab es Einzelne und Gruppen, die sich für höhere Menschen hielten als die anderen. Sicherlich wurde viel gegen Vernunft und Menschenwürde gesündigt. Aber man machte keinen Glauben daraus. Man bestritt nicht die Menschenwürde in jedem Menschen; man bestritt nicht, daß Vernunft das ist, was den Menschen zum Menschen macht. Man glaubte an das Allgemein-Menschliche, auch wenn man nicht danach handelte. Auf Grund dieses Glaubens an die Menschlichkeit und Menschheit konnte sich eine neue Einheit Europas entwickeln. Aus dem Glauben an die Vernunft ging die europäische Wissenschaft hervor, die nicht nur Europa, sondern die ganze Welt umwandelte.

Aus dem Glauben an die Würde des Menschen in jedem Menschen ging die europäische Humanität hervor, die für Freiheit und Gerechtigkeit kämpfte und die Tyrannei der Herrschenden brach. Wissenschaftliche Wahrheit und politische Gerechtigkeit haben Europa zu dem Führer der modernen Welt gemacht. Alle europäischen Völker haben zu diesem Ziel beigetragen. Humanität war das Ideal ihrer großen Zeit. Wer die Humanität bestreitet, der stellt sich damit aus der Einheit Europas heraus. Viel haben die modernen Europäer gegen Humanität gesündigt, wie die Menschen des Mittelalters gegen Gott gesündigt haben, aber sie zweifelten nicht an ihm, wie die modernen Europäer nicht an Humanität, Vernunft und Gerechtigkeit gezweifelt haben. Selbst auf den Schlachtfeldern, auf denen die europäischen Völker sich zerfleischten, blieb das Ideal der Humanität unangetastet. Völkerrechtliche Abmachungen milderten die Härten des Krieges. Das europäische Bürgertum glaubte an Vernunft und Gerechtigkeit. Das Europa des Glaubens an Humanität war der Mittelpunkt der Weltgeschichte.

Wenn man daran denkt, wird einem klar, was der Nationalsozialismus an Europa verbrochen hat. Das erste, was er tat, war ein Angriff auf den Glauben an Menschlichkeit. Und dieser Angriff ist nicht nur theoretisch, sondern auch praktisch gemeint. Alle Menschlichkeit wurde mit Füßen getreten, wenn es sich um die „Fremden" handelte. Und die unmenschliche Praxis wird mit unmenschlicher Theorie gerechtfertigt. Der Mensch wird auf das Tier zurückgeworfen. Der Rat des Bösen: „Verachte nur Vernunft und Wissenschaft, des Menschen allerhöchste Kraft", wird wörtlich befolgt. Wissenschaft wird insoweit anerkannt, als sie der Technik dient und Mittel der Unterdrückung schaffen hilft. Darüber hinaus gibt es keine Wahrheit: Wahrheit ist, was der Macht dient. Gerechtigkeit ist, was der herrschenden Klasse dient. Mit diesen Gedanken und ihrer entschlossenen Durchführung ist die Einheit der europäischen Kultur zerstört. Das Band der Humanität ist zerbrochen. Es gibt kein einheitliches Ideal der Wahrheit und Gerechtigkeit mehr. Europa muß in verschiedene Machtzentren zerfallen, deren jede sich ihre eigene Wahrheit und ihre eigene Gerechtigkeit schafft.

Auf den Ruinen der zerstörten europäischen Humanität will der Nationalsozialismus eine neue Einheit schaffen. Aber ohne Humanität keine europäische Einheit, und die Humanität ist das erste, meist mißhandelte Opfer des Nationalsozialismus. Sie legt Zeugnis ab unter den Völkern der Erde und klagt den Nationalsozialismus an, daß er das

197

kulturelle Band des modernen Europa, die Humanität, zerrissen hat. Europa, alle seine Völker und alle seine Menschen, auch alle deutschen Menschen, die wissen, was geschieht, klagen den Nationalsozialismus an. Sie klagen ihn vor dem Richterstuhl der Geschichte an, daß er die europäische Einheit verhindert und Europa in Trümmer verwandelt hat.

57.
DIE BEDINGUNGEN
FÜR EINE EUROPÄISCHE EINIGUNG

11. Mai 1943

Meine deutschen Freunde!

Wir hatten davon gesprochen, daß der Nationalsozialismus die europäische Einheit nicht geschaffen, sondern für lange Zeit unmöglich gemacht hat. Als er versucht hat, Europa mit brutaler Gewalt zu einigen, hat er Europa zerrissen. Und doch ist es klar, daß Europa geeinigt werden muß und daß das Ziel nicht aufgegeben werden darf, nachdem es durch falsche Mittel verfehlt worden ist. Wir wissen nicht, welche politischen Entscheidungen von den siegreichen Mächten getroffen werden. Wir wissen nicht, wie Deutschland, wie Europa, wie die Welt am Tage des Waffenstillstandes aussehen werden. Aber es gibt gewisse Vorbedingungen für ein geeintes Europa, die auf jeden Fall erfüllt sein müssen. Jede politische Entscheidung über die Zukunft Europas muß diese Vorbedingungen berücksichtigen, und jeder, der an die Zukunft Europas glaubt und für sie arbeitet, muß sich klar über sie sein. *Darum wollen wir heute über die Bedingungen des europäischen Wiederaufbaus nachdenken. Wir wollen uns vor allem fragen, was das deutsche Volk und die in ihm, die für die deutsche Zukunft verantwortlich sind, für eine europäische Einigung heute schon tun können.*

Die erste Bedingung für eine europäische Einigung ist, daß die überwiegende Mehrheit der europäischen Völker sie will. Wenn starke Völkergruppen in Europa keine Einigung wollen, ist sie unmöglich. Sie müßte ihnen aufgezwungen werden. Und daß das nicht hält, hat die Geschichte der letzten Jahrzehnte mit großer Deutlichkeit gezeigt. Wenn ich von den europäischen Völkern rede, denke ich dabei nicht an zufällige Regierungen, sondern an die Völker selbst. Ich denke an die Massen der europäischen Menschen aller Nationen, auch der deutschen. Sie alle haben Unendliches gelitten, einzig und allein, weil sie gespalten waren. Sie alle haben das Gefühl, daß das Spiel ihrer Diplomaten, wo jeder gegen jeden spielte, mit dem Tode von Millionen bezahlt worden ist. Sie wollen nicht, daß sich das wiederholt. Auch in Deutschland ist das so. Ihr, das deutsche Volk, seid wie alle anderen Völker Europas durch die Torheiten der Vorkriegspolitiker und durch den Machthunger und den Größenwahn der Nazis in diesen Krieg getrieben worden. Die Massen Europas, die Massen in Deutschland wollen eine europäische Einigung. Das ist die Grundlage aller Versuche, sie durchzuführen. Darum ist es Eure erste Aufgabe, meine deutschen Freunde, diesen Willen im deutschen Volk lebendig zu erhalten oder da, wo er von den Nazis unterdrückt ist, wieder lebendig zu machen. Nur wenn Europa gewollt wird, kann Europa werden. Und nur, wenn auch das deutsche Volk Europa will, kann Europa sein. Dieses ist die erste Bedingung für den europäischen Wiederaufbau.

Die zweite Bedingung für ein geeintes Europa ist, daß die Eigenart der einzelnen Völker dabei erhalten bleibt. Die Nationalsozialisten haben das Gesetz eines Volkes den übrigen Völkern aufzwingen wollen. Sie haben das gleiche Recht aller europäischen Völker in der europäischen Einheit bestritten. Sie haben Deutschland groß und die anderen Länder klein gemacht. In wahnwitziger Überheblichkeit haben sie das deutsche Wesen zum Maßstab alles europäischen Wesens gemacht und damit die Würde und das Recht der übrigen Völker verletzt. In einem geeinten Europa müssen alle europäischen Nationen in gleicher Weise zu dem gemeinsamen Leben beitragen. Romanen, Germanen, Slawen — jeder hat das Europa der Vergangenheit schaffen helfen, jeder muß an dem Europa der Zukunft mitarbeiten. Und das bedeutet, daß die kulturelle Selbständigkeit der europäischen Völker gewahrt werden muß. In seinen Lebensformen, mit seinem Erziehungswesen und im Rahmen seiner Gesetze und Gebräuche soll jedes Volk seine schöpferischen Möglichkeiten entwickeln, auch das deutsche. Die Nationalsozialisten haben das deutsche Volk luftdicht gegen alle anderen Völker abgeschlossen. Sie haben den Deutschen verwehrt, die Nachbarn zu sehen, mit ihnen zu sprechen, ihre Sprache zu verstehen. Und wenn sie selbst zu den andern Völkern gingen, war es, um Propaganda für Deutschland zu machen und den anderen etwas aufzudrängen, was sie nicht haben wollten, nämlich die schlechtesten Seiten des deutschen Charakters. Es ist Eure Aufgabe, meine deutschen Freunde, schon jetzt die Wälle niederzubrechen, die der Nationalsozialismus zwischen Euch und allen anderen Völkern aufgerichtet hat. Es gibt jetzt eine große Gelegenheit dafür: Ihr habt viele fremde Gäste in Deutschland — als Verbündete, als fremde Arbeiter und als Kriegsgefangene. Versucht, wo immer Ihr könnt, die Fremden unter Euch zu verstehen. Freut Euch, daß sie anders sind als Ihr, daß die Menschheit so reich ist an Unterschieden, und daß trotz aller Unterschiede doch eine Einheit ist: das Menschliche in jedem Menschen. Und wenn Ihr versucht habt, sie zu verstehen, dann seht, daß sie Euch verstehen! Jeder ausländische Arbeiter, jeder Kriegsgefangene soll davon zeugen, daß Deutsche und Nationalsozialisten nicht das gleiche sind. Jeder Fremde in Deutschland, frei oder gefangen, soll sagen, daß man mit den Deutschen leben kann, daß es ein Europa mit dem deutschen Volk und darum ein wirkliches Europa geben kann. Und das gerade wollen die Nationalsozialisten mit aller Macht verhindern. Sie wollen kein wirkliches Europa, sondern ein Europa mit den Deutschen als Herren und allen anderen als Sklaven.

Die dritte Bedingung für ein geeintes Europa ist die Überwindung dessen, was in der Vergangenheit die Zerspaltung geschaffen hat. Und an diesem Punkt liegt die Hauptaufgabe der Deutschen selbst. In jedem Einzelleben kann etwas Neues nur wachsen, wenn die Macht des Alten, Schlechten gebrochen ist. So ist es auch im Völkerleben. Ehe nicht die Kräfte der europäischen Selbstzerstörung beseitigt sind, ist jede Einigung ein bloßer Schein. Die erste dieser zerstörerischen Kräfte ist der Wille zur Rache. Ihr wißt von Völkerstämmen, bei denen das Gesetz der Blutrache herrscht und mehr Opfer fordert als Krieg und Pest zusammen. Ganze Stämme haben sich gegenseitig ausgerottet, weil jeder Akt der Rache einen noch schlimmeren Akt der Rache hervorgerufen hat. Ähnlich war es in Europa. Niemand vergaß, was der andere ihm im letzten Krieg getan hatte; und jeder wartete auf den Augenblick, wo er dem anderen gleiches oder noch Schlimmeres vergelten würde. Das kann so weitergehen, bis die letzte europäische Stadt verwüstet und der letzte europäische Mann abgeschlachtet ist. Das ungeschriebene Gesetz der Blutrache zwischen den europäischen Völkern hat es schon heute fraglich gemacht, daß Europa als Ganzes überleben wird. Ein dritter Krieg und der Untergang Europas ist nicht mehr eine Frage, sondern eine Gewißheit. Darum kommt alles darauf an, daß der Geist der Rache dieses Mal nicht Gewalt über das deutsche Volk gewinnt und es verblendet und zerstört. An Euch liegt es, zu begreifen, daß Unheil nicht mit Unheil bekämpft werden kann, sondern damit, daß ein neuer Anfang gemacht wird. Auch an dem deutschen Volk ist Unrecht getan worden; aber in den letzten Jahren, unter dem verbrecherischen Regiment der Nazis, hat es mehr Unrecht getan, als es selbst erduldet hat. Bald wird die Zeit kommen, und sie hat schon angefangen, wo das Gesetz der Vergeltung sich wieder gegen das deutsche Volk wenden wird. Soll es immer so weitergehen? Könnt nicht Ihr, die Ihr den Nazis Widerstand geleistet habt, die Ihr die ersten Opfer der Nazis seid, den verderblichen Kreislauf von Unrecht und Vergeltung durchbrechen? Ich glaube, Ihr allein könnt es und seid vom Schicksal dafür bestimmt! Ihr seid in Wahrheit die Verbündeten derer, die die nationalsozialistische Tyrannei brechen wollen. Ihr seid die Ersten, die versklavt sind! Ihr seid die Letzten, die befreit werden. Warum solltet Ihr Rachegefühle gegen die hegen, die Eure Befreier sind? Warum solltet Ihr Vergeltung üben wollen an denen, die Eure Ketten zerbrochen haben? Aber wenn Ihr, die Unterdrückten im deutschen Volk, ohne Rache und Haß die Niederlage hinnehmt, die nicht Eure Niederlage, sondern die der Nazis ist, dann ist etwas Großes in der Welt geschehen. Dann ist an einer Stelle der heillose Kreislauf von Unrecht und Vergeltung durchbrochen. Bei Euch steht es, daß das geschieht, bei Euch mehr als bei irgend jemand anders, meine deutschen Freunde! Die anderen werden als Sieger die politischen Entscheidungen treffen. Aber die wichtigste seelische Entscheidung müßt Ihr treffen, die Entscheidung gegen Vergeltung und damit die Entscheidung für Europa.

Und nicht nur für Europa, sondern für die Welt. Denn dieses ist die vierte Voraussetzung für ein geeintes Europa, daß es sich in die größere Einheit der Menschheit hineinstellt. Wenn man fragt, wo sollen die Grenzen Europas liegen, so ist das eine törichte Frage. Sie läßt sich gar nicht beantworten! Sicherlich ist Europa nicht an der russischen Grenze zu Ende; und doch ist Rußland nicht nur Europa, sondern auch Asien. Sicherlich ist Europa nicht am englischen Kanal zu Ende; und doch ist England nicht nur Europa, sondern auch ein Weltreich. Sicherlich ist Europa nicht am Mittelmeer zu Ende; und doch ist das Mittelmeer nicht nur Europa, sondern auch Afrika. Man kann Europa nicht durch Grenzen bestimmen, sondern man muß es zu einer lebendigen Mitte machen, die von überall empfängt und nach überallhin ausstrahlt. Europa ist die Mitte zwischen Ost und West, eine tätige, ausgleichende Mitte. Nur als solche kann Europa leben; aber nicht als ein abgegrenzter Block neben anderen abgegrenzten Blöcken. Das hieße die Zerspaltung verewigen. Der Kampf für die Einheit Europas sollte kein Kampf für ein isoliertes Europa werden. Es sollte kein europäischer Patriotismus erzeugt werden. Europa sollte nur dieses bedeuten, daß der Herd zweier Weltkriege die Voraussetzungen für einen dritten Weltkrieg in sich selbst beseitigt hat. Europa soll bedeuten, daß eine große gemeinsame Vergangenheit wieder Gegenwart geworden ist. Europa soll bedeuten, daß der kleinliche Nationalismus der europäischen Völker hinter uns liegt und daß Menschheitsprobleme in das Bewußtsein der Menschheit getreten sind. Für ein solches Europa und für eine solche Welt hat die geschichtliche Stunde geschlagen. An uns ist es, sie zu nutzen.

58.
DER ANFANG VOM ENDE, DIE ENTHÜLLUNG DES SCHICKSALS

18. Mai 1943

Meine deutschen Freunde!

Als ich zum letzten Mal zu Euch sprach, war der deutsche Zusammenbruch in Afrika schon geschehen[38]. Hunderttausende deutscher Soldaten, fast ein Dutzend Generäle und unzählige Waffen waren von den verbündeten Nationen erobert. Die Südseite Europas ist offen. Wehrlos warten die italienischen Hafenstädte auf die vernichtenden Angriffe aus der Luft. Die italienische Bevölkerung flieht aus dem Küstengebiet ins Inland und aus dem Süden nach dem Norden. Im Norden Deutschlands aber wird eine deutsche Stadt nach der anderen in ein Ruinenfeld verwandelt[39]. Und wenn es nicht beim ersten Angriff zu völliger Zerstörung kommt, so folgt ein zweiter und dritter und vierter und so fort, bis die Kriegsindustrie unbrauchbar gemacht und das Leben für die Bewohner zur Hölle geworden ist. Und es gibt kein Nachlassen mehr bei Tag und Nacht. Wird es heute zu uns kommen? Werde ich morgen unter Trümmern begraben sein? So fragt sich jeder unwillkürlich! Und die erschütterten Nerven warten auf das Warnsignal oder die Unterbrechung der Rundfunksendung. Das Unheil ist in der Luft! Wo wird es herniedergehen?

Was bedeutet all dies? Es bedeutet noch nicht das Ende, aber es bedeutet den Beginn dessen, was über kurz oder lang zum Ende führt. Es bedeutet, daß das Schicksal angefangen hat, sich zu enthüllen.

In den ersten Jahren des Krieges, als die deutschen Armeen von Sieg zu Sieg schritten, schien das Schicksal ein freundliches, ja ein strahlendes Gesicht den Deutschen zuzuwenden. Viele glaubten, daß

dies das wahre und eigentliche Gesicht des Schicksals wäre. Sie über-
sahen die dunklen Züge, die schweren Opfer, die Verbrechen der
Nazi-Tyrannen, die Leiden der Unterjochten innerhalb und außerhalb
Deutschlands. Sie waren fasziniert von dem Lächeln des Schicksals
und vergaßen ihre eigene heimliche Furcht, daß hinter diesem Lächeln
noch etwas anderes stecken möge. Sie vergaßen, daß Deutschland sich
in dieser Generation schon einmal zu Tode gesiegt hatte. Sie vergaßen,
daß anfängliches Schicksalslächeln sich schon einmal in furchtbaren
Ernst und in ein Bild des Grauens verwandelt hatte. Zwar gab es
immer einige in Deutschland, die durch die freundliche Maske des
Schicksals hindurchsahen und die furchtbaren Züge erkannten, die
hinter dem Lächeln verborgen waren. Aber es waren wenige, und sie
mußten schweigen. Heute gibt es nur wenige, die noch an das Lächeln
des Schicksals glauben; fast alle sehen sein furchtbar ernstes Angesicht.
Das Schicksal hat begonnen, dem deutschen Volk sein wahres Antlitz
zu zeigen, und niemand kann es mehr übersehen.

Oder gibt es noch Toren unter Euch, die meinen, daß eine dritte
Offensive in Rußland das Schicksal wenden kann, nachdem die erste
und die zweite trotz aller Anfangserfolge gescheitert sind? Selbst wenn
die deutschen Armeen wieder bis zur Wolga oder selbst bis zum Ural
gingen, was sie zweimal vergeblich versucht haben, was würde das an
den Angriffen von Süden und Westen ändern? Ist ein Deutscher so
kindisch, zu hoffen, daß die Zerstörung der deutschen Städte plötzlich
aufhören wird? Wie bisher Tag für Tag, Nacht für Nacht die Kräfte
der Zerstörung gewachsen sind, so werden sie auch weiter wachsen.
Da ist kein Entrinnen. Mit unerbittlicher Sicherheit, berechenbar wie
eine Maschine, geht das Schicksal auf Deutschland zu. Niemand kann
es aufhalten! Was die Nationalsozialisten über den Endsieg sagen, das
glauben sie selbst so wenig wie irgend jemand anders. Vielleicht glauben manche unter ihnen noch an einen langen Widerstand. Aber wenn
sie daran glauben, dann wissen sie auch, was ein langer Widerstand
bedeutet: Zerstörung und Tod in unvorstellbarem Ausmaß und am
Ende doch der Zusammenbruch! Je länger das Schicksal hinausgeschoben wird, desto furchtbarer wird es sich enthüllen; und abgewendet
werden kann es nicht.

Jeder Deutsche sollte das heute begreifen. Jeder Deutsche sollte den
Mut haben, dem ernsten Schicksal ebenso ins Auge zu sehen, wie er
das lächelnde Schicksal angeblickt hat. Jeder Deutsche sollte heute wissen
und es auf seinem Herzen tragen, daß er unter einem Schicksal steht,
das durch keine Tapferkeit und keinen Opferwillen mehr abgewendet

werden kann. Werdet schicksalsbewußt, damit Ihr das Schicksal, das unentrinnbare, tragen könnt!

Was können Menschen im Angesicht eines unentrinnbaren, dunklen Schicksals tun? Es gibt nur einen wahrhaft menschlichen Weg: Nämlich Jasagen zu dem Schicksal und ihm dadurch den Stachel nehmen! Das ist es, was heute den Deutschen gesagt werden müßte von jedem, der es gut mit ihnen meint. Jede Predigt, jede ernste Rede, jedes persönliche Gespräch über die Zukunft sollte diese Frage stellen und beantworten: Wie sollen wir dem Schicksal begegnen, das sich nun enthüllt hat und unaufhaltsam auf uns zukommt? Und die Antwort sollte immer sein: Wir müssen es auf uns nehmen, wir müssen Ja zu ihm sagen und dadurch zeigen, daß wir größer sind als unser Schicksal. — Von alters her haben die Menschen über die Dunkelheit des Schicksals von einzelnen, Familien und Völkern nachgedacht. Alle großen Trauerspiele von den Griechen bis zur Gegenwart handeln von dieser dunkelsten Frage des menschlichen Lebens. Und oft wird das Schicksal genauso beschrieben, wie sich das deutsche Schicksal jetzt entwickelt hat: erst lächelnd, dann drohend, dann zerstörend; erst Menschen und Geschlechter verblendend und dann verderbend!

Und es war immer die eine Antwort, die auf die Frage des Schicksals gegeben wurde: Wer stark genug ist, es auf sich zu nehmen, der hat es besiegt! Er hat es nicht äußerlich besiegt: Das Unheil nimmt auch dann seinen Lauf! Aber er hat es innerlich besiegt. Er ist über, nicht unter seinem Schicksal. Er kann etwas Neues schaffen, indem das alte Schicksal überwunden ist. Und das ist es, was heute das deutsche Volk tun muß: Nicht vor dem Schicksal wegblicken oder die Augen vor ihm schließen, sondern ihm ins Auge sehen. Und nicht vor ihm weglaufen, sondern ihm standhalten. Dann ist dem Schicksal seine letzte Macht genommen. Auch dem Schicksal, das auf Deutschland zukommt, ist die Macht geraubt, wenn das deutsche Volk es auf sich genommen hat.

Die Dichter der alten Trauerspiele wußten, warum das so ist. Sie wußten, warum der, der das Schicksal trägt, es besiegt. Und sie machten es jedem klar, der sehen und hören kann: Das Schicksal ist niemals nur Zufall, es ist immer auch Schuld. Unser Charakter macht unser Schicksal. Der deutsche Charakter hat das deutsche Schicksal gemacht. Auch das deutsche Schicksal ist Zufall und Schuld zugleich. Die deutsche Schuld ist, daß das deutsche Volk sich hat zum Werkzeug machen lassen von einer Macht, die teuflische Züge hat, vom Nationalsozialismus. Und diese Schuld ist tief verwurzelt im deutschen Charakter. Es ist die falsche Untertanengesinnung der Deutschen, die jeden Widerstand gegen die nationalsozialistische Tyrannei im deutschen Volk gebrochen hat. Es ist die Angst vor Widerstand gegen das Böse, wenn es von oben kommt und die Macht und Autorität des Staates hinter sich hat. Es ist das Schwanken zwischen Selbsterniedrigung und Selbstüberhebung, das man überall in Deutschland findet. Es ist die Anbetung der äußeren Macht, die man so lange in Deutschland gepflegt hat und die immer mehr zu einem Götzendienst geworden ist. All das gehört neben vielem Großen und Einzigartigen zum deutschen Charakter. In diesen Zügen des deutschen Charakters wurzelt die deutsche Schuld und mit der deutschen Schuld das deutsche Schicksal. Ohne die falsche Untertanengesinnung wäre es den Nationalsozialisten nicht gelungen, die uneingeschränkte Diktatur aufzurichten. Es sind jetzt zehn Jahre her, als in jener schmachvollen Reichstagssitzung die meisten deutschen Parteien für das Ermächtigungsgesetz stimmten, das das deutsche Volk in die Hände seiner Tyrannen und Schlächter gab. Ohne die deutsche Selbstüberhebung wäre der Angriff auf Rußland und die Kriegserklärung an Amerika nicht erfolgt. In einem weniger selbstverachtenden und darum weniger anmaßenden Volk hätte es Männer gegeben, die einen Größenwahnsinnigen von dem Weg zum Untergang zurückgehalten hätten. Ohne den Götzendienst der Macht und den Glauben an die Allmacht der militärischen Organisation hätte kein verantwortlicher Deutscher geglaubt, daß es möglich ist, Europa mit brutaler Waffengewalt zu unterdrücken. All das ist deutscher Charakter, deutsche Schuld und nun deutsches Schicksal. Ihm zu begegnen, gibt es keinen anderen Weg, als die Schuld zu sehen, die Folgen auf sich zu nehmen und den Charakter zu wandeln. Alle drei sind gleich schwer. Noch immer werden viele versuchen, die Schuld anderen aufzubürden, den Juden, den Russen, den Angelsachsen. Aber wer glaubt noch im Ernst daran? Noch immer werden viele hoffen, daß man sich an den Folgen der Schuld vorbeidrücken kann; aber wissen sie nicht längst in der Tiefe ihres Herzens, daß das unmöglich ist? Noch immer werden viele das deutsche Wesen für das beste in der Welt erklären und jede Änderung des deutschen Charakters ablehnen, aber erkennen nicht auch sie schon — wenn auch widerwillig —, daß etwas falsch sein muß in einem Volk, das zweimal in einer Generation ein solches Schicksal auf sich herabgezogen hat?

Seht Eurem Schicksal entgegen und nehmt es auf Euch, dann kann es seinen Stachel verlieren! Dann kann etwas Neues werden aus dem Zerbrechen, das unentrinnbar kommt!

59.
DEFAITISMUS   25. Mai 1943

Meine deutschen Freunde!

Nach den Niederlagen der deutschen Armeen in Stalingrad und
Tunis, nach den zerstörenden Luftangriffen der Alliierten auf Deutschland, nach dem Rückgang der U-Boot-Versenkungen[40] ist das Gefühl
unter Euch stark geworden, daß doch alles vergeblich ist. Man nennt
das *Defaitismus;* und die Diktatoren versuchen alles, um diese Stimmung zu bekämpfen. Sie suchen zu verhindern, daß die Wahrheit den
Deutschen bekannt wird. Sie deuten ungünstige Ereignisse um, bis sie
günstig scheinen. Sie geben ein verzerrtes Bild von der Lage der vereinigten Nationen. Sie übertreiben kleine Unterschiede und verschweigen die grundlegende Einheit, nämlich die uneingeschränkte Entschlossenheit, den Nationalsozialismus zu vernichten. Sie suchen jeden in
Deutschland zum Schweigen zu bringen, der über die wirkliche Lage
Bescheid weiß. Sie bestrafen jeden, der dem Gefühl der Vergeblichkeit
Ausdruck gibt; sie toben gegen Defaitismus in Deutschland und Italien.
Aber je mehr sie toben, desto mehr geben sie zu, daß die Völker der
Achse fühlen, was bevorsteht.

Man gebraucht für das Gefühl der Vergeblichkeit weiteren Widerstandes das Wort Defaitismus, das heißt, Glaube an die Niederlage.
Man benutzt absichtlich ein häßliches Wort, um den wahren Instinkt
der Völker zu verdächtigen. Man macht denen, die die Wahrheit wissen, einen Vorwurf aus ihrem Wissen. Es ist, wie wenn auf einem
Schiff, das untergeht, der Kapitän den Passagieren verschweigen würde,
daß das Schiff verloren ist, und verbieten würde, die Rettungsboote
herunterzulassen. Er weiß, daß er selbst sich nicht mehr retten kann
und zieht vor, alle mit sich untergehen zu lassen. Genauso machen es
jetzt die Diktatoren mit ihren Völkern. Sie wissen, daß das Schiff verloren ist, in das sie ihre Völker gelockt haben. Sie wissen, daß mit
jedem Tage, an dem sie es verschweigen, mehr Deutsche und Italiener
geopfert werden. Aber sie wollen, daß das deutsche und italienische
Volk mit ihnen untergeht. Sie wollen die Rettungsboote nicht herun-
terlassen, weil es ihnen selbst doch nichts mehr helfen würde. Und
darum bringen sie jeden zum Schweigen, der das weiß, was sie wissen,
und der fragt: Warum noch weiterfahren, warum in den Untergang
hineintreiben, warum nicht die Völker retten? Immer dringlicher werden diese Fragen, immer klarer die Einsicht, wie die Lage des Schiffes
ist und daß nichts es mehr retten kann. Und immer härter werden die

Maßnahmen der Diktatoren, den Wissenden den Mund zu stopfen und die Fühlenden zu verwirren. Zu wissen, daß das Schiff untergeht, heißt Defaitismus, zu sehen, daß das Wasser schon allenthalben in den Schiffsraum dringt, heißt Verzagtheit — die Augen schließen vor dem, was ist, heißt Tapferkeit.

Meine deutschen Freunde! Laßt Euch nicht durch das Wort Defaitismus irreführen! Nehmt es auf Euch, um der Wahrheit willen als Defaitisten gestempelt zu werden. Wenn Ihr es tut, werdet Ihr die sein, die über die Niederlage hinaus Rettung bringen werden. Die aber, die Euch heute Defaitisten schimpfen, werden in der sicheren Niederlage untergehen.

Es gibt zwei Arten dessen, was man Defaitismus nennt: die eine, die nach jeder Niederlage das Ende sieht und darum das Kommen des Endes beschleunigt. Niemand wird diesen Defaitismus gutheißen. Es ist die Haltung der Quislinge, der Verräter in allen Ländern, derer, die sich als Schwarzseher aufspielen und traurig sind, wenn die Dinge besser gehen, als sie es gedacht haben. Gegen solche Art von Defaitisten muß sich jedes Volk und jede Gruppe wehren. Aber es gibt noch eine andere Art von solchen, die Niederlage und Unheil sehen. Sie sehen, was wirklich kommt! In ihnen ist ein tiefes Erschrecken. Sie wollen nicht sehen, was sich ihnen doch mit unumstößlicher Sicherheit aufdrängt. Sie schweigen am liebsten, und doch drängt es sie, zu reden. Sie sehen die Niederlage, und doch sind sie keine Defaitisten. Sie sind, wenn irgend etwas, Propheten. Ein solcher Prophet war Jeremia. Er nahm das schwere Werk auf sich, den Untergang Jerusalems zu weissagen. Er war gehaßt und unbeliebt bei den Juden, wie er es heute bei den Nazis wäre. Darin sind die alten Juden und die heutigen Nationalsozialisten ganz gleich, daß sie niemanden dulden, der die Niederlage sieht und verkündet. Damals nannte man sie Unheilspropheten, heute nennt man sie Defaitisten. Diejenigen, die heute die Niederlage sehen, sind die Nachfolger der großen Propheten, und sie werden genauso recht behalten wie jene. Nicht die, die „Heil, heil" riefen im alten Israel, sagten die Wahrheit, sondern die, die das Unheil kommen sahen. Nicht die nationalistische Propaganda der Sieges-Verkünder, sondern das Gerichtswort der Unheils-Verkünder hat die Jahrtausende überdauert. Die Heil-heil-Rufer im jüdischen Altertum gingen unter in dem Unheil, das über sie kam, und sind vergessen für immer. An die Seher der Niederlage erinnern sich alle Zeiten.

Es ist ein Merkmal, das den Propheten von dem defaitistischen Schwätzer unterscheidet: Der Schwarzseher sieht schwarz, weil seine

Seele dunkel ist oder gar, weil er denkt, er kann mit seinem Schwarz-sehen Geschäfte machen. Der Prophet verkündet Unheil, weil er be-greift, daß das Unheil Gericht ist. Jeremia gründete seine Visionen des Untergangs nicht darauf, daß er die überlegene Macht der Welt-reiche sah, sondern darauf, daß er die Ungerechtigkeit seines Vol-kes erkannte. Ungerechtigkeit zerstört ein Volk, das war der Gesichts-punkt, aus dem die Propheten das unentrinnbare Gericht verkündeten. Ihr Defaitismus war ihr Wissen um die göttliche Gerechtigkeit. In diesem Wissen sollten sich die Besten in Deutschland vereinigen und sagen, was sie wissen, wie die Propheten es taten, auch wenn es nur von Mund zu Mund geschehen kann. Wer immer unter Euch die Kraft hat, zu sehen, was kommt, sollte auch die Kraft haben, es zu sagen, wo immer ein Ohr sich ihm öffnet. Eine Gruppe von Wissenden müßte in Deutschland aufstehen, zuerst noch sich im Verborgenen haltend, später hervortretend und die Zukunft schaffend. Dann wird sich zeigen, daß die Unheilspropheten von heute die wahren Heilsver-künder von morgen sein werden. So war es im alten Israel, so muß es im gegenwärtigen Deutschland sein. Die, die heute das Gericht ver-künden und die Schmach auf sich nehmen, als Defaitisten verfolgt zu werden, werden morgen die Rettung verkünden und bringen.

Deutschland muß besiegt werden um der Ungerechtigkeit willen, die in ihm und durch es geschehen ist. Nicht weil die Weltreiche stärker sind als Deutschland, ist die Niederlage notwendig. Sicher-lich sind sie stärker, aber sie sind es, weil die deutsche Ungerech-tigkeit sie vereinigt hat. Sie sind stärker, weil das, was der National-sozialismus nach innen und außen getan hat, ihnen ein gutes Gewis-sen gegeben hat. Sie werden siegen, weil sie Werkzeuge gegen die Un-gerechtigkeit geworden sind, die im Nationalsozialismus triumphiert hat. Und sie sind auch stärker, weil die Deutschen, die Soldaten und die Arbeiter, durch innere Zweifel geschwächt sind. Der deutsche Sol-dat, der die Ungerechtigkeit in den eroberten Ländern sieht, der deut-sche Arbeiter, der die Ungerechtigkeit in der Zusammenarbeit mit den versklavten Ausländern sieht, der deutsche Beamte, der die Un-gerechtigkeit in der Behandlung aller sieht, der Fremden und der Volksgenossen — alle diese können nicht mit wirklich gutem Gewissen kämpfen. Sie haben das Gefühl, daß sie für eine auf Ungerechtigkeit gegründete Sache arbeiten und kämpfen und — sterben. Aber kann man für Ungerechtigkeit sterben? Sicherlich nicht. Und so kommt es, daß Werk und Kampf mit weniger Leidenschaft getan werden, daß der Wille, bis zum letzten zu stehen, geschwächt ist. Niemand ist so machtvoll als der, der für Gerechtigkeit kämpft mit gutem Gewissen! Aber auch der Stärkste wird schwach, wenn er nicht mehr glaubt, daß die Gerechtigkeit auf seiner Seite ist. Waren nicht vielleicht die überraschenden Niederlagen der deutschen Truppen bei Stalingrad und in Tunis darin begründet, daß in irgendeinem entscheidenden Augenblick die Frage in vielen auf einmal lebendig wurde: wofür das, wofür den sicheren Tod? Ist es wert, für Ungerechtigkeit zu sterben? Ist es wert, Hunderttausende zu opfern, damit eine kleine Gruppe von Tyrannen an der Macht bleiben kann? Ein Soldat, der solche Fragen stellt, kann nicht mehr bis zum Tode kämpfen. Und muß nicht jeder deutsche Soldat diese Frage stellen? Ist er nicht selbst ein Opfer der Ungerechtigkeit, die sein Volk verdirbt? Hat er nicht seine Menschenrechte, seine Sicherheit vor Willkür, seine Gleichheit vor dem Recht, seine Würde als Person verloren, als die gegenwärtige Tyrannei aufgerichtet wurde? Soll er nun dafür in den Tod gehen? Was die Gegner der Deutschen stark gemacht hat, das hat die Deutschen selbst schwach gemacht: die Ungerechtigkeit der Führer und Verführer Deutschlands. Kein System des Lebens kann Bestand haben, das auf Ungerechtigkeit aufgebaut ist, am allerwenigsten eines, das die Ungerechtigkeit zum höchsten Prinzip erhoben hat, wie der Nationalsozialismus. Darum seid Ihr, die Ihr die unvermeidliche Niederlage seht, Nachfolger der Propheten, die das Wort des Gerichts gegen ein verdorbenes politisches System sprachen.

Wenn wir uns auch nur für einen Augenblick vorstellen würden, daß das Gebäude des Nationalsozialismus für die Dauer errichtet wäre, daß die Konzentrationslager, die Beraubung der einzelnen und der Völker, die Entwürdigung des Menschen, Haß und Lüge für immer in Macht bleiben würden, wir müßten an der sittlichen Weltordnung verzweifeln. So schwer darum für jeden Deutschen die Gewißheit der Niederlage ist, er muß die Kraft haben, Ja dazu zu sagen. Denn die Niederlage Deutschlands ist die Niederlage eines der grauenvollsten Systeme der Ungerechtigkeit, die es je gegeben hat. Als der Nationalsozialismus sich Deutschlands bemächtigte, gab es nur noch ein Heil für Deutschland, das Unheil des Krieges und der Niederlage.

Denn die Niederlage der Ungerechtigkeit ist letzten Endes Heil und nicht Unheil! Als die blinden Anhänger Hitlers mit dem Ruf „Heil Hitler" Deutschland eroberten, nannten sie Heil, was Unheil war und was sich täglich als Verderben enthüllt. Wenn Ihr, meine deutschen Freunde, heute das Unheil seht, das unabwendbar herankommt, und man Euch Unheilspropheten nennt, dann seid Ihr in Wahrheit Verkünder des Heils. Denn kein Heil ist möglich, ehe nicht die Herrschaft der Ungerechtigkeit gebrochen ist. Nie sollt Ihr darin Defaitisten sein, daß Ihr dem Unheil das letzte Wort gebt. Die kommende Niederlage Deutschlands ist nicht das letzte Wort. Sie ist die Befreiung von dem, was jede Zukunft unmöglich machen würde. Sie ist das Gericht, das dem neuen Beginnen vorangehen muß. Es gibt kein Entrinnen vor diesem Gericht, es gibt keine Verständigung mit dem System der Ungerechtigkeit. Es gibt nur einen Weg zum Heil Deutschlands, nämlich durch das Unheil, das Ihr seht in seiner Unabwendbarkeit und zu dem Ihr Ja sagen müßt als Seher des Unheils — nein, des Heils.

60.

DIE NIEDERLAGE DES NEUHEIDENTUMS

1. Juni 1943

Meine deutschen Freunde!

Der Nationalsozialismus hat es verstanden, alle christlichen Kirchen gegen sich aufzubringen. Es fing an mit den deutschen Kirchen. Der große Kirchenkampf der ersten Jahre der Nazi-Herrschaft ist noch in aller Menschen Erinnerung, innerhalb und außerhalb Deutschlands. Niemöllers Zelle im Konzentrationslager ist eine ständige Mahnung, jenen Kampf nicht zu vergessen, eine Mahnung, die noch heute überall in der Welt vernommen wird. Nach den deutschen Kirchen wurden die Kirchen der eroberten Länder von den Nazis und ihren Mitarbeitern, den Quislingen, zur Verteidigung getrieben. Es ist besonders die norwegische Kirche, die Widerstand geleistet hat und noch leistet. Ihr zur Seite standen die Kirchen in Schweden, Dänemark, Holland. Die geistige Macht dieses Widerstandes wird immer größer und die Stoßkraft des Angriffs immer schwächer. In Wirklichkeit haben die Kirchen schon gesiegt. Der antichristliche Angriff ist abgeschlagen. Die Weltanschauung des Nationalsozialismus ist keine zwei Jahrzehnte alt geworden, und der Nationalsozialismus selbst wird auch nicht älter werden. All dies sind Dinge, von denen man heute schon als Tatsachen reden kann, obgleich die Nationalsozialisten noch einen ganzen Kontinent beherrschen und alle christlichen Kirchen darin ihnen wehrlos preisgegeben sind. Der Kampf der Geister ist entschieden: gegen das Heidentum, für das Christentum. So war es einst in dem großen Endkampf des Römischen Reiches gegen die äußerlich ohnmächtige Kirche. So war es wieder in den letzten zehn Jahren des Kampfes der nationalsozialistischen Stammesreligion gegen den christlichen Geist. Das moderne Heidentum hat verloren wie das alte. Das christliche Prinzip hat wieder einmal seine Unüberwindlichkeit gezeigt.

Dieser innere, geistige Kampf, der von den Kirchen ohne alle Waffen geführt worden ist, hat dennoch einen tiefen Zusammenhang mit dem äußeren Kampf, in dem die Waffen aller angegriffenen Völker die Kriegsmaschine der Nazis Schritt für Schritt zerstören. *Über diesen Zusammenhang des Nazi-Glaubens — und seiner Niederlage — mit der Nazi-Macht — und ihrer Niederlage — möchte ich heute mit Euch reden.*

Warum hat denn eigentlich der Nationalsozialismus den Kampf gegen das Christentum geführt? Doch sicher nicht aus den Gründen, aus denen viele Wissenschaftler in vergangenen Jahrzehnten die Religion angegriffen haben, wegen ihrer Wunder und Geheimnisse, wegen ihrer Dogmen und Gebräuche. Das alles wäre den Nationalsozialisten ganz gleichgültig gewesen. Das hätten sie gern den Kirchen gelassen, wenn sie im Christentum nicht einen wirklichen Feind vermutet hätten. Besser als manche Christen begriffen die Nazis, um was es im Christentum geht. Sie begriffen, daß nicht Lehren und Formen des Gottesdienstes das Entscheidende im Christentum sind, sondern eine bestimmte Haltung zum Leben. Und um dieser Haltung zum Leben willen haben die Nazis den Kampf gegen das Christentum eröffnet. Denn die christliche Haltung zum Leben ist der vollkommene Widerspruch zur nazistischen. Für eine muß man sich entscheiden. Und die Nazis haben alles versucht, um eine Entscheidung für das Christentum, vor allem in der jüngeren Generation, zu verhindern. Darum haben sie die Kirchen verfolgt.

Es sind zwei Haltungen zum Leben, die in den Kirchenkämpfen der Nazis miteinander gerungen haben. Die Haltung zum Leben, wie der Nationalsozialismus sie vertritt, ist älter als das Christentum. Sie stammt aus der Zeit, wo jeder Völkerstamm sich selbst für das Größte in der Welt hielt. Der Gott gehört zum Volk und das Volk zum Gott. Sie sind unlöslich miteinander verbunden. Wenn das Volk fällt, fällt auch der Gott. Wenn das Volk mächtig wird, wird auch der Gott mächtig. Und da jeder einzelne von dem Volk lebt, zu dem er gehört, so muß er ihm alles geben. Das Gesetz des Volkes muß sein Gesetz sein, die Wahrheit des Volkes muß seine Wahrheit sein, die Gerechtigkeit des Volkes muß seine Gerechtigkeit sein. Aber es gibt nicht einen

211

Stamm und nicht nur ein Volk. Und so kommt es zum Kampf der Stämme. Volk kämpft gegen Volk und Gott gegen Gott in gegenseitiger Vernichtung. Das war die Welt, die das Christentum und vor ihm die großen Propheten vorfanden. Über diese Welt der kämpfenden Götter suchten sie die Menschheit hinauszuführen zu etwas Höherem, zu dem einen Gott und dem einen Volk Gottes, jenseits aller Stämme und Nationen. Sie verkündeten das eine göttliche Gesetz, die eine Wahrheit und die eine Gerechtigkeit für alle. Sie verkündeten den Gott, der nicht auf Stamm und Volk und Rasse sieht, sondern auf das Menschenantlitz in jedem Menschen und auf die Gerechtigkeit in jedem Volk. Das war die Botschaft der Propheten und Apostel, und damit haben sie etwas Neues in die Welt gebracht, etwas Großes, Unüberwindliches, gegen das alle Angriffe in fast dreitausend Jahren erfolglos waren. Sie konnten nicht erfolgreich sein; und auch der Angriff des nationalsozialistischen Heidentums konnte nicht erfolgreich sein. Denn das Menschenherz sagt Ja zu der christlichen Botschaft und nicht zu dem Götzendienst des Volkes, zu der Gerechtigkeit für alle und zu der Einheit des Menschengeschlechtes. In der Kraft dieser Gewißheit haben die christlichen Kirchen den Angriff des uralten Heidentums abgeschlagen. Und was die Kirchen im geistigen Kampf getan haben, das ist auf den Schlachtfeldern bestätigt worden.

Der Machtwille des einen Volkes und des Götzen, den es sich geschaffen hat, ist gebrochen worden, als es gegen den geeinten Willen der übrigen Welt anrannte. Jeder Kampf im Osten und Süden ist ein Teil des großen Kampfes, in dem der Drache der heidnischen Selbstvergötterung getötet wird. In diesem Licht müßt Ihr einmal Eure Niederlagen sehen. Sie sind gleichsam die Durchführung der einen großen Niederlage, die der Nationalsozialismus schon erlitten hat, seiner Niederlage im Kampf gegen das Christentum. Man kann nicht im Namen eines Volksgottes gegen den einen Gott, den Weltengott, anrennen. Wer es versucht, wird zerschmettert. Als es die Weltreiche der Vergangenheit taten, wurden sie zerstört, als es die Helden der Urzeit taten, brachten sie Tod und Untergang über sich, als es das alte Israel tat, wurde es von dem Gott, der sein Gott war, den fremden Mächten preisgegeben. Als es die mittelalterliche Kirche tat, wurde sie in Stücke zerbrochen. Und als es, im 20. Jahrhundert, das deutsche Volk tat, wurde es zweimal zurückgeworfen und seiner Macht beraubt. In der ganzen Geschichte sehen wir, daß jedes, auch das mächtigste Volk, und wäre es ein auserwähltes Volk und wäre es die Kirche selbst, niedergebrochen wird, wenn es sich gegen den einen Gott erhebt. Es gibt keinen einzelnen Menschen und keine einzelne Gruppe von Menschen, keinen Stamm und kein Volk, die zur Weltherrschaft berufen sind. Die einzigen, die die Verheißung haben, das Erdreich zu besitzen, sind die „Sanftmütigen", das heißt die, die auf Macht verzichten.

Was jetzt in jeder Stunde auf den Schlachtfeldern geschieht, ist der Beweis der Wahrheit, mit der das Christentum die heidnische Welt überwunden hat. Als die christlichen Kirchen träge und kraftlos wurden, als sie sich in den Winkel frommer Gefühle und alter Überlieferungen zurückzogen, wurde der Platz frei für die Wiederkehr der heidnischen Volksreligion, die sich Nationalsozialismus nennt. Sie glaubte, daß das Christentum zu Ende wäre und die heidnischen Volksgötter eine fröhliche Auferstehung feiern könnten, allen voran der deutsche Gott. Und sie fanden sogar Christen, die sich anschickten, diese wiedererstandenen Götter zu begrüßen. Aber zuletzt stießen sie an den Felsen der christlichen Verkündigung und zerbrachen, und die auferstehenden Götter wurden mit Schande in ihre tausendjährigen Gräber zurückgeschickt. Und während der deutsche Gott in das Grab zurücktaumelte, in das er gehört, wurden seine Anhänger und alle, die als Sklaven für ihn kämpfen mußten, Schritt für Schritt zurückgeworfen. Die Welt, die wie die Kirchen, für einen Augenblick von dem deutschen Gott überrascht und überrannt war, kam zu sich selbst. Sie einte sich, und der Hohepriester des deutschen Gottes, der deutsche Führer, machte es der Welt leicht, sich zu einen. In wahnwitziger Überhebung, in einer rasenden Überschätzung seiner selbst und seines Gottes, griff er fast alle Mächte der Welt an und zwang sie zur Einigung. Das ist die tiefe Blindheit jedes Götzendienstes, an der alle alten Mächte zugrunde gegangen sind, daß er den Götzen mit Gott selbst verwechselt, daß er die eigene, begrenzte Macht mit der höchsten Macht gleichsetzt und sich dadurch zugrunde richtet.

Laßt es mich noch einmal sagen: Was jetzt auf den Schlachtfeldern, auf dem Land, im Wasser, in der Luft geschieht, ist das gleiche, was in den Herzen geschehen ist, als sie der Verführung zum nationalen Götzendienst widerstanden: Es ist der Niederbruch des neuen Heidentums, des Glaubens an den Volksgott und seine Gerechtigkeit. Es ist die Rückkehr des deutschen Volkes in die Gemeinschaft der Völker, die das christliche Prinzip anerkennen. Es handelt sich nicht darum, ob sie gute oder schlechte Christen sind; wahre Christen sind in allen Völkern in der Minderheit; es handelt sich nicht einmal darum, daß die Völker zum Christentum übergetreten sind; sondern es handelt sich darum, daß sie das christliche Prinzip der Einheit des Menschlichen anerkennen. Es handelt sich darum, daß sie für die Einheit der Gerechtigkeit und die Würde jedes Menschen stehen. So sehr auch in allen Völkern gegen diese Grundsätze verstoßen wird: entscheidend ist, daß sie anerkannt und nicht, wie im Nationalsozialismus, verworfen werden. Deutschland war aus der Gemeinschaft der Völker, die sich unter das christliche Prinzip stellen, ausgeschieden, als es sich zum Werkzeug des neuen heidnischen Volksgottes machte. Deutschland kehrt zurück in die Gemeinschaft der christlichen Völker in dem Maße, in dem die geistige und politische Macht dieses Volksgottes gebrochen wird. Jede Niederlage im Kampf mit den Kirchen, jede Niederlage im Kampf um die Seelen der Jugend, jede Niederlage im Kampf mit der übrigen Menschheit ist ein Schritt auf dem Wege der Heimkehr Deutschlands zum Christentum und zur Menschheit.

61.
ZIEL UND ZERBRECHEN
DER NATIONALSOZIALISTISCHEN ERZIEHUNG
7. Juni 1943

Meine deutschen Freunde!

Als der Nationalsozialismus anfing, das deutsche Volk zu verführen, war eines seiner Mittel die Erziehung, die er der deutschen Jugend zu geben versprach. Der demokratischen Erziehung unter der deutschen Republik macht er jeden denkbaren Vorwurf. Er nannte sie eine unmännliche Erziehung, durch die das Volk verweichlicht würde. Er behauptete, daß es keine Erziehung zur Gemeinschaft, sondern zur Willkür des einzelnen sei, er bekämpfte die Erziehung der Frauen zur Teilnahme am öffentlichen Leben. Er verachtete die geistige Freiheit, zu der die demokratische Erziehung führen will. Er haßte die religiöse Erziehung zum rein Menschlichen und Ewigen. Diese Angriffe des Nationalsozialismus auf alle geistige, humane und religiöse Erziehung blieben nicht erfolglos. Unvollkommenheiten, die jeder Erziehung anhaften, wurden der demokratischen Erziehung zum Vorwurf gemacht. Die Auflockerung und Zügellosigkeit, die jeder Krieg zur Folge hat, insonderheit ein verlorener, wurde als Schuld der Republik hingestellt. Militärische Disziplin erschien vielen als die vollkommenste Form der Erziehung.

Und dann kam der Tag, wo die Nationalsozialisten das deutsche Volk und mit ihm die deutsche Erziehung übernahmen. Von den frühesten Jahren bis zum späten Alter wurde jeder Deutsche unter den täglichen und stündlichen Einfluß der nationalsozialistischen Weltanschauung und Lebensform gestellt. Niemand konnte sich dem entziehen. Aller äußerer Widerstand wurde gebrochen und der innere Widerstand langsam zermürbt. Es gibt heute Millionen deutscher Kinder und junger Menschen, die nie unter einem anderen als dem nationalsozialistischen Einfluß gestanden haben und durch und durch seine Geschöpfe geworden sind.

Nichts ist tragischer als diese Jugend. Mit dem Zusammenbruch des Nationalsozialismus bricht alles zusammen, was sie haben und sind. Wovon sollen sie leben? Was soll ihrem Leben einen Sinn und ein Ziel geben, nachdem der Sinn, an den sie geglaubt haben, sinnlos geworden und das Ziel, für das sie sich begeistert haben, hingefallen ist?

Zu einem dreifachen Glauben suchte der Nationalsozialismus die deutsche Jugend zu erziehen: zu dem Glauben, daß Macht alles und Gerechtigkeit nichts ist, daß Blut alles und Geist nichts ist, daß das Volk alles und der einzelne nichts ist. Wenn der Nationalsozialismus zu Ende sein wird, wird es auch mit diesem dreifachen Glauben zu Ende sein. Denn der nationalsozialistische Glaube lebt vom nationalsozialistischen Sieg und stirbt mit der nationalsozialistischen Niederlage. Er kann seine eigene Niederlage nicht überleben. Und das ist tief in seinem Wesen begründet. Der Nationalsozialismus muß triumphieren, oder er verschwindet mit seiner ganzen Weltanschauung, und übrig bleibt ein Aschenhaufen in den Seelen derer, die ihm gefolgt sind.

Wenn jemand zu dem Glauben an Macht als das Höchste im Leben erzogen ist und wenn er dann erlebt, wie die Macht, auf die er gebaut hatte, zusammenbricht, dann ist ihm alles genommen, was er hatte. Solange Hitler die Macht eroberte, hielt und erweiterte, schien die Wirklichkeit den Glauben an die Macht zu bestätigen. Alle Zweifel an der Anbetung der Macht müssen weichen, wenn die Prediger der Macht zugleich die Macht in den Händen haben. Diese Vereinigung von Macht-Besitz und Macht-Verkündigung wirkt unwiderstehlich auf die Herzen der Jugend und vieler Erwachsenen. Wenn aber die Verkünder der Macht ihre Macht verlieren, dann wenden sich ihre früheren Anhänger gegen sie, die Jugend, weil sie leer und enttäuscht ist, die Erwachsenen, weil sie es nicht vergeben können, daß man sie irregeführt hat. An Stelle des Glaubens an die Macht tritt ein leerer Raum in die Seelen der Menschen, in dem Verzweiflung und Haß sich ansiedeln. Das ist es, was jetzt in Deutschland geschieht. Die Erziehung des Nationalsozialismus zur Macht bricht mit der Macht zusammen.

Die andere Seite der nationalsozialistischen Erziehung ist die Erziehung zu dem Glauben, daß Blut alles und Geist nichts ist. Es ist sicher, daß ein blutloser, dürrer und trockener Geist nichts taugt. Man sollte einen blutlosen Geist überhaupt nicht Geist nennen. Er ist Intelligenz, Klugheit, Wissen, aber er ist nicht Geist. Geist ist immer schöpferisch, bluthaft, mächtig. Geistige Kräfte bewegen die Geschichte. Echtem Geist kann nichts widerstehen. Es war berechtigt, wenn die deutsche Jugendbewegung eine Erziehung forderte und in sich durchführte, die frei von der Überschätzung des Intellekts, der Begriffe, des bloßen Wissens war. Die Jugendbewegung, die sich gegen all das wandte, hat einen Ehrenplatz in der deutschen Geschichte. Sie kämpfte gegen die Mechanisierung und Verlogenheit des bürgerlichen Lebens. Sie suchte volle Menschen zu erziehen. Sie kämpfte für bluthaften, schöpferischen Geist, und viele schöpferische Kräfte sind aus ihr hervorgegangen.

Und dann kam der Augenblick, wo die Nationalsozialisten die deutsche Jugend in ihre Gewalt bekamen und die Botschaft des Blutes brachten und versuchten, ihr den Geist verächtlich zu machen. Bei vielen hatten sie Erfolg. Eine Erziehung setzte ein, die das, was den Menschen vom Tier unterscheidet, für das Unwichtige an ihm hielt und das pflegte, worin Mensch und Tier gleich sind, das Blut, die Rasse, die man züchten kann. Der deutschen Jugend wurde das Gefühl eingeimpft, daß sie besseres Blut habe als andere, daß sie einer edleren Rasse angehöre als die anderen Völker und daß durch Rassenabschließung und Rassenzüchtung die höchste Art von Mensch erzeugt wird — nämlich auf deutschem Boden! Während man so das Blut pries, beschimpfte man den Geist. Man suchte der Jugend alles Geistige lächerlich zu machen. Das geistige Bedürfnis wurde als Zeichen der Schwäche hingestellt. Die geistigen Schöpfungen der Vergangenheit wurden versteckt oder verzerrt. Die Wahrheit wurde in Lüge verkehrt. Und dies war das Schlimmste! Die erste Generation der deutschen Jugendbewegung, die im Jahre 1913 auf dem „Hohen Meißner" den Schwur der Wahrhaftigkeit abgegeben hatte, wurde im Jahre 1933 in ein System gezwängt, das eingestandenermaßen die Lüge als seine erste Waffe gebraucht. Und die nächste Generation der deutschen Jugend wurde schon in dem Glauben erzogen, daß die Lüge gut ist, wenn sie der Macht dient. Auch diese Seite der nationalsozialistischen

Erziehung bricht zusammen, wenn das Blut, das den Geist verachtet, in seiner Ohnmacht enthüllt wird. Die nationalsozialistische Führung war vollkommen in allem Technischen, jämmerlich in allem Geistigen. Daran ist sie gescheitert. Als man Rußland angriff, da bedachte man nicht, daß der Geist eines Volkes, das Glauben hat an den Geist, stärker ist als die stärksten Waffen eines Volkes, dessen Erziehung das Ziel hat, den Glauben an den Geist zu zerstören. Und als man rücksichtslos nach innen und außen die Lüge anwandte, da bedachte man nicht, daß nach einiger Zeit die Lüge auf den Lügner zurückschlägt. Sie ist zurückgeschlagen, und die deutsche Jugend steht an dem Grab eines anderen Glaubens, des Glaubens, daß Blut alles ist und Geist nichts. Die Erziehung des Nationalsozialismus zum Glauben an das Blut bricht zusammen, nachdem die Ohnmacht des Blutes ohne Geist sichtbar geworden ist.

Der dritte Grundsatz der nationalsozialistischen Erziehung ist, daß das Volk alles ist und der einzelne nichts. Die deutsche Jugend um die Jahrhundertwende fühlte sich vereinsamt. Jeder war auf sich angewiesen, verloren unter den Massen der großen Städte. So begann man, sich zusammenzuschließen und Gemeinschaft zu pflegen, draußen beim Wandern und drinnen bei Gespräch und Gesang. Aber auch in diese neu entstehende Welt brach der Nationalsozialismus ein und zerstörte mit brutaler Gewalt, was dort im Werden war. Der einzelne wurde herausgerissen aus den Gemeinschaften, in denen er einen neuen Lebenssinn gefunden hatte. Er wurde herausgerissen, nicht, um wieder als einzelner zu leben wie vorher, sondern um eingestampft zu werden in ein Ganzes, zuerst in die Maschine der Partei und dann in die Maschine der Armee. Es gab niemanden mehr, der etwas anderes sein durfte als ein Rädchen in dem ungeheuren Mechanismus des nationalsozialistischen Staates. Dazu und zu nichts anderem wurde die deutsche Jugend erzogen. Die Familie galt nicht mehr, früh wurde das Kind aus ihr herausgerissen und oft zum Feind der Eltern gemacht. Auf Entwicklung der Persönlichkeit kam es nicht an, sondern auf den Verlust alles Persönlichen. Die Gesichter der so erzogenen Jugend sind erschreckend hart, unmenschlich, gleichgültig gegen eigenes und fremdes Leid, vollkommene Werkzeuge einer höheren Macht. Liebe war ein Mittel der Fortpflanzung und Züchtung, der Tod des einzelnen ein gleichgültiges Ereignis, wenn nur das Ganze lebt. Der christliche Glaube an den unendlichen Wert der Menschenseele wurde beiseite geschoben, die Anerkennung der menschlichen Würde verschwand aus dem Bewußtsein der Jugend. Zu all dem Entsetzlichen, was der Nationalsozialismus Menschen angetan hat, konnten seine Anhänger nur durch den Glauben gebracht werden, daß der einzelne nichts und das Ganze alles ist, daß darum alles Leid, was die Henker des National-sozialismus über Unzählige gebracht haben, nichts bedeutet!

Und nun ist auch dieser Glaube im Zusammenbrechen. Das Volk, für das die vom Nationalsozialismus Erzogenen alles geopfert haben, auch ihr gutes Gewissen, erweist sich als nicht tragfähig. Es kracht in allen Fugen. Der Übermut seiner Führer ist gedämpft. Zu Hundert-tausenden stirbt die Jugend, nicht mehr wie im Anfang, in begeister-tem Schwung, sondern müde, ohne Siegeshoffnung, wissend, daß sie geopfert wird, obwohl jedes Opfer umsonst ist.

Wo immer ein junger Deutscher sich dessen bewußt ist, da bricht die Nazi-Erziehung zusammen. Die Frage erhebt sich: Ist dieses Ganze, was dort in Stücke zerfällt, wirklich der letzte Lebenssinn? Gibt es für mich keinen anderen? Bin ich selbst ein Nichts oder hat das Chri-tentum recht, wenn es verkündet, daß jeder einzelne einen ewigen Wert hat? Wo diese Frage gestellt wird, da ist das Ende der national-sozialistischen Erziehung erreicht.

62.

ERZIEHUNG ZUR NEUEN FREIHEIT

14. Juni 1943

Meine deutschen Freunde!

Daß der Zusammenbruch des Nationalsozialismus nicht mehr allzu fern ist, weiß heute jeder Deutsche, wie es jedermann im besetzten Europa weiß. Ihr alle fragt heute nicht mehr: Was werden wir mit Europa machen, sondern Ihr fragt, was wird man mit uns machen, wie wird Deutschland nach der Niederlage aussehen, was wird aus unseren Kindern werden? — Wer immer über die Zukunft seiner Kin-der oder der Kinder seines Volkes nachdenkt, der sollte sich eins ganz klarmachen: Niemand hat das äußere Schicksal seiner Kinder in der Hand, nachdem sie seiner Fürsorge entwachsen sind. Jede Mutter, je-der Vater erlebt das irgendwann. Das Kind muß seinen eigenen Weg suchen. Niemand kann ihm auf die Dauer dabei helfen. Und wie es mit dem einzelnen Kind ist, so ist es auch mit der jungen Generation eines Volkes: Eines Tages ist sie dem Einfluß der älteren Generation entwachsen und muß ihren eigenen Weg finden. Und der Weg, den die junge Generation wählt, ist schließlich der Weg, den das Volk wählt. Auf diesen Weg hat die ältere Generation nur so viel Einfluß, wie sie auf ihre Kinder in deren Entwicklung gehabt hat. Es ist ein altes Wort, wohl verstanden von den Nationalsozialisten, daß, wer die Jugend hat, die Zukunft hat. Wer wird die Jugend nach dem Zusammenbruch des Nationalsozialismus haben? Wer wird sie auf den Weg führen, den sie dann selbst gehen muß? Und in welcher Richtung wollen wir, daß die deutsche Jugend geht? In welcher Richtung sehen wir die deutsche Zukunft? Und was können wir den Kindern mit auf den Weg geben, damit sie in dieser Richtung gehen?

Das letzte Mal hatte ich von dem Zerbrechen der nationalsozialistischen Erziehung gesprochen. Wir hatten gesehen, daß eine Erziehung, die auf die Macht als höchsten Wert aufgebaut ist, vergehen muß, wenn die Macht verschwindet, auf die sie vertraut hatte. Wir hatten gesehen, daß eine Erziehung, die auf Feindschaft gegen den Geist aufgebaut ist, hinfallen muß, wenn der Geist sich als stärker erweist als das Blut. Wir hatten gesehen, daß eine Erziehung, die den einzelnen zu einem Nichts macht im Verhältnis zu seinem Volk oder seiner Partei, die Menschen in Verzweiflung stürzen muß, wenn Partei und Volk in den Abgrund gerissen werden. — Was sollen Eure Kinder glauben, wenn das, was sie angebetet haben, sich als ein falscher Götze erwiesen hat? Werden sie ohne Glaube, ohne Hoffnung, ohne ein Zukunftsbild aufwachsen? Werden sie nichts haben, für das sie sich einsetzen, das sie lieben, für das sie sich hingeben können? Ist das nicht die Gefahr, in der Eure Kinder stehen? Der Nationalsozialismus bedeutete viel für sie. Sie sahen nur seine Kraft, seinen starken Willen, seine Erfolge, sie folgten ihm, weil nichts anderes da war, stark genug, sie mitzureißen. Sie sahen nicht die Dunkelheit, Verzerrtheit, teuflische Bosheit und tiefe Schwäche des Nationalsozialismus. Sie sahen nicht den Abgrund, auf dem er aufgebaut war. Nun müssen sie all das sehen. Sie können ihre Augen nicht mehr lange davor verschließen. Die Götterdämmerung hat in Deutschland begonnen. Die Götter des Nationalsozialismus, seine Ideen, seine Erwartungen, seine Einrichtungen, seine Führer sinken zurück in die Nacht, aus der sie gekommen sind. Ein neuer Weltentag kündigt sich an in dem Donner der Explosionen, der die Luft an allen Teilen unserer Erde erschüttert. Was erlebt die deutsche Jugend in dieser gewaltigen Katastrophe? Wie erlebt sie sie? Wird nichts übrigbleiben in den Herzen der deutschen Kinder als ein Gefühl entsetzlicher Leere? Werden unsere Kinder empfinden, daß ihnen alles genommen und nichts dafür gegeben ist? Ihr wißt, daß es in der Natur keinen leeren Raum gibt. Wo immer ein leerer Raum entsteht, dringt die alles erfüllende Luft in ihn ein. Wie in der Natur, so ist es auch in den Herzen der Menschen. Wenn das Herz leer ist an guten Dingen, so dringen wertlose oder schlechte Dinge in es ein. Auf die Dauer gibt es kein leeres Herz. Irgend etwas, es zu füllen, ist immer da. Auch in der deutschen Jugend wird etwas da sein, wenn der nationalsozialistische Irrglaube aus ihrem Herzen entschwunden sein wird. Alles hängt davon ab, was das sein wird. Wenn es etwas Gutes sein wird, so wird die deutsche Zukunft gut sein. Und wenn es etwas Schlechtes sein wird, so wird die deutsche Zukunft schlecht sein. Ja, es wird dann keine deutsche Zukunft mehr geben. So viel hängt von dem ab, was Ihr durch Vorbild und Erziehung heute schon und in den kommenden Jahren in Eure Kinder hineinlegt.

Das erste, was Ihr heute schon anfangen müßt, Euren Kindern zu geben, ist der Glaube an ihren eigenen, persönlichen Wert, an den Wert jedes einzelnen unter ihnen. Je mehr mit den Niederlagen des Nationalsozialismus die Anmaßung der deutschen Kinder gegen ihre Eltern verschwindet, desto mehr wird es möglich sein, ihnen ihren eigenen, wahren Wert zu zeigen. Was war denn der Wert, den die Kinder im Nationalsozialismus empfingen und der sie so hochfahrend gegen ihre Eltern machte? Es war der Wert, den jeder Teil einer herrschenden Gruppe hat, weil er zu dieser Gruppe gehört, auch wenn er sonst nur geringen Wert hat. Viele der minderwertigsten Individuen, die nie einen eigenen Wert und eine eigene Würde erlangt hätten, haben als Teilchen der großen Nazi-Maschine Macht und Ansehen erlangt. Wer sich erfolgreich dem Parteimechanismus von Kindheit an einordnete, der galt etwas und konnte ungestraft seine Eltern bedrohen, sie sich gefügig und sie durch arrogantes Auftreten unglücklich machen. In wie vielen deutschen Familien ist das so gewesen! Wie viele Eltern haben sich schweigend in die Winkel des Hauses zurückgezogen und den Hauptraum und das große Wort dem Hitlerjungen und Hitlermädchen überlassen! Was wird aus diesem Jungen und aus diesem Mädchen, wenn Hitler dahin ist und seine Einrichtungen zerstört sind und der Glaube an ihn zerbrochen ist? Ihre Überheblichkeit wird verschwunden sein, und dann wird der Augenblick gekommen sein, das Neue zu säen, aus dem die Zukunft Deutschlands hervorgehen soll. In diesen Monaten, in denen der Hitlerglaube in der deutschen Jugend zu Asche wird in dem Feuer der Niederlage, muß ein neuer Glaube in ihr geboren werden. Der Hitlerglaube war ein Gruppenglaube, der neue Glaube wird der uralte Glaube an den Wert des einzelnen Menschen sein. An dieser Stelle, meine deutschen

Freunde, muß die Erziehung Eurer Kinder in der Endzeit des Nationalsozialismus einsetzen. Jedes Kind muß wieder fühlen, daß der Sinn
seines Lebens nicht darin besteht, daß es sich für eine Macht-Maschine
opfert, von der es ein Rädchen ist, heute gebraucht, morgen wertlos,
wenn die Macht-Maschine selbst zerbricht! Jedes deutsche Kind sollte
lernen, daß sein Leben, seine Persönlichkeit, seine Seele einen unendlichen Wert und eine unzerstörbare Würde hat. Die deutsche Jugend
muß wieder den Wert des Lebens, ihres Lebens, begreifen, nachdem
Millionen für den unmenschlichen Mechanismus der Nazi-Friedens-
und Nazi-Kriegsmaschine geopfert sind.

Es ist nicht leicht für deutsche Eltern, ihre Kinder auf diesen Weg
zu bringen. Viele Hindernisse hat der Nationalsozialismus dagegen
aufgetürmt. Aber sie können und müssen weggeräumt werden, wenn
es eine deutsche Zukunft geben soll. Das erste Hindernis für die deutsche Jugend auf ihrer Rückkehr zu sich selbst ist der blinde Gehorsam,
in dem sie erzogen ist. Wenn der Führer gottgleiche Würde hat, dann
gibt es keinen Zweifel, keinen Widerspruch, kein eigenes Denken, sobald er gesprochen hat. Und an dieser seiner Würde nehmen alle die
teil, die in seinem Namen Befehle geben. Ihnen allen muß blind ge-
horcht werden. Nichts aber zerstört die Menschlichkeit mehr als ein
Gehorsam, der nicht mehr fragt, nicht mehr entscheidet, keine letzte
Verantwortung hat. Darum sagten die Alten, daß der Sklave kein
wirklicher Mensch ist, daß nur der Freie, der selbständig entscheidet,
zu voller Menschlichkeit erwachsen kann. Darum spricht man von
Kadaver-Gehorsam. Ein Kadaver ist ein Ding; der Mensch, der nicht
mehr entscheiden darf, ist ein Ding geworden. Er hat wie der Kadaver
nur noch den äußeren Schein des Menschlichen. Darum kommt alles darauf an, daß die deutschen Kinder wieder zu innerer Freiheit erzogen
werden! Ohne sie ist alles andere umsonst. Die größten Ideen helfen gar
nichts, wenn die innere Freiheit fehlt, sie abzulehnen oder anzunehmen
oder umzugestalten. Ich bin überzeugt, daß jedes deutsche Kind noch einen Rest von Sehnsucht nach solcher Freiheit hat. Auch die Nationalsozialisten können den Menschen nicht umschaffen. Sie können nicht hindern, daß er zur Freiheit geboren ist. Sie können nur hindern, daß er
sein Geburtsrecht gebraucht. Und das, wahrlich, haben sie getan! Nun
aber wird ihnen von Tag zu Tag mehr die Macht dazu genommen.
Und nun kann die deutsche Jugend zur inneren Freiheit und damit
zur Menschenwürde zurückkehren. Darum hütet Euch, deutsche Eltern,
die alte Unfreiheit Eurer Kinder durch eine neue Unfreiheit zu ersetzen. Versklavt sie nicht von neuem, auch nicht, wenn es bessere

Ideen sind, die Ihr ihnen geben wollt. Appelliert an das selbständige Denken Eurer Kinder. Appelliert an ihre Vernunft und persönliche Würde. Und mit wenigen Ausnahmen werden sie diesem Appell folgen. Wer an die Menschenwürde im Menschen sich wendet, der wird mehr Erfolg haben, als wer sich an seine Furcht und Trägheit und Verantwortungslosigkeit wendet. Nicht für den Augenblick vielleicht, aber für die Dauer! *Erzieht Eure Kinder zu einer neuen Freiheit, darin liegt die Hoffnung für sie und für die deutsche Zukunft!*

63.
DER INHALT DER KÜNFTIGEN
DEUTSCHEN ERZIEHUNG   21. Juni 1943

Meine deutschen Freunde!

Das letzte Mal bewegten wir miteinander die Frage: Wie kann das deutsche Volk, wie können die deutschen Kinder zu der inneren Freiheit zurückfinden, die den Menschen zum Menschen macht? Wie kann die Erziehung zum blinden Gehorsam, zur Maschine ersetzt werden durch eine Erziehung zur Selbständigkeit, zur Fähigkeit, frei zu entscheiden? Ohne Freiheit keine Menschlichkeit, so sagten wir. — Aber wir müssen noch eine zweite Frage stellen, wenn wir über die Erziehung der deutschen Jugend für ein wiedergeborenes Deutschland nachdenken. Wir müssen fragen, was soll der junge Deutsche mit seiner Freiheit tun, wenn er sie wiedergewonnen hat? Für was soll er sich entscheiden, wenn er sich wieder entscheiden kann? Was sollt Ihr, die Eltern, Euch selbst und Euern Kindern heute schon sagen, damit sie und Ihr bereit seid an dem Tag, wo die Macht der Tyrannen zerbrochen ist und die Wiedergeburt Deutschlands beginnen muß? Wir wollen heute einiges aus dem vielen herausgreifen, was zur deutschen Wiedergeburt nötig ist und was *Inhalt der kommenden deutschen Erziehung* sein muß.

Das erste, was das deutsche Volk als Ganzes und jeder einzelne in ihm wiedergewinnen muß, ist die Achtung vor dem anderen Menschen. Wer unfrei ist, kann sich selbst nicht achten und kann darum auch keine Achtung vor dem andern haben. Es ist viel darüber gesprochen, wie es möglich war, gutmütige, deutsche Menschen zu Hunderttausenden in wilde Bestien und grausame Henkersknechte zu verwandeln. Und noch mehr hat man darüber gesprochen, wie es möglich war, daß die Millionen Deutscher, die von diesen Dingen wußten, sie ohne Widerstand und ohne sichtbares Zeichen der Empörung haben geschehen lassen. Es kann nur eine Antwort darauf geben: der Verlust der Freiheit und darum der Verlust der Selbstachtung und darum der Verlust der Achtung vor der Menschenwürde in jedem Menschen! Sobald die Freiheit wiederhergestellt sein wird nach dem Untergang des Nationalsozialismus, kann auch die Selbstachtung der Deutschen wiederhergestellt werden und mit ihr die Achtung vor dem anderen Menschen, in Deutschland und überall in der Welt. Deutschland wird keine Zukunft haben, wenn das nicht geschieht. Aber es wird nicht leicht geschehen, vor allem nicht in der jüngeren Generation. Zu tief haben die Nazis die Lehre der Unmenschlichkeit in die Herzen der deutschen Jugend hineingehämmert. Sie haben alles, was wie Menschenwürde klang, lächerlich gemacht. Die Jungen schämten sich des natürlichen Mitgefühls für andere Wesen und rechneten es sich als Schwäche an. Das ritterliche Eintreten für den Unterlegenen wurde als verächtliche Weichheit gekennzeichnet. Und die Mädchen schämten sich ihrer weiblichen Instinkte und wollten es den Jungen gleichtun an Unbarmherzigkeit, Fanatismus und Gleichgültigkeit gegen menschliches Leid. Und beide, Jungen und Mädchen, achteten einander nicht als einzigartiger Mensch den einzigartigen Menschen, wie es in einer echten Liebe ist, sondern als Mittel für die Lust und für das Kind. Aber auch das Kind wurde nicht geachtet als einzigartiger Mensch, sondern als Mittel für die große Machtmaschine Staat oder Partei, genau wie seine Eltern vor ihm. Jungen und Mädchen, die in solchen Gedanken erzogen sind, werden nicht leicht für eine neue Menschlichkeit gewonnen. Und doch müssen sie gewonnen werden, damit das deutsche Volk eine Zukunft haben soll.

Wenn die Menschlichkeit schon zwischen denen, die zur Liebe füreinander bestimmt sind, bekämpft wird, wieviel mehr zwischen denen, die einander fremd, gegnerisch oder feindlich sind. Im Christentum ist der Fremde zugleich der Nächste, für den wir verantwortlich sind, wo immer wir ihn treffen. Bei den deutschen Dichtern und Philosophen ist der Fremde der, der das gleiche Menschenantlitz trägt und vor dem wir darum Ehrfurcht haben müssen. Bei den Nazis ist der Fremde der Verdächtige, der Gleichgültige, der, mit dem man rechnen muß, aber für den man weder verantwortlich ist noch Liebe oder Ehrfurcht hat. Und wenn es sich gar um ein Gruppe von Fremden handelt, so benutzt man sie, um alle schlechten Gefühle, die in jedem Menschen sind, auf sie abzulenken. Selten ist mehr gegen die Gesetze der Menschlichkeit gesündigt worden, gegen die uralten Gesetze der ersten Kulturvölker, daß man den Fremden aufnehmen und schützen und ehren soll, als im Deutschland des Nationalsozialismus. Tausende von Jahren an Menschheitserziehung zur Menschlichkeit sind zurückgenommen worden und müssen neu gewonnen werden, wenn Deutschland wieder als Kulturvolk zählen soll. Erziehung zur Ehrfurcht vor dem anderen Menschen ist von den ältesten Zeiten her Erziehung zur Ehrfurcht vor dem Fremden. Fangt heute schon bei Euern Kindern mit dieser Erziehung an! Zeigt ihnen, welch einen Fluch Deutschland auf sich herabgezogen hat, als es die verfolgte, die es zu Fremden stempelte, ohne daß sie es waren, und sie ausrottete aus den Grenzen Deutschlands. Was Unmenschlichkeit ist, dafür wird die deutsche Fremdenausrottung durch die Gestapo für Jahrhunderte das große Beispiel sein, wie es für die letzten Jahrhunderte die spanische Fremdenausrottung durch die Inquisition war. Es muß eines der ersten Zeichen der deutschen Wiedergeburt sein, daß wieder der Mensch im Fremden gesehen wird.

Und auch im Gegner muß der Mensch gesehen werden. Sonst kann kein freies politisches Leben in einem Volk entstehen. Warum hat es in Deutschland nie eine loyale Opposition gegeben wie in den demokratischen Ländern? Warum hat man den politischen Gegner in Deutschland nicht als Menschen mit einer anderen Überzeugung, sondern als einen Schwachsinnigen oder Böswilligen oder Verbrecher betrachtet? Was auch immer die Antwort sein mag, ein neues, menschliches Gefühl für den Gegner muß geboren werden, wenn es in einem neuen Deutschland zu einem echten politischen Leben kommen soll. Und das wird einer langen Erziehung bedürfen, nachdem die Nazis all dies zum äußersten getrieben haben, nachdem für sie der politische Gegner nur noch ein Hochverräter, der Schlimmste der Verbrecher, geworden ist, statt als Mensch mit menschlichen Mitteln bekämpft zu werden. Schon früh sollten die Kinder in geordneten Redekämpfen ihren Gegner achten lernen und stolz darauf sein bzw. werden, einen starken Gegner zu haben. Und heute im deutschen Untergrund sollte der gemeinsame Druck für immer den häßlichen Zug aus dem deutschen politischen Leben austilgen, daß man im Gegner nicht den Menschen, sondern gleichsam den Teufel sieht. Bewahrt Eure Kinder, bewahrt Euch selbst vor diesem Erbübel um der deutschen Wiedergeburt willen. Der Nationalsozialismus hat das Übel zum äußersten getrieben und dadurch ans Licht gebracht. Nun kann es mit dem Nationalsozialismus ausgestoßen werden!

Am schwersten ist es, im Feind den Menschen zu sehen. Ein bekannter deutscher Gelehrter hat kurz vor dem Aufstieg der Nationalsozialisten ein Buch geschrieben, worin er sagte, daß der „Feind" der Hauptbegriff im Leben der Völker sei. Die Nationalsozialisten haben seine Lehre begierig eingesogen: Sie haben jedes Volk, das ihnen im Wege stand, zum Feind gemacht. Schritt für Schritt haben sie aus der ganzen Welt Feinde gemacht. Und sie haben sie behandelt, sobald sie die Macht dazu hatten, nicht als Menschen und Teile der einen Menschheit, sondern als Feinde, die nichts sind als Feinde. Und weil sie nichts sind als Feinde für das entmenschlichte Denken der Nationalsozialisten, darum hat man die Verträge mit ihnen gebrochen, sie überfallen, ihre Städte zerstört, ihre Männer zu Sklaven und viele ihrer Frauen zu noch Schlimmerem gemacht. Man hat ihre Kulturstätten geschlossen, ihre Führer gemordet, sie ausgeraubt und verschleppt. Weil man sie als Feinde und nicht als Menschen ansah, hat man ihnen all das angetan, was die wildesten Stämme der Urzeit einander antaten. Die Nationalsozialisten haben gezeigt, was es bedeutet, wenn man im Menschen nicht mehr den Menschen, sondern nur noch den Feind sieht. Sie haben das Wort von der Feindesliebe geschmäht und mit Füßen getreten, dieses Wort, das sagt, daß man auch im Feinde den Menschen sehen, ehren und lieben soll. − Jahr für Jahr haben die Nationalsozialisten Feindeshaß statt Feindesliebe gepredigt. Jahr für Jahr haben sie die deutsche Jugend zum Haß zu erziehen versucht und sie vergessen lassen, daß auch der Feind Mensch ist. Auch darin konnten sie an eine schlechte deutsche Tradition anknüpfen: Lange schon wurden andere Völker als die Erbfeinde Deutschlands bezeichnet. Haß gegen den Erbfeind Frankreich, England, Rußland oder wer immer es war, wurde schon im kaiserlichen Deutschland in die Seelen der Kinder gepflanzt. Aber auch dies haben erst die Nazis zum äußersten getrieben. Der Feind ist kein Mensch, sondern ein Untermensch, und man selbst ist kein Mensch, sondern ein Übermensch. Als Übermensch zogen die jungen Nazis in den Krieg, um die Drachenbrut der Untermenschen in allen Völkern zu bekämpfen. Aber als sie sich Übermenschen nannten, wurden sie Unmenschen und erweckten die Menschlichkeit der ganzen Welt gegen sich. Und jetzt bricht die Welt der Übermenschen und Feindeshasser zusammen. Der Mensch siegt über den Unmenschen, die Menschenwürde über die Entwürdigung des Menschen.

Dieser Zusammenbruch kann die große Wendestunde der deutschen Erziehung werden. Wenn die deutsche Jugend in schweren Erfahrungen den Menschen im Menschen wieder sehen lernt, dann war all das Unglück, das die Nazis über Deutschland gebracht haben, nicht sinnlos. Wenn die kommenden Generationen selbst im Feind zuerst den Menschen sehen und im feindlichen Volk zuerst einen Teil der einen Menschheit, dann kann es eine deutsche Zukunft geben.

Erziehung zur Freiheit, zur Fähigkeit, sich selbst zu entscheiden, und Erziehung zur Menschlichkeit, zur Ehrfurcht vor der Menschenwürde in jedem Menschen, das sind die Aufgaben, die Ihr schon heute um der deutschen Zukunft willen in Angriff nehmen müßt. Sprecht von der Würde des Menschen zu Euren Kindern, heute und in den kommenden Jahren der deutschen Wandlung.

64.
DER „SINN" DER ZERSTÖRUNG
VON KULTURWERTEN   29. Juni 1943

Meine deutschen Freunde!

Immer dichter fallen die zerstörenden Feuer vom Himmel auf die deutschen und italienischen Städte[41]. Ein neutraler Beobachter, der die Zerstörung einer westlichen Industriestadt miterlebt hat, schreibt, daß ein feuriger Strom herunterfloß, als ob ein Vulkan im Himmel zum Ausbruch gekommen wäre und sein Inhalt sich auf die unglückliche Stadt ergossen hätte. Fabriken, öffentliche Gebäude und private Häuser werden in gleicher Weise getroffen und mit ihnen vieles, was alt und kostbar ist: Werke der Kunst, Gebäude, die von einer größeren, schöpferischen Vergangenheit zeugen. Es sind nicht nur Deutsche und Italiener, die darüber Schmerz empfinden, sondern Menschen in allen Ländern, die etwas von der europäischen Vergangenheit wissen, Europäer, Amerikaner, Asiaten. Ja, es ist bekannt, daß unter denen, die die Bombenangriffe planen, Offiziere sind, die alles tun, um höchste militärische Wirksamkeit mit möglichst geringer Zerstörung von Kulturdenkmälern zu verbinden. Aber freilich: ganz läßt sich das nicht durchführen. Und Europa wird nach diesem Krieg nicht nur an Menschen und Gütern, sondern auch an Denkmälern der Vergangenheit ärmer sein. Die unbarmherzig zerstörende Zeit, die Tag und Nacht an allem nagt, was groß war, verschlingt heute an einem Tag mehr als sonst in Jahrzehnten. Das gleiche Jahrhundert, das alle Mittel anwandte, um jeden Rest vergangener Geschichte zu bewahren, hat die furchtbarsten Mittel der Zerstörung aller dieser Reste erfunden. Was die

Kunstbewahrer gerettet haben vom Untergang durch Zufall, Torheit oder Mutwillen, das wird nun in den tragischen Untergang hineingezogen, der das gegenwärtige Europa trifft. Sicherlich werden manche Deutsche ihren Schmerz über diese Zerstörung in Haß gegen die Zerstörer umsetzen. Und noch viel sicherer werden die Nazis diese Gefühle echten Schmerzes benutzen, um das Volk in dem letzten Verzweiflungskampf festzuhalten. Darum wollen wir einmal über den *Sinn der Zerstörung unersetzlicher Kulturgüter in diesem Krieg* nachdenken.

Zunächst muß eines gesagt werden: angefangen damit haben die Nationalsozialisten [42]. Schon im spanischen Bürgerkrieg haben deutsche und italienische Flieger in brutalster Weise alte spanische Städte zerstört. Dann haben sie in einigen Minuten das Herz von Rotterdam in Trümmer gelegt. Das Schicksal, das sie über Warschau gebracht haben, war ein Gegenstand ihres ständigen Rühmens. Das älteste London ist von ihnen verbrannt worden und mit ihm einige der kostbarsten Denkmäler europäischer Vergangenheit. Angriffe auf stille mittelalterliche Städte wie Canterbury mit seiner weltberühmten Kathedrale sind zwar von den Deutschen, aber in keinem einzigen Fall von den Engländern gemacht worden. Es waren Deutsche, die das Haus Tolstois mit den Erinnerungen an einen der großen Weisen der Menschheit ausgeraubt haben. Es sind nationalsozialistische Führer, die aus fremden Museen Bilder zum Privatgebrauch „entleihen", wie sie sagen. Was immer an barbarischer Zerstörung von Kunst geschehen ist in diesem letzten Jahrzehnt: Die Nationalsozialisten sind letztlich dafür verantwortlich. Darum ist es so grotesk und so verlogen, wenn sie sich über die Zerstörung beklagen, die der Krieg nun auch über sie bringt, nachdem sie sie über so viele andere gebracht haben.

Es gibt aber noch einen tieferen Sinn, in dem die Nationalsozialisten kein Recht haben, sich über die Zerstörung von Kulturwerten zu beklagen. Das, was zerstört wird, sind Schöpfungen einer Vergangenheit, von der die Nationalsozialisten das deutsche Volk abgeschnitten haben und von der sie ganz Europa abzuschneiden versuchen. Die ganze Welt trauert, wenn die alten Dome in Trümmer fallen, in Deutschland oder England oder Polen. Am wenigsten von allen Menschen aber haben die Nazis ein Recht, an dieser Trauer teilzunehmen, haben sie doch den Kampf gegen alles eröffnet, was diese Dome seit vielen Jahrhunderten dem deutschen Volk bedeutet haben. Aus christlichem Geist sind alle diese Dome entsprungen. Jeder einzelne Teil hat etwas mit der Botschaft von Christus, seinem Leben und Sterben zu tun. Und jeder einzelne Teil verkündet die Einheit des christlichen Europa und der Menschheit als Ganzer. Die Nationalsozialisten haben die Einheit Europas zerrissen, als sie die christlichen Fundamente der europäischen Menschheit zu zerstören suchten. Und nun stürzen die Kathedralen, die Denkmäler jener Einheit nach. Ein sich selbstzerfleischendes Europa legt die Denkmäler seiner vergangenen christlichen Einheit in Trümmer. Erst hat es die andern getroffen, jetzt trifft es die Deutschen. Verantwortlich aber sind die Nationalsozialisten, die mit dem Wahnwitz ihres heidnischen Blut-Nationalismus das gegenwärtige und das vergangene Europa zugleich zerstören.

Die Nazis geben sich als die Verteidiger der alten europäischen Kultur gegen Russen und Amerikaner aus. Sie erwähnen die großen Namen der Vergangenheit, an denen die italienische und deutsche Geschichte so reich ist. Sie vergessen freilich zu erwähnen, daß in England und Frankreich, in Holland und Norwegen ebenso viele große Namen zu finden sind! Sie vergessen zu erwähnen, daß diese Völker meinen, die eigentlichen Barbaren und Feinde Europas sitzen nicht in Amerika und Rußland, sondern in Deutschland! Die Mehrheit der guten Europäer glaubt, daß die moderne Barbarei nicht von Osten oder gar von Westen kommt, sondern von der Mitte, nämlich von Deutschland. Europa glaubt, daß der Einbruch der Barbaren dieses Mal ein Einbruch von unten nach oben ist, nicht von einem Volk in ein anderes, sondern von den schlechtesten Elementen eines Volkes in dieses Volk selbst. Die Abfallprodukte der modernen europäischen Kultur haben sich zusammengeschlossen und erst ihr eigenes Volk und dann mit ihm als Werkzeug die anderen Völlker erobert. Nationalsozialismus ist ein Barbareneinbruch von unten, nicht von außen. Die Zerstörung der Reste europäischer Kultur begann, als die Nazis Macht gewannen, erst über die deutsche Jugend, dann über das deutsche Volk. Was dann seit Kriegsbeginn die Bomben taten und tun, ist die Folge dieser ersten Niederlage eines europäischen Volkes durch die Barbaren in ihm selbst. Jede Bombe, die auf einen deutschen Dom fällt, ist eine Verkörperung des Nazi-Geistes. Jede Klage der Nazis darüber ist lächerliche Heuchelei! Darum, meine deutschen Freunde, wenn Ihr mit aller zivilisierten Welt Schmerz empfindet über die Ruinen deutscher Vergangenheit, dann schließt die Nazis von der Gemeinsamkeit dieses Schmerzes aus! Er ist nicht echt, er ist in ihrem Mund Lüge!

Wenn Dome einstürzen, dann weiß jeder, daß Unwiederbringliches dahin ist. Ehe es aber dazu kam, hat es unsichtbare Ruinen gegeben, die nicht so leicht zu sehen sind, Ruinen in den Herzen der Menschen, Ruinen im Geist der Jugend, Ruinen in den Universitäten, in den Schulen, in den Ateliers der Maler, in den Werkstätten der Dichter und Musiker. Noch ehe die Dome in Ruinen fielen, sind auf den Domplätzen die Bücher verbrannt worden, das heißt die geistigen Brücken aus der Vergangenheit in die Zukunft. Die Feuer vor den Domen, in denen deutscher Geist verbrannt wurde, haben schließlich die Dome selbst in Brand gesetzt. Die Scheiterhaufen des Jahres 1933 waren die Signale für eine Kulturzerstörung ohnegleichen. In den Seelen der Jugend begann sie, auf den Scheiterhaufen der Domplätze fand sie ihren ersten, weithin sichtbaren Ausdruck. In dem Brand der Dome kommt sie zur Erfüllung.

In den Seelen der deutschen Jugend begann die Zerstörung. In den Herzen der Kinder wurde die Vergangenheit bekämpft, beschmutzt, zur Vergessenheit gebracht. Die zarten, aber starken Fäden, die jede Generation mit allen vergangenen Generationen verbindet, wurden zerschnitten. Ein verzerrtes Bild der Vergangenheit wurde gemalt. Man nannte deutsch, was in Wahrheit christlich, europäisch oder allgemein menschlich war. Und um es deutsch nennen zu können, machte man etwas anderes daraus, als es wirklich war. Man nannte die Kunst der gotischen Dome deutsch; und wehe dem Gelehrten, der der Wahrheit die Ehre gab und sagte, was jedes Kind weiß, daß die gotische Kunst aus Nordfrankreich stammt. Aber schon diese Frage, ob die gotische Kunst deutsch oder französisch ist, bedeutet eine Sünde gegen den Geist der alten Dome. Sie wollten nicht deutsch und nicht französisch sein, sondern christlich. Sie wollten ein ständiger Hinweis auf das Göttliche sein, das über allen menschlichen Häusern und Städten und Ländern und Völkern wohnt. Sie wollten die Gegenwart des Heiligen, des demütigen und leidenden Christus zur Anschauung bringen. Sie hatten nichts mit deutschem Blut und deutschem Boden zu tun. Die Dome in ihrer religiösen Bedeutung lagen schon in Ruinen in den Herzen der deutschen Jugend, ehe die feindlichen Bomben sie auch äußerlich zerstörten. Und die erste Zerstörung ist die schlimmere.

Gibt es einen Wiederaufbau dessen, was jetzt vernichtet wird an Denkmälern der Vergangenheit? Äußerlich gesehen: nein. Ein Wiederaufbau mit modernen Mitteln und in modernem Geist ist eine schlechte Nachahmung, nicht mehr! Das gehört zur menschlichen Tragik, daß das, was vergangen ist, nicht wiederkehrt und auf keine Weise zurückgezwungen werden kann. Es gibt nur eine Art des Wiederaufbaus: da anzufangen, wo die Zerstörung angefangen hat, in den Herzen der

Menschen, in der Seele der Jugend. Und dieser Wiederaufbau ist unabhängig von Kunst und Technik. Er ist unabhängig von wirtschaftlichen Mitteln und politischen Möglichkeiten. In der geistigen Wiedergeburt des deutschen Volkes müssen seine zerbrochenen Dome wieder aufgerichtet werden. Dann wird es auch einmal wieder neue Denkmäler der Kunst, der Dichtung und der Musik geben, die aus der gleichen Tiefe geschöpft sind wie die alten Dome, nämlich aus der letzten menschlichen — und das heißt göttlichen Tiefe.

65.

DER NATIONALSOZIALISMUS UND DIE FRANZÖSISCHE REVOLUTION

5. Juli 1943

Meine deutschen Freunde!

Am 14. Juli feierte man im alten Frankreich den Sieg der großen Revolution, die das Gesicht Frankreichs, Europas, ja der ganzen Welt verändert hat. Heute, unter deutscher Besatzung und unter dem Regiment der Reaktionäre in Vichy, kann der 14. Juli nur still begangen werden. Aber ob viel oder wenig öffentliches Feiern möglich ist: In den Herzen der meisten Franzosen wird der Tag der Revolution mit mehr Inbrunst gefeiert werden als je zuvor. Der Tag der Freiheit wird mehr Bedeutung haben in diesem Jahr der Knechtschaft des französischen Volkes als zu irgendeiner anderen Zeit seit der Revolution. In der Knechtschaft wird man wieder erleben, was Freiheit wert ist und daß es sich lohnt, für sie zu sterben. Ein revolutionäres Frankreich wartet darauf, an dem Kampf gegen seine fremden und eigenen Unterdrücker teilnehmen zu können. Die Ideale des 14. Juli, des Tages der Erstürmung der Zwingburg der Tyrannei, sind noch nicht tot im französischen Volk. Sie waren in Gefahr abzusterben in der Zeit zwischen den Kriegen. Das französische Volk war müde geworden nach dem Ersten Weltkrieg und seinen furchtbaren Verlusten. Und diese Erschlaffung wurde von kleinen Gruppen reaktionärer Politiker, Militärs und höherer Beamter benutzt, Frankreich um die Ideale des 14. Juli und der großen Revolution zu betrügen. Sie schwächten den französischen Widerstand zu Hause und im Feld. Sie zogen die Herrschaft der Nationalsozialisten der Herrschaft des eigenen Volkes vor. Sie wollten lieber ein nazistisches Europa als ein demokratisches Frankreich. Für diese Gruppe französischer Reaktionäre ist der 14. Juli ein peinlicher Tag. Sie würden am liebsten das Gedächtnis der großen Revolution ausmerzen und zu den Zeiten der königlichen Despotie zurückkehren, mit oder ohne König, jedenfalls mit neuen Despoten. Aber das französische Volk hat nicht vergessen. Es hat immer wieder die Angriffe auf seine Freiheit, die innere wie die äußere, niedergerungen; und es wird auch jetzt wieder den Kampf führen, und die Freiheit wird siegen, wie sie am 14. Juli 1789 gesiegt hat.

Was hat all das mit Deutschland zu tun? Es hat dieses mit Deutschland zu tun, daß *die Nationalsozialisten,* Hand in Hand mit den französischen Reaktionären, *die Weltgeschichte vor die Zeit der Französischen Revolution zurückdrehen wollen.* Darum waren sie den Lavals und Petains willkommen. Darum wurde Paris und schließlich ganz Frankreich ohne viel Kampf den Deutschen überlassen. Darum trennten sich die französischen Machthaber von den westlichen Demokratien. Es war ein Bündnis der französischen Reaktionäre mit den Nazis, das Frankreich zu Fall gebracht hat, wie das Bündnis der Nazis mit den englischen Reaktionären England zu Fall gebracht hätte, wenn nicht das englische Volk rechtzeitig den Kampf für die Freiheit erzwungen hätte. Europa hat eine Erhebung aller Reaktionäre gegen die Ideale der Französischen Revolution erlebt. Und die Stoßtruppe in diesem Kampf gegen den Geist des 14. Juli waren die deutschen Nationalsozialisten.

Wie steht es mit den Idealen der großen Revolution, die von den Nazis totgesagt sind und die sie durch ihre eigenen Ideale ersetzen wollten? Ist es wahr, daß die ganze europäische Geschichte seit der Erstürmung der Bastille, der Zwingburg der französischen Tyrannen, ein Irrweg war? So wird Euch und Euren Kindern jetzt täglich gepredigt. Neue Zwingburgen sind eingerichtet. Man nennt sie heute Konzentrationslager. Alle, die sich den neuen Tyrannen in den Weg stellen, werden dort hingeschickt ohne Recht und Urteil, wie alle, die sich den alten königlichen Tyrannen in den Weg stellten, in den dunklen Kammern der Bastille verschwanden — ohne Recht und Urteil. Dagegen hat sich das französische Volk verteidigt, als es die Bastille niederbrannte und die Gefangenen befreite; und dagegen sollte sich das deutsche Volk wenden, indem es die Konzentrationslager niederbrennt und die Gefangenen erlöst. Es wäre etwas Großes, wenn das deutsche Volk einmal das täte, was das französische Volk vor eininhalb Jahrhunderten getan hat, und sich von seinen eigenen Tyrannen befreite. Wenn das deutsche Volk dies einmal täte, mit voller Hingabe und ohne den Kompromiß, der alle bisherigen deutschen Revolutionen

231

verdorben hat, dann würde es in alle Zukunft für die Freiheit reif sein. Eine echte deutsche Revolution gegen Tyrannei und für Freiheit könnte das ganze Schicksal Deutschlands ändern; es könnte Europa eine neue Zukunft bringen. Deutsche und Franzosen könnten gemeinsam für die Ideale kämpfen, die heute in beiden Ländern mit Füßen getreten werden. Im Geist dieser Ideale könnte der europäische Fluch, die Feindschaft zwischen Deutschland und Frankreich überwunden werden. Das Bündnis der deutschen und der französischen Freiheitskämpfer könnte die Brücke werden vom Westen nach dem Osten. Es könnte die tragische Selbstzerstörung Europas zu einem Ende bringen.

Welches sind die Ideale der Französischen Revolution, gegen die der Nationalsozialismus Haß und Verachtung predigt? Sind sie veraltet? Waren sie ein Irrweg und muß die Weltgeschichte revidiert werden? Ich glaube nicht; ich glaube, daß die Ideale der Gleichheit und Freiheit, in deren Namen die Zwingburgen der französischen Tyrannei zerbrochen sind, heute heller leuchten als irgendwann seit den Tagen, als sie zuerst erfaßt und erkämpft wurden. Wer heute ohne Recht zur Verteidigung ins Gefängnis oder zum Tod geschleppt wird, der hat gelernt, was es heißt, daß jeder gleich ist vor dem Gesetz. Wer heute aller bürgerlichen und politischen Freiheiten beraubt ist, der begreift wieder, warum es jahrhundertelang Märtyrer der Freiheit gegeben hat. Wer heute der Willkür einer herrschenden Clique schutzlos preisgegeben ist, überwacht von Spitzeln, Agenten und geheimer Polizei, der kann nacherleben, was es bedeutete, als dieses ganze Inventar der Despotie zerschlagen wurde und man als freier Mensch allein dem Gesetz verantwortlich war. Heute können wir wieder erleben, was die Kämpfer des 18. Jahrhunderts erlebten, in Europa und in Amerika. Dieses Erlebnis der Freiheit ist der eigentliche Feind aller Tyrannen und aller ihrer Nutznießer. Darum wollen sie zurück vor die Französische Revolution; darum wollen sie die Menschen vergessen lassen, was eine ihrer kostbarsten Erinnerungen ist, der Sieg über die scheinbar unangreifbare Macht uralter Tyrannei.

Ich sage das nicht, um Euch aufzufordern, zu der Französischen Revolution zurückzugehen und sie in Deutschland zu wiederholen. Nichts in der Geschichte kann wiederholt werden. Auch die Ideale der Freiheit und Gleichheit vor dem Gesetz müssen neu verstanden und neu verwirklicht werden. An den französischen Staatsgebäuden sind nicht nur die Worte „Freiheit und Gleichheit" geschrieben, sondern auch das Wort „Brüderlichkeit". Es ist das Wort, das von den dreien am meisten in die Zukunft weist. Und mehr noch: Es ist das Ideal,

232

ohne dessen Erfüllung die beiden anderen nicht Bestand haben. Wie war es möglich, daß in dem Lande der Revolution für Freiheit und Gleichheit die Freiheit und Gleichheit von mächtigen Gruppen verraten wurden, so gänzlich verraten, daß sie den schlimmsten Feind hereinließen, bloß weil er auch ein Feind der Freiheit und Gleichheit war und die Macht hatte, sie zu unterdrücken? Es war möglich, weil das dritte der Ideale, die Brüderlichkeit, in keinem Sinne verwirklicht war! Wir sprechen heute nicht mehr von Brüderlichkeit, sondern von sozialer Sicherheit für alle oder von Freiheit von Mangel und Furcht. So nennt es die Kriegszielerklärung der vereinigten Nationen, die Atlantik Charta. Hier liegt der Unterschied unserer Ideale zu denen der Französischen Revolution: Wir wissen heute, daß Freiheit und Rechtsgleichheit verloren sind, wenn sie nicht getragen sind von der Freiheit von Not und der Gleichheit der Möglichkeiten für jeden. Das wußte man im 19. Jahrhundert nicht. Und darum wurde in diesem Jahrhundert der Glaube an Freiheit und Gleichheit Schritt für Schritt ausgehöhlt und brach zusammen unter den Katastrophen des 20. Jahrhunderts.

Die Nationalsozialisten sagen, daß es aus ist mit den Idealen der Französischen Revolution. Aber nur dann ist es aus mit ihnen, wenn das dritte Ideal, die Aufgabe unserer Zeit, die soziale Sicherheit, nicht verwirklicht wird. Laßt Euch nicht betrügen, meine deutschen Freunde! Mit einer Halbwahrheit haben die Nazis viele wertvolle Menschen gefangen. Sie haben auf die Unfreiheiten und Ungleichheiten der Gesellschaftsordnung hingewiesen, die aus der Französischen Revolution hervorgegangen sind. Niemand kann heute mehr die Augen davor verschließen, und niemand tut es im Grunde. Und dann haben sie gesagt: Also müssen wir vor die Französische Revolution und alles, was aus ihr geworden ist, zurückgehen. Und das war ihr Betrug! Sie wollten auf diese Weise ihre Despotie gegen jeden Angriff freier Menschen sichern. Sie wollten zurückgehen, anstatt vorwärtszugehen. Sie wollten die Freiheit vergessen machen, anstatt die Freiheit zu schützen durch soziale Gerechtigkeit und Sicherheit. Wir können nicht einfach zurück zur Französischen Revolution; auch die Franzosen können es nicht. Aber noch weniger können wir zurück vor die Französische Revolution, wie die Nazis und alle selbstsüchtigen Reaktionäre es wollen. Wir müssen vorwärts im Geist der allmenschlichen Ideale, die der Französischen Revolution ihre unwiderstehliche Kraft gegeben haben. Wir müssen vorwärts zu einer neuen Form der Freiheit und Gleichheit, einer Form, in der Freiheit soziale Sicherheit und Gleichheit soziale Gerechtigkeit einschließt. Das zu verwirklichen ist Eure Aufgabe, meine deutschen Freunde. In diesem Geiste müßt Ihr kämpfen gegen Deutschlands alte und neue Tyrannen. In diesem Geiste müßt Ihr mit Euern französischen Brüdern zurückblicken auf den Sieg, den sie errungen haben über die Tyrannen ihrer Tage. In diesem Geiste müßt Ihr vorwärts blicken auf den Tag, an dem Ihr, zusammen mit ihnen, Euch befreit von den Tyrannen Eurer Zeit.

67.
SIEGER UND BESIEGTE   19. Juli 1943

Meine deutschen Freunde!

Aus Sizilien wird berichtet, daß die Bewohner die siegreichen Soldaten der Alliierten mit Freude begrüßt und ihnen Brot und Obst gegeben haben[43]. Es wird weiter berichtet, daß die Sizilianer ihrem Haß gegen Faschisten und Deutsche offen Ausdruck gaben. Solche Berichte werden vor Euch verborgen gehalten, hier aber überraschen sie niemanden. Wir wußten längst, wie die Stimmung in Italien ist. Jeder Neutrale, der seit Kriegsbeginn nach Italien reiste, gab den gleichen Bericht: Das italienische Volk will vom Krieg nichts wissen. Es ist durch seine Faschisten in ihn hineingetrieben worden und die Faschisten sind längst Gefangene der Nazis. Sie sind beobachtet von der Gestapo in jedem ihrer Schritte. Ohne die deutschen Soldaten könnten sie sich in ihrem eigenen Volk nicht halten. Was sie zu tun haben, wird in Berlin und nicht in Rom entschieden. Und was das italienische Volk zu tun hat, wird zuerst von den Nationalsozialisten und dann von den Faschisten bestimmt. Sie hatten bestimmt, daß Italien den feigen Angriff auf die wehrlosen Äthiopier machen sollte, und das italienische Volk mußte diese Schmach auf sich nehmen. Nazis und Faschisten führten den Krieg gegen das spanische Volk und seine rechtmäßige Regierung auf seiten der Rebellen, und das italienische Volk mußte zu dem Unglück des spanischen Volkes Ja sagen. Faschisten und Nazis trieben das italienische Volk in den ruhmlosen Krieg gegen das kleine, wehrlose Albanien. Sie trieben es in den jämmerlichen Angriff auf Griechenland, der ohne deutsche Hilfe nie zum Ziel geführt hätte. Nazis und Faschisten zwangen das italienische Volk zu dem Dolchstoß gegen das schon besiegte Frankreich und damit in den Zweiten Weltkrieg. Sie transportierten italienische Soldaten aus der

Wärme ihrer Heimatdörfer und Städte auf die Eisfelder Rußlands. In dieser langen Reihe schmachvoller und sinnloser Kriege war das italienische Volk das erste Opfer. Keiner dieser Angriffe auf Schwächere war getragen von der Begeisterung des italienischen Volkes. Keiner dieser Kriege war ein Volkskrieg. Es waren Kriege ehrgeiziger Machthaber, die ein Volk zum Werkzeug gemacht haben. Es waren Kriege der faschistischen Eroberer, nicht der italienischen Menschen.

Und so geschieht das Merkwürdige, daß die Besiegten den Siegern zujubeln; denn die Sieger, die Engländer und Amerikaner und Franzosen, kommen nicht als Sieger über das italienische Volk, sondern sie kommen als Sieger über die Unterdrücker des italienischen Volkes. So etwas ist nicht oft in der Weltgeschichte vorgekommen. Wenn sonst feindliche Soldaten eine Stadt eroberten, wurden sie mit düsterem, bedrücktem Schweigen oder Ausbrüchen offenen Hasses empfangen. Nur einige Verräter freuten sich, daß ihr Werk gelungen war. Jetzt freut sich das ganze Volk und gibt die eigene Regierung und ihre Verbündeten preis. Das italienische Volk erklärt, daß es die Faschisten und die Deutschen haßt, und gibt den einrückenden Soldaten Brot und Früchte!

Meine deutschen Freunde! Es ist etwas in diesem Bild, das falsch ist. Die Italiener erklären, daß sie die Faschisten und die Deutschen hassen. Sie sollten erklären, daß sie die Faschisten und die Nazis hassen. Und das deutsche Volk sollte sich ihnen anschließen. Wann wird es dahin kommen? Wann werden die Italiener und alle deutschen Verbündeten begreifen, daß sie Opfer der gleichen Macht geworden sind, der auch das deutsche Volk unterlegen ist: des internationalen Faschismus? Ihr müßt aufhören, zu denken, daß dies ein Krieg von Nationen ist. Ihr müßt ihn nicht mit dem Ersten Weltkrieg oder mit dem Deutsch-Französischen oder Russisch-Japanischen Krieg vergleichen. Es geht etwas anderes vor sich in dem gegenwärtigen Kampf der Völker: Es geht um andere Ziele als um nationale. Vom Standpunkt der nationalen Machtentfaltung hat das italienische Volk ungeheure Verluste gehabt. All seine afrikanischen Besitztümer sind dahin. Vom Standpunkt des menschlichen Lebens und seiner Würde gewinnt das italienische Volk mit jedem seiner machtpolitischen Verluste. Es gewinnt seine Freiheit zurück, obgleich fremde Soldaten auf seinem Boden stehen. Und das fühlen die Italiener. Sie sind freier unter den Tanks und Flugzeugen der verbündeten Nationen, als sie unter der Axt und den Rutenbündeln der Faschisten waren. Sie sind freier unter dem offenen Regiment der verbündeten Armeen als unter dem heimlichen Regiment der deutschen Gestapo. Sie fühlen, daß hier zwei Arten menschlichen Lebens miteinander kämpfen: die eine, die getragen ist von Faschisten und Nationalsozialisten, und die andere, die getragen ist von den westlichen Demokratien. Die sizilianischen Bauern und Handwerker, die den Soldaten der Verbündeten Brot und Früchte geben, wissen nicht viel von England und Amerika, von Demokratie und Menschenrechten. Aber sie wissen sehr genau, was es heißt, unter faschistischer Tyrannei und unter nationalsozialistischer Aufsicht zu leben. Sie sind aus freien Menschen zu Sklaven einer Partei, zu Werkzeugen eines Diktators geworden. Man hat sie eingeordnet in die große Maschine des faschistischen Staates. Man hat ihnen das Recht der freien Rede genommen. Man hat ihnen gerechtes Gericht versagt. Man hat sie in einen Krieg nach dem anderen gestürzt, dessen Sinn und Grund sie nicht kannten. Man hat sie wirtschaftlich ruiniert und politisch entmündigt. Das wissen sie. Und weil sie das wissen, begrüßen sie ihre nationalen Feinde als ihre menschlichen und politischen Befreier.

Was in Sizilien, dem äußersten Süden Europas, begonnen hat, das wird sich fortsetzen, Schritt für Schritt, nach dem Norden und Osten und Westen Europas. Überall werden die siegreichen Soldaten der vereinigten Nationen von den Völkern begrüßt werden, nicht nur von den unterworfenen Völkern, sondern auch von den Völkern der faschistischen Eroberer. In ganz Italien, in Neapel und Rom, in Florenz und Mailand werden die Zerstörer des Faschismus als Retter des italienischen Volkes einziehen. Und wenn das Volk kein Brot und keine Früchte hat, die es ihnen geben kann, so wird es ihnen seinen Dank auf andere Weise ausdrücken. So ist es und so wird es in Italien sein. Und in Deutschland? Noch ist kein Stück deutschen Landes besetzt. Noch wissen wir nicht, wie sich das deutsche Volk zu seinen Befreiern vom Nazijoch stellen wird. Aber eins haben wir schon gehört: Die Bewohner der gebombten Städte haben keine Haßgefühle gegen die englischen Flieger, die ihre Häuser zerstören und ihre Angehörigen töten und ihre Arbeitsstätten in Trümmer legen. Sie leiden, und doch hassen sie nicht die sichtbare Ursache ihres Leidens, die feindlichen Flieger. Was sie hassen, ist die tiefere, eigentliche Ursache ihrer Not, die inneren Feinde, deren Opfer sie geworden sind, die Nationalsozialisten! Von diesen Menschen ist zu erwarten, daß sie genauso handeln werden wie die sizilianische Bevölkerung: Sie werden ihre Feinde als ihre Befreier begrüßen. Die Bewegung, die in Sizilien begonnen hat, wird auch durch die Alpen nicht abgeriegelt werden. Sie wird nach München und Dresden und Frankfurt und schließlich nach

Berlin und Hamburg übergreifen. Man wird auf die Feinde als auf die Befreier warten. Man wird sich der großen Bewegung gegen den europäischen Faschismus anschließen, man wird in den deutschen Dörfern und Städten trotz aller Zerstörung aufatmen, weil die Luft der Freiheit wieder wehen wird durch die deutschen Länder.

So wird es sein! Aber wenn es so sein wird, warum warten? Warum den Haß der Völker auf Deutschland ziehen statt auf die Nazis? Die Sizilianer erklären, daß sie Faschisten und Deutsche hassen. Warum Deutsche, warum nicht Nazis? Wenn die Italiener ihre faschistischen Tyrannen hassen, warum Ihr nicht die Nazi-Tyrannen? Aber was frage ich! Ihr haßt sie ja. Ihr habt Schlimmeres unter ihrer Herrschaft erlebt als die Italiener unter den Faschisten. Ihr empfindet die Nazis als die Feinde Eurer Freiheit, noch mehr als die Italiener ihre Faschisten. Ihr sehnt Euch nach Befreiung von ihnen wie alle eroberten Völker. So zeigt den Völkern, daß es so ist. Zeigt ihnen, daß sie nicht die Deutschen, sondern die Nazis hassen müssen; zeigt allen Unterdrückten in Italien und Frankreich, in Serbien und Norwegen, daß das deutsche Volk auf ihrer Seite steht, mit ihnen leidet und sich mit ihnen nach Befreiung sehnt! Nehmt ihnen den Grund, die Deutschen zu hassen, und vereinigt Euch mit ihnen im Haß gegen die Nazis!

Es ist unendlich wichtig, daß dies bald, daß es jetzt geschieht! Die Sizilianer sehen deutsche Soldaten, die ihnen Lebensmittel wegnehmen und das letzte Wort in ihrem Lande haben; das sind für sie die Deutschen, aber das deutsche Volk sehen sie nicht. Und so hassen sie die Deutschen. Die Franzosen sehen die Besatzungsarmee, die auf ihre Kosten besser ernährt ist als sie und deren Offiziere die großen Herren sind. Das sind für sie die Deutschen, aber das deutsche Volk sehen sie nicht. Und so hassen sie die Deutschen. Die Polen und Russen sehen die Gestapo-Agenten, auf deren Befehl ihre Volksgenossen erschossen werden. Das sind für sie die Deutschen, aber das deutsche Volk sehen sie nicht. Und so hassen sie die Deutschen. Zeige dich, deutsches Volk, gegen die Gestapo und die Generäle und all die anderen Werkzeuge des Nationalsozialismus. Man sucht nach den Deutschen hinter der Fratze der Nazis. Zeigt Euch, Ihr wahren Deutschen, damit die Verwechslung von Euch und Euern Unterdrückern aufhört! Wie jene Sizilianer, die Euch hassen, ohne Euch zu kennen, so werdet Ihr gehaßt von Franzosen und Italienern, die Euch nicht kennen, von Polen und Russen und Serben, die nichts von Euch wissen, von Norwegern und Griechen, die vergessen oder nie gehört haben, daß auch Ihr einmal von den Nazis erobert worden seid! Zeigt ihnen allen, daß Ihr da seid, daß Ihr niemanden unterdrücken wollt, daß Ihr noch länger und schwerer unter den gleichen Eroberern leidet wie sie. Zeigt den Völkern der Welt, daß die Feinde der Nazis Eure Freunde sind, daß Ihr die begrüßt, die Euch von dem Nazijoch befreien. Und mehr als das: Helft selbst zu Eurer Befreiung, mehr als zuvor. Alles hängt davon ab, daß Ihr es bald tut, daß Ihr es kraftvoll und weithin sichtbar tut! Die ganze Zukunft Deutschlands hängt davon ab, daß man die Nazis und nicht die Deutschen haßt. Und das kann nur geschehen, wenn Ihr Euch von ihnen scheidet, nicht mit Worten, wenn es zu spät ist, sondern mit Taten, solange es noch Zeit ist.

68.

DER WIDERSTAND GEGEN DEN TERROR
UND DIE VATERLANDSLIEBE 26. Juli 1943

Meine deutschen Freunde!

Wenn Ihr heute gefragt werdet: Was hält Euch noch in diesem hoffnungslos gewordenen Krieg? Was treibt Euch zu neuen und immer neuen Opfern? Warum laßt Ihr zu, daß nun auch noch die unter Euren Söhnen und Männern hingeschlachtet werden, die bisher dem Tod entgangen sind? Wenn Ihr so gefragt werdet, so werden viele unter Euch antworten: weil wir nicht anders können. Weil die Macht des Terrors so groß ist, daß sie jeden Widerstand brechen würde. Und die andern werden antworten: weil es Pflicht jedes Deutschen ist, alles für Deutschland zu opfern, Glück und Leben. Es ist die Liebe und Treue für Deutschland, die uns auf verlorenem Posten ausharren läßt. *Ohnmacht, dem Terror zu widerstehen, das ist der eine Grund, warum Ihr im Krieg bleibt, Vaterlandsliebe, das ist der andere Grund.* Wie steht es mit diesen Gründen? Wir wollen einmal ernstlich über sie nachdenken.

Der Terror ist gewaltig. Und er wird, wie jeder Terror, schärfer, je größer der Widerstand gegen ihn wird. Neue, grauenvollere Wellen der Unterdrückung werden über Euch hingehen, wenn die Tyrannen endgültig sehen, daß sie verloren sind. Aber ist dies ein unvermeidliches Schicksal? Gibt es wirklich keinen Widerstand? Hat Tyrannenmacht wirklich keine Grenzen? Ihr alle habt in Eurer Jugend das Gegenteil gelernt! Ihr alle habt in Eurer Jugend Schillers Worte über die Gren-

238

zen der Tyrannenmacht gelernt, und das Beispiel des Schweizer Volkes im Wilhelm Tell hat Eure Herzen bewegt. Ihr habt in den Schauspielen der großen deutschen Dichter die siegreiche, unwiderstehliche Macht des Glaubens an die Freiheit gesehen. Nun ist die Zeit gekommen, wo das, was Schauspiel war, Wirklichkeit geworden ist; wo der Kampf für die Freiheit von Tyrannei Euer Kampf geworden ist. — In vielen der besetzten Länder wird dieser Kampf ununterbrochen geführt. Heldentaten werden für die Freiheit von Norwegen, Holland, Frankreich und Serbien vollbracht, die den Taten der größten Freiheitskämpfer der Geschichte gleich sind. Täglich sterben in diesen Ländern Männer und Frauen allein für die Freiheit. All die furchtbaren Mittel des Terrors, die die moderne Technik zur Verfügung gestellt hat, sind nicht imstande, diese Freiheitskämpfer zu unterdrücken oder auszurotten. Noch können sie nicht siegen, aber besiegt werden können sie auch nicht. Der Terror hat nie das letzte Wort. Es ist der Anfang vom Ende einer jeden Tyrannei. Das Ende kann sich verzögern, aber es kann nicht ausbleiben. Und es wird um so schneller kommen, je stärker der Freiheitswille, je ungebrochener der Widerstand gegen die Tyrannen ist. Glaubt mir, meine deutschen Freunde, Terror ist nicht unbesiegbar. Es liegt in Eurer Hand, ihn zu zerbrechen, noch ehe er von außen her vernichtet wird.

Nun aber werdet Ihr den zweiten Grund für Euer Weiterkämpfen angeben: Eure Treue zu Deutschland! Ihr werdet sagen, daß die Freiheitskämpfer in Schillers Dramen und in Norwegen, Holland, Serbien ja für ihr Volk kämpfen und daß Ihr ebenso für Euer Volk kämpft, wenn Ihr den Feinden, die von Osten und Westen und Süden anrücken, Widerstand bis zum äußersten leistet, wenn Ihr Euch auf die Seite Eurer Tyrannen gegen den äußeren Feind stellt. Ihr seid dem inneren Feind treu, um den äußeren Feind abzuwehren. Und das ist der Grund, sagt Ihr, warum Ihr Euch weiterhin dem Terror unterwerft. Aber im letzten Grunde ist es doch so: Ihr kämpft weiter, weil Ihr müßt, weil der Terror zu stark für Euch ist. Und der Terror ist zu stark für Euch, weil Ihr Ja zu ihm sagt, um des äußeren Feindes willen. Das ist einer der Gründe, warum die Nazis Deutschland in einen Krieg gestürzt haben, der leicht hätte vermieden werden können: Als sie den äußeren Feind schufen, machten sie es leicht für sich, den inneren Feind, nämlich alles Gute und Edle im deutschen Volk, niederzuhalten. Und sie hatten einen großen Erfolg damit, solange Deutschland siegreich war. In einer siegreichen Armee gibt es keine Empörung. Siegreiche Völker folgen selbst ihren schlimmsten Unterdrückern. Siegesnachrichten verschließen den Mund der Opposition. Jeder Tyrann weiß das, und darum ist die Tyrannei gezwungen, Kriege zu beginnen. Nur durch äußere Siege kann sie sich auf die Dauer am Leben erhalten. Für niemanden, der die Gesetze der brutalen Macht kennt, war der Ausbruch dieses Krieges eine Überraschung. Das nationale Ziel war ein Mittel für das politische Ziel der Machthaber, nämlich an der Macht zu bleiben und mehr Macht zu erwerben.

Wenn Ihr das versteht — und nichts ist leichter zu verstehen —, dann sieht alles ganz anders aus; dann ist es im letzten Grunde nicht die Liebe zu Deutschland, sondern die Unterwerfung unter seine Tyrannen, die Euch im Krieg festhält. Treue zu Deutschland fordert, daß Ihr das Beste für Deutschland tut. Patriotismus muß nicht blind sein, obwohl er es oft genug ist. Es war blinder Patriotismus, der die deutsche Jugend betörte, als sie Hitlers Lügen Glauben schenkte und sich einem wahnwitzigen Nationalismus in die Arme warf. Es war blinder Patriotismus, als Deutschsein mit Verachtung aller anderen Völker und Rassen gleichgesetzt wurde! Blinder, urteilsloser Pariotismus war es, als die Weltherrschaft für Deutschland angestrebt wurde. Blinder Patriotismus hat die Hunderttausend trunken gemacht, die in einem Menschen, dem Führer, ihren Gott sahen und sich von ihm mit geschlossenen Augen auf die Schlachtbank führen ließen. Blindheit hatte das deutsche Volk als Ganzes überfallen, als es die Nation für das Höchste erklären und den Gott aller Völker und Rassen entthronen ließ, ohne ernsthaften Widerstand zu leisten. Der gleiche blinde Patriotismus ist es, der heute die Wissenden im deutschen Volk hindert, der Fortsetzung des Schlachtens ein entschlossenes Nein entgegenzusetzen.

Was ist echte Vaterlandsliebe? Es ist sehende, nicht blinde Liebe. Blinde Liebe überschätzt alles Eigene und unterschätzt alles Fremde. Und darum ist sie unfähig, sich einzufügen in die übrige Menschheit. Nichts ist dem deutschen Volk so schwer geworden als dieses Sich-Einfügen in den Geist anderer Völker. Es schwankte immer zwischen sinnloser Überschätzung eines anderen Volkes und sinnloser Überschätzung seiner selbst. Den Deutschen fehlte immer ein einfaches, klares, nationales Selbstbewußtsein und darum eine einfache, klare Wertung der anderen Nationen. Schon vor Hitler waren die Deutschen halbblind, wenn es sich um ein politisches Urteil handelte. Hitler hat ihnen den Rest politischer Sehkraft genommen. Nie ist ein Volk verblendeter in einen Krieg gegangen, als die Deutschen in den Krieg gegen Rußland und Amerika gegangen sind, in einem Augenblick, als schon Europa und das englische Weltreich gegen sie stand. Wieviel nationale Selbstüberhebung und wieviel verblendete Unterschätzung anderer Völker gehörte dazu! Am Morgen nach dem verhängnisvollen Juni-Tag, als der Angriff auf Rußland begann [44], sagte ich unwillkürlich: „Nun hat Gott sie verblendet." Es war so. Ein altes Wort lautet: „Wen die Götter verderben wollen, den verblenden sie zuvor." Aber die Götter, das heißt Gott in unserer Sprache, will niemand verderben, der sich nicht göttliche Rechte anmaßt. Das aber war es, was die Nationalsozialisten in Wort und Tat versucht haben: Sie wollten gleich Gott werden, und so wurden sie mit Blindheit geschlagen. Und weil das deutsche Volk ihnen folgte, senkte sich die gleiche Blindheit auf das ganze Volk. Die wenigen Sehenden wurden geschmäht und vertrieben und ermordet. Die Wahrheit, die sehend macht, war verschlungen von der Lüge des nationalen Götzendienstes, die blind macht. Und so ging das deutsche Volk dem Verhängnis entgegen, das sich nun über ihm entlädt.

Aber Blindheit ist nicht unwiderruflich. Augen können geöffnet werden; und Trunkene, auch Trunkene am Gift des Nationalsozialismus können nüchtern werden! Dies und dies allein kann das deutsche Volk retten, daß es aufwacht aus seiner nationalistischen Trunkenheit, daß es sehend wird und den blinden Patriotismus aufgibt.

Meine deutschen Freunde! Die Ihr schon sehend geworden seid oder die Ihr nie von dem Rauschtrank der nationalen Selbstvergötterung getrunken habt, zeigt dem deutschen Volk, was ihm geschehen ist, macht es nüchtern, macht es sehend! Zwar die werden ihrem Verhängnis nicht entgehen, die das deutsche Volk zu blindem Nationalismus verführt haben. Es gibt keine Rettung für den Nationalsozialismus. Aber die Verführten können gerettet werden, das deutsche Volk. Nicht erspart werden kann ihm die Niederlage und alle Leiden, die sie bringen wird und in ihrem Herannahen schon gebracht hat. Aber eins kann vermieden werden: das gänzliche Verderben des deutschen Volkes! Und das wird vermieden werden, wenn es sich die Augen öffnen läßt, wenigstens in letzter Stunde. Tut alles, daß dies noch geschieht. Gott will nicht das Verderben der deutschen Nation. Er will nicht, daß die Binde der Verblendung über ihm bleibt. All das Elend der letzten Monate der herannahenden Katastrophe war dazu bestimmt, den blinden Patriotismus in einen sehenden zu verwandeln. Helft dazu, daß diese Verwandlung geschieht, daß allen denen, die Deutschland wahrhaft lieben, bald, heute noch die Augen geöffnet werden.

Es ist nie und nirgends leicht, die Wahrheit zu sehen. Es ist schwer für den einzelnen und es ist schwer für das Volk. Denn die Wahrheit über sich sehen, heißt, seine Grenzen, seine Irrtümer und seine Schuld sehen. Und das ist es, was heute vom deutschen Volk gefordert wird. Es muß seine Grenzen sehen, nämlich, daß es ein Volk unter anderen ist, mächtig, aber nicht das mächtigste, groß an Vergangenheit und Kultur, aber nicht das größte, berufen zur Gemeinschaft mit anderen Völkern, unter denen keins das größte und mächtigste ist. Und das deutsche Volk muß seine Irrtümer sehen, die zahllosen falschen Urteile über sich selbst und die anderen Völker, über Gegenwart und über Zukunft. Und das deutsche Volk muß seine Schuld sehen, daß es sich hat verblenden lassen von Verblendeten, die Gott gleich sein wollten und die Verachtung der anderen predigten und in grauenvollen Verbrechen ausübten. Deutscher Patriotismus heute, das heißt die Grenzen, den Irrtum und die Schuld Deutschlands sehen und anerkennen. Deutscher Patriotismus heute, das heißt keinen Schritt weitergehen auf der Bahn des Verhängnisses, auf die der Nationalsozialismus das deutsche Volk getrieben hat.

69.

FASCHISMUS UND NATIONALSOZIALISMUS

2. August 1943

Meine deutschen Freunde!

Das überraschendste an dem Zusammenbruch des italienischen Faschismus ist nicht seine militärische Niederlage in den Kolonien wie im Mutterland. Die war unvermeidlich in dem Augenblick, in dem Amerika sein volles Gewicht in die militärische Waagschale warf. Sie war ebenso unvermeidlich, wie die deutsche Niederlage über kurz oder lang unvermeidlich ist. Nicht das ist verwunderlich. Auch das ist nicht verwunderlich, daß Mussolini stürzte in dem Augenblick, in dem die Niederlage zur Gewißheit geworden war. Etwas ganz anderes ist überraschend; nämlich, daß drei Tage nach dem Sturze Mussolinis der Faschismus in Italien verschwunden war [45]. Die Führer versuchten zu fliehen, wurden verhaftet oder vom Volk erschlagen, die faschistischen Beamten stellten sich dem neuen Regime zur Verfügung, die Schwarzhemden versteckten oder verbrannten ihre schwarzen Hemden, die faschistischen Organisationen wurden durch einen Federstrich widerstandslos aufgelöst, die faschistischen Abzeichen und Führerbilder wurden abgewischt oder übertüncht, die faschistischen Lieder und

242

Hymnen hörten auf zu ertönen, die faschistischen Gefangenen wurden befreit: Drei Tage genügten, um ein Macht, die zwanzig Jahre lang ein großes Volk beherrscht hat, in ein Nichts zu verwandeln. Zwanzig Jahre lang beugten sich alle Italiener vom König bis zum Bettler den Machtsprüchen des Faschismus. Zwanzig Jahre lang wurde jeder verfolgt, vertrieben, gefangengehalten, ermordet, ohne Gesetz und Recht, der den Befehlen der faschistischen Machthaber widerstand. Zwanzig Jahre, zwei Drittel eines Menschenalters, wurde der italienischen Jugend das Bild ihres Führers vor Augen gehalten, wurden seine Worte in ihre Herzen gehämmert, waren seine Gedanken höchste Wahrheit und sein Wille höchstes Gesetz. Zwei Jahrzehnte stand das italienische Volk unter einer ausschließlichen Propaganda durch Zeitung, Radio und Kino, durch Schule und Buch und Universität. Und nach drei Tagen ist das alles verflogen, als ob es nie gewesen wäre. Und das ist um so erstaunlicher, als der Faschismus in seinen Anfängen getragen war von der italienischen Jugend. Das berühmteste faschistische Lied: „Giovinezza", „Jugend", begeisterte die Faschisten, die vor zwanzig Jahren den Marsch nach Rom unternahmen. Der Faschismus schien eine politische Jugendbewegung zu sein und darum unbesiegbar. Er schien getragen zu sein von der neuen Generation und darum von Dauer für kommende Generationen. Und nach drei Tagen ist nichts von ihm übrig!

Was ist da geschehen? Wie war dieser Zusammenbruch möglich? Man antworte nicht etwa, daß die Faschisten sich verkrochen haben, wie nach dem Zusammenbruch des wilhelminischen Deutschland die Monarchisten sich verkrochen haben. Man denke nicht, daß sie über kurz oder lang aus ihren Löchern wieder hervorkommen werden. Was ein bekannter italienischer Staatsmann in diesen Tagen sagte, ist wahr: „Es gibt keinen Faschisten mehr in Italien. Der Faschismus ist an sich selber gestorben." Und als Mussolini fiel, wurde der Tod des Faschismus offenbar. Er war schon längst gestorben, ohne daß er es selbst und ohne daß die Welt es gemerkt hatte. Er konnte ein Scheinleben nur führen, weil niemand da war, ihn abzulösen, und weil die deutsche Gestapo und die deutschen Divisionen ihn künstlich am Leben erhielten. Als deren Macht in Afrika und Sizilien gebrochen war, wurde mit einem Schlag offenbar, daß der italienische Faschismus schon längst tot war.

Die Frage, die der heimliche, nun offenbare Tod des Faschismus in uns erweckt, ist die Frage nach dem Leben und Tod des Nationalsozialismus. Er ist ein Kind des Faschismus, zehn Jahre nach ihm zur

Macht gekommen und bisher nur zehn Jahre am Leben. Aber weil er ein Kind des Faschismus ist, so mag sein Ende dem des Faschismus ähnlich sein. Und es wird heute kaum einen Deutschen geben, der nicht in dem Sturz Mussolinis den Sturz Hitlers und in dem Sterben des Faschismus das Sterben des Nationalsozialismus vorwegnimmt. Darum ist es gut, über die Ursachen nachzudenken, die den Tod des Faschismus bewirkt haben, noch ehe er sichtbar wurde.

Es ist eine alte Wahrheit, daß eine geschichtliche Bewegung nur leben kann, solange die Kräfte wirksam sind, aus denen sie entstanden ist. Sobald die lebendigen Impulse des Ursprungs verschwinden, ist die Bewegung zum Tod verurteilt, auch wenn sie äußerlich noch so mächtig ist. Diese Impulse aber verschwanden, als der Faschismus alt wurde. Er war eine Jugendbewegung, als er entstand. Er wandte sich gegen überalterte Politiker, ohne kraftvolle Ideale und ohne schöpferische Visionen. Und darum konnte er nach verhältnismäßig kurzem Kampfe siegen. Die Jungen rückten in die Stellen der Alten ein und wurden selbst alt. Eine neue Jugend kam, für die kein Platz war und für die der Kampf der ersten Generation schon Geschichte und nicht mehr Erlebnis war. Für sie hätte etwas Neues kommen müssen, oder das Alte hätte sich schöpferisch in sich selbst erweisen müssen. Aber nichts davon geschah; der Faschismus verfettete, innerlich und äußerlich, wie seine Führer. Und schließlich blieb ihm nichts übrig als der Krieg, der ihn entweder retten konnte oder an dem er zugrunde gehen mußte. Er ist an ihm zugrunde gegangen.

Der Nationalsozialismus ist zehn Jahre jünger. Er zeigte noch nicht die Alterserscheinungen des Faschismus. Er ging in den Krieg, ehe es dazu kam. Aber er mußte in den Krieg gehen, genau aus dem gleichen Grund, weil er sonst alt geworden und innerlich gestorben wäre. Beide, Nationalsozialismus und Faschismus, konnten nur leben, solange sie um die Macht und ihre Sicherung zu kämpfen hatten. Als das nicht mehr nötig war, blieb ihnen nichts übrig, als abzusterben oder in den Krieg zu gehen. Der Faschismus war schon abgestorben, als er in den Krieg zog, der Nationalsozialismus ging in den Krieg, noch ehe es so weit gekommen war. Beide aber kommen im Krieg zu ihrem Ende!

Was ist es, das den Faschismus zum inneren Absterben gebracht hat? Warum erwies er sich als unfähig, nach seinem Siege schöpferische Kräfte zu entfalten? Warum mußte er das hoffnungslose Risiko dieses Krieges auf sich nehmen? Die Antwort auf diese Frage bringt uns zu dem, worin Faschismus und Nationalsozialismus gleich sind. Die Antwort ist: Weil beide, Faschismus und Nationalsozialismus, sich an etwas Zeitliches gebunden hatten, darum war ihre Zeit so kurz. Im Namen der Jugend eine Revolution machen, heißt, mit der Jugend seine Kraft verlieren. Und wie kurz die Spanne ist, die man Jugend nennen kann, weiß jeder einzelne, der seine Jugend hinter sich hat. Der Faschismus erlebt das jetzt an dem Schicksal eines Volkes; und der Nationalsozialismus, der sich auch seiner Jugendlichkeit rühmte, hätte in kurzem das gleiche erlebt. Die Jungen, die vor zehn Jahren die Macht erobert hatten, begannen zu altern. Eine neue Jugend erschien und fand verschlossene Türen. So ging der Nationalsozialismus einen anderen Weg: Er opferte die Jugend, die alte und die neue, und war bereit, mit ihr die Zukunft des deutschen Volkes zu opfern. Aber ob die Jugend alt wird oder ob sie auf den Schlachtfeldern dahinsinkt, ehe sie alt werden kann: Wer das Schicksal eines Volkes an die Revolution seiner Jugend bindet, der bindet es an etwas, was bald vergeht.

An etwas Zeitliches haben sich Faschismus und Nationalsozialismus gebunden, als sie die Macht über alles andere stellten und Recht und Wahrheit und Menschlichkeit ihr unterordneten. Die Art, wie die Macht des Faschismus in Nichts verdampft ist, zeigt deutlich die inneren Grenzen aller Macht. Es gibt auf die Dauer keine Macht, die nicht von denen anerkannt wird, die ihr unterworfen sind. In zwanzig Jahren war es den Faschisten nicht gelungen, sich die innere Anerkennung des italienischen Volkes zu erwerben. Sie konnten es nicht, weil sie eine Macht ohne Gerechtigkeit aufgebaut hatten. Sie hatten die Instrumente der Macht in ihren Händen. Alles, was die moderne Technik der Waffen und die fast noch furchtbarere Technik der Massenbeherrschung erfunden hatte, stand den Faschisten uneingeschränkt zur Verfügung. Eins aber stand ihnen nicht zur Verfügung: die Anerkennung ihres Volkes. Die Waffentechnik hatte ihre Zeit; eine wirksamere erschien und schlug ihnen die Waffe aus der Hand. Die Propaganda hatte ihre Zeit, sie erschöpfte sich in sich selbst. Aber die Anerkennung eines Volkes erschöpft sich nicht; sie ist wirksam, gerade wenn die technischen Mittel der Macht zerbrochen sind. Dann zeigt sich, daß die Macht auf innerer Anerkennung und nicht auf äußerer Unterdrückung beruhte, daß es Macht war im Dienste der Gerechtigkeit und Menschlichkeit. So war es in England und Rußland in den Monaten ihrer größten Not, und das ist es, was Demokratie bedeutet: nicht eine Wahlmaschinerie, sondern das Getragensein einer Regierung durch die innere Anerkennung des Volkes. Das war es, was den Faschisten fehlte, das ist es, was den Nationalsozialisten fehlt. Ihr Fundament sind die Werkzeuge der Macht, die, wie jedes Werkzeug, nach kurzer Zeit stumpf werden. Darum werden die Nationalsozialisten fallen, wie die Faschisten gefallen sind. Wer auf die Werkzeuge der Macht baut, mögen sie auch noch so furchtbar sein, statt auf die geistigen Fundamente aller Macht, Gerechtigkeit und Weisheit, der hat sich der Zeit verschrieben und seine Zeit ist kurz.

Und endlich: Faschisten und Nationalsozialisten haben sich an die Zeitlichkeit gebunden, als sie sich an die Vergangenheit gebunden haben. Seht die Wahl ihrer Symbole: Die Faschisten wählten die Rutenbündel der römischen Behörden, weil sie das Römische Reich wieder aufrichten wollten, sie wollten etwas erneuern, was einmal groß war, groß geworden durch Gerechtigkeit in langsamem, jahrhundertelangem Wachstum. Aber sie wollten es erneuern ohne Gerechtigkeit, ohne Wachstum, in unrühmlichen Raubzügen gegen schwächere Völker. Sie schmückten sich mit den Erinnerungen einer großen Vergangenheit, und nun sind sie schon selbst Vergangenheit. Und die Nationalsozialisten haben als Symbol das Hakenkreuz gewählt, das alte Sonnenrad, wenn auch in verzerrter Form. Auch das Sonnenrad und die Anbetung der Sonne waren einmal etwas Großes und Heiliges. Aber es verging, als die Menschen fühlten, daß es noch etwas Größeres gibt als die Natur und ihren Wechsel von Tag und Nacht, Sommer und Winter in unendlicher Wiederholung. Als die Nationalsozialisten dieses Zeichen wählten, unterwarfen sie sich ferner Vergangenheit und dem Gesetz der Vergänglichkeit, das in der Natur herrscht. Darum ist ihr Tag so kurz und ihr Abend schon gekommen. Darum klang ihr tönendes Gerede vom tausendjährigen Reich so hohl, darum wird in kurzem die Zeit sie verschlingen, an die sie sich gebunden haben.

Faschisten und Nationalsozialisten hatten nichts Ewiges, nichts, was der Zeit widerstehen konnte. Und darum ist ihre Zeit kurz gewesen, trotz Jugend, trotz Macht, trotz vergangener Größe.

70.

DIE FRAGE DER GESAMTSCHULD   9. August 1943

Meine deutschen Freunde!

Eine der stolzesten deutschen Städte ist ein Haufen von Ruinen[46]. Zehntausende sind in den Ruinen begraben, Hunderttausende sind ohne Heim, angewiesen auf die Gastfreundschaft Fremder oder die

Hilfe des Staates, in Trauer über den Verlust alles dessen, was ihnen das Leben lieb machte, Menschen, Besitz, Arbeit, die Stadt ihrer Väter oder ihrer Wahl, an deren Glanz sie teilnahmen. Die alte Geschichte von dem Feuerregen, der auf Sodom und Gomorrha niederfiel, ist Wahrheit geworden an einer Stadt, deren Ruhm über die ganze Welt verbreitet war und die stolz war auf ihre geistige und sittliche Kultur. Viele Hamburger werden fragen: warum hat dies gerade uns so furchtbar getroffen, wo wir doch am wenigsten bereit waren, unsere Tore den Verderbern Deutschlands zu öffnen, welches ist unsere besondere Schuld, warum sind gerade wir unter den siebzig Millionen Deutschen ausgesucht? Und vielleicht werden sich die Flüchtlinge aus den anderen zerstörten Städten anschließen und fragen: warum gerade wir? Und vielleicht werden dann die einstimmen, deren Männer oder Söhne oder Väter auf den Schlachtfeldern umgekommen sind und werden fragen: warum ich, warum gerade ich? Und vielleicht werden die Massen des deutschen Volkes diese Frage hören und gleichfalls fragen: warum unser Volk? Warum sind wir die Opfer und Werkzeuge der Nationalsozialisten geworden, um nun Opfer des Feuerregens zu werden und des Mangels und des Todes auf den Schlachtfeldern und der unabwendbaren Niederlage? Warum wir, warum gerade wir schon zum zweiten Male in einer Generation, so wird das ganze deutsche Volk fragen, wenn die Züge des Elends von Hamburg und Köln und Essen und Rußland und Italien sich über das Land ergießen? Das ist eine Frage, die so alt ist wie die Menschheit. Zu allen Zeiten haben Menschen, die ein schweres Unglück getroffen hat, die Frage gestellt: Bin ich denn mehr schuldig als andere? Und manche haben geantwortet: Ich bin mir keiner Schuld bewußt. Warum denn trifft es gerade mich? Und andere haben geantwortet: Ich bin schuldig wie alle anderen, nicht mehr und nicht weniger. Warum werde ich mehr gestraft als die anderen? Und wieder andere werden antworten: Ja, ich bin besonders schuldig, denn ich konnte es besser wissen und ließ mich verblenden und ins Verderben führen. Zwischen diesen drei Antworten werden unzählige im deutschen Volk hin- und herschwanken. Die Oberflächlichen werden sich von jeder Mitschuld an dem Unheil freisprechen, die Tieferen werden begreifen, daß es eine Gesamtschuld gibt, und die Feinsten und Besten im Volk werden sich selbst die größte Schuld geben, sie werden zu sich selbst und untereinander sagen: Wenn wir stärker und mutiger und weiser gewesen wären, hätten wir verhindern können, daß die Verderber des deutschen Volkes Macht über es gewonnen haben.

Vielleicht wundert Ihr Euch, daß eine solche Frage in einer politischen Rede aufgeworfen wird. Vielleicht meint Ihr, daß dies ein religiöses Problem ist, das jeder mit sich selbst abmachen muß oder über das in Predigten etwas gesagt werden kann. So aber ist es nicht. Die Schuldfrage war zu allen Zeiten und ist auch heute nicht nur eine Frage, die den einzelnen angeht. Es ist eine Frage, die an Völker gestellt ist und die von Völkern beantwortet werden muß. *Es gibt so etwas wie Gesamtschuld, an der jeder teilhat, wenn auch das Verhängnis, das der Schuld folgt, nicht jeden in gleicher Weise trifft. Über diese Gesamtschuld möchte ich heute mit Euch reden.* Die Stellung des deutschen Volkes zu dieser Frage ist von entscheidender Bedeutung für die Entschlüsse, die es in den nächsten Monaten fassen muß, und für seine ganze geschichtliche Zukunft.

Ihr werdet Euch an die zahlreichen Gespräche erinnern, die über die Kriegsschuld während des Ersten Weltkrieges und nach ihm geführt wurden. Im Vertrag von Versailles stand der berühmte Kriegsschuldparagraph, der so viel Erbitterung hervorgerufen hat. Im Vertrag stand die Forderung, daß die Kriegsverbrecher ausgeliefert werden sollten, eine Forderung, die nie eingetrieben wurde. Was ist der Sinn dieses Redens über Schuld, ganz abgesehen von der politischen Zweckmäßigkeit oder Unzweckmäßigkeit jener Schuldparagraphen des Friedensvertrages? Offenbar drückt all das ein Gefühl dafür aus, daß es auch im Leben von Völkern so etwas wie Schuld gibt, eine Gesamtschuld, an der jeder teilhat, auch wenn er nicht an verantwortlicher Stelle steht. Es gehörte zu den feinsten Zügen im Charakterbild der Engländer und Amerikaner, daß viele unter ihnen ein Schuldgefühl über die Behandlung Deutschlands nach dem Ersten Weltkrieg empfanden. Und es gehört zu den tragischen Ereignissen unserer Zeit, daß Hitler und seine diplomatischen Vertreter dieses Gefühl der Anständigsten unter den früheren Feinden Deutschlands benutzen konnte, um den Angriff auf sie vorzubereiten. Hitler spielte auf dem Weltgewissen, um sich ungestört für seinen Angriff auf die Welt rüsten zu können. Damit hatte er im Anfang Erfolg. Aber dann reagierte das Weltgewissen mit ungeheurer Kraft und sprach den schuldig, der echtes Schuldgefühl so schmählich mißbraucht hatte. Und das Weltgewissen spricht das deutsche Volk mitschuldig, weil es sich hat verführen lassen. Und dieses Weltgewissen spricht auch durch die Besten im deutschen Volk. Ja, es spricht durch sie am echtesten, weil ungetrübt durch nationale Leidenschaft. Ihr, meine deutschen Freunde, die Ihr diese Worte hört und innerlich mit mir geht, und Eure Mitschuld an dem

Verhängnis dieser Zeit anerkennt, seid der reinste Ausdruck des Weltgewissens. Eure Stimme, Euer Bekenntnis der Mitschuld ist grundlegend für die Gestaltung des zukünftigen Deutschlands und der zukünftigen Menschheit.

Es gibt eine Gesamtschuld der Menschheit an jedem Unheil, das die Menschheit trifft, im Krieg wie im Frieden. Nur Toren und Heuchler nehmen sich aus von dieser Gesamtschuld, die von allen Weisen und Heiligen und Propheten anerkannt ist. Das Elend, das eine schlechte Sozialordnung über die Massen der Menschen bringt, ist ebenso eine Gesamtschuld wie das Elend, das der Krieg über zwei Völker bringt. Und das Unglück, das die Weltkriege des 20. Jahrhunderts über die ganze Menschheit gebracht haben, ist ebenso eine Gesamtschuld wie die Not und Verzweiflung der Arbeitslosen in aller Welt, die einer der wichtigsten Ursachen für das Aufkommen der Diktatoren war. Niemand in der ganzen Welt sollte durch politische Propaganda und nationalistische Verblendung dazu gebracht werden, daß er sich freispricht von dieser Gesamtschuld und den anderen alle Schuld zuschiebt. Wer das tut, schafft nur die Bedingungen für das nächste Unheil, das über die Völker kommen wird.

Am allerwenigsten aber solltet Ihr, meine deutschen Freunde, Euch freisprechen von der Gesamtschuld, und ich glaube, ja, ich weiß, daß Ihr es nicht tut. Denn auf dem Grunde der menschlichen Gesamtschuld erhebt sich die besondere Schuld des einzelnen Volkes. Und hier entsteht die schwerste Frage, die nach der sittlichen Schuld ganzer Völker. Wenn wir in die Vergangenheit blicken, so finden wir bei Propheten und Sehern machtvolle Worte über die Schuld des eigenen Volkes oder fremder Völker. Auch wir sprechen von nationalem Verfall, nationalen Fehlern, nationalen Sünden. Es gibt so etwas; und nur das Volk kann leben, dessen Führer imstande sind, die Schuld des eigenen Volkes anzuerkennen. Ein Volk, das in nationaler Selbstgerechtigkeit verharrt, bereitet seinen Untergang vor. Schwere nationale Schicksale haben den Sinn, einem Volk zu zeigen, wo seine sittlichen Gefahren liegen und worin es sich schuldig gemacht hat. England erlebte eine Wiedergeburt unter den deutschen Bomben. Wird Deutschland eine Wiedergeburt unter den englischen Bomben erleben? Ein Volk kann nur wiedergeboren werden, wenn es seine Schuld erkannt und sich von ihr getrennt hat. Die Schuld des deutschen Volkes ist, daß es die Nationalsozialisten über sich hat Herr werden lassen. Sicherlich, es ist die Gesamtschuld der Menschheit, daß es dazu kommen konnte, und die ehrlichen und anständigen Menschen in den anderen Ländern erkennen das an! Aber es geschah doch nicht in den anderen Ländern, sondern in Deutschland, und darum gibt es mitten in der Gesamtschuld der Völker noch eine besondere deutsche Schuld. Man hat Hitler lange kommen sehen, und viele, die den Nationalsozialismus innerlich verachteten, haben ihn unterstützt, weil sie alle glaubten, mit ihm Geschäfte machen und ihn dann loswerden zu können. Und so wurden sie schuldig. Alle Deutschen haben von den entsetzlichen Verbrechen gehört, die in den Konzentrationslagern geschehen sind. Aber sie haben ihre Herzen verhärtet und nichts getan und sich dadurch schuldig gemacht. Jeder Deutsche wußte von dem Ausrottungsfeldzug gegen das jüdische Volk, jeder kannte jüdische Menschen, um die es ihm leid tat; aber kein Protest erhob sich, nicht einmal die Kirchen stellten sich vor die Verfolgten des Volkes, aus dem der Christus gekommen ist; und so wurden sie alle schuldig. Die ganze Armee sah und sieht ständig, was in den besetzten Gebieten durch die Henkersknechte der Gestapo geschieht. Generäle und Soldaten wissen darum und wenden ihre Augen ab, oft in Scham, aber nie mit einer Tat, die Deutschland von dieser Schande retten könnte. Und so sind sie schuldig geworden. Die Massen des Volkes leiden unter der Diktatur, die über sie gekommen ist, aber sie beugen sich, auch jetzt noch, wo der Krieg ihnen die Waffen in die Hand gegeben hat, die Tyrannen zu verjagen und die Verbrecher zur Rechenschaft zu ziehen. Und so wurden sie alle schuldig. Das ist die Schuld des deutschen Volkes, das ist es, was das Verhängnis über Deutschland gebracht hat, das ist es, was die Frage beantwortet: warum gerade wir?

Es gibt eine Gesamtschuld der Welt, eine solche Gesellschaftsordnung zu haben, daß daraus der dreißigjährige Krieg des 20. Jahrhunderts sich entwickeln konnte. Und alle Welt ist getroffen durch die Folgen dieser Schuld. Es gibt eine besondere Schuld des deutschen Volkes, nämlich, sich zum Werkzeug der nationalsozialistischen Verbrecher gemacht zu haben. Und das deutsche Volk wird am schwersten getroffen sein durch die Folgen seiner besonderen Schuld. Schließlich aber gibt es diese nationalsozialistischen Verbrecher selbst, durch deren Handeln die Schuld der Menschheit und die Schuld des deutschen Volkes Wirklichkeit geworden ist und die dem Schicksal des Verbrechers nicht entgehen werden.

Warum uns das, warum unserer Generation? So fragen die Menschen in allen Völkern. Und die Antwort ist: Weil sie alle teilhaben an der Gesamtschuld. Warum uns das, uns Deutschen, uns Hamburgern, un-

serer Familie, mir? So fragen die Menschen in Deutschland. Und die
Antwort ist: Weil alle Deutschen teilhaben an einer besonderen Schuld,
nämlich, denen Macht gegeben zu haben, die das Verhängnis über
Deutschland und die Welt gebracht haben.

71.

SCHULD UND SÜHNE   16. August 1943

Meine deutschen Freunde!

Wir haben von der Gesamtschuld an diesem Krieg gesprochen, von
der Gesamtschuld der Menschheit, an der jedes Volk teilhat, und von
der besonderen Schuld des deutschen Volkes, an der jeder Deutsche
teilhat. Wir haben uns klargemacht, daß das Verhängnis, das über die
Menschheit gekommen ist, eine Folge dieser Gesamtschuld ist, und daß
das Verhängnis, das jetzt über Deutschland sich auswirkt, eine Folge
der deutschen Schuld ist. Wo eine Schuld ist, da ist eine Sühne. Niemand entgeht diesem ewigen Gesetz alles Lebens. Die Menschheit entgeht ihm nicht, und das deutsche Volk entgeht ihm nicht. Wenn jetzt
Millionen Deutsche — Frauen, Kinder und Greise — ihr Heim verlassen müssen, weil der Feuerregen jeden Augenblick losbrechen kann
aus den finsteren Kriegswolken, die über den deutschen Städten lagern,
wenn die Landbevölkerung die Elendsmassen aus den Großstädten in
ihren engen Wohnungen aufnehmen muß, wenn die Familien getrennt
werden und viele nicht wissen, ob ihre nächsten Menschen unter Ruinen begraben sind oder ermüdet an irgendeiner Landstraße sitzen,
wenn all das jetzt geschieht und in immer größerem Ausmaße geschehen wird, dann ist das Sühne für die Schuld der vorhergehenden
Jahre. Die Ruinen in Hamburg, Köln, Nürnberg und Essen sind die
Sühne für die Ruinen in Madrid, Warschau, Rotterdam und London.
Die Wanderung aus den deutschen Industriestädten ist Sühne für die
Wanderung aus den belgischen Dörfern, wo ein ganzes im Frieden
überfallenes Volk unter dem Regen der deutschen Schrapnells, beschos-
sen von deutschen Fliegern, der Schlachtfront zu entgehen suchte. Es
ist eine Sühne für das Unrecht, das von Faschisten und Nationalsozialisten gemeinsam an den deutschen Südtirolern begangen wurde,
als man sie zwang, in fremde, nördliche Länder zu wandern. Und
wenn heute die Eisenbahnzüge mit Deutschen, die aus den Städten
fliehen, von Westen nach Osten rollen, dann ist dies eine Sühne für

251

die Totenzüge, die, gefüllt mit jüdischen Frauen und Kindern und Greisen, aus allen deutschen Städten von Westen nach Osten fuhren, in den sicheren Tod. Die deutschen Städte schliefen, als die Totenzüge durch ihre Bahnhöfe rollten mit ihrer Last unbeschreiblichen Elends. Nun sind sie erwacht durch das Feuer vom Himmel; und nun füllen ihre Einwohner selbst die Elendszüge. Dem allen müssen wir ins Auge sehen. Und ich weiß, daß Ihr, die Ihr diese Worte hört, all das längst gesehen habt. Ich erinnere mich, daß schon in den ersten Monaten der Hitler-Diktatur fein empfindende Deutsche sagten: „All dies Unrecht, was jetzt geschieht, wird über uns und unsere Kinder kommen!" Nun ist es gekommen und wird weiter kommen. Das Gesetz von Schuld und Sühne wird sich weiter auswirken an allen, die an dem Weltverhängnis mitschuldig sind, an allen, die an dem deutschen Verhängnis mitschuldig sind.

Laßt mich in diesem Zusammenhang ein Wort zu Euch sagen über die Bestrafung der Kriegsverbrecher, die von den Alliierten so dringend gefordert wird. Es ist nicht Rachebedürfnis, was die Führer dieser Völker zu solcher Forderung treibt. Es ist eher das Gegenteil: Man will verhindern, soweit es möglich ist, daß die Haß- und Rachegefühle, die in den Herzen der unterdrückten, ausgebeuteten, mißhandelten Massen der eroberten Länder entstanden sind, sich in ungeordneter und ungerechter Weise äußern. Die Bestrafung der Kriegsverbrecher soll ein Schutz sein für die vielen Deutschen, die zwar an der Gesamtschuld teilhaben, aber doch nicht als Führer und Anstifter. Bloße Rachsucht würde solchen Unterschied nicht machen. Sie würde alles zu zerstören suchen, was deutsch ist. Die Verführer und die Verführten, die Verbrecher und die, die das Verbrechen haben geschehen lassen, würden in gleicher Weise von der Blindheit der Rache getroffen werden. Darum soll das Werk der Sühne in die Hand von Menschen gegeben werden, die sich nicht rächen wollen, sondern die dem Gesetz von Schuld und Sühne sichtbar zum Siege verhelfen wollen. Sie wollen Gerechtigkeit üben auch denen gegenüber, die alle Gerechtigkeit mit Füßen getreten haben. Sie wollen die Erstschuldigen treffen, nachdem die Mitschuldigen, das ganze Volk, durch den Krieg selbst getroffen sind. Und nun frage ich Euch: Ist das nicht auch Euer Wille? Die Verbrechen der Nazi-Führer und ihrer Helfer schreien zum Himmel, die Qual und das Blut der unschuldig und absichtlich Gequälten und Ermordeten in Deutschland und in allen Ländern der Nazi-Herrschaft schreien zum Himmel. Soll es für immer vergeblich schreien? Sollen die furchtbarsten Verbrechen, die in Jahrhunderten begangen sind, ohne besondere sichtbare Sühne bleiben? Ihr selbst werdet das nicht wollen! Kein anständiger Deutscher wird das wollen. Aber Ihr werdet wollen, daß, wo es irgend möglich ist, Ihr selbst die seid, die durch Sühne die Schande abwaschen, die die nationalsozialistischen Verbrecher über den deutschen Namen gebracht haben.

Es ist verständlich, daß Ihr das wollt, und in vielen, ja in den meisten Fällen wird es möglich sein; aber nicht in allen. Wo die Verbrechen in besetzten Ländern gegen die Bevölkerung dieser Länder geschehen sind, da ist es ein Gebot der Gerechtigkeit, den Richtern dieser Länder die Sühne zu überlassen. Und es wäre gut, wenn die unter Euch, die das Gesetz von Schuld und Sühne anerkennen, das so deutlich wie möglich sagen würden, wie es zum Beispiel Vertreter der deutschen Kriegsgefangenenlager öffentlich gesagt haben. Das ist nicht gegen die Ehre des deutschen Volkes; es ist vielmehr der einzige Weg, die deutsche Ehre wiederherzustellen, die von den Nazis in den Schmutz getreten ist.

Aber letztlich ist es gleich, wer die Kriegsverbrecher aburteilt. Und weitaus das beste wäre, wenn das deutsche Volk heute schon das Gericht ausübte über die, die es schuldig gemacht und dann ins Unglück getrieben haben. Dies wäre der erste und entscheidende Schritt zur Entsühnung, zur Wiedergeburt des deutschen Volkes und zu einem neuen Anfang. Das Gesetz von Schuld und Sühne ist ein unverbrüchliches Gesetz. Aber es ist nicht das einzige und nicht das höchste Gesetz im menschlichen Leben. Über ihm steht das Gesetz von Sühne und Entsühnung. So ist es im einzelnen Leben, so ist es im Völkerleben. Wie es eine Gesamtschuld und eine Gesamtsühne gibt, so gibt es auch eine Gesamtentsühnung. Und wie im Einzelleben der Sinn der Sühne ist, daß man sich trennt von dem, wodurch man schuldig geworden ist, so ist auch im Völkerleben der Sinn der Sühne, daß es das Volk scheidet von dem, wodurch es schuldig geworden ist. Das Verhängnis, das jetzt über dem deutschen Volk erschienen ist, hat den Sinn, das deutsche Volk von denen zu trennen, die das Verhängnis herbeigezogen haben. Die Sühne für die Schuld, zu der die Nazis das deutsche Volk verführt haben, hat den Sinn, das deutsche Volk von seinen Verführern zu trennen. Wenn das geschehen ist, ist die Sühne zur Entsühnung geworden. Und das ist es, worauf jetzt alle warten, die Deutschland lieben und auf eine deutsche Zukunft hoffen. Nur die, die Deutschland nicht lieben, freuen sich, wenn die Naziherrschaft noch länger dauert. Denn je länger das deutsche Volk sich zum Werkzeug der Nazi-Verbrechen machen läßt, desto mehr wirkt sich das

Verhängnis aus und desto schwerer wird die Scheidung der Verführten von den Verführern sein. Wer Deutschland zerstören will, der gönnt ihm die Fortdauer der Nazi-Herrschaft bis zum völligen Zusammenbruch. Wer die Mitschuld des deutschen Volkes an den Nazi-Verbrechen immer schwerer machen will, der freut sich über jeden weiteren Tag, den sich die Deutschen die Nazi-Herrschaft gefallen lassen. Es gibt solche Deutschenhasser in allen Ländern! Ihnen dient Ihr, meine deutschen Freunde, in jeder Stunde, in der Ihr es unterlaßt, Euch von den Nazis zu trennen. Vor allem aber dient Ihr damit den Nazis selbst, die genau das gleiche wollen, was die Deutschenhasser draußen wollen: das deutsche Volk schuldig werden lassen. Es ist die deutliche Politik der Nationalsozialisten, seitdem sie fühlen, daß ihr Ende herannaht, eine Solidarität der Schuld zu schaffen. Sie wollen das ganze deutsche Volk zu so vielen Verbrechen treiben, es so tief in ihre eigene Schuld verstricken, daß keine Trennung mehr möglich ist. Mit dieser Politik, meine deutschen Freunde, müßt Ihr rechnen. Diese Politik müßt Ihr durchschauen und sie zunichte machen. Die Nazis im Innern und die Deutschenhasser draußen haben ein schweigendes Einverständnis: Sie wollen das deutsche Volk immer tiefer in Schuld versinken lassen, die Deutschenhasser, um es zerstören zu können, die Nationalsozialisten, um unterschiedslos mit ihm zerstört zu werden, wenn es keinen Ausweg mehr gibt. Laßt Euch nicht weitertreiben auf diesem Weg! Scheidet Euch von denen, die Euch verführt und zum Werkzeug ihrer Verbrechen gemacht haben! Zeigt, daß die Entsühnung des deutschen Volkes begonnen hat, daß Ihr entschlossen seid, Euch von dem zu trennen, was Euch schuldig gemacht hat, dem Geist und der Wirklichkeit des Nationalsozialismus! Übt selbst die Vergeltung an denen, die der Vergeltung nicht mehr entrinnen können!

Noch sind die Deutschenhasser nicht an den Stellen, wo die Zukunft Deutschlands entschieden wird. Noch unterscheiden die verantwortlichen Führer der Alliierten zwischen Nationalsozialisten und Deutschen, zwischen denen, die unmittelbar verantwortlich sind für die Verbrechen, und dem Volk, das teils aus Unwissenheit, teils aus Furcht, teils aus Trägheit das Ungeheuerliche hat geschehen lassen. Aber jeder Tag, an dem die Trennung des deutschen Volkes von den Nationalsozialisten hinausgeschoben wird, macht die Stellung der Deutschenfreunde in allen Ländern der Welt schwieriger und die deutsche Zukunft dunkler.

Und was fast noch schlimmer ist: Je später, je näher dem Zusammenbruch Ihr Euch von den Nazis scheidet, desto weniger Wert hat es für die innere Verfassung des deutschen Volkes, desto weniger entsühnende Kraft hat es, desto weniger Hoffnung gibt es für eine Wiedergeburt. Wer erst am Tag der Niederlage sagt, daß er sich von den Nazis trennen will, dem glaubt man es mit Recht nicht. Wenn das deutsche Volk sich erst in letzter Stunde vom Nationalsozialismus abwendet, dann wird es nicht entsühnt sein, auch nicht durch alles Unheil, das es erlitten hat, dann brütet neues Unheil für Deutschland und für die Welt im Schoße eines unentsühnten Volkes.

72.
DEUTSCHLANDS EINSAMKEIT 23. August 1943

Meine deutschen Freunde!

Aus den Nachrichten von Italien wird eins klar: Das italienische Volk steht nicht mehr auf deutscher Seite. Die Achse ist zerbrochen. Die gegenwärtige italienische Regierung muß den Krieg weiterführen, da sie in den Händen der Deutschen ist. Sie tut alles, um aus dieser Umklammerung loszukommen, aber noch ist es ihr nicht gelungen. Das italienische Volk aber hat keinen Zweifel daran gelassen, wohin es gehen will. Die sizilianische Bevölkerung hat die einziehenden Alliierten begrüßt als die Befreier von ihren eigenen Faschisten und von den Deutschen. Die Bevölkerung der norditalienischen Städte fordert auf den Ruinen ihrer zerstörten Straßen Friede mit den Alliierten und Trennung von Deutschland. Eine Demonstration folgte der anderen, bis schließlich zwanzig deutsche Divisionen Norditalien besetzten und den Belagerungszustand in eigene Verwaltung nahmen. Italien, der Bundesgenosse, wurde zum besetzten Gebiet. Die einzige europäische Großmacht, die sich auf die Seite Deutschlands stellte, hat innerlich und — soweit sie es konnte — äußerlich die Sache Deutschlands verlassen. Mit ein paar kleineren Zwangs-Bundesgenossen steht Deutschland in Europa allein, der Feind aller, bei allen unbeliebt, bei den meisten gehaßt, für manche der Ausdruck alles Bösen und Furchtbaren, was es in der Welt gibt, ohne einen einzigen wirklichen Freund. Denn auch Japan ist in jedem Augenblick bereit, mit der gleichen Tücke, mit der es im Ersten Weltkrieg Deutschland und im Zweiten Weltkrieg Amerika überfallen hat, Deutschland zu verlassen, sobald es einen Weg zur eigenen Rettung darin sieht. Deutschland ist ohne Freunde, und auch die, die neutral geblieben sind wie Schweden und die Türkei, fangen an, ihrer Abneigung gegen Deutschland deutlich Ausdruck zu geben. In Wahrheit hat Deutschland nur Feinde unter den Völkern der Welt, niemanden, der mit ihm fühlt und auf den es sich verlassen kann in der Stunde seiner Niederlage. Sagt nicht, daß dies ein allgemeines Schicksal ist, daß der Mächtige Freunde hat und der Besiegte von seinen Freunden verlassen wird! Als England, ungerüstet, fast wehrlos von Deutschland in den Krieg gezwungen wurde, schlossen sich mit einer Ausnahme alle englischen Dominions freiwillig den Engländern an. Sie schlossen sich dem Mutterland an, weil es ihnen völlig Freiheit gegeben hatte. Und Amerika, das nicht bedroht war und auf Kosten Englands ungeheure Vorteile hätte gewinnen können, gab England die Unterstützung, die nötig war, damit England nach seiner Niederlage auf dem Kontinent weiterkämpfen und schließlich siegen konnte. Und Frankreich, trotz seines furchtbaren Zusammenbruchs und seiner völligen Ohnmacht, hat nie die Freundschaft der Welt verloren, auch bei denen nicht, die die Regierung Laval als eine feindliche Regierung betrachten. Kein Volk, in Macht oder Ohnmacht, war je so bloß von Freunden und so gehaßt von Feinden. Zieht Euch auch nicht auf einen leichtsinnigen, phrasenhaften Stolz zurück mit halbwahren und halbverlogenen Sprichwörtern, wie „Viel Feind, viel Ehr". Mit diesem Sprichwort hat Deutschland den Ersten Weltkrieg verloren; mit ihm verliert es jetzt den Zweiten Weltkrieg. Wer alle seine wirklichen und möglichen Freunde verrät oder überfällt, der kann keine Ehre daraus gewinnen, daß er viele Feinde hat. Wer sich selbst aus der Gemeinschaft der Völker ausschließt dadurch, daß er sie alle mit Brutalität und Anmaßung abstößt, der kann sich nicht seiner „glanzvollen Isolierung" rühmen.

Darum, meine deutschen Freunde, *laßt uns einmal über die Gründe der deutschen Freundlosigkeit nachdenken, jetzt, wo der europäische Achsen-Partner aus einem Freund zu einem Feind geworden ist,* auch wenn er seine Feindschaft noch nicht offen zeigen kann.

Es gibt eine Einsamkeit der wirklichen Größe. Ganz große Menschen sind immer irgendwie einsame Menschen, weil sie etwas Neues bringen, für das die anderen noch nicht reif sind. Auch Völker, die in sich etwas Großes, Neues gebären, gehen durch solche Perioden der Einsamkeit. Als Israel durch die Berufung der Patriarchen und Propheten aus den heidnischen Völkern ausgesondert wurde, da wurde es ein einsames Volk, in sich gespalten und unverstanden unter den Weltreichen, unter denen es lebte. Als Griechenland in seiner großen Zeit die Urformen reiner Menschlichkeit entdeckte, war es einsam unter den Barbarenvölkern jener Zeit. Als England den Geist der modernen Welt in sich Wirklichkeit werden ließ, war es einsam und unverstanden und gepriesen nur von den fortgeschrittensten und einsamsten Geistern im übrigen Europa. Als Frankreich die Blutopfer seiner Revolution brachte, war es einsam und bekämpft von den umliegenden Mächten der Reaktion. Rußland ist für fünfundzwanzig Jahre in die Einsamkeit und Verschlossenheit gegangen, um eine neue Lebensmöglichkeit menschlicher Gesellschaft in sich zu erproben.

Und Deutschand? Es ging in die Einsamkeit, als es durch unendliches Leiden die Innerlichkeit der Religion und die Freiheit des schöpferischen Geistes in sich verwirklichte. Es wurde zum einsamen Volk der „Dichter und Denker", wie man es spottend nannte. Und in dieser Einsamkeit wurde die deutsche klassische Kultur geboren, aus der alle Völker geschöpft haben und die etwas Einzigartiges in der Welt ist, wie das, was Juden, Griechen, Engländer und Russen in den Perioden ihrer Einsamkeit geschaffen haben. Solche Einsamkeit macht fremd; aber diese Fremdheit hat nichts mit der Feindschaft zu tun, die heute alle Völker gegen Deutschland treibt. Als der Nationalsozialismus in seinen Anfängen war, gab es ein Gefühl der Befremdung in der übrigen Welt. Es war etwas Neues, Unverständliches, Unheimliches, aber — wie viele glaubten — Zukunftsträchtiges, was in Deutschland vor sich ging. Das Schlimmste, was geschah in jenen ersten Jahren, als die Diktatur aufgerichtet wurde, blieb unbekannt. Nur schwach tönte die Stimme der Gequälten aus den Konzentrationslagern, nur unwillig hörte man auf die warnende Stimme der Vertriebenen und der tiefer blickenden Berichterstatter. Man war befremdet, aber man war nicht feindlich. Man glaubte, daß Deutschland eine Periode schöpferischer Einsamkeit durchmachte, von der alle lernen könnten, wie alle von dem Deutschland der Reformation und der klassischen Zeit gelernt haben.

Und dann kam die Wendung: Aus der Einsamkeit Deutschlands erhob sich seine gepanzerte Faust. Und was in der Abgeschlossenheit der ersten Jahre des Nationalsozialismus geschaffen war, erwies sich nicht als ein neuer Geist, sondern als die Verachtung des Geistes. Es erwies sich nicht als eine Gabe für die Menschheit, an der alle teilnehmen können, sondern es erwies sich als ein berechneter Angriff auf die Menschheit. Keine neue Schöpfung kam aus diesem Deutschland, keine neue Hoffnung für die Welt. Die Dichter waren verstummt oder gezwungen, Propaganda zu schreiben. Die Denker waren vertrieben oder gezwungen, die Unwahrheit zu rechtfertigen. Die Religion war bekämpft oder zurückgeworfen auf uraltes Stammesheidentum. Die Technik wurde einzig und allein in den Dienst des Kriegswillens gestellt. Hinter dem Schleier der deutschen Isolierung wurde der Angriff auf Europa und die Welt vorbereitet. Und als der Schleier zerriß, stand man vor einer Maschine, die imstande schien, alle Staaten der Welt zu zertrümmern. Nicht in die schöpferische Einsamkeit war Deutschland gegangen, sondern in die Einsamkeit der Räuberbande, die den nächsten Überfall vorbereitet und deren Ziel es ist, zu rauben und zu zerstören. Das ist der Grund, warum Deutschland heute allein steht, warum die Welt gezwungen war, sich gegen Deutschland zu wehren, und warum Deutschland keine Freunde unter den Völkern hat.

Schon im Ersten Weltkrieg stand Deutschland allein, obwohl es sich nicht abgeschlossen hatte, sondern unter den Völkern Europas und der Welt mitspielte, ja mitführte. Aber die Art, in der es das tat, war nicht geeignet, ihm Freunde zu erwerben. Es war eine grobe, polternde, oft brutale Art. Es war eine betonte, uneingeschränkte Machtanbetung. Es war die Haltung des Spätkömmlings, der den früher Gekommenen sagt: Da bin ich, und nun will ich den gleichen Raum haben wie Ihr. Und wenn Ihr ihn mir nicht gebt, weiß ich Mittel, ihn mir zu verschaffen, das Schwert und seine rücksichtslose Verwendung. Als Deutschland so zu reden und danach zu handeln anfing, begann es, sich aus der Völkergemeinschaft auszuschließen und die zahlreichen Freunde zu verlieren, die das alte Deutschland gehabt hat. Diese Haltung der gemeinschaftslosen Machtanbetung schuf die Erbitterung gegen Deutschland im Ersten Weltkrieg. Und aus der äußersten Durchführung dieser Haltung im Nationalsozialismus und im Zweiten Weltkrieg ist der Haß entstanden, dessen Tiefe und Breite unvorstellbar ist. Als Deutschland in die Einsamkeit ging in seinen großen Zeiten, war es geehrt von aller Welt und hatte viele Freunde. Als Deutschland sich ausschloß aus der Völkergemeinschaft, um sich gegen sie zu rüsten, verlor es alle Freunde und schuf die Welt von Feinden gegen sich, durch die es jetzt zerschlagen wird.

Man hat den Deutschen den Rat gegeben, wieder ein Volk der Dichter und Denker zu werden. Das ist ein törichter Rat. Denn so etwas kann niemand wollen. Es ist geschenkt, oder es ist nicht geschenkt. Deutschland ist eine politische Wirklichkeit geworden, und das deutsche Volk hat das gleiche Recht auf einen Staat wie jedes andere Volk. Aber das deutsche Volk unter schlechter Führung hat nicht gewußt, was es heißt, ein politisches Volk zu sein. Das deutsche

Volk hat nicht gelernt, daß ein politisches Volk nicht nur in sich eine politische Einheit ist, sondern zu einer politischen Gemeinschaft gehört, in die alle Völker eingeschlossen sind. Als Deutschland sich auf den Schlachtfeldern Frankreichs politisch einigte, einigte es sich gegen jemand, nämlich gegen das besiegte Frankreich und alle, die Frankreich helfen wollten. In der Einigung war zugleich der Gegensatz gegen alle anderen eingeschlossen; und so ist es geblieben und immer schlimmer geworden. Ein Volk nach dem anderen wurde in diesen Gegensatz hineingezogen, die kleineren Nationen, Frankreich und England, China und Rußland, Amerika. „Er ist gegen alle, und alle sind gegen ihn", wie es heißt. Ein politisches Volk ist ein Volk, das sich bemühen muß, für alle zu sein, damit alle für es sind. Das ist nicht immer möglich. Gegensätze, auch kriegerische Konflikte, sind nicht immer zu vermeiden. Alle Völker haben solche Konflikte gehabt, aber keines ist darum aus der Gemeinschaft der Völker ausgestoßen worden. Nur das Volk wird ausgeschlossen, das diese Gemeinschaft grundsätzlich verneint, das jede internationale Einheit verleugnet, das jedes fremde Volk nur daraufhin betrachtet, ob und wann es erfolgreich angegriffen werden kann. Das ist die furchtbare, nicht schöpferische, sondern zerstörerische Einsamkeit, in die sich das deutsche Volk durch seine Führer hat treiben lassen. Es ist freundlos geworden, weil es im Grunde keine Freunde wollte. Es hat sich die Völker der Welt zu Feinden gemacht, weil es sich Führer gefallen ließ, die jedes andere Volk im letzten Grund als Feind betrachteten.

Heute, meine deutschen Freunde, seht Ihr, wohin diese Führer und diese Gesinnung Euch gebracht haben. Sicherlich, Deutschland soll ein politisches Volk bleiben oder erst einmal richtig werden. Das aber kann es nur, wenn es sich Führer wählt, die das deutsche Volk als ein Glied in der Gemeinschaft der Völker sehen wollen. Einsam mag das deutsche Volk wieder werden. Vielleicht muß es durch eine solche Periode hindurch. Aber sich selbst ausstoßen aus der Gemeinschaft der Völker darf es nie wieder! Nicht trügerische oder betrogene Bundesgenossen muß Deutschland erwerben, sondern Freunde und Helfer. Das ist es, was die Feindschaft der ganzen Welt, selbst der italienischen Bundesgenossen, dem deutschen Volk sagt.

75.

DER VERZWEIFELTE SPIELER –
DAS VERLORENE SPIEL   13. September 1943

Meine deutschen Freunde!

Wie lange wollt Ihr noch mitspielen? Das Spiel ist verloren, aber der große Spieler, dem Ihr gefolgt seid, will es noch nicht verlorengeben. Und Ihr, das deutsche Volk, Euer Leben und Euer Glück, sind der Einsatz, mit dem er spielt und weiterspielen will, bis er den letzten Tropfen Blut deutscher Jugend und das letzte Stückchen deutschen Besitzes und den letzten Fetzen deutschen Ansehens verspielt haben wird. *Ihr, meine deutschen Freunde, seid in die Hände eines Spielers gefallen, wie ihn die Weltgeschichte selten gesehen hat.* Er spielte um die Herrschaft der Welt; und in dem Augenblick, wo er nahe daran war, sie zu erreichen, tat er, was ein erfolgstrunkener Spieler zu tun geneigt ist: Er setzte alles auf eine Karte und verlor alles, was er gewonnen hatte. Als er gegen alle Vernunft und alle bitteren Erfahrungen des deutschen Volkes den Angriff auf Rußland befahl, da war er nicht mehr ein berechnender Staatsmann, sondern ein leichtfertiger Spieler, da setzte er das Leben und Glück des deutschen Volkes auf eine Karte, mit einer unendlich geringen Chance, und verspielte alle seine bisherigen Erfolge und mit ihnen alle Hoffnungen und alles Glück seines Volkes. In diesem Augenblick wurde es klar, daß er nie etwas anderes als ein Spieler gewesen war, ein Spieler, der gut beobachtet hatte, viel wagte und viel Glück hatte, aber ein Spieler und nicht ein Führer.

Der berühmte Münchner Putsch war sein erstes leichtsinniges und verlorenes Spiel. Das Blut derer, die er damals in den Tod führte und dann zu Märtyrern machte und alljährlich feierte, war das Blut an den Händen eines Spielers, der mit Menschenleben spielte, als wären es Spielmarken. Und dann kam eine Zeit, wo er berechnete, ehe er spielte, klug berechnete, wenig einsetzte und viel gewann. Es war die Zeit, wo er Deutschland im Inneren eroberte und Teile Europas ihm in erfolgreichem diplomatischen Spiel zufielen. Hätte er in diesem Augenblick aufgehört, er wäre als großer Staatsmann in die deutsche Geschichte eingegangen. Aber das war unmöglich. Das „Gesetz, nach dem er angetreten war", der Geist, von dem er vom ersten Tage an besessen war, mußten ihn weitertreiben. Ein echter Spieler verläßt den Spieltisch nicht, wenn er einen großen Gewinn gemacht hat. Der

Teufel des Spiels treibt ihn zu immer neuen Einsätzen, bis alles wieder verloren ist, was er gewonnen hat. Als Hitler den Angriff auf Polen machte, der ein Angriff auf das englische Weltreich und eine Bedrohung Rußlands war, da zeigte sich zum zweiten Mal seine Spielernatur in großem Maßstabe. Und dieses Mal schien er Glück zu haben. Der Osten blieb ruhig, und der Westen Europas lag zu seinen Füßen, und der Süden, das Mittelmeer, schien eine leichte Beute. Und in diesem Augenblick griff er zu einer neuen Karte, so töricht und leichtfertig wie nur möglich. Er schickte seinen nächsten Freund, seinen Stellvertreter Heß, auf einen abenteuerlichen Flug nach England, um den Engländern sagen zu lassen, daß er sich nun gegen Rußland wenden würde und daß sie ihm Europa überlassen sollten. Das war die Überschlauheit eines Spielers und nicht die Weisheit eines Staatsmannes. Einige Stunden später wußte Rußland, was ihm bevorstand; und trotzdem geschah dann der Angriff, durch den alles auf eine Karte gesetzt und alles verloren wurde. Und trotzdem, als dies schon sichtbar geworden war, wurde noch eine Karte gespielt, die letzte, die dieser Spieler zur Verfügung hatte. Um Japans Eingreifen zu erkaufen, wurde der Krieg an die größte Macht der Welt, an die Vereinigten Staaten Amerikas, erklärt und, da diese Karte der Einsatz eines Verzweifelten oder Wahnsinnigen war, der Anfang vom Ende herbeigezwungen.

Deutschland war zehn Jahre lang in den Händen eines Spielers, der, wie so oft, zuerst vom Glück begünstigt war und dann, Schritt für Schritt, alles einsetzte, was er gewonnen hatte, und schließlich alles verlor, nicht nur, was er gewonnen hatte, sondern auch, was er vorher besaß. Es ist furchtbar für das deutsche Volk, das jetzt zu erkennen und zu begreifen, daß es selbst der Einsatz war und für das Spiel, zu dem es sich mißbrauchen ließ, zu zahlen hat. Es ist schwer, so etwas zu sehen, denn es bedeutet, daß schwerste Opfer und unendliches Leiden umsonst waren. Es bedeutet, daß der Trost, der sonst mit Opfern verbunden ist und den die Gegner Deutschlands haben, daß die Opfer für den Sieg bezahlt sind, dem deutschen Volk versagt ist. Vielleicht ist dies der Grund, warum sich Volk und Armee immer noch nicht von dem verderblichen Griff dieses Spielers befreit haben. Man kann den Gedanken nicht ertragen, daß das Spiel aus ist und daß alle Einsätze verspielt worden sind. Und so spielt man lieber mit, solange noch etwas eingesetzt werden kann, und wäre es das Blut des letzten deutschen Soldaten und die Freundschaft des letzten menschlichen Wesens mit Wohlwollen gegenüber Deutschland. Ihr folgt, deutsches

Volk, einem Spieler, der verloren hat, der aber nicht zugeben will, daß er verloren hat, und der darum die letzten Fetzen einsetzt, die er hat, und das seid Ihr, das zerfetzte, blutende deutsche Volk. Wie lange noch wollt Ihr Euch einsetzen lassen für das verlorene Spiel, für den verzweifelten Spieler? Wann werdet Ihr selbst Euch erheben über Euer verzweifeltes Tun?

Es ist schwer, sich zu sagen, daß alles umsonst war, was man geopfert hat. Aber war es umsonst? Sicherlich war es umsonst im Sinne der Spieler, denen Ihr gefolgt seid, und im Sinne ihrer Ziele. Die Welt wird nicht erobert sein durch das Blut von fünf Millionen deutscher Toter. Europa wird nicht gewonnen sein durch das Leid aller deutschen Familien. Deutschland wird nicht gewachsen sein nach der Zerstörung seiner Städte und Fabriken. Kein solcher Erfolg wird zu verzeichnen sein, wohl aber das Gegenteil von all dem, wie es unvermeidlich ist, wenn man verspielt hat. Deutschland wird ohnmächtig, ausgeblutet, verzweifelt sein, weil es dem verzweifelten Spiel seines Verführers gefolgt ist. Aber dennoch ist nicht alles, ja es ist nichts umsonst gewesen, was Ihr, was irgend jemand in diesem Krieg geopfert hat. Wenn Menschen und Völker Opfer bringen, dann bringen sie es für die Ziele, an die sie glauben. Aber die Weltgeschichte wie die Geschichte des einzelnen gebraucht solche Opfer für Ziele, die sie nicht ahnen und die weit über das hinausgehen, was sie denken und wollen. Aus den Opfern zweier Weltkriege wird eine neue Welt geboren werden. Wir wissen nicht, wie sie aussehen wird und welches der Platz Deutschlands in ihr sein wird. Wir hofften, daß die Opfer des Ersten Weltkrieges genug für die Entstehung der neuen Welt waren. Sie waren es nicht. Sie haben die alte Ordnung zerstört, aber sie konnten die neue nicht schaffen. Sie haben äußerlich viel verändert, aber sie haben den Zustand der deutschen Seele im tiefsten nicht gewandelt. Im Gegenteil: Die Opfer des Ersten Weltkrieges haben bewirkt, daß das Unseligste, Verhängnisvollste der deutschen Erbschaft an die Oberfläche kam und sich in dem großen Spiel der letzten zehn Jahre zum Unheil Deutschlands auswirken konnte: das Gefühl, weniger zu sein als andere Völker, und zugleich das Entgegengesetzte, mehr zu sein; der Irrglaube, schlecht weggekommen zu sein in der Welt, und der Wahnglaube, die bevorzugte Rasse zu sein, der sich daraus entwickelt hat; die Untertanengesinnung, die sich eine Tyrannei wie die des Nationalsozialismus auferlegen läßt, und der Wille, bei den Größten wie bei den Kleinsten jemanden zu haben, den man tyrannisieren kann, und wäre es die eigene Familie; der grenzenlose

262

Glaube an die Macht und das Mißtrauen gegenüber der Macht der Freiheit und Gerechtigkeit. Der Nationalsozialismus ist die Verkörperung aller dieser Eigenschaften. In ihm und durch ihn kamen alle diese Giftstoffe ins Herz des deutschen Volkes und vergifteten den ganzen Körper. Die Ausscheidung dieser Giftstoffe ist der Sinn der Opfer dieses Krieges für das deutsche Volk. Die Opfer waren nicht vergeblich. Aber nun ist es genug der Opfer! Denn sonst ist kein deutsches Volk mehr da, für das sie gebracht sind. Genug und übergenug ist geopfert worden, und es war nicht umsonst, wenn es das Gift aus dem Blut des deutschen Volkes entfernt hat. Aber es gibt eine Grenze für jedes Opfer von Blut: wenn der Körper so schwach geworden ist, daß er sich nicht mehr erholen kann. Dann war alles in Wahrheit umsonst, nicht nur im Sinne des verspielten Spieles, das aus und verloren ist, sondern auch im Sinne der Wiedergeburt Deutschlands aus dem unermeßlichen Leiden dieses Krieges. Auch dafür könnte es eines Tages zu spät sein, und dann ist alles verloren!

Wie lange willst Du noch mitspielen, deutsches Volk, das verlorene Ziel eines großen Spielers? Wie lange willst Du, leidendes deutsches Volk, ihm die letzten Fetzen Deines Besitzes an Glück und Blut auf den Spieltisch legen, damit er weiterspielen kann, obwohl er verloren hat und handelt wie ein Spieler, den die Verzweiflung wahnwitzig gemacht hat? Das italienische Volk hat seinen Mitspieler in den Abgrund gestoßen, und nun hat das deutsche Volk auch dessen verlorenes Spiel mit übernommen, ein noch schlechteres, noch leichtsinnigeres Spiel als das Hitlers. Warum laßt Ihr Euch das gefallen, Führer der deutschen Armee, Träger der deutschen Verwaltung, deutsche Arbeiter, Bauern und Soldaten? Ihr wart ein ernstes, schweres Volk, selten bereit zu spielen, auch da, wo Spiel das Leben schön macht. Wie konntet Ihr einem so leichfertigen Spiel mit dem Glück eines ganzen Volkes so lange folgen? Wie könnt Ihr noch immer mitspielen und immer mehr von Eurem Leben verspielen?

Verwechselt nicht Spiel mit Wagnis. Sicherlich: Wer nicht wagt, kann nicht gewinnen! Aber was unterscheidet den wagenden Staatsmann, den Feldherrn, Unternehmer, Denker, Parteiführer oder Propheten von dem Spieler?

Der Wagende setzt sich ein für ein Ziel, an das er glaubt und für das er sich hinzugeben bereit ist. Der Spieler glaubt nicht an sein Ziel, aber er hofft, daß das Glück es ihm in den Schoß werfen wird. Als Hitler und seine Mitspieler die Karte der Weltherrschaft ausspielten, da glaubten sie nicht mehr, sondern warteten auf das Glück; und es blieb aus. Der Wagende kennt die Grenzen, in denen es allein Sinn hat zu wagen; und er rüstet sich für sein Wagnis mit allem Wissen und aller Kraft, die ihm zu Gebote stehen. Der Spieler wird ins Grenzenlose getrieben, weit über das hinaus, was in seinen Möglichkeiten liegt. Als Hitler und seine Mitspieler die zweite und die dritte der großen Weltmächte angriffen, da wagten sie nicht in den Grenzen dessen, was für das deutsche Volk möglich war, da spielten sie und verspielten. Der Wagende ist bereit, zur rechten Zeit anzuerkennen, daß sein Wagnis mißlungen ist, und die Folgen abzuwenden, soweit es in seinen Kräften liegt. Der Spieler erkennt erst an, daß er verspielt hat, wenn ihm kein Fetzen mehr geblieben ist, mit dem er weiterspielen kann, und dann ist es zu spät. Als Hitler und seine Mitspieler den mißlungenen Angriff auf Rußland weiterführten und nach den Niederlagen in allen Himmelsrichtungen, zu Wasser, zu Lande und in der Luft, das deutsche Volk weiter opferten, da spielten sie und und spielen noch, obgleich sie schon verspielt haben. Wie lange noch wollt Ihr das verlorene Spiel mitspielen, meine deutschen Freunde?

76.

POLITISCHE PUPPEN   20. September 1943

Meine deutschen Freunde!

Statt irgendwelcher Siegesnachrichten habt Ihr bis zum Überdruß die Geschichte von Mussolinis Befreiung zu hören bekommen [47]. Ein geschickter Husarenstreich ist zu einem weltgeschichtlichen Ereignis aufgebläht worden. Es ist aber kein weltgeschichtliches Ereignis, denn Mussolini hat aufgehört, Weltgeschichte zu sein. Er ist nicht mehr der „Duce", der Führer, sondern etwas ganz anderes: Er ist eine Puppe. Der Streich, der Mussolini befreit hat und für den deutsche Soldaten geopfert sind, hat ein Ergebnis gehabt: Es hat die Zahl der *deutschen politischen Puppen* um eine — sehr wichtige — vermehrt. Das ist es, was geschehen ist. Und alles, was aus dem Munde dieser Puppe kommen wird, kommt nicht von ihr selbst, sondern von dem, der durch sie spricht. Eine sprechende Puppe sitzt irgendwo am Rundfunk und spricht zu Italienern und Deutschen, was ihr vorher gesagt ist. Schon lange war Mussolini in ein Werkzeug der Deutschen verwandelt worden. Aber doch noch nicht in eine Puppe. Er hatte noch einige Trümpfe in der Hand. Er konnte noch zu einigen Dingen, die ihm eingeflüstert wurden, „Nein" sagen. Jetzt kann er auch das nicht mehr. Er ist die vollkommene Puppe in deutschen Händen und wird von ihnen gebraucht werden, solange sie glauben, daß er ihnen etwas nützen kann. Und dann wird er von ihnen weggeworfen werden, wie ein Kind eine Puppe wegwirft, deren es überdrüssig geworden ist.

Mussolini ist ein Beispiel für viele andere politische Puppen, die der Nationalsozialismus benutzt hat und noch benutzt. Der erste, der zur Puppe gemacht wurde, weil er zu alt war, sich zu wehren, war Hitlers Vorgänger, der greise Reichspräsident Hindenburg. Sie machten ihn zu ihrem Werkzeug, sie ließen ihn Verordnungen unterschreiben, deren Sinn er nicht mehr verstand; sie ließen ihn noch nach seinem Tode für ein Testament einstehen, das nicht von ihm stammte. Das deutsche Volk wußte, was gespielt wurde, aber es war zu schwach, sich gegen diesen Mißbrauch seines höchsten Beamten zu empören. Aus der Hand einer Puppe nahm es sein Schicksal entgegen. — Und die nächste Puppe, die der Nationalsozialismus sich schuf, war der sogenannte deutsche Reichstag, diese Versammlung von bezahlten Ja-Sagern, die zusammenkamen, um Erklärungen entgegenzunehmen, Beifall zu rufen und unter dem Gesang der Nazi-Hymne auseinanderzugehen. Es war eine besonders armselige Puppe. Jeder gute Fabrikant eines Puppentheaters hätte es besser und reichhaltiger machen können. Auch die deutschen Kirchen sollten ihre Puppe erhalten. Man schuf das Amt eines Reichsbischofs, verhinderte, daß eine Persönlichkeit dafür gewählt wurde, und setzte statt dessen eine Puppe ein, den Reichsbischof Müller. Freilich, die Kirchen waren weniger geduldig im Anhören von Puppengerede als das übrige Volk. Sie erzwangen, daß das Gerede aufhörte und die reichsbischöfliche Puppe in die Ecke gestellt wurde, wo sie heute noch steht, während der Staub auf die Erinnerung an sie fällt. In den Universitäten wurden Puppenrektoren eingesetzt, nicht Männer, die die Würde der Wissenschaft und den Glauben an die Wahrheit verteidigen sollten, sondern Puppen des Propagandaministers, die dafür sorgen sollten, daß jede wissenschaftliche Wahrheit durch einen Zusatz Propagandalüge verzerrt wurde. Das sind nur einige von den deutschen Puppen, die der Nationalsozialismus fabriziert hat und durch die er hat sagen lassen, was er sagen wollte. Die Zahl derer, die sich zu solchem Puppendasein hergegeben haben, obgleich sie für etwas Besseres bestimmt waren, ist groß. Je mehr Puppen, desto leichter die Regie. Mit lebendigen Menschen ist es schwer, Regie zu machen. Sie bringen etwas Eigenes dazu, was oft den Rahmen des Ganzen sprengt. Aber Puppen kann man jedes Gesicht geben, man kann sie alles sagen lassen und sie jede Bewegung ausführen lassen, wenn nur die Maschine gut geölt ist und die Drähte richtig gezogen werden. Und darin waren die Nazis Meister.

Aber sie hatten doch zuweilen Schwierigkeiten, Menschen, die einmal lebendig waren, in Sprech- und Bewegungsmaschinen zu verwandeln. Manchmal klappte es nicht. Und so fingen sie an, etwas zu tun, was zu dem Unheimlichsten und Furchtbarsten gehört, was dem deutschen Volk von seinen Tyrannen angetan ist. Sie begannen, Menschen von Jugend auf zum Puppendasein zu formen. Sie ersetzten den freien Willen, den jeder Mensch von Natur mit auf die Welt bringt, durch einen künstlich geschaffenen und gelenkten Fanatismus. Menschen wurden geschaffen, die in jeder ihrer Regungen berechnet werden können, die, wenn der richtige Knopf gedrückt wird, töten, ohne zu fragen, wen und warum; die, wenn ein anderer Knopf gedrückt wird, in den eigenen Tod gehen, ohne zu fragen und ohne zu zögern. Gepanzerte Puppen sind auf diese Weise geschaffen worden von einer furchtbaren Kraft der Zerstörung, wenn sie richtig dirigiert werden, aber ohne die Fähigkeit, sich und ihr Leben in Freiheit zu gestalten und zu deuten. Es sind Puppen aus einer nichtmenschlichen Welt, unfähig zu hören, wenn man vernünftig zu ihnen spricht, zum Beispiel wenn sie als Gefangene auf ein menschliches Niveau erhoben werden sollen. Die Maschine geht weiter, wie sie eingestellt ist, oder zerbricht. Puppen sind sie, zum Puppendasein geformt von Jugend an und unfähig, wieder Menschen zu werden.

Und als dann die gewappneten Puppen auf die Völker Europas losgelassen wurden, gab es keinen Widerstand gegen sie. Das war etwas Neues: Maschinen, geführt von menschlichen Maschinen, so hart und seelenlos wie der Stahl ihrer Waffen. Aber es waren ihrer nicht viele, und das Gebiet war groß, das sie erobert hatten. Und so mußte eine andere Art von Puppen geschaffen werden, genommen aus dem besetzten Gebieten und eingesetzt als Puppenregenten ihrer eigenen Völker. So etwas hat es auch sonst gegeben. Noch vor dem Beginn dieses Krieges haben die Japaner Puppen in der Mandschurei und im eroberten China eingesetzt. Die dürfen nichts sagen und nichts tun, was ihnen nicht von ihren Meistern eingegeben ist. Ein Draht, der in Tokio gezogen wird, bestimmt jede Bewegung der Puppenregenten. Nach diesem Muster wurde Europa organisiert. Wo immer es möglich war, wurden Puppenregierungen eingesetzt; am berühmtesten ist die norwegische Puppe geworden. Sie hat allen anderen den Namen gegeben: Quisling. So setzte man in Frankreich Laval ein, der den greisen Pétain zu genau der gleichen Puppe gemacht hat wie Hitler den greisen Hindenburg. So machte man es in den Balkanländern, und so versucht man es allenthalben. Selbst den fremden Kirchen, der russischen und der norwegischen, suchte man Puppenbischöfe aufzuzwingen, mit nicht viel besserem Erfolg als in Deutschland. Und auch politisch wurde das Puppenspiel ständig gestört und in manchen Ländern, wie in Rußland und in den Niederlanden, konnte es gar nicht angefangen werden. Puppen, die nicht funktionierten, wurden zurückgezogen. Führer, die sich nicht zu Puppen machen ließen, wurden gefangengesetzt oder ermordet. Nichts war mehr gesucht in Europa in den letzten drei Jahren als menschliche Puppen, die sich ihre Menschlichkeit nehmen und sich zu Sprech- und Schreibmaschinen der Nazis herabwürdigen ließen.

Welch ein Glück darum, als eine so kostbare Puppe wie Mussolini gefunden war, nachdem die Nachfrage nach brauchbaren Puppen das Angebot so weit überstiegen hatte. Laßt Euch nicht betrügen, meine deutschen Freunde. Es ist nur eine Fortsetzung des alten Puppenspiels, was jetzt mit Mussolini getrieben wird, vielleicht in der Form, daß man für diese kranke Puppe heimlich eine ähnliche eingesetzt hat, die jetzt für ihn spricht.

Es liegt etwas Tiefes, Schauerliches hinter diesem nationalsozialistischen Puppenspiel. Es ist ein furchtbar ernstes Spiel, ein Spiel mit allem, was menschlich ist, vor allem mit dem, was den Menschen zum Menschen macht, seine Freiheit. Wenn dem deutschen Menschen nach dem Krieg alles genommen würde, ihm aber das Menschliche im Menschen wiedergegeben würde, er hätte durch die Niederlage nicht verloren, sondern gewonnen! Er wäre befreit von einer Herrschaft, die die Menschen zu Puppen machen muß, um sie gebrauchen zu können. Es war das Ziel der nationalsozialistischen Erziehung, das ganze deutsche Volk, Schritt für Schritt, seiner menschlichen Freiheit zu berauben, es in ein Volk von drahtgezogenen Puppen zu verwandeln. Es war das Ziel der nationalsozialistischen Politik, in allen Ländern Puppen zu schaffen, die an seinen Drähten tanzen würden. In manchen Fällen ist ihm das gelungen, in den meisten nicht. Ein Sturm hat sich erhoben, gespeist aus den Kräften menschlicher Würde und Freiheit gegen die nationalsozialistischen Weltpuppenspieler, in dem sie jetzt zerbrechen.

Und Ihr, das deutsche Volk? Sind in Euch die Kräfte lebendig geblieben, die der Verwandlung in Maschinen der nationalsozialistischen Entmenschlichung und Puppenwerdung widerstanden haben? Ich bin überzeugt: Diese Kräfte sind noch da. So laßt sie lebendig werden, befreit Euch von den Drähten, die Euch ziehen, und zerschmettert die, die ein ganzes Volk in Puppen verwandeln wollten.

Und wer sind diese Drahtzieher, die Puppenmeister, diese Bereiter und Lenker menschlicher Maschinen? Seht sie Euch einmal genau an, erst mit einem Schreck, daß man Euch so lange hat täuschen können, und dann mit einem Triumph! Denn wenn Ihr genau zusähet, so würdet Ihr entdecken, daß im Tiefsten, Menschlichen diese Puppenspieler des Nationalsozialismus selbst Puppen sind. Hinter ihnen stehen nicht Menschen, sondern dunkle, unter- und übermenschliche Kräfte, von denen sie getrieben sind. Diese Kräfte sind alles, was dunkel, verzerrt und verzweifelt ist in der deutschen Seele und was sich in ihnen verkörpert hat. Seht sie Euch an, wie klein und hohl sie als Menschen, als Persönlichkeiten sind, wie wenig frei von niedrigstem Menschlichem! Und dann seht, wie stark sie sind als unpersönliche, dunkle Mächte, getrieben von dämonischem Willen, zerstörend, was ihnen in den Weg tritt, und schließlich sich selbst zerstörend. Sie sind Masken, hinter denen sich die Mächte der Zerstörung verbergen, Puppen, an denen die dunkelsten Untergründe des Lebens ziehen und die darum alle anderen zu Puppen machen müssen. Reißt die Maske herunter! Endigt das Puppenspiel der Dunkelheit, das Euch und die Welt in die größte aller Tragödien gestürzt hat. Laßt Menschlichkeit und Freiheit triumphieren über die Puppen und Masken der Finsternis. Zerreißt den ganzen Spuk, der über Euch, der über dem deutschen Volk liegt. Erhebt Euch aus dem fürchterlichen Traum der letzten zehn Jahre! Jagt die nationalsozialistischen Gespenster in der Abgrund, aus dem sie gekommen sind.

79.

WELTEINHEIT DER CHRISTENHEIT:
GRUND ZUR HOFFNUNG   12. Oktober 1943

Meine deutschen Freunde!

Worauf sollen wir hoffen, wenn die Herrschaft des Nationalsozialismus gebrochen ist und Deutschland sich den Bedingungen unterwirft, die ihm von den Siegern auferlegt werden? Viele unter Euch stellen diese Frage mit tiefer und echter Sorge um die Zukunft Deutschlands. Sie fürchten, daß es keine Hoffnung für ein besiegtes Deutschland mehr gibt, und darum klammern sie sich an jeden Strohhalm von Hoffnung, daß eine völlige Niederlage vermieden werden kann. Und diese Stimmung wird von der Propaganda der National-sozialisten benutzt, um den Sturz ihrer Herrschaft aufzuhalten und weitere Hunderttausende deutscher Menschen zu opfern. Aber es gibt Hoffnung für Deutschland, und um so mehr, je schneller es sich von seinen Verderbern befreit. Von einer solchen Hoffnung möchte ich heute mit Euch reden. Es ist nicht die einzige, aber es ist eine sehr wichtige. Und sie ist in den letzten Wochen mehr in den Vordergrund getreten als je zuvor.

Ich spreche von der Hoffnung, die das deutsche Volk auf die Welt-einheit der christlichen Kirchen setzen kann. Ich will zuerst etwas von dieser Einheit berichten und dann die Frage beantworten, warum sie eine große Hoffnung für das deutsche Volk bedeutet.

In dem Jahrzehnt, wo die Völker der Welt dem Zweiten Weltkrieg entgegengetrieben wurden, fanden die großen Weltkonferenzen der christlichen Kirchen statt[48]: Die Konferenz in Oxford, wo man über die Fragen einer christlichen Politik und Gesellschaftsordnung sprach und in vielen Punkten einig wurde. Die Konferenz in Edinburg, wo man über Fragen der christlichen Lebensdeutung und Kirchenorgani-sation sprach und die Einheit aller christlichen Kirchen in den Grund-lagen feststellte, und schließlich die Konferenz in Madras in Indien, wo die alten europäischen mit den jungen asiatischen und afrikani-schen Kirchen sich fanden und die weltumspannende Macht des Chri-stentums sichtbarer wurde als je zuvor. In dem gleichen Jahrzehnt, in dem die Menschheit durch den Nationalismus immer mehr zerrissen wurde, begann der große Versuch, sie zu einigen durch das Christen-tum. Und dieser Versuch war nicht erfolglos: Unmittelbar vor dem Ausbruch des Krieges wurde ein vorläufiger Weltkirchenrat einge-setzt, der seitdem die Verbindung der Kirchen trotz aller Feindschaft der Völker aufrechterhalten hat. In seiner Zentrale in Genf arbeiten Vertreter der verschiedensten Kirchen trotz des Krieges zwischen ihren Nationen miteinander: Deutsche und Holländer, Franzosen und Schweizer, Engländer und Amerikaner. Sie organisieren die christliche Versorgung der Kriegsgefangenen; sie festigen die persönlichen Bande zwischen Christen der kämpfenden Länder; sie sorgen für Austausch der Erfahrungen der christlichen Kirchen untereinander; und vor allem, sie bereiten den Frieden vor und nehmen die Forderungen aller christlichen Kirchen, auch der deutschen, für den Friedensschluß ent-gegen. Es gibt noch einen Ort der Einheit in all der grauenhaften Zer-reißung der gegenwärtigen Menschheit.

Die meisten Kirchen der Welt sind an dieser Einheitsbewegung beteiligt. Nur der römische Katholizismus, der selbst eine Weltkirche darstellt, konnte seinem Wesen nach nicht teilnehmen. Aber es ist erstaunlich zu sehen, wie ähnlich die Äußerungen des Papstes und der Weltkirchenkonferenzen waren, wenn es sich um Fragen der sozialen Ordnung, der Beziehungen der Völker und des Wiederaufbaus der Menschheit handelte. Aus der gleichen christlichen Tradition kamen trotz aller dogmatischen Verschiedenheit gleiche Forderungen für das Leben der Völker. Niemals seit der Reformation hat es so viele Gebiete gegeben, auf denen Protestanten und Katholiken gemeinsame Sache machten. Und diese Entwicklung ist noch nicht zum Abschluß gekommen. Der Nationalsozialismus hat dem Christentum einen unschätzbaren Dienst geleistet. Er hat allen Christen gezeigt, was sie gemeinsam besitzen und was sie mit jedem Opfer verteidigen müssen gegen die Angriffe des nationalsozialistischen Neuheidentums.

Enger aber als der römische Katholizismus war die griechische Kirche, deren größtes Glied die russische Kirche ist, mit der Einheitsbewegung verbunden. Vertreter der östlichen Kirchen erschienen auf den Weltkirchenkonferenzen und zeigten den Protestanten der westlichen Länder eine nie unterbrochene Tradition von den Zeiten der Apostel bis zur Gegenwart. Freilich, ihr wichtigster Teil, die russische Kirche, war nur durch Emigranten, nicht durch Abgesandte von Rußland selbst vertreten. Seit einigen Wochen ist diese Abgeschlossenheit der russischen Kirche zu Ende gegangen[49]. Die russische Regierung hat mit der russischen Kirche Frieden geschlossen. Der Patriarch von Moskau ist zurückgerufen, der Heilige Synod, das oberste Organ der russischen Kirche, wieder eingesetzt worden. Lange vorher schon hatte die Sowjetregierung die Gottlosenbewegung unterdrückt, die in der ersten Periode nach der Revolution vom Staat unterstützt worden war. Das Gerede der Nazi-Propaganda von der Gottlosigkeit des Bolschewismus trifft in keiner Weise das gegenwärtige Rußland.

Kaum war die russische Kirche in ihrer Organisation wiederhergestellt, als die Brücken zu ihr von der Weltkirchenbewegung geschlagen wurden. Der Führer dieser Bewegung, der Erzbischof von Canterbury, schickte den Erzbischof von York nach Moskau, und dieser verhandelte mit den russischen Bischöfen über engere Zusammenarbeit. Noch ist all das in den Anfängen; aber ein großer Schritt ist gemacht worden. Ein Glied der ältesten christlichen Kirche ist in ihre Rechte wieder eingesetzt worden und ist im Begriff, sich der Welteinheit der Kirchen anzuschließen.

Und nun werdet Ihr fragen: Was geht das uns an? Welche Hoffnungen kann das deutsche Volk auf die Einheitsbewegung der Kirchen setzen? Auf diese Frage will ich nun antworten und Euch zeigen, daß hier eine wirkliche und große Hoffnung liegt. Ich will gleich mit dem Tiefsten anfangen: In der christlichen Kirche ist die Zerspaltung der Menschheit überwunden. Das ist nicht nur im Prinzip so, sondern es ist, trotz der Grenzen alles Menschlichen, in Wirklichkeit so. Auch heute noch wird das deutsche Mittelalter und die deutsche Reformation in allen christlichen Ländern anerkannt in seiner Bedeutung für sie alle. Noch heute ist deutsche christliche Theologie eine Macht in der Welt. Noch heute können sich deutsche und englische Christen überall in der Welt treffen und miteinander ihr Christentum bekennen. Die deutsche Kirche ist ein stumm gewordenes Glied der Weltkirchenheit; ihr Platz ist offen, und sie kann ihn einnehmen, sobald ihr die Ketten abgenommen sind, mit denen der Nationalsozialismus sie gefesselt hat. Wenn man auch viele Dogmen und viele Einrichtungen und Handlungen der christlichen Kirchen ablehnt, eins kann man nicht ablehnen, es sei denn, daß man wie die Nazis zu dem alten Stammesheidentum zurückwill: das ist die Lehre von der Einheit des Menschengeschlechtes auf Grund seiner göttlichen Bestimmung. Jede Einrichtung und Handlung der Kirchen, die diese Einheit zum Ausdruck bringt, ist christlich und menschlich zugleich und eine der großen Hoffnungen der Menschheit, auch des deutschen Volkes. Und das zeigt sich schon heute in der Haltung der Weltkirchen, nicht nur zur deutschen Kirche, sondern auch zum deutschen Volk. In all den vielen Programmen der Kirchen zum Aufbau der Welt nach diesem Krieg ist ein Gedanke immer wieder ausgesprochen: Ein Frieden der Rache ist kein Frieden, sondern ein neues Übel. Überall in den Erklärungen der Kirchen ist eine politische oder wirtschaftliche Zerstörung Deutschlands abgelehnt. Überall ist wirtschaftliche Hilfe, Wiederaufbau, Aufnahme in die Gemeinschaft der Völker für Deutschland gefordert. Auch die Kirchen wissen, daß nach all dem Entsetzlichen, was die Nazis fremden Völkern angetan haben, der Friede nicht leicht sein kann. Sie würden sich jeder Wirksamkeit berauben, wenn sie sagen würden, daß am Tage nach dem Friedensschluß alles vergeben und vergessen sein soll. Das würde allem Gefühl für Gerechtigkeit widersprechen. Verbrechen gegen alles Recht und alles menschliche Gefühl müssen gesühnt werden. Aber die Kirchen machen es ebenso deutlich, daß dies nicht im Geiste der Rache geschehen darf, sondern einzig und allein um eines gerechten Neuanfanges willen. Und in diesen

Neuanfang soll auch ein neugeborenes Deutschland aufgenommen werden. Und wenn die Kirchen das fordern, dann tun sie es nicht im Geiste hochmütiger Überlegenheit, sondern im Geiste schärfster Selbstkritik. Wieder und wieder haben sie ihre eigenen Völker zur Erkenntnis ihrer Mitschuld aufgefordert: Es würde dem Geiste des Christentums völlig widersprechen, wenn sie alle Schuld auf Deutschland laden würden — trotz aller Naziverbrechen. Aber nichts von solchem pharisäischen Ton ist zu bemerken. Es ist erstaunlich, mit welchem Ernst die Kirchen in den vereinigten Nationen ihren eigenen Völkern die Notwendigkeit des Neuanfanges verkündigen. Und wo das geschieht, wo der hochmütige, selbstgerechte, rachsüchtige Geist ferngehalten wird, da ist Hoffnung für die Welt, Hoffnung auch für das deutsche Volk.

Die Kirchen der Welt haben es nicht leicht in ihrem Bemühen, die Welteinheit der Kirchen in einer zerrissenen Menschheit aufrechtzuerhalten. Überall gibt es nationalistische Anmaßung, Haß und Rachsucht. Und angesichts des himmelschreienden Unrechts, das täglich von den Nazis an unschuldigen Menschen verübt wird, ist nichts verständlicher als das. Aber die Kirchen lassen nicht nach in ihren Forderungen: Gerechtigkeit, nicht Rache, Aufbau, auch der Besiegten, nicht Zerstörung, Neuanfang für alle, auch für Deutschland! Dies ist eine Hoffnung, eine echte Hoffnung. Denn die Stimme der Kirchen ist mächtiger als je in vielen Ländern.

Aber wieviel stärker noch wäre die Stimme der Weltkirche, wenn heute schon die Stimme der deutschen Kirche voll in ihr mitklingen würde. Zuweilen hört man etwas von ihr; und das ist dann immer eine große Hilfe für alle Kirchen. Unendlich wichtig wäre es, wenn man noch mehr von ihr hören könnte, wenn sie noch häufiger und noch kräftiger reden würde, erst gegen die Ungerechtigkeit der Nazis und dann für die Gerechtigkeit, die dem deutschen Volk in Einheit mit allen Völkern zuteil werden soll.

82

ZUSAMMENBRUCH OHNE WIEDERGEBURT?

30. Oktober 1943

Meine deutschen Freunde!

Der 25. Jahrestag des deutschen Zusammenbruchs am 9. November 1918 steht unmittelbar bevor. Die Nationalsozialisten haben versprochen, daß es in diesem Kriege keinen 9. November geben wird. Sicher haben sie recht, soweit das Datum in Frage kommt. Noch ist es nicht so weit, weil noch zu viele im deutschen Volk nicht wissen, was mit ihnen gespielt wird. Aber bald wird es soweit sein, und sicher noch vor dem 9. November 1944. Und auch in einer anderen Beziehung haben die Nazis recht, wenn sie sagen, daß es keinen 9. November mehr geben wird. Der Zusammenbruch wird dieses Mal etwas anderes bedeuten als das letzte Mal. Er wird sehr viel mehr bedeuten. Er wird das deutsche Volk vor die wichtigste Wahl stellen, vor die ein Volk gestellt werden kann: Wiedergeburt oder Untergang. Auch der 9. November 1918 hätte ein Tag der Wiedergeburt werden können. Und viele, die ihn miterlebt haben, hofften, daß er es werden würde. Alle unter Euch, die jene Tage bewußt miterlebt haben, werden sich erinnern, wie hoffnungsvoll die jüngere Generation von Aufbruch und Fülle der Zeit und Neuem Deutschland sprach. Ihr werdet Euch erinnern, wie auf allen Lebensgebieten neue Ansätze gemacht wurden, zahllose Keime ans Licht drängten. Vieles davon war sicherlich unreif und vorzeitig, vieles war so gut, daß Reisende aus aller Herren Ländern nach Deutschland kamen, um von dem Neuen zu lernen, das dort hervorbrach, und es in die Heimat mitzunehmen. Der erste Zusammenbruch hat vieles Alte, wertlos Gewordene beseitigt und vieles Neue, Wertvolle hervorgebracht. Er hat Deutschland trotz allen Elends der Niederlage, trotz aller politischen Verluste, Möglichkeiten gegeben, wie es sie nie vorher hatte. Niemand weiß das besser als die Nazis, die die Deutsche Revolution und Republik Tag und Nacht geschmäht und zugleich die Früchte ihrer erfolgreichen Arbeit in den Jahren nach dem Zusammenbruch geerntet haben. Aber eben dies war das Unglück, das ein halbes Jahrzehnt nach dem Zusammenbruch deutlich sichtbar wurde: Es sind Kräfte in Deutschland am Werk, die alles versuchen, um das Neue zu zerstören und das Alte zurückzubringen. Tag für Tag mußten Hoffnungen begraben werden von denen, die gehofft und gearbeitet hatten. Im Politischen wie im Sozialen, in der Erziehung wie in der Wirtschaft, in der Kunst wie im sittlichen Leben wurde alles unterhöhlt, was wirklich neue Wege gehen wollte. Alle waren daran schuld. Nicht nur die, die zurückwollten, weil sie sich in das Neue nicht mehr finden konnten; nicht nur die, die das Neue bekämpften, weil es ihre selbstsüchtigen Interessen und gewohnten Machtstellungen bedrohte, sondern auch die waren schuld, die für das Neue kämpften, aber nicht mit der nötigen Leidenschaft und Hingabe und nicht mit der nötigen Klarheit und Voraussicht. Ein Teil des deutschen Volkes war nicht stark genug, das Neue durchzukämpfen, und darum wurde ein anderer Teil stark genug, das Neue zu verlangsamen oder seine Fortschritte ganz aufzuhalten oder es in den Wurzeln zu zerstören. Für jeden, der diese Dinge wachend miterlebt hat, war es ein furchtbarer Druck zu sehen, wie ein Volk durch eigene Schuld um seine Wiedergeburt und damit um eine bessere Zukunft betrogen wurde. Es war schrecklich zu beobachten, wie die Schwäche derer, die für das Neue standen, ihnen die Jugend entfremdete und wie dann das Gift der nationalen Götzendienerei die Seelen der Jugend ergriff; wie der Wille zur Gerechtigkeit, der die deutschen Massen seit einem halben Jahrhundert beseelt und geformt hatte, lächerlich gemacht wurde und durch brutalen Machtwillen ersetzt wurde, wie der Geist verhöhnt und die bloße Kraft gepriesen wurde. Es waren die Jahre, in denen das deutsche Volk sich selbst mehr und mehr verdarb, das Erbe einer großen Kultur vergeudete und schließlich in den Tagen der weltweiten Wirtschaftsnot in die Hände derer fiel, die es in den Abgrund führen sollten, in die Hände der Nazis.

Sie waren die Starken, von denen die Jugend träumte; aber es war die Stärke des Bösen, des Wider-Menschlichen und Wider-Göttlichen. Und, wie wir alle wissen, dem Bösen ist Macht immer nur für eine Zeit gegeben. Dann bricht es an dem zusammen, durch das es stark geworden ist. Das ist es, was jetzt geschieht. – Und die Nazis kamen als die Wiederhersteller des Alten; und alle, die das Alte wollten, jubelten ihnen zu als den Zerstörern des Neuen. Aber das Alte, das sie wiederherstellten, war etwas Uraltes. Es war primitive Barbarei, Götzendienst und der Wille zu Raub und Eroberung, der Glaube an die Tyrannei der einen und die Sklaverei der anderen, es war Erziehung zu Tod und Töten. Es war so alt, so vormenschlich, daß alle, die es unterstützt hatten, innerhalb und außerhalb Deutschlands, erschraken, als es zu spät war und der millionenfache Tod durch die Völker der Erde schritt, am verheerendsten durch das deutsche Volk selbst. Denn, wer den Tod beschwört, ist ihm verfallen.

Das ist es, was jetzt geschieht. — Und die Nazis kamen als die Sieger über die Geistigen und die Diener der Gerechtigkeit. Sie hatten Geist durch Blut und Gerechtigkeit durch Macht ersetzt. Und alle, die irre geworden waren am Geist, und alle, die müde geworden waren im Kampf um die Gerechtigkeit, liefen ihnen zu. Aber bald wurde sichtbar, daß Geist dauernder ist als Blut und daß Blut ohne Geist blind ist und sich wie ein Trunkener in den Abgrund stürzt. Und es wurde sichtbar, daß Macht ohne Gerechtigkeit auf tönernen Füßen steht und umstürzt, wenn sie ernsten Widerstand findet. Das ist es, was jetzt geschieht.

Und warum geschieht das jetzt? Warum taumelt das deutsche Volk dem Abgrund zu? Weil es die Keime der Wiedergeburt in sich zertreten hat. Weil es die Möglichkeiten, die der erste Zusammenbruch eröffnet hatte, nur lau und schwächlich ausgenutzt und schließlich vertan und vergeudet hatte. Das deutsche Volk hat nach dem ersten Zusammenbruch, nach dem 9. November 1918, eine echte Wiedergeburt versäumt, und darum eilt es jetzt einem zweiten Zusammenbruch zu, der kein 9. November, sondern noch etwas Tieferes und Ernsteres sein wird. Kein 9. November mehr! Darin haben die Nazis recht! Aber mehr als ein 9. November wird kommen, ein Tag, wo noch einmal Gelegenheit für das deutsche Volk gegeben sein wird, sich zu entscheiden für Wiedergeburt oder dagegen. Aber wenn sich dann das deutsche Volk dagegen entscheidet, so entscheidet es sich für seinen Untergang. Der erste Zusammenbruch — ein Vierteljahrhundert zurück — war eine große Möglichkeit, eine Möglichkeit, die versäumt und vertan wurde. Und weil sie versäumt und vertan wurde, steht der zweite Zusammenbruch bevor, der letzte, den Deutschland ohne völligen Untergang erleben kann. Ein dritter Zusammenbruch wäre Untergang ohne neue Möglichkeit, ohne Wiedergeburt; es wäre reines Verderben. Schwer wird auch der zweite Zusammenbruch sein, ernst, tief, entscheidungsvoll. Aber nicht ohne Hoffnung, nicht ohne Möglichkeit der Wiedergeburt. Und dazu müßt Ihr Euch innerlich rüsten, meine deutschen Freunde. Ihr müßt Euch heute schon klarwerden, welche Entscheidungen Ihr in den Wochen und Monaten nach dem zweiten Zusammenbruch treffen wollt, innerlich in Eurem Denken und Fühlen. Werdet Ihr wieder Wege gehen, durch die eine Auferstehung des deutschen Volkes unmöglich gemacht wird? Werdet Ihr wieder zurückgehen zu dem, was war, und dann Betrügern in die Hände fallen, wie in den letzten fünfundzwanzig Jahren? Werdet Ihr sagen: Wir haben es nicht erfolgreich genug gemacht; das nächste Mal müssen wir die Fehler vermeiden, die wir dieses Mal gemacht haben. Wir müssen klüger werden! Aber wie das letzte Mal müssen wir alles vorbereiten, um heraustreten zu können, wenn die günstige Stunde gekommen ist! Nicht wir, die Deutschen, waren schuld an dem zweiten Zusammenbruch, sondern die bösen Feinde, innen und außen, deren Macht wir unterschätzt haben. Werdet Ihr, wird das deutsche Volk so denken und fühlen? Wird es den Weg des Unheils zum dritten Mal gehen? Und dann für immer unfähig werden, überhaupt einen Weg zu gehen? Wird das deutsche Volk in seiner Mehrheit wieder versuchen, sich an einer echten Wiedergeburt vorbeizudrücken und sich damit für immer alle Zukunft zu rauben? Oder gibt es genügend Deutsche, für die dieser Zusammenbruch die Wiedergeburt Deutschlands bedeutet, so daß ein neues, in der Tiefe verwandeltes Volk in die Zukunft geht und sich nicht wieder zurückschleudern läßt auf den Weg, der zum Abgrund führt? Das entscheidet sich schon heute, in den Wirbeln der herannahenden Katastrophe; es entscheidet sich in der Antwort, die das deutsche Volk auf die Schicksalsfrage gibt, die jetzt immer lauter und eindringlicher gestellt wird. Wenn heute die Gedanken einen falschen Weg gehen, wenn heute die Gefühle der Deutschen zurück, statt vorwärts drängen, dann ist der dritte Zusammenbruch unabwendbar. Ihr, die Ihr dieses wißt und diese Worte hört, habt eine ungeheure Verantwortung gegenüber der deutschen Zukunft. Wiedergeburt oder Untergang! Das wird in diesem Zusammenbruch entschieden werden, der wirklich kein 9. November sein wird, sondern etwas Schwereres, Größeres, die Stunde, in der über allem Äußeren, was eine Niederlage bringt, etwas Inneres geschehen wird: die Wahl zwischen Untergang und Wiedergeburt! Für diese Wahl rüstet Euch, meine deutschen Freunde!

83.

VERBRECHEN AN DER MENSCHHEIT — GERECHTIGKEIT, NICHT RACHE

9. November 1943

Meine deutschen Freunde!

Ihr habt in den letzten Wochen viel von den Moskauer Beschlüssen gehört[50]. Ihr wißt nun, was sie für Deutschland bedeuten, politisch und militärisch. Sie bedeuten, daß es keinen Sonderfrieden gibt, und daß der Krieg durchgeführt werden wird bis zur völligen deutschen Niederlage. Das ist das eine, was völlig klar aus den Moskauer Erklärungen der drei Weltmächte hervorgeht. Niemand, der jetzt für die Verlängerung des Krieges und die nationalsozialistische Herrschaft geopfert wird, kann an dem Ergebnis des Krieges irgend etwas ändern. Es werden von nun an nur noch sinnlose Opfer gebracht. Und die Schuld derer, die diese Opfer verlangen, wächst ins Unermeßliche. Um selbst ein paar Monate zu überleben, opfern sie ein Stück der deutschen Zukunft nach dem anderen. Das steht nun fest. Und keine Propaganda und Verdrehung der Tatsachen mehr kann das in Zweifel setzen. Denkt immer daran! Jedes Opfer, das jetzt gebracht wird, ist umsonst, ist ein ungeheuerliches Verbrechen am deutschen Volk.

Es steht aber noch etwas anderes in den Moskauer Erklärungen, etwas, was noch nie in den blutigen Dokumenten der Kriegsgeschichte zu lesen war: Es ist die *Erklärung der Oberhäupter der drei Weltmächte zu den Greueltaten der Nazis und derer, die ihnen folgen in den besetzten Gebieten.* Diese Worte klingen nicht wie ein diplomatischer Text, geschrieben unter dem Druck von vielerlei Rücksichten. Sie klingen nicht wie eine abgewogene Kompromißlösung, sondern diese Worte über die Taten der Nazis klingen wie prophetische Rede, wie Worte, in denen das Weltgewissen selber spricht.

Zuerst wird auf die unvorstellbaren Verbrechen hingewiesen, die jetzt von den zurückflutenden deutschen Armeen an den Bewohnern der befreiten Gebiete verübt werden. Was die Russen erzählen, die aus den Höhlen ihrer zerstörten Städte oder aus ihren Verstecken in Wäldern und Sümpfen hervorkriechen, das muß jeden Menschen in der ganzen Welt zu einem Aufschrei der Empörung treiben – auch jeden Deutschen, der noch nicht von dem Gift der Nazi-Teufelei durchseucht ist. Wer immer noch ein menschliches Gefühl hat, der wird einstimmen in diesen weltweiten Schrei menschlicher Empörung über unvorstellbare Entmenschlichung.

In dem zweiten Teil der Erklärung der drei Staatsmänner wird folgendes gesagt: „Zu der Zeit, wo ein Waffenstillstand abgeschlossen wird mit jeder Art von Regierung, die dann in Deutschland an der Macht sein wird, sollen alle deutschen Offiziere und Soldaten und Nazis, die verantwortlich waren für jene Greuel, Abschlachtungen und Hinrichtungen, oder die daran teilgenommen haben, in die Länder gebracht werden, in denen ihre abscheulichen Taten geschehen sind. Und dort sollen sie gerichtet und bestraft werden nach den Gesetzen dieser Länder." Das ist nicht ein Wunsch, nicht ein Paragraph eines langen Friedensvertrages. Das ist eine feierliche Willenserklärung, die keine sich selbst achtende Regierung zurücknehmen oder unausgeführt lassen könnte. Und selbst, wenn die Regierungen es nicht ausführen wollten, die gequälten, blutenden, ausgeraubten und ausgehungerten Völker würden es erzwingen und die Rache selbst in die Hand nehmen.

Zweifelt Ihr, meine deutschen Freunde, daß es so ist? Glaubt Ihr vielleicht nicht, daß die Greuel wirklich geschehen sind, von denen hier gesprochen wird? Das wäre nur möglich, wenn Ihr nie gehört und gesehen hättet, was die Nazis den Unschuldigen im eigenen Volk angetan haben! Aber Ihr habt es ja gehört und gesehen. Ihr wißt, was in den Konzentrationslagern und Nazigefängnissen geschehen ist und noch geschieht. Ihr wißt von den Juden-Transporten nach Polen, von der Verschleppung der Zivilbevölkerung in die Sklaverei nach Deutschland, von der Erschießung der Geiseln, von dem Ausrauben aller eroberten Länder. Von all dem hört und seht Ihr jeden Tag etwas. Das ist nicht feindliche Propaganda, das ist Wahrheit, die Ihr selbst nachprüfen könnt. Freilich, unendlich viel mehr, als was Ihr wißt, als was irgendein einzelner Mensch weiß, geschieht täglich und stündlich. Es ist so, wie es in der Erklärung der Staatsoberhäupter heißt, daß die Verzweiflung der Niederlage die Wildheit und den Terror der Nazis verdoppelt hat. Ihr erlebt das jetzt am eigenen Leib. Ihr könnt Euch denken, wie viel wilder und grausamer der Terror gegen die fremden Völker ist!

Und dann folgt ein Abschnitt in der Erklärung der drei Weltmächte, der so lautet: „Mögen die, die bisher ihre Hände nicht mit unschuldigem Blut befleckt haben, sich hüten, daß sie nicht in die Reihe der Schuldigen kommen. Denn mit unumstößlicher Gewißheit werden die drei verbündeten Mächte sie verfolgen bis an die äußersten Enden der Welt und sie ihren Anklägern überliefern, damit Gerechtigkeit geübt werde." Das sind zwei ernste Warnungen, die eine an alle Neutralen: Es gibt keine Zufluchtsstätte für die Naziverbrecher. Kein Land, keine Wüste, kein Ozean kann ihnen ein Asyl gewähren. Nirgends werden sie unverfolgt bleiben. Und die, die das sagen, haben die Macht, ihre Worte in die Tat umzusetzen. Gegenüber den Weltverbrechern gibt es keine Neutralität. Gegenüber dem Bruch jeder Gerechtigkeit erhebt sich ein Schwert der Gerechtigkeit, das bis an die Enden der Erde reicht. Nur Propheten haben bisher so gesprochen, und nur, wenn sie im Namen Gottes sprachen. Es ist das erste Mal, daß menschliche Gerechtigkeit den Erdball umspannt und den Verbrecher gegen alles, was Menschheit heißt, im Namen der Menschheit verfolgt. Es ist letztlich gleichgültig, ob ein paar Verbrecher mehr oder weniger zur Verantwortung gezogen werden. Aber, was nicht gleichgültig ist, ist, daß die Verbrechen gegen die Menschheit als Verbrechen bezeichnet und von der Menschheit als Verbrechen verfolgt werden. Daß dies durch sie geschehen ist, gegen ihren Willen und gegen ihr Wissen, das ist es, was die Nazis zu dem Werden der Menschheit beigetragen haben. Sie haben den Verbrecher gegen die Menschheit und seine Verfolgung durch die Menschheit geschaffen. Sie haben ein Stück Menschheitsgerechtigkeit und Menschheitsbewußtsein geschaffen, gerade weil sie die Menschheit zerstören wollten.

Noch eine andere Warnung liegt in den Worten der Erklärung gegen die Menschheitsverbrecher, eine Warnung an die Deutschen, die unschuldig geblieben sind. Es wird gesagt, daß Listen angefertigt werden über jeden einzelnen, daß alles gesammelt wird, was an Beweisen gefunden werden kann, damit die Schuldigen getroffen werden und die Unschuldigen frei ausgehen. Und das bedeutet etwas ganz Großes: Es bedeutet, daß Gerechtigkeit und nicht Rache geübt werden soll. Und das, meine deutschen Freunde, bedeutet den Schutz der Unschuldigen in Deutschland. Es bedeutet den Schutz des deutschen Volkes. Und wahrlich, das deutsche Volk braucht diesen Schutz. Ein unendlicher Haß hat sich angesammelt gegen alles, was deutsch heißt, weil das deutsche Volk sich zum Werkzeug Hitlers und weil viele Deutsche sich zu Helfern seiner Verbrechen haben machen lassen. Die deutschen Soldaten in den eroberten Ländern spüren diesen Haß bis an die Grenzen des Wahnsinns oder Selbstmordes. Die deutsche Heeresleitung spürt diesen Haß in dem selbstaufopfernden Kampfe der Guerillas hinter der deutschen Front. Das deutsche Volk spürt diesen Haß durch die Mauern seiner Abgeschlossenheit von aller Welt als das Unheimliche, das näher und näher kommt. Sie alle wissen, daß, wenn Haß und Rache sich frei auswirken, es keinen Unterschied zwischen Schuldigen und Unschuldigen mehr gibt. Und nun denkt noch einmal an die Erklärung der Weltmächte angesichts des Ozeans von Haß, der Deutschland von allen Seiten umgibt. Sie unterscheidet Schuldige und Unschuldige. Sie will nicht, daß Rache, sondern sie will, daß Gerechtigkeit geschieht. Sie will alle Deutschen, die nicht Mithelfer waren an den Verbrechen der Nazis, vor dem begreiflichen Haß der befreiten Völker schützen. Sie will diesem Haß das Ziel geben, das ihm gehört: die Verbrecher und nicht die Unschuldigen.

Das ist der Sinn der Warnung an die, die sich bisher unbefleckt durch unschuldiges Blut gehalten haben. Es ist, auch heute noch, der größere Teil des deutschen Volkes, von dem das gilt.

Und nun, meine deutschen Freunde, laßt mich Euch fragen: Ist dies nicht das einzige, was getan werden kann, und eines der dringendsten Dinge, die getan werden müssen? Stimmt Euer Gewissen dem nicht zu? Und wenn nicht Euer Gewissen, so doch Euer politischer Sinn. Stellt Euch einen Augenblick lang vor, daß die Verbrecher und Tyrannen, die erst Euch und dann Europa mißhandelt und die Welt in eine der entsetzlichsten Katastrophen getrieben haben, ungestraft weiterleben sollten, die Hände befleckt mit dem Blute der Unschuldigen, die Seele befleckt mit der Erinnerung an Taten der Unmenschlichkeit. Stellt Euch vor, daß sie unter Euch leben und sich dessen rühmen würden, die Seelen Eurer Kinder vergiftend und, für Euch selbst, das lebendige Bild der tiefsten deutschen Schmach! Wenn Ihr Euch das vorstellt, ist es nicht wie eine Befreiung für Euch, zu denken, daß diese Ansammlung alles Schlechten in der menschlichen Seele aus Deutschland ausgerottet werden soll? Ist es nicht wie ein Wort der Reinigung, das von den Führern der drei Weltmächte in ihrer Erklärung gesprochen worden ist?

Kein falsches Nationalgefühl sollte Euch dazu bringen, gemeinsame Sache mit Verbrechern zu machen, die zuerst Verbrecher waren gegen Euch selbst. Im Gegenteil: Werdet Ihr ihnen die ersten Richter! Und richtet sie, wie sie es verdient haben um Euch und um die Menschheit! In dem Maße, in dem Ihr selbst das Schwert der Gerechtigkeit gegen die Menschheitsverbrecher gebraucht, in dem Maße beweist Ihr vor aller Welt, daß Eure Hände unbefleckt sind und daß es noch ein deutsches Volk gibt, das die Stimme der Gerechtigkeit vernehmen kann.

85.

EIN BILD DER ZERSTÖRUNG:
EINE WELTGESCHICHTLICHE VERGELTUNG

23. November 1943

Meine deutschen Freunde!

Unvorstellbar ist das Maß der Zerstörung, das in diesen Jahren in der Welt vor sich geht. Niemand kann ermessen, wieviel von dem, was Menschen in Jahrhunderten aufgebaut haben, nach dieser Zerstörungszeit übrigbleiben wird. Nie hat die Menschheit ebenso furchtbare Waffen der Vernichtung besessen. Nie gab es mehr Menschenwerk, das der Zerstörung anheimfallen konnte. Wenn eine der berühmten Städte des Altertums in Trümmer sank, ging ein Bruchteil von dem unter, was heute in einer Nacht vernichtet wird. Wenn im Dreißigjährigen Krieg ganze Landstriche verwüstet wurden, so war diese Wüste ein Fruchtgarten im Verhältnis zu dem, was heute eine zurückflutende Armee hinter sich läßt. Wenn in früheren Kriegen Flüchtlinge mit ihrem geretteten Hab und Gut erschienen, so war es ein leichtes, ihnen ein Dach über dem Kopf, Nahrung und Kleidung zu verschaffen. Heute sind es Millionen in allen Erdteilen, die nur ihr nacktes Leben retten konnten und heimatlos, hungernd und frierend durch die Lande irren. Alles hat übermenschliche Maße angenommen. Nur die Phantasie der alten Seher war fähig, den Weltuntergang, wie wir ihn erleben, zu schildern. Und doch bleiben auch ihre grellsten Farben noch hinter dem zurück, was heute allenthalben geschieht.

Vielleicht haben manche von Euch Abbildungen von einem berühmten Bild gesehen, das die Zerstörung eines spanischen Ortes durch einen deutschen Bombenangriff im spanischen Bürgerkrieg zeigt[51]. Das Bild ist noch vor Beginn des Zweiten Weltkrieges gemalt worden. Aber jeder, der es gesehen hat, konnte darin alles Entsetzliche voraussehen, das über den größten Teil der Menschheit in den folgenden Jahren kommen sollte: die Trümmer der menschlichen Wohnstätten, die zerfetzten Leiber der Kinder, die irren Blicke der Mütter, die Qual und der unendliche Schrecken auf allen Gesichtern. Man sah das damals als interessantes Bild an und war begeistert von der großen Kunst des Malers. Man fühlte wohl mit den Opfern und war ergriffen von dem Schicksal dieser Menschen. Aber man wußte sich so fern davon. Jedenfalls glaubten die meisten, daß sie fern davon waren. Nur einige tiefer Blickende ahnten, daß ihr eigenes Schicksal damit beschrieben war, daß dieses Bild eine letzte Warnung für die Menschen war, eine Warnung, auf die sie nicht hörten. Bald darauf sanken Warschau und Rotterdam in Trümmer, bald darauf verbrannte Coventry und der Kern von London, bald darauf wurde das europäische Rußland verwüstet, bald darauf gingen Köln und Hamburg unter, dald darauf gingen weite Teile von Berlin in Rauch auf — ein Rauch, der die Sonne verdunkelte und kilometerhoch gen Himmel stieg. Und zwischen diesen großen Wegzeichen an der Straße der Zerstörung liegen die Ruinen all der unzähligen Orte, die niemand zur Zeit nennen kann. Es ist, als ob alles, was die Menschheit geschaffen hat, als Nahrung für die Flammen geschaffen wäre, die von der Menschheit selbst angezündet sind. Damals fing es an, als die kleine spanische Stadt, voll wehrloser und unschuldiger Opfer, wie auf dem Übungsplatz von nationalsozialistischen und faschistischen Fliegern angegriffen und gleichsam zur Probe zerstört wurde. Da wurde sichtbar, welche Macht dem Menschen gegeben ist, zu vernichten, was

281

er aufgebaut hat, und wie gewisse Gruppen von Menschen diese Macht zu benutzen gedachten. Und dann begannen diese Gruppen, die Nationalsozialisten und Faschisten und japanischen Militaristen, den Krieg gegen die übrige Welt. Sie vertrauten den Waffen, in denen eine solche Gewalt der Zerstörung verkörpert war. Sie hatten diese Waffen als erste in der Hand, und sie meinten, daß niemand denen widerstehen könnte, die zuerst die neuen Waffen totaler Zerstörung benutzen würden. Fast hätten sie recht behalten. Aber sie fanden einen Widerstand, mit dem sie nicht gerechnet hatten: den Widerstand von Menschen, die sich alles und alles, was sie hatten, zerstören ließen, aber ihren Widerstand nicht aufgaben. Und da wurden sie unsicher und taten, was den Angegriffenen zuerst Zeit gab und dann die Möglichkeit, die Waffen der Zerstörung gegen die Zerstörer zu wenden. Und das ist es, was jetzt geschieht. Und es geschieht mit doppelter und dreifacher und zehnfacher Stärke: Für jede von den Deutschen zerstörte Stadt sinkt eine deutsche Stadt in Trümmer. Wie war es denn, als die Einwohner von Coventry und den Londoner Arbeitervierteln aus ihren Trümmern hervorkamen? Saßen da nicht die Nationalsozialisten und ihre Freunde beisammen und feierten den Sieg, brutal, anmaßend, sich brüstend mit ihrer eigenen Sicherheit, immer stärkere Angriffe, immer schlimmere Verwüstung versprechend? Und dann warteten sie, und nichts Entscheidendes geschah. Statt dessen starben Millionen in den Eiswüsten Rußlands und Zehntausende in den Sandwüsten Afrikas. Und eines Nachts saßen sie nicht mehr auf und feierten Siege und rühmten sich ihrer Unantastbarkeit, sondern sie versammelten sich in ihren Schlupfwinkeln, wie sie es noch ein Jahr vorher von ihren Gegnern triumphierend erzählt hatten. Und allmählich wurden auch die Schlupfwinkel unsicher, und über ihnen brannten Häuser und Städte. Die Waffen der Vernichtung hatten sich gegen sie gekehrt! Was sie den anderen getan hatten, das wurde nun zehnfach ihnen getan. Die Zerstörung hat den Zerstörer getroffen!

Das ist es, was heute geschieht: eine weltgeschichtliche Vergeltung ohnegleichen; eine Vergeltung, wie sie nur in den göttlichen Zornesworten der Propheten über schuldig gewordene Völker zu finden ist. Diese Zornesworte sind wahr geworden: Wüstensand deckt die einstmals blühenden Städte, gegen die sie gesprochen waren. Und die Zornesworte werden heute zur Wahrheit wie damals: Ruinen decken den Glanz und die Schönheit der deutschen Städte und all den Reichtum, der in ihnen aufgespeichert war. Denn Deutschland war schuldig geworden, als es die Waffen der Zerstörung zuerst in die Hand nahm, schwache Völker überfiel und schließlich, in verblendetem Übermut, die stärksten Völker angriff. Um dieser Schuld willen müssen die deutschen Städte wüst liegen, muß aus der Hauptstadt Deutschlands das Herz herausgebrannt werden, müssen die Schmieden und Werkstätten des deutschen Wohlstandes zu Ruinen werden. Sie waren ja längst nicht mehr Werkzeuge zur Schaffung menschlichen Glücks. Sie waren längst schon Werkzeuge zur Schaffung menschlichen Elends geworden. Sie waren zu Schmieden des Todes geworden, und nun kehrt der Tod zu ihnen zurück und tötet sie.

Ihr werdet fragen: Sind wir denn die einzig Schuldigen? Sicherlich nicht! In den göttlichen Zornesworten gibt es nie nur einen Schuldigen. Alle sind mitschuldig, alle litten damals und alle leiden heute unter ihrer Mitschuld. Aber nicht alle sind gleich schuldig. Es gibt Hauptschuldige, gegen die sich das göttliche Zorneswort mehr als gegen die anderen richtet, heute wie damals. Und niemand in der ganzen Welt, niemand selbst in Deutschland, kann im Ernst daran zweifeln, wer die Hauptschuldigen an der gegenwärtigen Selbstzerstörung der Menschheit sind: Es sind die, die zuerst die Waffen der Vernichtung geschmiedet und sie zuerst gebraucht haben. Um ihrer Schuld willen, um der Schuld der Nationalsozialisten willen regnet Tag und Nacht Feuer vom Himmel auf die deutschen Städte und verbrennt Schuldige und Unschuldige.

In diesem Licht, meine deutschen Freunde, sollt Ihr sehen, was heute geschieht. In diesem Licht sollt Ihr es dem deutschen Volk zeigen. Es hat keinen Sinn, mit kleinlichen Gedanken dem ungeheuren Geschehen eines Weltunterganges zu begegnen. Es kommt nicht auf ein paar erfolgreiche Gegenangriffe an, die das unaufhaltsam näherrückende Schicksal ein wenig verzögern. Es kommt nicht auf einzelne Menschen an, die etwas mehr oder etwas weniger schuldig sind. Es kommt nicht auf diplomatische Kniffe an, um sich aus der Schlinge herauszuziehen, die immer enger wird. Es kommt darauf an, zu erkennen, was in Wahrheit vor sich geht: ein göttliches Gericht über menschliche Schuld, über die Schuld eines Volkes, das sich als Ganzes hat schuldig machen lassen; die Zerstörung derer, die Zerstörung gepredigt und in einem Maße ausgeübt haben, wie es nie zuvor möglich war.

Wenn Ihr das gegenwärtige Schicksal Deutschlands so versteht, dann werdet Ihr tragen, was getragen werden muß; zugleich aber werdet Ihr Euch abwenden von denen, die Euch schuldig gemacht haben! Es gibt keine Forderung, in der Schuld solidarisch zu bleiben! Wer erkannt hat, daß ein anderer ihn schuldig gemacht hat, der muß sich von dem

anderen lösen, um nicht weiter schuldig zu werden. Alle, die auf eine
Auferstehung Deutschlands aus seinen Ruinen hoffen, warten mit Ungeduld auf den Augenblick, wo das deutsche Volk sich vom Nationalsozialismus lösen wird. Solange es das nicht tut, wird die Zerstörung
weitergehen und mit ihr werden zahllose Unschuldige umkommen.
Denn wer zu dem Schuldigen steht, wird selbst schuldig und geht mit
ihm unter. Wer sich aber losreißt von dem, der ihn schuldig gemacht
hat, der kann gerettet werden, wenn auch mitten durchs Feuer. Göttliche Zornesworte erfüllen sich jetzt am deutschen Volk. Doch hinter
den Zornesworten stehen Worte der Rettung, heute, wie zur Zeit der
Propheten. Auch für das deutsche Volk ist eine Rettung vorhanden!
Und um so eher wird es gerettet werden, je eher es versteht, was mit
ihm geschieht in dem Grauen dieser Tage.

88.

DIE FÜNFTE KRIEGS-WEIHNACHT

14. Dezember 1943

Meine deutschen Freunde!
   Die Weihnachtswoche hat begonnen, das fünfte Kriegsweihnachten
steht vor der Tür. Nicht viele werden zweifeln, daß es das letzte ist.
Denn daß Deutschland noch länger als ein Jahr den furchtbaren
Schlägen von Osten, Süden und Westen und dem immer furchtbareren
Feuerregen von oben widerstehen wird, ist schwer zu glauben. *Welche
Gedanken also können uns an diesem — wohl letzten — Kriegsweihnachten erfüllen?* Unmöglich wird es sein, die alte Weihnachtsstim-
mung wiederzufinden, die im Frieden das ganze deutsche Volk erfüllte! Sie war eines der Dinge, die, zusammen mit dem Christbaum,
das deutsche Volk der ganzen Christenheit geschenkt hat; aber es gibt
heute wohl kaum ein Volk auf Erden, dem die Weihnachtsbotschaft
so unzugänglich ist wie dem deutschen. Und wenn es auch noch Christ-
bäume hat und wenn auch noch hier und da Kerzen angezündet werden, was können sie bedeuten für ein Volk, das keinen Ausweg mehr
sieht und das in der größten Katastrophe seiner Geschichte steht? Und
noch etwas anderes macht den Zugang zum Weihnachtsfest besonders
schwierig für das deutsche Volk: Zehn Jahre lang hat die deutsche
Jugend unter einer Erziehung gestanden, die allem widerspricht, was
Weihnachten bedeutet. Zehn Jahre lang ist das alte, große Sinnbild
des Kindes in der Krippe verleugnet worden. Von dem Glauben, daß
das Zarteste, Hilfloseste, Niedrigste zugleich das Höchste, Schöpfe-

rischste, Mächtigste sein könnte, von diesem Glauben hatte die deutsche Jugend nichts mehr gehört. Und wenn sie von ihm hörte, durfte sie ihn nicht annehmen. Und wenn sie ihn annahm, mußte sie ihn in einem Winkel ihrer Seele verstecken und hat ihn oft genug vergessen! Es gab noch Weihnachtsfeste unter dem Nationalsozialismus, aber es gab keine öffentliche Weihnachtsbotschaft mehr. Denn jede öffentliche Verkündigung des Sinnes der Weihnacht wäre ein öffentlicher Angriff auf den Geist des Nationalsozialismus gewesen. Niemand kann gleichzeitig das Kind in der Krippe und Herodes preisen. Herodes sucht das Kind zu töten, und das Kind wird triumphieren, wenn Herodes in nichts zerfallen ist. Es ist eine Feindschaft zwischen beiden, und wer sich für den einen entscheidet, kann nicht den anderen verkündigen. Es gibt keine Gemeinschaft zwischen dem Geist der Weihnacht und dem Geist des Nationalsozialismus. Solange der Nationalsozialismus herrscht, ist die Weihnachtsverkündigung eine Verkündigung im Verborgenen. Sicherlich lebte sie noch in vieler Herzen. Sicherlich war sie noch hörbar für die, die sie in ihrer Jugend gehört hatten und die sie vernahmen aus den alten Geschichten, Liedern und Gebräuchen der Weihnacht. Und doch konnte das deutsche Volk als Ganzes nicht mehr Weihnachten feiern, sich nicht mehr zu dem Kind in der Krippe als Herrn, Retter und Führer bekennen. Man sang noch und singt wohl auch heute noch: „Christ, der Retter, ist da". Aber man sah auf einen anderen, der sich als Retter des deutschen Volkes und jedes einzelnen Deutschen preisen ließ. Dieser andere aber, den das deutsche Volk heute noch seinen Führer nennt, obgleich er der Führer ins Verderben war, ist nicht den Weg von der Krippe zum Kreuz gegangen, sondern den Weg vom Kleinbürger zum Tyrannen. Ihr alle kennt die Geschichte, in der Satan Jesus auf einen hohen Berg führt und ihm alle Reiche der Welt und ihre Herrlichkeit zeigt: „Morgen gehört dir die Welt", sagt der Teufel zu Christus! „Morgen gehört dir die Welt", so sagten die Stimmen der Dunkelheit zu Hitler. „Morgen gehört dir die Welt", so sagte Hitler zum deutschen Volk. Aber als der Satan Christus versuchte, fügte er die Bedingung hinzu, unter der die Weltherrschaft erreichbar ist: „wenn du niederfällst und mich anbetest". Du mußt dich mit Leib und Seele mir, dem Herrn der Welt, der Verkörperung alles Bösen, ergeben, dann kann ich dir zur Weltherrschaft verhelfen. Jesus jagte den Teufel weg. Er verzichtete auf Weltherrschaft und wählte den Weg der tiefsten Erniedrigung, des Todes als Verbrecher. Hitler fiel nieder und betete die Mächte an, die ihm die Weltherrschaft versprochen hatten; und das deutsche Volk ließ sich zu seinem Werkzeug machen und in den Dienst der Mächte stellen, die Jesus von sich getrieben hatte. „Morgen gehört uns die Welt", so sang die deutsche Jugend und wiederholte jubelnd die satanischen Worte der Versuchung und folgte mit fanatischem Opferwillen dem Führer, der vor den Mächten der Finsternis niedergesunken war und sie angebetet hatte. Darum gab es unter dem Nationalsozialismus kein echtes Weihnachten für das deutsche Volk. Das Kind in der Krippe und der Mann am Kreuz gehören zusammen. Das Kind in der Krippe und der Mann, der um der Weltherrschaft willen vor dem Bösen niederkniet und es anbetet, sind die äußersten Gegensätze!

Und nun frage ich noch einmal: Was sollt Ihr denken an diesem fünften Kriegsweihnachten? Sicherlich nicht mehr: „Morgen gehört uns die Welt"! — Es ist etwas Besonderes mit der Anbetung der dunklen Mächte: Sie halten zuerst, was sie versprochen haben! Fast wären alle Reiche der Welt und ihre Herrlichkeit den Nazis zugefallen! Es fehlte nur noch ein wenig daran! Selten zuvor war das Böse so offen und so uneingeschränkt siegreich. Viele, auch der Besten, begannen zu zweifeln, ob es nicht doch besser ist, mit dem Herrn der Welt zu herrschen, als aus der Welt ausgestoßen und ans Kreuz geschlagen zu werden! Und viele entschieden sich für Herodes gegen das Kind in der Krippe. Die Reiche der Welt lockten auf der einen Seite, Konzentrationslager, Qual und Tod schreckten auf der anderen Seite.

Aber es fehlte ein Kleines an der Weltherrschaft, und dieses Kleine fehlt immer, wenn wir uns der Macht der Finsternis verschreiben! Und an diesem Kleinen, das fehlt, bricht dann das Ganze zusammen. Das ist der Weg, auf den der Satan, das Sinnbild der Lüge und der Zerstörung, Jesus vergeblich zu bringen versuchte. Das ist der Weg, auf den er Hitler und das deutsche Volk wirklich gebracht hat. Das ist der Weg, auf dessen Ende, den Abgrund, Ihr jetzt blickt!

Aber vielleicht könnt Ihr gerade darum wieder Weihnachten feiern! In dem Maße, in dem das deutsche Volk die teuflische Verzauberung des Nationalsozialismus durchschaut, in dem Maße kann es zurückfinden zu dem Weg, der zur Krippe führt, in dem Maße kann es wieder Weihnachten feiern. — Und nichts ist mehr nötig für das deutsche Volk in diesem furchtbaren fünften Kriegswinter als eine echte Weihnacht, im Geist und in der Wahrheit, auch wenn es eine Weihnacht ohne Kerzen und ohne Geschenke, ohne Wohnung und ohne Familie ist. Mit jedem Tag dieses Krieges wird das deutsche Volk dem Kind in der Krippe ähnlicher. Auf den Bildern alter deutscher Maler findet man oft eine Ruine als den Ort, wo die Weihnachtsgeschichte spielt.

Unter einem halbzerfallenen Dach sucht Maria Schutz vor Regen und Schnee. Zwischen zerfallenen Pfeilern weiden die Schafe, während die Hirten durch leere Fensterhöhlen das Wunder der Heiligen Nacht anbeten. Solche Bilder sagten uns nicht viel in früheren Jahren, wo wir nur aus Bildern wußten, was Ruinen sind. Heute lebt ein Teil des deutschen Volkes zwischen Ruinen, und fast mit jedem Tag mehren sich die Ruinen. Vielleicht, daß Ihr wieder, wie Eure Väter, den Retter zwischen Ruinen sucht und das Kind der Weihnacht durch die geborstenen Wände Eurer Häuser findet. Sicherlich ist es dort eher zu finden als hinter den glänzenden Schaufenstern vergangener Weihnachtsmärkte oder in den neuen Prunkbauten der nationalsozialistischen Herodesse oder in den Palästen besiegter Könige! Solange wir das Christkind auf Märkten und in Palästen suchen, finden wir es nicht. Viel eher war es in den bombenzerrissenen Unterständen der englischen, der russischen oder deutschen Arbeiterquartiere oder in den verschlossenen Viehwagen, in denen Mütter mit ihren Säuglingen in die Sterbelager des Ostens gefahren wurden; oder in dem dunklen Bunker eines Konzentrationslagers, wo ein früh gealterter Mann auf Erlösung wartete; oder in den dunklen Nächten, in denen unschuldige Geiseln ihrem morgigen Tod entgegensahen; oder in den kalten Zimmern, in denen schlecht genährte, frierende Frauen und Kinder den Tod ihres Vaters und Mannes und Sohnes beweinten. Da überall können wir den Retter finden, das Kind in der Krippe, das Kind zwischen den Ruinen. Wenn das deutsche Volk dies verstanden hat, dann kann es das fünfte Kriegsweihnachten begehen in einer der dunkelsten Stunden seiner Geschichte! Ja, es kann jetzt tun, was es zehn Jahre lang in Wahrheit nicht mehr tun konnte, sich zu dem Kind in der Krippe bekennen. Jetzt, wo es nicht mehr singen mag: „Und morgen gehört uns die Welt", kann es wieder singen: „Christ, der Retter, ist da"!

Das deutsche Volk ist nackt und arm geworden wie das Kind in der Krippe. Es wird noch ärmer werden. Aber es wird besser wissen als seit Jahrzehnten, vielleicht seit Jahrhunderten, was Weihnachten ist. Es wird den göttlichen Weg verstehen und erkennen, daß es auf einen teuflischen Weg gelockt war. Es wird gelernt haben, daß der Weg der Macht nicht der Weg der Rettung ist, sondern daß Rettung nur auf dem Wege liegt, der in der Krippe beginnt und am Kreuz endigt, der aber erleuchtet ist auf jedem Schritt durch das Licht der Ewigkeit, das Licht der Heiligen Nacht. Auf diesen Weg laßt Euch führen durch das Kind in der Krippe, das Kind zwischen den Ruinen Eurer Welt, das Kind der Weihnacht!

287

89.
DAS NEUE JAHR – EIN NEUES ZEITALTER?

21. Dezember 1943

Meine deutschen Freunde!

Noch einige Tage trennen uns von dem Beginn des neuen Jahres. *Im Jahre 1944 wird über das weltgeschichtliche Schicksal Deutschlands entschieden werden*, zuerst von anderen, dann von den Deutschen selbst. Zuerst werden die Siegermächte ihr Wort sprechen, und dann wird Deutschland antworten, innerlich und äußerlich. Und wie es antwortet, davon wird seine Zukunft noch mehr abhängen als von dem, was ihm gesagt und was mit ihm gemacht wird. Auf diese Antwort muß das deutsche Volk sich schon jetzt vorbereiten. Es ahnt schon heute, was man mit ihm machen wird. Aber weiß es auch, was es mit sich selbst machen wird? *Hat es eine Antwort bereit auf die Schicksalsfragen, die im neuen Jahr, im Jahre 1944, an es gestellt werden?* Ich fürchte, es ist nicht bereit, obwohl ich glaube, daß es viele einzelne Deutsche gibt, die innerlich bereit sind für die Schicksalsfrage des neuen Jahres.

Es ist eine alte Sitte, daß das neue Jahr von den Menschen mit Lärm und Jubel begrüßt wird. Die Silvesternacht war meistens eine Nacht des Feierns und der Trunkenheit. Aber nicht immer war es so, und nicht alle liebten es. Es gab auch Gottesdienste in der Silvesternacht, und viele Einsame blickten auf das vergangene Jahr zurück, prüften sich und machten sich stark für das neue Jahr. Es gab Menschen, die auf der Scheide der Jahre die Vergänglichkeit der Zeit und die Unvergänglichkeit des Ewigen erlebten. Es gab Menschen, die in den letzten Stunden des alten Jahres über das Werden und Vergehen von Menschen und Völkern nachdachten und nach dem Sinn all dessen, nach dem Sinn der Weltgeschichte fragten. Es war die Silvesternacht des Jahres 1000, von der uns berichtet wird, daß die Menschen sich mit Angst und Schrecken in den Grüften unter den Kirchen zusammenfanden und das Ende der Geschichte, das Jüngste Gericht erwarteten. Ganz Europa war von dieser Erwartung ergriffen, vor allem die Deutschen, vom Bettler bis zum Kaiser. Wenn Ihr dieses Mal, 943 Jahre später, Silvester erlebt, ist es nicht ähnlicher jener Nacht des Jahres 1000 als den Nächten des Jubels und der Trunkenheit im letzten Jahrhundert? Habt Ihr nicht in Wirklichkeit Dinge erlebt, die den grauenvollsten Träumen vom Jüngsten Tag gleichkommen? Werden nicht Millionen Deutsche gleich jenem alten Kaiser und seinen Mannen sich unter die Erde verkriechen, in der Erwartung des tödlichen Feuers vom Himmel? Und wenn nicht, erwartet Ihr nicht alle im neuen Jahr den großen Zusammenbruch, den Ihr hinausgeschoben habt, den Ihr aber nicht verhindern könnt? Ist nicht etwas von der Stimmung des Endes, des Unterganges in Euch allen an diesem Jahreswechsel? Ich glaube, niemand, der ehrlich ist, kann das bestreiten. Der Terror kann Euren Mund schließen, aber er kann nicht die Bangigkeit Eurer Herzen bannen. Ihr alle wißt, daß Ihr vor einem Ende steht.

Aus dieser Silvesterstimmung, die so verschieden ist von der vergangener Jahre, sollt Ihr über die Frage nachdenken, die das Schicksal im Jahre 1944 an jeden Deutschen stellen wird: Was denkt Ihr von Deutschland, was bedeutet sein Schicksal, was ist seine Zukunft? Im Dunkel der Silvesternacht 1943 auf 1944 ist es leichter zu denken als in dem Silvesterrausch und dem Lärm früherer Silvester. Das Ewige ist wieder hörbar geworden. Gewaltig spricht es zu unserer Zeit. Kein Silvesterlärm übertönt es; wohl aber ist seine Stimme vernehmbar im Krachen der Geschütze und im Donner der Bomben. Dieses Silvester kann das wichtigste seit fast tausend Jahren für das deutsche Volk werden, wenn es in ihm wahrhaft ein Ende und wahrhaft ein Beginnen erlebt.

Nicht nur Philosophen, sondern jeder einfache Deutsche wird in diesen Tagen zu der Frage gezwungen: Was ist der Sinn all dieses grauenvollen Geschehens, was bedeutet es, daß Deutschland zweimal in einem Menschenalter einen Krieg gegen die ganze Welt geführt und ihn verloren hat? Und sicherlich werden viele, die weder Denker noch Dichter sind, weiter fragen, was die Geschichte der Menschen und Völker überhaupt für einen Sinn hat, was eigentlich darin geschieht und wofür das Leben und Glück ungezählter Millionen geopfert wird? Das sind Kriegs-Silvester-Fragen, und es sind insbesondere Fragen des deutschen Kriegssilvesters 1943/1944.

Was bedeutet die Geschichte der Menschheit und was bedeutet die Geschichte des deutschen Volkes in ihr? Die Menschheitsgeschichte bedeutet einen ständigen Kampf zwischen den Mächten der Schöpfung und den Mächten der Zerstörung. Der Sieg dessen, was Schöpfung ist und was wir das Gute nennen, über die Mächte dessen, was Zerstörung ist und was wir das Böse nennen, ist das Ziel aller Geschichte. Niemals in dieser Welt wird ein Endsieg errungen werden. Aber immer wieder werden Mächte des Bösen, denen Gewalt gegeben war über die Erde, zusammenbrechen. Es ist nicht so, als ob die Geschichte ein Kampf zwischen guten und bösen Völkern wäre. Kein Volk ist nur gut und kein Volk ist nur böse. Aber es gibt Momente, wo ein Volk in besonderem Maße Träger des Guten und ein Volk in besonderem Maße Werkzeug des Bösen ist. Es gibt Augenblicke, wo der Sieg eines Volkes über ein anderes der Sieg des Besseren über das Schlechtere ist. Der Sieg über den Nationalsozialismus ist ein Sieg über das Schlechtere, nicht weil die Deutschen ein schlechteres Volk sind als andere — so etwas kann nur verblendeter Haß sagen —, sondern weil die Deutschen sich zu Werkzeugen von etwas Schlechtem, vom Nationalsozialismus, haben machen lassen. In dem Kampf zwischen Gut und Böse, der alle Geschichte erfüllt, muß Deutschland jetzt unterliegen. Denn es steht in diesem Kampf auf der Seite des Bösen. Es hat in früheren Kämpfen auf der Seite des Guten gestanden. Und es wird in kommenden Kämpfen wieder auf der Seite des Guten stehen. Aber jetzt steht es auf der anderen Seite! Und darum bricht es zusammen! Und darum ist dieses Silvester Erwartung des nahen Unterganges, der Katastrophe und des Gerichts.

Meine deutschen Freunde! In dieser letzten Tiefe müßt Ihr das deutsche Schicksal sehen, in die Tiefe müßt Ihr zu dringen versuchen, und von ihr müßt Ihr zu Euren Freunden reden. Es ist sinnlos, in dieser Silvesternacht bei vorletzten Dingen stehenzubleiben, bei Kriegsberichten und Hoffnungen auf Friedensfühler, bei Aufpeitschungsreden, guten Ernten und geheimen Waffen. All das ist kleinlich und bedeutungslos gegenüber der ungeheuren Katastrophe, in der das deutsche Volk steht. Vergeßt alle diese oberflächlichen Dinge, wenn Ihr an dieser Jahreswende über die Geschichte der Völker und die Geschichte Deutschlands nachdenkt! Denkt allein an das, was in der Tiefe geschieht! Dann werdet Ihr auch die Frage beantworten können, die das neue Jahr an Euch stellen wird: Was bedeutet das alles, was soll nach dem Untergang zum Leben kommen? Was kann das Ziel derer sein, die aus dem Untergang, ohne zuschanden geworden zu sein, hervorgehen werden? Was kann Euer Ziel sein, wenn das neue Jahr die Frage nach der deutschen Zukunft stellen wird? Es gibt nur eine Antwort: Laßt untergehen, was untergehen muß, weil es sich zum Werkzeug des Schlechten gemacht hat! Laßt untergehen den Nationalsozialismus und alles, wofür er steht, und alles, was mit Überzeugung für ihn gestanden hat! Laßt untergehen alle falschen Träume von Weltbeherrschung und allen Irrglauben an die Macht des Schwertes ohne den Geist! Löst Euch los von denen, die den Nationalsozialismus in den Sattel gehoben haben aus Angst um ihre politische Macht oder ihr Geld oder ihre soziale Geltung. Brennt sie aus aus dem Leben des deut-

schen Volkes und reinigt es von den Trägern des Bösen! Laßt Eure
Kinder sich erheben über die Niederungen der Geistfeindlichkeit und
über die Abgründe der Unmenschlichkeit, zu denen der Nationalsozialismus sie verführt hat! Lehrt sie, nicht auf sich selbst allein und
nicht auf Deutschland allein, sondern auf die Menschheit zu blicken!
Zeigt ihnen einen Weg heraus aus dem Weg des Unterganges, auf den
sie vom Nationalsozialismus gezwungen sind.

Wenn Ihr in diesen dunklen Nächten um Silvester in Dunkelheit
und Kälte zusammensitzt, dann sprecht von den ewigen Dingen, von
dem, was allein Euer Volk und Euch selbst hindurchretten kann durch
das kommende Jahr! Sprecht von dem, was Mensch-Sein bedeutet —
daß es Ehrfurcht bedeutet vor allem, was Mensch ist, Feinden und
Freunden. Sprecht von dem, was Volk-Sein bedeutet — daß es Gemeinschaft bedeutet und der Weg ist zu der Gemeinschaft aller Menschen. Und im Lichte dieser Gedanken wendet Euch ab von dem, was
allem Ewigen feindlich war, was allem Menschlichen ins Gesicht schlug
und was alle Gemeinschaft zerbrach! Wendet Euch ab von dem, was
Euch in den Untergang getrieben hat und was nun selbst untergehen
muß. Beginnt in der Tiefe Eurer Seelen mit dem neuen Jahr ein neues
Zeitalter deutschen Lebens!

90.

EIN DEUTSCHER SOLDATENBRIEF
27. Dezember 1943
Meine deutschen Freunde!

Am Morgen des zweiten Weihnachtsfeiertages las ich die Übersetz-
zung eines deutschen Soldatenbriefes, der in die Hände der Alliierten
gefallen war. Ich habe selten etwas gelesen, was das unvorstellbar
Grauenhafte des Zweiten Weltkrieges so stark zum Ausdruck bringt
wie dieser Brief. Er ist von einem Unteroffizier namens Karl Peters
an eine Frau geschrieben, ein reiner Privatbrief. Der Schreiber ahnte
nicht, daß statt der Frau, an die er gerichtet war, Hunderttausende
in gegnerischen Ländern ihn lesen würden; er ahnte nicht, daß das
Blut in Hunderttausenden zu haßerfüllter Wallung gebracht würde
durch das, was er harmlos in seinem Brief mitteilte! Er wußte nicht,
daß viele Menschen sich das Bild des deutschen Soldaten nach den
Worten dieses Briefes malen würden — malen und einen Fluch dar-
untersetzen!

So lautet der Brief: „Ja, wenn wir eine Stadt aufgeben, lassen wir sie in Ruinen liegen: Explosionen links, rechts, hinter uns! Die Häuser werden dem Erdboden gleichgemacht. Das Feuer verschont nur die Kamine, und das Ganze sieht aus wie ein steinerner Wald. Häusermassen versinken als Ergebnis einer gut ausgeführten Sprengung. Ungeheure Feuer verwandeln die Nacht in Tag. Glaube mir: keine englische Bombe kann solche Zerstörung verursachen. Wenn wir bis zur Grenze zurückgehen müssen, werden die Russen zwischen der Wolga und der deutschen Grenze keine einzige Stadt und kein einziges Dorf vorfinden. *Ja, hier herrscht totaler Krieg in höchster und vollkommenster Form.* Was hier geschieht, ist etwas Unbekanntes in der Weltgeschichte. Ich weiß, daß Ihr zu Haus manche bösen Minuten durchleben müßt durch die schweren Luftangriffe. Aber glaube mir, es ist viel schlimmer, wenn der Feind in Eurem Land ist. Es gibt hier kein Entrinnen für die Zivilbevölkerung. Ohne Dach müssen sie verhungern und erfrieren. Wir sind dabei, mehr zu verbrennen. Dein Karl."

So lautet *ein deutscher Soldatenbrief aus dem Jahre 1943.* Das Entsetzliche an ihm ist die sachliche Art, mit der das Entsetzliche berichtet wird. Kein menschlicher Aufschrei gegen das Ungeheuerliche, was unschuldigen Menschen in Gebieten so groß wie Deutschland getan wird! Nicht einmal ein Wort der Leidenschaft gegen verhaßte Feinde, denen man all das gönnt. Nichts davon: nichts Menschliches im Guten und nicht einmal etwas Menschliches im Bösen: die vollkommene Unmenschlichkeit, die Zerstörung als ein Ereignis, das so selbstverständlich ist wie eine Flut oder ein Steppenfeuer. Bis zu dieser Tiefe der Entmenschlichung hat der Nazismus deutsche Menschen gebracht!

Es sollte nicht gesagt werden, daß diese Dinge eine militärische Notwendigkeit sind! Es ist eine militärische Notwendigkeit, Orte zu beschießen und in Trümmer zu legen, in denen sich der Feind festgesetzt hat. Es ist eine militärische Notwendigkeit, auf einem erzwungenen Rückzug Fabrikanlagen, Brücken und Magazine zu zerstören. Aber es ist keine militärische Notwendigkeit, aus einem Land eine Wüste zu machen, die Bewohner vor sich herzutreiben oder dem Tode preiszugeben. Es ist keine Notwendigkeit, das gegnerische Volk auszurotten oder, wenn das unmöglich ist, Teile von ihm mit Haus und Hof und Vieh und Werkstatt vom Erdboden zu vertilgen. Es ist keine militärische Notwendigkeit, Millionen von Frauen und Kindern und Greisen hinzumorden, direkt oder indirekt! Das aber ist es, was geschieht, was in jenem deutschen Soldatenbrief mit völliger Gleichgültigkeit berichtet ist.

Der Brief nennt diesen Ausrottungsfeldzug gegen ein ganzes Volk „totalen" Krieg. Aber dieses Wort bedeutete ursprünglich nur, daß jeder einzelne in einem Volk an der Gesamtanstrengung für den Sieg teilnimmt. Totaler Krieg bedeutet, daß auch die Menschen hinter der Front Mitkämpfer sind, weil der Bestand der Front von ihnen abhängt. In diesem Sinne sind heute alle Völker in einem totalen Krieg begriffen. Aber die Nationalsozialisten haben etwas anderes aus dem Wort „totaler Krieg" gemacht: Totaler Krieg ist für sie Krieg zur totalen Ausrottung des Gegners. Und was das bedeutet, zeigt der deutsche Unteroffizier, der in seinem Brief die Methode der Ausrottung beschreibt.

In der gesamten Geschichte des zivilisierten Europa hat es so etwas nicht gegeben. Wohl wurden im Dreißigjährigen Krieg Dörfer verbrannt und verschwanden für immer vom Erdboden. Wohl wurde eine Stadt wie Magdeburg zerstört und viele ihrer Einwohner ermordet. Aber das war ein Einzelfall und erregte schon damals den Abscheu zivilisierter Europäer. Und bald darauf kamen Zeiten, in denen Soldaten nur mit Soldaten kämpften und die Nichtkämpfer durch Verträge aller Art geschützt wurden. Bis zum Ersten Weltkrieg war das so, und auch die deutschen Armeen hielten sich an diesen Grundsatz. Man muß schon weit in die Geschichte zurückgehen, um das zu finden, was heut von den Nazis getan wird, den Ausrottungskrieg. Es gibt Beispiele dafür im Altertum, in den Kämpfen primitiver Stämme, in den Einfällen barbarischer Horden. Dahin ist das deutsche Volk unter der Führung der Nazis zurückgesunken. Nur ein Unterschied ist: Der moderne Ausrottungskrieg ist gründlicher, wirksamer und totaler als irgendein früherer war. Die Mittel der Zerstörung sind so viel mächtiger, die betroffenen Landstriche so viel weiter, die Möglichkeit zu entrinnen, so viel geringer, daß erst jetzt ein vollkommener Ausrottungskrieg möglich geworden ist. Und diese Möglichkeit haben die Nazis erkannt und benutzt. Sie haben den vollkommenen Ausrottungskrieg in die Geschichte eingeführt, und sie führen ihn durch, Tag für Tag, Stunde für Stunde.

Deutsche Soldaten, die Ihr diese Worte hört, deutsche Offiziere und Beamte, die Ihr noch eine Erinnerung an christliche und europäische Zivilisation habt, sagt Ihr ja zu dieser Wiederkehr und Vervollkommnung urältester Barbarei in der Nazi-Kriegsführung? Sagt Ihr ja zu der Ausrottung großer Teile des russischen Volkes, zu der völligen Verwüstung eines großen Landes mit alter Kultur und herrlichen Denkmälern einer tausendjährigen Vergangenheit? Ist es das, was der deutsche Westen den östlichen Völkern zu bringen hat? Könnt Ihr das mit ansehen oder gar Euch daran beteiligen? Könnt Ihr helfen, wenn das Schicksal, das jetzt den Russen bereitet wird, Eure westlichen und südlichen Nachbarn treffen soll? Wollt Ihr Hunderte von Meilen Wüste und Tod jenseits Eurer Grenzen schaffen? Ist das deutsche Volk willens, sich dazu von den Nazis gebrauchen zu lassen?

Habt Ihr einmal nachgedacht, was das für die Zukunft Deutschlands bedeutet? Die gegnerischen Armeen rücken auf die deutsche Grenze zu und müssen vorher ihr eigenes Land als Wüste sehen. Ihre Städte, ihre Kirchen, Häuser und Ställe sind vom Erdboden verschwunden. Die Menschen, mit denen sie verbunden waren, sind tot oder verschleppt. Nichts ist geblieben als die zertretene Erde ihrer Heimat und der Wind, der durch öde Städte fegt. Und nun kommen sie in das Land, dessen Bewohner ihnen all das angetan haben. Auch dort gibt es zerstörte Städte. Aber zwischen ihnen liegen zahllose Dörfer und Gehöfte, kleinere und größere Städte, denen nichts geschehen ist. Die Bäume stehen noch, die Felder tragen noch, die Frauen und Kinder und Alten leben noch. Welche Gefühle, glaubt Ihr, wird das in ihnen erwecken? Ihre Oberen werden sie davon abhalten, Ausrottung mit Ausrottung zu vergelten. Noch ist es den Nazis nicht gelungen, ihre Gegner auf das Niveau von Unmenschlichkeit herabzuziehen, auf dem sie selbst stehen. Aber immer schwerer wird es den Führern der siegreichen Nationen werden, ihre Völker zurückzuhalten. Es gibt Verbrechen, die so groß und entsetzlich sind, daß sie in jedem, der sie miterlebt hat, die Stimme der Weisheit und Mäßigung übertönen. Solche Verbrechen werden heut im Namen der deutschen Armee und des deutschen Volkes Tag für Tag begangen, und schlimmere sind in Vorbereitung. Wie lange wollt Ihr noch dies decken?

Warum denkt Ihr nicht an Eure und Eurer Kinder Zukunft? Eines Tages werden jene Wüsten, die die deutsche Armee auf Befehl der Nazis geschaffen hat, wieder aufgebaut sein. Menschen werden dort wohnen und arbeiten. Aber von einer Generation zur anderen wird die Geschichte von der Verwüstung des Landes durch die Deutschen erzählt werden. Und die Schuld der Nazis wird für viele Menschenalter auf dem deutschen Volke lasten! Könnt Ihr das wollen? Könntet Ihr es selbst dann wollen, wenn ein kleiner militärischer Vorteil, eine Verzögerung der Niederlage um ein paar Tage damit verbunden wäre? Nicht einmal das ist der Fall, aber selbst wenn es wäre, ist diese kurze Verzögerung des Endes mit einem Jahrhunderte dauernden Fluch über dem deutschen Volk nicht zu teuer erkauft?

Meine deutschen Freunde! Wißt Ihr eigentlich, in was für einen Abgrund die Nazis Euch hineinreißen? Wißt Ihr, was Ausrottungskrieg bedeutet, daß er über kurz oder lang immer die Ausrottung beider Seiten bedeutet? Oder habt Ihr beschlossen, dem Wunsch der Nazis Folge zu leisten und Europa zusammen mit Deutschland in den Abgrund zu reißen? Habt Ihr beschlossen, um der Nazis willen nicht nur Europa sterben zu lassen, sondern auch Deutschland und seine Zukunft? Es ist dem deutschen Volk gesagt worden, daß es nicht versklavt werden soll. Aber eine Bedingung muß es dafür erfüllen: Es muß sich innerlich und äußerlich von den Nazis trennen. Es muß ablehnen, weiter mitschuldig zu werden an dem Verbrechen des Ausrottungskrieges, den die Nazis führen und weiterführen wollen. „Wir werden weiter verbrennen", sagt der deutsche Soldatenbrief. Wir werden nicht weiter verbrennen, es sei denn euch und alles, wofür ihr steht, soll das deutsche Volk, sollen die deutschen Arbeiter und Soldaten den Nazis antworten!

91.

SCHRITTE INS DUNKEL –
SCHRITTE DES GLAUBENS 4. Januar 1944

Meine deutschen Freunde!

Es gibt ein berühmtes Wort, in dem gesagt wird, was Glaube ist: Er ist Zuversicht und Hoffnung auf Dinge, die man nicht sieht. Das Wort stammt aus der Bibel, dem Buch, das am meisten von den Nazis bekämpft, verzerrt und mißbraucht wird. Heute aber wird das Wort Glaube von ihnen selbst benutzt. Das deutsche Volk wird aufgefordert, Glauben zu haben an Dinge, die man nicht sieht, die niemand sehen kann und niemand je sehen wird. Das deutsche Volk wird aufgefordert, an den Sieg zu glauben. Man sagt nicht mehr, daß der Sieg schon errungen ist. Man sagt auch nicht, daß er eine unumstößliche Gewißheit ist: Das wäre zu lächerlich. Aber man sagt, daß das deutsche Volk an den Sieg glauben soll. Der Sieg ist unsichtbar geworden. Alles, was sichtbar ist, ohne Ausnahme, spricht gegen ihn. Und nun wird das alte Wort von der Hoffnung auf das Unsichtbare hervorgeholt, um die wirkliche Hoffnungslosigkeit zu verhüllen. Aber das Wort paßt nicht. Glaube ist nicht Narrheit, ist nicht Erwartung des Unmöglichen. Wenn ein Fels auf hartem, steilen Abhang auf dich zurollt, dann mußt du ihm ausweichen, auch wenn du einen Sprung in unbekannte Tiefen wagen mußt, oder du wirst zerschmettert. Aber du würdest jeden wahnsinnig nennen, der dir sagen würde: Bleibe stehen und glaube. Glaube, daß der Fels mitten auf seinem Weg haltmachen wird, wo doch nichts da ist, das ihn am Weiterrollen hindern könnte. Ein solcher Glaube wäre Narrheit und würde im nächsten Augenblick den völligen Untergang bringen. Das aber ist es, was die Nazis dem deutschen Volk sagen. Nicht nur eine, sondern mehrere solcher unwiderstehlichen Felsblöcke rollen auf das deutsche Volk zu und werden es zerschmettern, wenn es bleibt, wo es jetzt steht. Es ist Narrheit zu glauben, daß sie plötzlich anhalten werden, wo nichts ist, was sie hindern könnte, ihren Weg fortzusetzen, von allen Seiten her und mit wachsender Geschwindigkeit. Solche Narrheit hat nichts mit Glauben zu tun. Sie ist Selbstverblendung und tiefe, innerste Angst, die nicht wagt, dem kommenden Unheil ins Auge zu sehen.

Diese innere Angst spricht aus allen Reden, die Ihr zur Jahreswende von den deutschen Führern gehört habt. Ihre Worte klingen mutig. Sie sprechen von Härte und fanatischer Entschlossenheit, von Unbesieglichkeit des deutschen Widerstandes und dem Heroismus des deutschen Volkes. Aber dazwischen verraten sie ihre tiefe Angst, wenn sie sagen, daß es zwischen Sieg und Vernichtung nichts drittes gibt. Sie predigen Hoffnung, ohne Hoffnung zu haben. Sie fordern zum Glauben auf, ohne selbst zu glauben. Wer imstande ist, zwischen den gesprochenen Worten die unausgesprochenen Worte zu hören, der konnte die Hoffnungslosigkeit, den Unglauben und die Verzweiflung aus jeder ihrer Reden heraushören. Und ich bin sicher, das deutsche Volk hat diese Worte zwischen den Worten verstanden. Es hat begriffen, daß Verzweifelte ihm Mut zugesprochen haben und daß es Worte nicht des Glaubens, sondern der Angst waren.

Meine deutschen Freunde! *Ihr werdet von den Nazis zu einem Glauben aufgefordert, der aus Angst geboren ist und Selbstverblendung bedeutet.* Wer kindisch und töricht genug ist, sich einen solchen Glauben einreden zu lassen, dem kann nicht geholfen werden. Ihr andern aber, die Ihr reif und männlich seid und seht, wie das Verderben auf Euch zurollt, Ihr müßt Euch zu einem anderen, besseren Glauben erheben. Ihr müßt Euch zu dem wirklichen Mut erheben, der nicht die Augen schließt und stehenbleibt, sondern die Augen öffnet und den Schritt ins Unbekannte wagt, der allein noch retten kann. Stehenbleiben, das heißt, weiterkämpfen unter den Nazis und für die Nazis. Stehenbleiben, das heißt die Augen schließen vor dem Verderben, das von allen Seiten heranrollt, und auf das Unmögliche warten, daß die Armeen von Osten und Süden und Westen plötzlich haltmachen statt vorwärtszugehen. Den Schritt ins Unbekannte machen, das heißt heute, sich von den Nazis trennen, das deutsche Volk aus ihrer Umschlingung retten und glauben, daß jenseits des Zusammenbruchs ein neues Beginnen liegt. Zu solch einem Glauben gehört mehr Mut als zu der verbissenen Verzweiflung, die sich an das Unmögliche klammert. Solch ein Glaube hat die tödliche Angst vor der Vernichtung überwunden — jene Angst, die aus jedem Kraftwort der Naziführer mittönt. Wir alle wissen, wieviel Mut dazu gehört, einen Schritt ins Unbekannte zu machen. Das Unbekannte erscheint als das Unheimliche, Drohende. Viele Deutsche fragen sich: Was soll nach dem Nationalsozialismus kommen? Ist nicht die schlimmste Gegenwart immer noch besser als eine unbekannte Zukunft? Diese Frage hat wie kaum etwas anderes die Nazis an der Macht gehalten. Man sah keine andere Möglichkeit. Aber gerade das war der Fehler, der Deutschland an den Abgrund gebracht hat. Man hatte nicht den Mut, einen Schritt ins Unbekannte zu gehen. Man wollte nichts wagen, man glaubte nicht an die schöpferischen Kräfte des deutschen Volkes; und so blieb man lieber bei den zerstörerischen Kräften des Nationalsozialismus. Es ist selbstverständlich, daß man nicht in das Unbekannte gehen wollte, solange das Bekannte noch eine gewisse Sicherheit gab. Aber nun, da auch das nicht mehr der Fall ist, was hat es noch für einen Sinn, sich an die Nazis zu klammern? Das deutsche Volk weiß jetzt, daß es mit den Nazis verloren ist. Warum versucht es nicht, ohne die Nazis sich zu retten? Gibt es wirklich keine andere Möglichkeit? Ist die zerbrochene Hoffnung auf die Nazis wirklich die einzige Hoffnung, die Deutschland hat? Ist der Glaube, zu dem die Nazis auffordern, wirklich der einzige Glaube, der dem deutschen Volke geblieben ist? Es wäre schrecklich, wenn es so wäre, denn dann gäbe es für Deutschland keine Hoffnung und für das deutsche Volk keinen Glauben mehr. Aber so ist es nicht: Es ist noch ein Glaube vorhanden für das deutsche Volk. Und zu ihm muß es sich bekennen. Zu ihm muß es Mut fassen; es muß den Sprung ins Unbekannte wagen.

Warum darf ein Volk den Sprung ins Unbekannte wagen? Wann darf es sich einem Glauben an Dinge zuwenden, die es nicht sieht? Es gibt eine Regel dafür, die nicht immer leicht anzuwenden ist, über die aber in diesem Augenblick der deutschen Geschichte kein Zweifel möglich ist. Die Regel, nach der der Glaube eines Volkes gemessen werden muß, nämlich ob es ein wahrer oder ein falscher Glaube ist, lautet: Wahr und richtig ist jeder Glaube, jeder Schritt ins Unbekannte, den ein Volk macht, wenn es sich von der Ungerechtigkeit abwendet und der Gerechtigkeit zuwendet. Deutschland muß den Schritt ins Unbekannte machen, denn wenn es ihn nicht macht, wird es rettungslos zerstört. Deutschland darf den Schritt ins Unbekannte wagen, denn wenn es ihn nicht macht, wird es rettungslos zerstört. Deutschland darf den Schritt ins Unbekannte machen, denn es ist ein Schritt aus der Ungerechtigkeit in die Gerechtigkeit. Wenn Deutschland bei den Nazis bleibt, wird es von den Felsblöcken der heranrollenden Armeen zerschmettert. Darum muß es von ihnen weggehen. Wenn Deutschland sich von den Nazis losreißt, dann tut es einen Schritt ins Dunkle. Aber es darf diesen Schritt tun, weil mit ihm sich Deutschland von der Ungerechtigkeit losreißt, unter der es geknechtet war; und darum ist dieser Schritt ins Dunkle zugleich ein Schritt ins Licht.

Die Nazis reden Euch vor, daß die Trennung von ihnen und die Rückkehr zu der übrigen Menschheit Eure Vernichtung bedeuten würde. Sie sind wie Abenteurer, die einen Unwissenden an den Rand des Abgrundes geführt haben. Geht er noch einen Schritt weiter mit ihnen, so ist er verloren. Seine Verführer wissen das, für sie selbst gibt es keine Rettung mehr. Er aber könnte sich noch retten, wenn er sich jetzt von ihnen trennte. Sie aber tun alles, um ihn bei sich zu halten. Sie fordern ihn auf, an sie und ihre Stärke und Klugheit zu glauben. Er fühlt, daß sie wissen, daß er verloren ist, wenn er weiter mit ihnen geht. Aber er zögert. Er weiß nicht, wie er zurückgehen kann: Er hört auf ihre Reden, obgleich er sie nicht mehr glaubt. Das ist die Lage des deutschen Volkes heute. Und unsere Stimme, die Worte, die wir zu Euch reden, sollen Eurem Zögern ein Ende machen. Wir sehen, welchem Abgrund Ihr entgegengeführt werdet. Die Nazis, Eure Führer und Verführer, sehen es auch. Aber sie sagen es Euch nicht. Sie malen den Schritt ins Dunkle, der Euch von Ihnen trennt, als den Schritt in den Abgrund. Aber der Abgrund liegt da, wo sie stehen, nicht da, wo Ihr hingeht, wenn Ihr Euch umwendet.

Ihr dürft, Ihr müßt Glauben haben, meine deutschen Freunde! Aber einen Glauben, der auf Gerechtigkeit und nicht auf Ungerechtigkeit vertraut. Solange Ihr in Gemeinschaft mit denen bleibt, die die Gerechtigkeit mit Füßen treten an jedem Tag, in jeder Stunde, könnt Ihr nicht glauben. Wer Unrecht tut, kann im tiefsten nicht glauben, daß sein Unrecht gedeihen wird, daß er von den Folgen seines Unrechts gerettet wird. Darum kann es in einem Deutschland, das den

Nazis folgt, keinen echten Glauben geben, sondern nur ein Hin und Her von Verzweiflung und Selbstverblendung. Darum wendet Euch ab von ihnen und macht den Schritt ins Dunkle, den Schritt des Wagens, den Schritt des Glaubens, der Euch retten wird.

92.

„NOT LEHRT BETEN"   10. Januar 1944

Meine deutschen Freunde!

Es gibt ein altes deutsches Sprichwort, das aus langer Erfahrung von Menschen und Völkern hervorgegangen ist. Es heißt *„Not lehrt beten"*. Wie alle solche Sprichwörter ist es so oft gebraucht worden, daß es abgebraucht erscheint und sein Inhalt flach und selbstverständlich. So kann man es auffassen. Und wenn wir es im gewöhnlichen Leben, in normalen Zeiten hörten, dann faßten wir es so auf und spotteten wohl darüber. Heute ist das nicht mehr möglich. Das alte Wort „Not lehrt beten" hat für Unzählige in allen Völkern und besonders in allen Armeen einen neuen Sinn bekommen. Wir hören Berichte von überallher, daß einzelne Soldaten in ihren Erdlöchern oder Flugzeugen oder Rettungsbooten oder Tanks das längst verlernte Beten wieder gelernt haben. Und wir hören das gleiche von den Menschen, die die Schrecken eines Luftangriffs in Kellern und Unterständen durchmachen oder lebendig unter Trümmern begraben sind. Daß solche Not beten lehrt, scheint nicht schwierig zu verstehen. Im Angesicht des Todes gibt es nur noch einen Ort, an den der Mensch sich wenden kann, das Ewige. Und daß er es tut, mag in den meisten Fällen mehr natürliche Todesangst als ein tiefes, religiöses Gefühl sein. Und wenn es so ist, wird das Gebet aufhören, sobald die unmittelbare Gefahr vorüber ist. Es gibt freilich auch Menschen, die in solchem Augenblick der äußersten Not das Beten für ihr ganzes Leben lernen. Beten heißt nicht notwendig Gebetsworte gebrauchen. Es kann in der schweigenden Erhebung des Herzens zum Ewigen bestehen. Es kann die innere Überlegenheit eines Menschen über alles Zeitliche und Vergängliche sein. Die Erfahrung der Vergänglichkeit dessen, was ihm unvergänglich erschien, kann einen Menschen reif machen für das, was in Wahrheit unvergänglich ist. Das ist es, was jenes alte, scheinbar banale Sprichwort ausdrückt — daß Not beten lehrt.

Aber ich will heute nicht von den Erfahrungen des einzelnen Menschen reden, der angesichts des drohenden Untergangs auf das Ewige

299

verwiesen wird, sondern von der gleichen Erfahrung der Völker, insonderheit des deutschen Volkes. Von verschiedenen Seiten kommen Nachrichten, daß in den letzten Monaten die Spannung zwischen Nationalsozialisten und den christlichen Kirchen nachgelassen hat. Ja, es kommt die Nachricht, daß der ausgesprochenste Feind des Christentums unter den Naziführern, Rosenberg, den SS-Führern nahegelegt hat, mit ihren Gruppen an den kirchlichen Gottesdiensten teilzunehmen. Daß eine solche Nachricht möglich ist, zeigt die veränderte Lage des deutschen Volkes. Was auch immer daran wahr sein mag, die Nachricht, in Verbindung mit vielen ähnlichen Nachrichten, zeigt, daß die Nazis es für richtig halten, sich dem Christentum zu nähern. Sicherlich wird niemand sagen, daß Not sie beten gelehrt hat. Aber eins kann man sagen: Sie haben gelernt, daß Not andere Leute beten gelehrt hat, und daß sie darauf Rücksicht nehmen müssen. Die Nationalsozialisten haben sich immer sehr gut auf die seelischen Dinge verstanden. Sie haben immer gewußt, welche Haltung gerade zweckmäßig war. Sie waren von Anfang an Meister der Massenpsychologie. Sie wußten, was in den Massen vor sich ging, und wußten es zu benutzen. Wenn sie jetzt mit ihrem Druck auf die Kirchen nachlassen, ja sogar selbst christlich erscheinen wollen, so bedeutet das etwas. Es bedeutet, daß sie eine Wendung zu Christentum und Kirche im deutschen Volk bemerkt haben. Und es bedeutet, daß sie diese religiöse Wendung des deutschen Volkes für so stark halten, daß sie sich ihr anschließen müssen.

Und das ist es, was für die Zukunft Deutschlands wichtig ist: die Tatsache der religiösen Wendung, nicht die Art, wie sie von den Nazis ausgenutzt wird. Wie steht es mit dieser Wendung? Hat die Not des deutschen Volkes beten gelehrt? Hat es sich dem Ewigen zugewendet, nachdem ihm alles Zeitliche und Vergängliche weggeschlagen ist? Es kann kein Zweifel sein, daß es in weiten Kreisen so ist. Die Nazis sind die untrüglichen Zeugen dafür; denn nichts gibt es, was ihnen weniger angenehm ist. Und doch sind sie gezwungen mitzugehen.

Was bedeutet diese Wendung des deutschen Volkes? Was bedeutet es, daß Not das deutsche Volk beten gelehrt hat? Es kann zweierlei bedeuten, genau wie beim einzelnen Menschen. Es kann bedeuten, daß viele Deutsche in ihrer persönlichen Not sich unter einen höheren Schutz begeben haben. Es kann bedeuten, daß sie den Schutz, den ihnen die Nazis und die Armeen gegen den äußeren Feind gegeben haben, als wertlos betrachten und sich und das deutsche Volk einem andern, göttlichen Schutz unterstellen wollen. Wenn sie nichts wäre als das, so wäre die religiöse Wendung des deutschen Volkes nicht viel wert. Das Ewige läßt sich nicht als politischer oder militärischer Verbündeter benutzen, wenn es einem schlecht geht, nachdem man sich nicht darum gekümmert hat, solange es einem gut ging. Gott ist kein Nothelfer, den man beliebig herbeirufen und abstellen kann. Anstatt einen solchen Versuch zu machen, ist es würdiger und religiöser, ohne ihn zu bleiben und in heroischer Verzweiflung unterzugehen. Christentum hat nichts mit „zu Kreuze kriechen" zu tun. Gebete dieser Art helfen nichts, auch wenn sie in der Not gelernt sind. Wenn das deutsche Volk sich heute zum Christentum wendet, um mit Hilfe Gottes zu retten, was mit Hilfe der deutschen Waffen nicht mehr gerettet werden kann, dann lästert es Gott und rennt nur noch tiefer in sein Verderben.

Es gibt aber noch einen anderen Sinn, in dem das deutsche Volk durch seine gegenwärtige Not zum Beten gebracht werden kann. Die unermeßliche Not, in der sich heute die meisten Deutschen befinden, und die Hoffnungslosigkeit über die deutsche Zukunft mag viele Deutsche in einem tieferen Sinne beten gelehrt haben. Es mag im deutschen Volke eine tiefe und wahrhafte Wendung zum Unvergänglichen geben angesichts all des grauenvollen Vergehens von Menschen und Dingen. Es mag im deutschen Volk eine ernste und sehnsüchtige Hinkehr zum Ewigen geben, nachdem alles Zeitliche in Trümmer gesunken ist und weiter sinkt. Wenn das so wäre, dann wäre das die Rettung des deutschen Volkes. Es wäre kein Ausweg aus der militärischen Niederlage und ihren Folgen. Einen solchen Ausweg gibt es nicht. Aber es wäre der Weg aus dem Untergang, der Weg in die Zukunft. Der Weg in die deutsche Zukunft führt über die Tiefen und Höhen, in denen das Ewige sichtbar wird. Einen anderen Weg gibt es nicht. Nur wenn die Not das deutsche Volk auf das Unvergängliche wirft, kann es auch im Vergänglichen wieder einen Platz finden. Nur ein neu geborenes Deutschland hat eine Zukunft.

Wenn viele und immer mehr Deutsche sich dem Ewigen zukehren, wenn Not sie in diesem tieferen Sinne beten gelehrt hat, dann kann etwas ganz Überraschendes geschehen: Deutschland wird nicht nur leben können, sondern es kann ein Wegweiser werden auf dem Wege zu einer neuen Menschheit. Es gab kaum ein anderes Volk in unseren Zeiten, das so erfolgreich zur Anbetung von vergänglichen Dingen erzogen war wie das deutsche: die Nation selbst, die Macht des Heeres, die Weisheit der Führer, die Allmacht der Technik. Und all das hat sich als vergänglich erwiesen. Die Technik ist zu einem Mittel der

Selbstzerstörung geworden, die Weisheit der Führer hat sich als Torheit und Überhebung erwiesen, die Macht des Heeres wird zerrieben, der Glaube an die Rasse ist zu einem Fluch für Deutschland geworden, der Boden ist mit Ruinen bedeckt und von Fremden bearbeitet, die Nation geht dem Abgrund entgegen. Das Vergängliche ist bloßgestellt in seiner Vergänglichkeit. Welcher Deutsche könnte noch darauf bauen? Nur die Verzweiflung läßt noch viele an dem festhalten, was ihnen Stück für Stück aus den Händen gewunden wird, bis sie leer dastehen. Die Stunde wird kommen und ist nicht mehr fern, wo alle Deutschen, die auf Zeitliches ihre letzte Hoffnung gesetzt haben, leer dastehen werden. Und dann kommt es darauf an, ob ein Kern des Volkes da ist, der durch die Not gelernt hat, sich zum Ewigen zu erheben. Es muß ein Kern sein, der stark genug ist, das Volk hindurchzutragen durch das Dunkel der nächsten Zukunft. Es muß eine Gruppe von Menschen sein, die wissen, daß im Lichte der Ewigkeit auch die dunkelsten Zeiten eines Volkes Zeiten des Aufstiegs sein können. Wenn viele im deutschen Volk nicht nur äußerlich zur Kirche zurückkehren, nicht nur aus Politik ihr Christentum bekennen, nicht nur Gott durch Gebete der Angst zu militärischer Hilfe herbeirufen, sondern sich dem Ewigen zuwenden, dann kann etwas Großes in der Dunkelheit des Zusammenbruchs geboren werden. Es kann geschehen, daß das deutsche Volk durch die Wendung zum Ewigen lernt, welche Stellung es im Zeitlichen einnimmt: wo es hingehört, was es für die Menschheit bedeutet, welches seine Grenzen sind und welches seine wahre Größe ist. Wenn viele im deutschen Volk auf das Ewige zu blicken lernen, dann wird das ganze Volk einen klareren Blick für das Zeitliche haben. Es wird sehen, was Wahrheit und was Lüge in ihm war, was echter Stolz und was Größenwahn. Es wird sehen, in was für einen Abgrund nicht nur äußerlich, sondern auch innerlich es von denen gestürzt ist, die es vom Ewigen trennen wollten. Wenn Not das deutsche Volk in diesem Sinne beten gelehrt hat, dann ist die Not, die gegenwärtige und die noch kommende, nicht umsonst gewesen. Dann hat durch seine größte Not das deutsche Volk seine Ewigkeit wiedergefunden.

93

DAS DEUTSCHE VOLK:
GRÖSSE DURCH GERECHTIGKEIT

18. Januar 1944

Meine deutschen Freunde!

Viele von Euch sind erschreckt, wenn sie an die Zeit nach dem kommenden deutschen Zusammenbruch denken. Nicht nur wegen der unmittelbaren Folgen der Niederlage, sondern auch wegen der Frage der Stellung Deutschlands in der Welt in naher und ferner Zukunft. Viele von Euch sind auch heute noch entschlossen, für die Größe Deutschlands weiter zu leiden und weiter zu sterben. Jedes lebendige Wesen, jeder einzelne Mensch und jedes Volk will Größe haben. Das ist natürlich und einer der wichtigsten Antriebe für alles Leben und alles Wachstum. Überall wird Gegenwärtiges für zukünftige Größe geopfert, und ohne solches Opfer für Wachstum und Größe würde alles Leben verkümmern. Jedes Volk würde verkümmern, wenn es aufhören würde, nach Größe zu streben. Niemand kann dem deutschen Volk zumuten, daß es auf Größe verzichten soll.

Aber die Frage ist, *worin besteht die Größe eines Volkes?* Wann und wodurch ist ein Volk groß? Was war die Größe des deutschen Volkes? Was wird seine Größe sein? Über diese Frage möchte ich heute mit Euch nachdenken.

Laßt mich gleich etwas vorwegnehmen. Ihr werdet vielleicht mit einer in Deutschland üblichen Redensart sagen: „Das ist wieder einer, der uns zum Volk der Dichter und Denker machen will." Da wird uns wieder einmal der Rat gegeben: „Überlaßt die Politik den anderen, Ihr aber kümmert Euch um die geistigen Dinge!" Solch einen Rat würdet Ihr mit Recht von Euch weisen. Ein Volk kann keine geistige Größe entwickeln, wenn ihm jede politische Größe unmöglich gemacht wird. Auch in den Zeiten der klassischen deutschen Dichter und Philosophen war Deutschland nicht ohne politische Größe. Zwar war das deutsche Reich damals schon so heruntergekommen, daß es an Altersschwäche starb. Aber längst hatten sich andere politische Kräfte entwickelt, die stark genug waren, die napoleonische Tyrannei abzuschütteln. Und im Innern begannen die deutschen demokratischen Kräfte sich zu regen. Es ist nicht mein Gedanke, daß Deutschland wieder zu einem Volk der Dichter und Denker werden soll. Das ist eine törichte und irreführende Redensart. Und sie ist außerdem geschichtlich falsch. Deutschland war nie ein Volk der Dichter und Denker. Es war ein

Volk der Bauern und Landarbeiter, der Handwerker und Beamten. Und nur auf dieser Grundlage war es möglich, daß einzelne große Geister ein geistig großes Deutschland schufen. Wenn ein Volk nicht mehr leben kann, dann kann es auch nicht als Volk der Dichter und Denker leben. Ohne politische Größe gibt es in einem Volk auch keine geistige Größe. Auf dem Boden dieser Wahrheit will ich mit Euch über die zukünftige deutsche Größe reden. Ich wiederhole noch einmal: Deutschland kann nie werden, was es nie war und was kein Volk sein kann, ein „Volk der Dichter und Denker".

So müssen wir noch einmal fragen: Worin besteht die Größe eines Volkes, die Größe des deutschen Volkes? Welche Größe kann es bewahren und entwickeln nach dem gegenwärtigen Zusammenbruch? Es ist nötig, an dieser Stelle ohne Rückhalt mit Euch zu reden. In den beiden Weltkriegen ist etwas entschieden worden, was nicht mehr rückgängig gemacht werden kann. Es ist entschieden worden, daß Deutschland im politisch-militärischen Sinne des Wortes nicht zu den Weltmächten gehören wird. Auch wenn es wieder eine starke Macht würde, könnte es keine Weltmacht werden. Sein Versuch, es zu werden, war der Irrtum, der zu zwei Weltkriegen geführt und für lange Zeit seine Macht in der Welt vernichtet hat. Der Leichtsinn des kaiserlichen Deutschland, als es sich in den Ersten Weltkrieg ziehen ließ, und der wahnwitzige Übermut der Nazis, als sie Deutschland in den Zweiten Weltkrieg stürzten, hat die wahre Größe Deutschlands geopfert für eine eingebildete, aufgeblasene und innerlich haltlose Größe. Zweimal hat Größenwahn Deutschland klein gemacht: Als es die Welt erobern wollte, hat es seinen Platz in der Welt verloren. Es hat sich politischen Führern ergeben, denen das erste Wahrzeichen politischer Größe fehlte: das Wissen um Maß und Grenze. Maßlos waren die Ansprüche des kaiserlichen Deutschland. Grenzenlos war der Machtwille der Nazis. Und weil er keine Grenzen hatte, wird er jetzt in Grenzen zurückgeworfen, die enger sind, als sie hätten sein können. Das ist ein Gesetz des Lebens, so unverbrüchlich wie das Gesetz, daß alles Leben Größe will. Wer die Grenzen überschreitet, in denen er größer werden kann, der verliert auch die Größe, die er vorher hatte. An diesem Lebensgesetz scheitert der Angriff Deutschlands auf Europa und das englische Weltreich und Amerika und Rußland schon zum zweiten Male: Deutschland wird in engeren Grenzen leben nach diesem Krieg, weil es keine Grenzen kannte. Es wird geringere Macht haben nach seiner Niederlage, als es vor dem Beginn des Kampfes hatte, weil es seine Macht unermeßlich überschätzt hat. Deutschland wird ärmer sein nach der Naziherrschaft, als es vorher war, selbst in den schwersten Zeiten nach dem Ersten Weltkrieg, weil es versucht hat, den Reichtum eines ganzen Erdteils an sich zu reißen. Weder in Ausdehnung, noch in Macht, noch in Reichtum wird Deutschlands Größe nach diesem Krieg bestehen. In all dem wird es kleiner sein, als es vor dem Beginn der Naziherrschaft war.

Und doch braucht Deutschland nicht klein zu werden: Es kann größer werden, als es vorher war, in echter Größe. Und es muß größer werden, sonst wird es untergehen.

Ein altes Wort sagt: Gerechtigkeit erhöhet ein Volk; erhöhet, das heißt: macht es groß. Vielleicht nicht in äußerer Ausdehnung, Reichtum und Macht, aber in innerer Stärke, in Geltung unter den Völkern, in schöpferischen Kräften, die allen Menschen zugute kommen. Und darum ist das erste, was dem deutschen Volke gesagt werden muß, dieses, daß es groß werden soll durch Gerechtigkeit. Dieser, und nur dieser Weg steht ihm offen. Alle Wege zu einer andern Art von Größe sind ihm für unabsehbare Zeit versperrt. Der Weg zur Gerechtigkeit aber, der Weg zur Größe durch Gerechtigkeit, ist ihm nicht versperrt.

Größe durch Gerechtigkeit muß das deutsche Volk an verschiedenen Stellen suchen. Die erste und vielleicht schwerste Forderung, die das deutsche Volk im Namen der Gerechtigkeit an sich selbst stellen muß, ist die Forderung, daß es die innere Gerechtigkeit seiner Niederlage anerkennt. Das ist schwer, aber nicht unmöglich. Es ist schwer, weil es gegen den nationalen Stolz geht. Es ist möglich, weil es die nationale Ehre wiederherstellen würde. Wenn das deutsche Volk anerkennt, daß es sich durch Lüge und Terror in einen Krieg hat reißen lassen, der nicht gewonnen werden konnte, der ein Verbrechen und ein Wahnwitz war, dann ist etwas Wichtiges geschehen. Dann hat sich das deutsche Volk innerlich von denen getrennt, die seinen Namen verunehrt haben, auch in den entferntesten Gegenden der Welt. Wenn das deut-Volk zugibt, daß es maßlos alle Grenzen überschritt, als es die Welt erobern wollte, dann ist der erste Schritt zur Gerechtigkeit getan, die Deutschland wieder groß machen kann.

Und der zweite Schritt zur Größe ist, daß das deutsche Volk seine Mitschuld anerkennt an den Verbrechen, die von seinen Führern in den eroberten Ländern begangen sind — genau wie in Deutschland selbst. Auch dieser Schritt erfordert Größe. Es ist schwer für ein Volk, seine Mitschuld einzugestehen. Und doch muß es geschehen. Und wenn es geschehen ist, muß noch etwas Schwierigeres geschehen: Das deutsche Volk muß um der Gerechtigkeit willen dazu beitragen, daß etwas von dem Entsetzlichen wiedergutgemacht wird, was seine Führer anderen angetan haben. Ich meine nicht, daß ein Friedensvertrag mit Wiedergutmachungsforderungen unterschrieben wird. So war es im vorigen Krieg. Und es führte zu keiner Gerechtigkeit. Denn das deutsche Volk hatte es innerlich nicht anerkannt. Dieses Mal muß es anerkannt werden, noch ehe es gefordert ist. Das deutsche Volk, auch wenn es selbst noch so verarmt ist, muß es anbieten. Das wäre Größe und eine dauernde Grundlage kommender Größe. Denn es wäre Gerechtigkeit.

Und ein dritter Schritt zur Größe für das deutsche Volk wäre die Herstellung von Gerechtigkeit in Deutschland selbst. Ein gerechtes Volk ist groß, auch wenn es klein ist an Zahl und Gebiet. Ein Deutschland, das ein Beispiel innerer Gerechtigkeit geworden ist, kann zukünftiger Größe gewiß sein — nicht durch äußere Macht, sondern durch die innere Kraft, die von einem gerechten Volk ausgeht. Wenn die strafende Gerechtigkeit durch Eure Hände auf die Nazis und ihre Helfershelfer niedergefallen ist, dann ist die Zeit der schaffenden Gerechtigkeit gekommen. Dann kann das deutsche Volk, gerade weil es waffenlos sein wird und ohnmächtig und einsam für lange Zeit, alle Kräfte in den Dienst der Gerechtigkeit stellen. Es kann jedem die Freiheit geben, die das erste Menschenrecht ist. Es kann jedem die wirtschaftliche Sicherheit geben, ohne die die Menschenwürde zerstört wird. Es kann in seinen Gesetzen ein Vorbild werden für viele Völker. Es kann durch Gerechtigkeit Größe haben, nachdem es durch Ungerechtigkeit klein geworden ist.

95.

GERICHT ALS RETTUNG   31. Januar 1944

Meine deutschen Freunde!

Zwei Arten von Nachrichten über Deutschland ergreifen die Seele eines jeden, der zugleich Deutschland und die Menschheit liebt. Die eine Gruppe von Nachrichten erzählt von dem Elend, das die Deutschen erleiden, und die andere erzählt von dem Elend, das die Deutschen bereiten. In derselben Zeitung lesen wir von der Hölle, in die die russischen Städte durch die deutsche Besatzung verwandelt worden sind. Wir lesen gleichzeitig über die Millionen heimatloser Deutscher, deren Häuser und Habe verbrannt sind, und von Millionen von Sklavenarbeitern, die aus den Städten und Dörfern Europas nach Deutschland verschleppt sind. Wir hören von dem wachsenden Mangel an Kleidung und Nahrung und allen Notwendigkeiten des täglichen Lebens in Deutschland, und wir hören gleichzeitig von dem langsamen Aushungern der unterjochten Völker, insonderheit ihrer Kinder, zugunsten des deutschen Volkes. Und so könnte ich fortfahren: Jedem Unheil, das über das deutsche Volk kommt, entspricht ein Unheil, das Deutschland über andere Völker bringt. Wenn die Berichte über das, was die Deutschen begehen, Entsetzen, Zorn und die Forderung nach Vergeltung erwecken, dann treiben die Berichte über das, was die Deutschen erleben, zu Mitleid, Sorge und dem Wunsch, Deutschland zu helfen. Aber wenn dieser Wunsch, diese Sorge, dieses Mitleid erweckt wird, dann wird man im nächsten Augenblick wieder zurückgerufen auf Vergeltungswillen, Zorn und Entsetzen. In diesem Zwiespalt leben heute alle, die etwas für das deutsche Volk fühlen und zugleich wissen, was Deutschland als Werkzeug der Nazis der Menschheit und Menschlichkeit und Menschenwürde getan hat und noch tut.

Es gibt nur eine Lösung dieses Zwiespaltes zwischen Zorn über Deutschland und Mitleid für das deutsche Volk. Und das ist eine uralte, tiefmenschliche und zugleich geheimnisvolle göttliche Lösung. Was das deutsche Volk jetzt erlebt, ist Gericht. Aber als Gericht ist es der Weg zur Rettung.

Es wird mir unvergeßlich bleiben, wie schon im Jahre 1933, nachdem die Nazis einige Monate an der Macht waren, tieferblickende Deutsche das Gericht, das jetzt ergeht, voraussahen. Obgleich sie dem Nationalsozialismus freundlich gegenüberstanden, sprachen sie schon damals von dem Blut der Verfolgten, das über sie kommen würde, und von dem Verhängnis, das über jedem Deutschen, auch über ihnen selbst, sich zusammenzog. Ein Teil ihres Wesens sah klar in die Zukunft. Ein anderer Teil, bestimmt durch Trägheit und Furcht, verdunkelte diese Sicht wieder. Und so blieben sie, leisteten gar keinen oder nur schwachen Widerstand und sind nun ins Gericht hereingezogen, das der bessere Teil in ihnen vorausgesehen hatte. Der Tag wird einmal kommen, wo viele Deutsche sich selbst offen anklagen werden, daß sie das, was ihr Innerstes ihnen sagte, nicht ausgesprochen, nicht in die Tat umgesetzt haben. Eine erstaunlich große Anzahl von Deutschen wird von dem Alpdruck erzählen, der seit der Machtergreifung der Nazis immer auf ihnen gelastet hat. Nicht nur der einzelne, auch ein Volk fühlt, wenn es sich den Mächten des Verderbens ergeben hat. Aber wie der einzelne dieses Gefühl unterdrückt und nicht wahrhaben will, so auch ganze Völker. Das deutsche Volk wußte und wollte doch nicht wissen, in wessen Hände es gefallen war, als es sich zum Werkzeug der Nazis machen ließ. Es wußte, daß es eine Schuld auf sich lud, die mit jeder neuen Tat der Nazis größer wurde und die als Gesamtschuld des deutschen Volkes nicht von ihm abgeschüttelt werden konnte. Das deutsche Volk wußte, daß es einem neuen Gericht entgegenging, das jeden treffen würde. Es wußte — aber es wollte nicht wissen. Und nun hat das Gericht begonnen und nimmt seinen unerbittlichen und unabänderlichen Lauf. Es ist schneller gekommen, als irgend jemand gedacht hätte, weil es in verblendetem Hochmut geradezu herausgefordert worden ist. Nun ist es da und entlädt sich furchtbarer mit jedem Tag über dem deutschen Volk. Es ist, als ob die alten biblischen Gerichtsworte über den Untergang der Völker, alle Ausmalungen des Endes wahr geworden wären, in dem, was über die Deutschen gekommen ist. Wenn in kommenden Zeiten Geschichten von Schuld und Gericht unter den Völkern erzählt werden, dann wird der Bericht über die kurze Spanne des Dritten Reiches, der Naziherrschaft in Deutschland, die eindrucksvollste Geschichte sein. Selten sind Schuld und Gericht so schnell und so vollkommen aufeinander gefolgt. Selten hat sich ein Angriff auf die sittliche Weltordnung so schnell in ein Zerbrochenwerden durch die sittliche Weltordnung verwandelt. Ist das deutsche Volk bereit, dieses nicht nur zu sehen, sondern auch sehen zu wollen? Ist das deutsche Volk heute so weit gebracht, daß es das, was es in dunklen Ahnungen schon immer wußte, nun mit voller Klarheit erkennt und anerkennt? Alles hängt davon ab, daß es das tut. Denn dann ist das Gericht Rettung.

Versteht mich nicht falsch. Weder ich, noch irgend jemand, der mit dem deutschen Volk fühlt, sagt, daß es schlechter ist als andere Völker und darum noch mehr leiden muß. Wenn ein Mensch das von einem anderen sagt, dann nennt man ihn selbstgerecht und findet, daß dem Selbstgerechten schwerer zu helfen ist als dem Ungerechten. Wenn ein Volk von einem anderen sagt, daß es schlechter ist als es selbst, dann ist das selbstgerechte Volk in größerer Gefahr als das ungerechte. Nicht aus Selbstgerechtigkeit sprechen wir von dem Gericht, das jetzt über das deutsche Volk ergeht, sondern weil wir es als ein sichtbares Beispiel der sittlichen Weltordnung ansehen, die sich gegen jeden, der sie bricht, durchsetzt, schneller oder langsamer, aber mit unerbittlicher Gewalt. Wenn ein Volk das anerkennt, dann ist es schon nicht mehr unter dem Gericht, dann hat die Rettung schon angefangen. Es ist ein häufiges Ereignis in der Weltgeschichte, daß ein Volk, das seine Schuld anerkennt und das Gericht auf sich nimmt, Kräfte entwickelt, die glücklicheren Völkern fehlen. Oft genug hat sich in der Tiefe einer geschichtlichen Katastrophe etwas gebildet, wodurch ein Volk groß geworden ist. Nicht immer ist das freilich so. Die Katastrophe des Ersten Weltkrieges hat nur kleine Kreise in Deutschland in die Tiefe geführt. Das Volk als Ganzes hat die Katastrophe nicht als Warnung hingenommen, die sie war. Es hat die Gerichtsdrohung, die sie war, nicht erkannt. Das deutsche Volk hat sich nach dem Ersten Weltkrieg selbst betrogen mit der Behauptung, daß es am Krieg nicht einmal mitschuldig war, daß es nie wirklich besiegt worden ist, daß gewisse politische Richtungen an der Niederlage schuld sind. Und als die, die so dachten, die Macht in die Hand bekamen, war das deutsche Volk um den Segen seiner Niederlage betrogen. Es hatte sich verstockt gegen das Gerichtswort, das in dem Unglück des Ersten Weltkrieges zu ihm gesprochen war. Und so wurde es fast widerstandslos in die Schuld und das Gericht des Zweiten Weltkrieges getrieben. Hätte das deutsche Volk auf die Gerichtsdrohung des Ersten Weltkrieges gehört, es hätte das Gericht des Zweiten Weltkrieges vermeiden können.

Und das bedeutet, daß, wenn es das Gericht des Zweiten Weltkrieges nicht anerkennt, es seinen völligen Untergang heraufbeschwört. Aber nicht mit diesen Drohungen will ich schließen, sondern mit der großen alten Wahrheit, daß Gericht Rettung ist, wenn es als Gericht genommen wird.

Wenn das, was heute an der Front und in den deutschen Städten erlebt wird, das deutsche Volk von den Dingen reinigt, die es zu willfährigen Werkzeugen der Nazis gemacht hat, dann ist es auf dem Wege der Rettung. Wenn das deutsche Volk aufhört, zwischen ungeheuerlicher Anmaßung und sinnlosen Minderwertigkeitsgefühlen hin- und herzuschwanken, dann ist ein neues Deutschland geboren. Wenn das deutsche Volk durch das Gericht, das über es ergeht, davon geheilt wird, bald vor der Macht ohne Geist auf den Knien zu liegen, bald in eine dünne, ohnmächtige Geistigkeit zu fliehen, dann ist Großes an ihm geschehen. Wenn das deutsche Volk lernt, daß es nicht allein auf der Welt ist und daß es etwas Wesentliches zu dem Leben dieser Menschheit beizutragen hat, dann ist all das unermeßliche Leid dieser Tage nicht umsonst gewesen. Dann ist der Weg des Gerichts der Weg der Rettung geworden. Dann ist das deutsche Volk nicht nur äußerlich vom Nationalsozialismus befreit worden, sondern hat sich auch innerlich von ihm befreit; und darauf allein kommt es an!

96.

DER „DEUTSCHE GLAUBE"
UND DER GLAUBE DER DEUTSCHEN

9. Februar 1944

Meine deutschen Freunde!

Jeder Mensch lebt von einem Glauben, dem er anhängt. Ohne einen solchen Glauben würde niemand mit dem Leben fertig werden. Man muß zum mindesten glauben, daß das Leben wert ist, gelebt zu werden. Sonst ist es unmöglich, ihm standzuhalten. Man muß glauben, um Kraft zu bekommen, wenn man müde geworden ist. Man muß glauben, um dem Unglück Trotz bieten zu können. Man muß glauben, um gegen Hoffnung zu hoffen. Man muß glauben, um nicht von den dunklen Mächten in uns und außer uns zerstört zu werden. Wir alle müssen glauben, um zu leben. Auch Völker müssen Glauben haben, um leben zu können. Auch das deutsche Volk muß glauben, um nicht zugrunde zu gehen.

Das Wort „Deutscher Glaube" ist viel gebraucht und mißbraucht worden. Man hat darunter nicht Glaube der Deutschen, sondern Glaube an die Deutschen verstanden. Man hat den Deutschen gesagt, daß sie an sich selbst glauben sollen, und man hat das „Deutschen Glauben" genannt. Oder man hat den „Deutschen Glauben" etwas dichterischer den Glauben an das „Ewige Deutschland" genannt oder den Glauben an die Auserwähltheit der germanischen Rasse und an ihre Überlegenheit über alle Rassen der Erde. All das hat man „Deutschen Glauben" genannt, und man meinte damit Glauben der Deutschen an sich selbst. Wie steht es mit diesem Glauben an sich selbst? Ist er fähig, Leben zu geben und Hoffnung lebendig zu halten? *Kann der Glaube an sich selbst dem deutschen Volk über die kommende Katastrophe hinweghelfen? Ist der „Deutsche Glaube" imstande, Deutschland vor dem Abgrund zu bewahren?*

Wir wollen ihn uns einmal näher ansehen: Es ist ein Gemisch von Lüge und Wahrheit, von Vernunft und Wahnsinn. Es ist Wahrheit und Vernunft in dem Glauben eines Menschen und eines Volkes an sich selbst. Ohne ihn würde kein Mensch und kein Volk leben wollen; man würde sich wegwerfen, sich verloren geben, sich verachten müssen, wenn man nicht an sich selbst glaubte. Es gibt eine berechtigte und notwendige Zuversicht zu dem eigenen Wert und der eigenen Kraft. Oft in der Geschichte haben große Führer einem Volk das Vertrauen zu sich selbst zurückgegeben; und es ist die erste Aufgabe jeder seelischen Hilfe, daß sie den Menschen zum Glauben an sich selbst zurückbringt. All das zeigt das Recht, ja die Notwendigkeit des Glaubens an sich selbst. Auch das deutsche Volk hat das Recht, an sich zu glauben. Verlöre es diesen Glauben, so verlöre es seine Zukunft.

Aber ist es das, was mit dem Wort „Deutscher Glaube" gemeint ist? Sicherlich nicht! „Deutscher Glaube" ist nicht das natürliche Selbstvertrauen, das ein jedes Volk hat und haben muß, sondern es ist ein Götzenglaube, der dem deutschen Volk aufgezwungen ist. Es mag nicht mehr viele Deutsche geben, die diesem Götzenglauben im Ernst anhängen. Aber auch heute noch ist es schwer, ihm öffentlich abzuschwören. Auch heute noch ist es der offizielle Glaube der deutschen Machthaber, ob einzelne unter ihnen darüber spotten oder nicht. Es ist der Götzenglaube an die Berufung der Deutschen zur Erlösung der Welt, an die größere Heiligkeit des deutschen Bodens, an die rettende Kraft des deutschen Blutes. Es ist der Glaube an den Führer, durch den eine besondere Vorsehung zu den Deutschen spricht, durch den eine göttliche Vorliebe das deutsche Volk über die andern Völker erhebt. Es ist der Glaube, daß Macht das Geheimnis des Lebens ist und daß Wahrheit und Gerechtigkeit der Macht dienen müssen. Es ist der Glaube, in dessen Namen seine fanatischen Priester, die SS und die Gestapo, Hunderttausende geschlachtet und dem Götzen zum Opfer gebracht haben. Es ist der Glaube, der alles, was menschlich ist, aus den Seelen seiner Anhänger gerissen und das Grauen urzeitlicher Barbarei über die Menschheit des 20. Jahrhunderts gebracht hat. So sieht der Glaube aus, den man als „Deutschen Glauben" dem deutschen Volk aufgezwungen hat. Wird dieser Glaube standhalten, wenn die, die ihn verkündet haben, verschwinden werden? Wird er standhalten, wenn die Zeit der schwersten Prüfung für das deutsche Volk kommen wird, die Niederlage mit allem, was sie zur Folge haben wird? Wird der „Deutsche Glaube", wie er von den Nationalsozialisten verkündet ist, die Zerstörung der deutschen Städte, den Tod der deutschen Jugend, die Verkleinerung und Verarmung Deutschlands überleben? Wird der Glaube bleiben, wenn die, die ihn verkündet haben, verschwunden sein werden, dem Gericht verfallen, das sie selbst über sich gebracht haben? Kann der Glaube an die Macht den Zerfall der Macht überdauern? Kann der Glaube an die Berufung zur Weltherrschaft das Ende Deutschlands als Weltmacht überstehen? Die Antwort ist klar: Ein Glaube, der auf Macht gegründet ist, bricht mit der Macht zusammen. Der „Deutsche Glaube", den die Opferpriester des Nationalsozialismus verkündet haben, ist zu seinem Ende gekommen.

311

Er hat sich selbst widerlegt. Was aus ihm hervorgegangen ist, hat sich gegen seine Gläubigen gewandt. Der „Deutsche Glaube", der sich als neuer Glaube gegen den alten, christlichen Glauben erhoben hat, ist an seiner Unwahrheit gescheitert. Es wäre gut, wenn das ganze deutsche Volk das begriffe, nicht damit es ohne Glauben lebt, sondern damit es einen andern, besseren Glauben gewinnt. Warum haben die christlichen Kirchen so lange und so leidenschaftlich gegen den „Deutschen Glauben" gekämpft? Warum sind die Vorkämpfer dieses Kampfes zu Märtyrern ihres Glaubens geworden? Weil sie wußten, daß der „Deutsche Glaube", den man der deutschen Jugend einzuimpfen versuchte, kein Glaube war, der standhalten kann. Und weil sie wußten, daß sie einen besseren Glauben besaßen, einen, der in jeder Lage standhalten kann, weil er nicht auf Vergängliches gebaut ist. Es ist nicht meine Absicht, den christlichen Glauben anzupreisen. Er hat das nicht nötig. Und zu dem heldenhaften Kampf vieler Christen in Deutschland gegen das Heidentum der Nazis können Worte doch nichts hinzufügen. Aber es ist meine Absicht, Euch zu sagen, daß der neue deutsche Glaube nur dann bestehen kann, wenn er aus dem christlichen Erbe des deutschen Volkes seine Kraft nimmt. Wenn er das tut, wenn der deutsche Glaube aus den Quellen des christlichen Glaubens genährt ist, dann wird er dem deutschen Volk durch das dunkelste Tal seiner Geschichte hindurchhelfen.

Wie ist ein solcher Glaube der Deutschen beschaffen? Es ist der Glaube, daß ein Volk nicht untergehen kann, wenn es den ewigen Gesetzen der Wahrheit und Gerechtigkeit Folge leistet, wenn es um seinen Wert und um seine Grenzen weiß; wenn es auch den dunkelsten Abgrund mit Zuversicht durchschreitet. Ein deutscher Glaube, der standhalten kann, ist ein Glaube, der anerkennt, daß auch ein Volk schuldig werden kann und daß Deutschland für das, was es verschuldet hat, zahlen muß. Es ist ein Glaube, der auf die Menschheit als Ganzes sieht und sich als ein Glied von ihr weiß, ein wertvolles Glied mit besonderen Gaben und besonderen Schwächen und besonderen Möglichkeiten. Es ist ein Glaube, der auf den einzelnen Menschen sieht in jedem Volk und in jeder Rasse, und weiß, daß jeder, der ein menschliches Antlitz hat, als Spiegel des Ewigen gewürdigt werden muß, auch wenn dieser Spiegel noch so unrein ist. Der deutsche Glaube, von dem ich rede, ist der Glaube an ein großes gemeinsames Schicksal aller Völker, das hinter dem Blut und Grauen des Krieges steht, verborgen, aber machtvoll, nicht für ein auserlesenes Volk, sondern für alle Völker der Erde. So klang es durch die Verkündigung der alten Propheten, so klang es durch die Weihnachtsbotschaft, so klingt es aus den Worten der großen deutschen Dichter und Weisen. Zu diesem Glauben soll das deutsche Volk zurückkehren. Es ist ein Menschheitsglaube, und darum kann es ein wahrer, echter, deutscher Glaube werden. Es ist die Zuversicht, daß die Geschichte der Menschheit einen Sinn hat, und darum kann es die Zuversicht sein, daß die Geschichte des deutschen Volkes einen Sinn hat, auch die scheinbare Sinnlosigkeit zweier verlorener Kriege. Wenn das deutsche Volk glaubt, so wird es leben. Wenn es sich trennt von dem Wahn des sogenannten „Deutschen Glaubens", so wird es gerettet werden. Wenn es zurückkehrt zum Menschheitsglauben, so wird es wiederauferstehen in der Menschheit.

97.

DIE WAHRE UND DIE FALSCHE
VOLKSGEMEINSCHAFT   15. Februar 1944

Meine deutschen Freunde!

Als ich das letzte Mal zu Euch sprach, forderte ich Euch auf, den sogenannten „Deutschen Glauben" als Irrglauben abzuwerfen und Euch zu einem alten echten „Glauben der Deutschen" durchzuringen. Glaube aber schafft etwas, ohne das Menschen nicht miteinander leben können: Glaube schafft Gemeinschaft. Auch das Wort Gemeinschaft ist viel mißbraucht worden. Man sprach von Volksgemeinschaft und meinte die Herrschaft einer Klasse oder Gruppe. Man sprach von Familiengemeinschaft und meinte die Tyrannei des Vaters. Man sprach von Menschheitsgemeinschaft und meinte das Gleichgewicht der Großmächte. Man forderte die Schwachen zur Gemeinschaft auf, damit die Starken herrschen könnten. Niemand wird den Mißbrauch dieses Wortes Gemeinschaft bestreiten wollen. Es ist wie mit allen großen Dingen: Sie können zur Fassade werden, hinter der sich kleine und böse Dinge abspielen. Wir wissen, daß selbst die göttlichen Dinge vor diesem Mißbrauch nicht sicher sind. Ja, vielleicht können wir sagen, daß, je größer eine Idee ist, desto wehrloser ist sie gegen Verzerrung und unredlichen Gebrauch. So ist es auch mit der großen Idee der Gemeinschaft. Niemand kann sie davor schützen, als Werkzeug der Macht gebraucht zu werden. Aber wie kein großes Ding darum aufhört, groß zu sein, weil es mißbraucht wird, so auch nicht die Idee der Gemeinschaft. Mag sie tausendmal in den Dienst der Macht gestellt werden, sie wird sich tausendmal aus ihrer Knechtschaft befreien. Denn der Mensch kann nicht leben ohne Gemeinschaft. Und ein Volk kann nicht leben ohne Gemeinschaft. Und wir wissen heute besser als irgendeine frühere Generation, daß auch die Menschheit nicht leben kann ohne Gemeinschaft.

Gemeinschaft kann gefordert werden um der Macht willen. Das ist möglich, weil Gemeinschaft Macht braucht, um leben zu können. Das ist so mit allem Lebendigen, auch mit dem Leben einer Volksgemeinschaft. Sie braucht Macht, um nicht zu zerfallen, sie braucht Macht, um nicht zerstört zu werden. Sie braucht innere und äußere Macht. Jede Gemeinschaft lebendiger Zellen in einem Körper braucht eine Macht, die die Zellen zusammenhält, ihr Wachstum leitet, sie gegen schädliche Einflüsse von außen schützt. Auch eine Gemeinschaft menschlicher Zellen, eine Volksgemeinschaft, braucht solche verbindende, leitende, schützende Macht. Auf der menschlichen Ebene aber kann geschehen, was in der Natur niemals geschieht, *daß die Macht nicht der Gemeinschaft dient, sondern die Gemeinschaft in den Dienst der Macht gezwungen wird. So ist es in Deutschland geschehen:* Schon vor den Nazis gab es Gruppen, die „Gemeinschaft, Gemeinschaft" schrien und „Macht, Macht" meinten, nämlich die Macht ihrer Klasse. Unter den Nazis aber ist die deutsche Volksgemeinschaft in eine Maschine verwandelt worden, deren einzige Aufgabe es ist, Macht und immer mehr Macht für die herrschende Nazi-Partei und Nazi-Bürokratie zu produzieren. Was deutsche Volksgemeinschaft genannt war, ist ein Instrument zur Erzeugung von Macht geworden. Und die Gemeinschaft, die geschaffen werden sollte, ist mit jeder Mehrung der Nazi-Macht geschwächt und an die Grenze der Auflösung gebracht worden. Gibt es heute noch deutsche Volksgemeinschaft? Ich glaube ja, aber ich glaube, nur im Verborgenen, im Untergrund, bei denen, die für Deutschland gegen die Nazis kämpfen. Sie sind unsichtbar. Die Volksgemeinschaft ist nur noch im Gefühl derer lebendig, die um Deutschlands willen die Nazis hassen und die Erlösung des deutschen Volkes von ihnen ersehnen. Eine sichtbare Volksgemeinschaft aber gibt es nicht mehr in Deutschland. Die Macht, die ihr dienen wollte, hat sie zerstört.

Gemeinschaft fordert dreierlei: gemeinsames Schicksal, gegenseitiges Vertrauen und gleiche Ziele. Wir wollen uns dieses Dreifache zuerst an der Gemeinschaft der deutschen Familie deutlich machen. Wie steht es heute mit der deutschen Familiengemeinschaft? Sicherlich gibt es auch heute gemeinsames Schicksal in deutschen Familien. Daß sie durch Kriegsarbeit und Kriegsdienst auseinandergerissen sind, braucht die Gemeinschaft nicht zu zerstören; es kann sie vertiefen. Und doch müssen wir fragen: Gibt es in Wahrheit noch eine Gemeinschaft in den meisten deutschen Familien? Ist nicht diese Gemeinschaft durch die Kriegsmaschine in drei Teile gespalten: die Männer, die seit Jahren ihr eigenes Schicksal im Heere haben — ein Heer, das kein Volksheer, sondern ein Staatsheer ist, eine ungeheure technische Maschine, die Person und Gemeinschaft in gleicher Weise verschlungen hat. Und gilt nicht das gleiche von den Frauen, die in das Arbeitsheer eingeordnet sind — ein Heer, das auch kein Volksheer ist, sondern ein Staatsheer, auch eine ungeheure technische Maschine, in der Personen und Gemeinschaften nur im Widerstand sich halten können? Und gilt nicht das gleiche von den Kindern, die von früh an ihr eigenes Schicksal in der Partei finden, ein Schicksal, das wenig oder nichts mit dem Schicksal der Familie zu tun hat, das die Kinder früh in den Kampf des Lebens hineinwirft, sie allen Gefahren dieses Kampfes aussetzt, die Jungen zu Kriegsmaschinen und die Mädchen zu Brutmaschinen formt? Und was vielleicht noch schlimmer ist: Der Staat hat die Gemeinschaft der Familie nicht nur gespalten, er hat auch Mißtrauen gesät zwischen den Teilen. Besonders schrecklich drückt sich das aus in dem Mißtrauen zwischen Eltern und Kindern. Was gibt es Gemeinschaft Zerstörenderes als die Angst der Eltern vor einer Anzeige durch die Kinder, als die Tatsache, daß Väter und Mütter in Konzentrationslagern sitzen, weil ihre Kinder sich gegen sie gewandt haben, daß junge Burschen die Macht erhalten haben, ihre Eltern und Lehrer zu überwachen und zu verhaften?

Und mit dem gemeinsamen Schicksal und dem gegenseitigen Vertrauen ist auch das dritte Merkmal der Gemeinschaft aus der deutschen Familie entschwunden, die gleichen Ziele. Alle Ziele sind aufgesogen durch den Staat. Es gibt kein anderes Ziel als ihn und seine Macht. Es gibt keine Ziele für den einzelnen neben den Machtzielen des Staates; und es gibt keine Ziele für die Familie neben den Zielen der Kriegs-, Arbeits- und Brutmaschine, in die das ganze deutsche Volk umgewandelt ist. Es gibt keine deutsche Familiengemeinschaft mehr.

Aber, werdet Ihr sagen, vielleicht gibt es um so mehr jetzt eine deutsche Volksgemeinschaft. Nein und noch mal nein! So wahr eine Maschine keine Gemeinschaft ihrer Teile schafft, so wenig kann die deutsche Staatsmaschine, von der jeder einzelne ein Teil ist, eine deutsche Volksgemeinschaft schaffen. Im Gegenteil: Mit jedem Tage länger, mit jeder Verbesserung der Maschine des Staates wird die Gemeinschaft des Volkes weiter aufgelöst. Aber hat nicht das deutsche Volk ein gemeinsames Schicksal, werdet Ihr fragen, insbesondere seitdem der Krieg sich gegen Deutschland gewandt hat? Äußerlich sieht es so aus, auch manche gute, Nazi-feindliche Deutsche lassen sich durch diesen Augenschein betrügen. In Wahrheit steht es ganz anders: Es gibt keine Schicksalsgemeinschaft zwischen den Nazis und den Massen des deutschen Volkes. Es gibt keine, solange sie die Macht haben und das deutsche Volk nichts ist als ein Werkzeug ihres Machtwillens, innen und außen. Und es wird keine geben, wenn ihre Macht zerbrochen sein wird, erst außen, dann innen. Das deutsche Volk wird leben, wenn die Nazis untergegangen sind. Als sie ohne Rücksicht auf das Wohl des deutschen Volkes es zu einem Werkzeug ihres wahnwitzigen Machtwillens gemacht haben, da haben sie ihr Schicksal von dem des deutschen Volkes geschieden; da haben sie die Volksgemeinschaft von sich aus zerrissen. Und sie haben sie überall zerrissen, wo sie hingegriffen haben: Sie haben Ehen und Familien, Freundschaften und Nachbarschaften, Jugendbünde und Kirchengemeinschaften zerbrochen. Nur im Kampf mit ihnen lebt heute deutsche Volksgemeinschaft. Überall anders ist Mißtrauen und Haß. Ein Naziführer mißtraut dem anderen und sucht auf seine Kosten mächtiger zu werden. Die Armee mißtraut der Partei und die Partei der Armee. Und in der Armee mißtraut ein General dem anderen und ein Offizier dem anderen. Die Arbeiter mißtrauen den Beamten, und unter Arbeitern und Beamten sieht jeder auf den anderen, ob er nicht durch ihn ins Unglück gestürzt wird. Nachbarn mißtrauen Nachbarn, ob sie nicht geheime Beauftragte des Terrors sind. Freunde schließen ihren Mund vor solchen, die sie bisher für Freunde hielten. So sieht es mit der deutschen Volksgemeinschaft aus. Das haben die Nazis aus ihr gemacht. Und kein gemeinsames Ziel haben sie dem Volk gegeben: Macht um der Macht willen, nämlich ihrer Macht willen, das ist alles. Aber das ist in Wahrheit nichts. Nur da gibt es Gemeinschaft im deutschen Volk, wo das Volk sich heimlich, schweigend und entschlossen zusammenfindet zum Kampf gegen seine Verführer und Unterdrücker, gegen die Zerstörer der deutschen Gemeinschaft. *Deutsche Gemeinschaft heute ist Gemeinschaft im Befreiungskampf gegen den Nationalsozialismus.*

98.

GEMEINSCHAFT DER VÖLKER –
GEMEINSCHAFT DER MENSCHEN   22. Februar 1944

Meine deutschen Freunde!

Über die wahre und die falsche Volksgemeinschaft haben wir in der letzten Woche nachgedacht. Von der Gemeinschaft des Widerstandes, die in Deutschland besteht, haben wir gesprochen, und von denen, die das Wort „Gemeinschaft" benutzen, um die Wirklichkeit, „Gemeinschaft" zu zerstören. Heute möchte ich Eure Blicke über Deutschland hinauslenken zu der Gemeinschaft der Völker und zu der Gemeinschaft der Menschen, die verschiedenen Völkern angehören. Wenn Kriege einen Sinn haben, dann ist es der, eine umfassendere Gemeinschaft von Menschen zu schaffen, als sie vor dem Krieg bestand. Auf mannigfache Weise ist das möglich, wie die vergangene Geschichte, auch die deutsche Geschichte, zeigt. Es kann geschehen durch das Zusammenwachsen früherer Gegner zu einer größeren nationalen Einheit. Es kann geschehen durch Bündnisse von Völkern, die sich vorher bekämpft haben. Es kann geschehen durch Beseitigung kriegerischer Machtgruppen in einzelnen Staaten. Es kann geschehen durch umfassende Föderationen. Es kann geschehen durch Systeme gemeinsamer Sicherheit. Alle diese und noch viele andere Wege sind möglich, um nach einem Völkerkonflikt zu einer Völkergemeinschaft zu gelangen. Alle diese Wege sind gegangen worden und haben aus den Zeiten ständiger Vernichtungskriege kleiner Stämme zu den großen nationalen Einheiten der Gegenwart geführt. Immer umfassendere Gemeinschaften haben sich aus den Kriegen in vorgeschichtlicher und geschichtlicher Zeit entwickelt. Es ist furchtbar, daß die Menschheit den Weg des Krieges gehen muß, um zu umfassenderer Gemeinschaft zu gelangen. Und wehe denen, die sie auf diesen Weg stoßen und verantwortlich für den Ausbruch eines Krieges sind. Und wehe vor allem denen, die den Sieg benutzen, nicht um Gemeinschaft, sondern um Unterdrückung zu bringen und damit die Völker um die einzige Frucht zu betrügen, die in den Schrecken des Krieges reifen kann.

Der Sinn dieses Krieges, des Zweiten Weltkrieges, ist das, was schon der Sinn des Ersten Weltkrieges war: die allumfassende Gemeinschaft der Völker, die „Welt" als Wahrheit und Wirklichkeit und nicht, wie bisher, als ein Traum der Dichter und eine Hoffnung der Seher und Propheten. Erdumspannende Gemeinschaft der Völker und erdumspannende Gemeinschaft einzelner Menschen und Gruppen jenseits der Nationen, das ist das Ziel, um dessentwillen dieser Krieg geführt wird. Und die Menschen und Völker werden so lange kämpfen, bis dieses Ziel erreicht ist, durch diesen oder kommende Kriege. Die Menschheit muß zu einer umfassenden Gemeinschaft durchdringen. Solange sie es nicht getan hat, ist sie dem furchtbaren Gesetz des Krieges unterworfen. Aber all das Entsetzliche, was dieser Krieg gebracht hat und noch bringen wird, wäre nicht umsonst gewesen, wenn er einen Schritt zur Gemeinschaft der Völker bedeuten würde. Auch das, was das deutsche Volk erlitten hat und noch erleiden wird, wäre nicht sinnlos, wenn es Deutschland in diese Gemeinschaft hereinführen würde.

Von einer doppelten Gemeinschaft rede ich heute: von der Gemeinschaft der Völker und von der Gemeinschaft jenseits der Völker. Gemeinschaften jenseits der Völker hat es seit langem gegeben, von der äußerlichen Gemeinschaft des Welthandels bis zu der innerlichen Gemeinschaft der Weltkirchen. Gemeinschaft der wissenschaftlichen Forschung und des künstlerischen Austauschs, Gemeinschaft einzelner Freundeskreise aus verschiedenen Völkern und Rassen, Gemeinschaft sozialer Beziehungen und großer, allgemeinmenschlicher Gedanken — all das gibt es seit unvordenklichen Zeiten. Niemals vielleicht war diese Gemeinschaft von Menschen jenseits der nationalen Grenzen so weit verbreitet und so allumfassend wie in diesem Jahrhundert, dem Jahrhundert der Weltkriege. Niemals wurde die Wissenschaft eines Landes so selbstverständlich von allen anderen Ländern übernommen. Niemals gab es so viele, die in fremde Länder reisten und dort Freunde fanden, niemals war man räumlich so nah, wie in diesem Jahrhundert der weltverbindenden Technik, niemals war die christliche Kirche so wirksam in allen Teilen der Welt und zugleich so einig in ihren sittlichen Grundsätzen. Es gab viel menschliche Gemeinschaft jenseits der Völker in unserem Jahrhundert. Und selbst jetzt ist diese Gemeinschaft nicht ganz zerrissen. Auch heute betrachten die christlichen Kirchen — alle, ohne Ausnahme — den Christen in der feindlichen Nation zuerst als Christen, mit dem man Gemeinschaft hält, auch wenn man ihn töten muß. Auch heute ist für alle, die auf religiösem Grund stehen, die Gemeinsamkeit des Menschlichen tiefer als die Trennung des Nationalen. Denn die Gemeinsamkeit des Menschlichen ist die Teilnahme aller Menschen an dem göttlichen Erbe, das sie zu Brüdern macht. Wer so denkt und fühlt, der hat Gemeinschaft jenseits der Völker.

Und doch hat diese Gemeinschaft sich nicht als stark genug erwiesen, die Zerreißung der Menschheit zu verhindern. Als die Menschen

318

in all dem einander ganz nahe gekommen waren, so nahe, daß es nur noch ein kleiner Schritt schien zur Vereinigung aller Völker, da brach der Erste und dann der Zweite Weltkrieg aus. Die Gemeinschaft jenseits der Völker wurde wirkungslos durch die Feindschaft zwischen den Völkern. Der Versuch, eine Gemeinschaft der Völker durch einen Völkerbund zu schaffen, mißlang. Es fehlte die gegenseitige Anerkennung, es fehlte das gemeinsame Ziel. Es war ein Vertrag feindlicher Gruppen, aber es war keine Gemeinschaft freundlicher Völker. Und so zerbrach dieses Instrument zur Gemeinschaft der Völker in dem Augenblick, wo nur noch eine echte Völkergemeinschaft die Menschheit vor Selbstzerstörung hätte bewahren können. Und als der Völkerbund zerbrach, verloren alle Gemeinschaften jenseits der Völker ihre bindende Kraft. Die Kirchen stellten sich mehr oder weniger zögernd auf die Seite der Nation, in der sie lebten. Die Gelehrten arbeiteten für die Kriegswirtschaft ihres Landes und rechtfertigten den erhofften Sieg mit vielen Verbiegungen der Wahrheit. Die großen sozialen Verbände fielen auseinander. Die großen menschheitlichen Gedanken wurden durch feindliche Lehren ersetzt, mit deren Hilfe die Völker den geistigen Kampf gegeneinander führten. Es war etwas Furchtbares, zu sehen, wie alle Gemeinschaften jenseits der Völker schwach wurden oder hinsanken in dem Augenblick, als der Kampf der Völker begann.

Darum können diese zwei Weltkriege nur den einen Sinn haben: daß eine Gemeinschaft der Völker aus ihnen hervorgeht. Übernationale Bindungen einzelner Gruppen versagen, wenn die Völker gegeneinander stehen. Selbst wenn sie stark im Geistigen sind, wie die Gemeinschaft der Kirchen, sind sie doch schwach im Politischen. Und wenn sie stark im Materiellen sind, wie Welthandel und Weltproduktion, so sind sie darum noch nicht stark im Politischen. Sie werden zerrissen, wenn die Völker als Ganzes aufstehen und einen Kampf auf Leben und Tod miteinander beginnen. Darum muß es zur Gemeinschaft der Völker kommen, oder die Menschheit wird auf Urbarbarei zurückgeworfen.

Meine deutschen Freunde: Wenn Ihr all dieses bedenkt, begreift Ihr, wie schlimm das Verbrechen der Nazis war, als sie die Anfänge einer solchen Gemeinschaft im Keime zerstörten und die Welt in ein Chaos feindlicher Nationen zurückwarfen? Als die Nazis die Herrschaft über Europa an die Stelle der werdenden europäischen Gemeinschaft setzten, da haben sie die Menschheit um die Früchte des Ersten Weltkrieges gebracht, und darum muß Europa heute im Zweiten Weltkrieg bluten und fast verbluten. Europäische Volksgemeinschaft wäre möglich gewesen auf dem Boden gemeinsamer Vergangenheit, durch gegenseitige Anerkennung und durch gleiche Ziele. Vieles Verbindende war da, vor allem eine gemeinsame zweitausendjährige Geschichte und eine Weltlage, die die europäische Zukunft auch ohne Krieg gefährdet hätte. In diesem Augenblick aber zerstörte der Nationalsozialismus Europa, und was vorher bloß eine Gefahr war, wurde nun eine Wirklichkeit: Die übrige Welt erhob sich über das gemeinschaftslose, versklavte Europa. Europa ist klein und arm geworden in diesem Krieg. Es hat seine Machtstellung in der Welt verloren. Die Nazis haben es nicht geeinigt, sondern vergewaltigt. Sie haben nicht eine Gemeinschaft der europäischen Völker geschaffen, sondern eine Schreckensherrschaft über die europäischen Völker, und sie haben einen solchen Haß gesät, daß für lange Zeit eine europäische Gemeinschaft fast unmöglich geworden ist. Sie haben auch seelisch die Gemeinschaft der europäischen Völker untergraben.

Es ist die Aufgabe der besten Deutschen, um die Gemeinschaft der Völker zur ringen, zuerst in Europa und dann in der Welt. Als das besiegte, zerbrochene Volk, das es bald sein wird, hat es die größten Möglichkeiten, sich einer umfassenden Gemeinschaft einzuordnen. Schon nach dem Ersten Weltkrieg hatte es diese Gelegenheit. Es hat sie vorbeigehen lassen. Laßt die Gelegenheit nicht noch einmal vorbeigehen. Macht Euch offen für die Gemeinschaft der Völker. In welcher Form sie auch kommen mag, ohne sie gibt es keine Hoffnung für die Völker der Erde.

99.

WEITERKÄMPFEN ODER UNTERGEHEN –
STERBEN ODER LEBEN?

28. Februar 1944

Meine deutschen Freunde!

Immer wieder werdet Ihr durch die Propagandamaschine der Nazis vor die Wahl „Weiterkämpfen oder Untergang?" gestellt. Man sagt Euch, daß die Zerstörung Deutschlands beabsichtigt ist und daß nur in einem Kampf bis ans Ende eine Hoffnung für Deutschland liegt. Man beruft sich dafür auf die Forderung der unbedingten Übergabe der deutschen Armeen und auf vielerlei Äußerungen der verbündeten Staatsmänner über die künftige Gestaltung Europas. Es wäre töricht, zu bestreiten, daß eine Niederlage eine Niederlage ist. Es wäre kindisch, wenn man die Augen schließen wollte vor den Folgen einer Niederlage, insonderheit einer Niederlage nach einem so entsetzlichen Krieg wie dem Zweiten Weltkrieg. Wir wollen nicht, daß Ihr den Kopf in den Sand steckt und nicht seht, was unaufhaltsam herankommt. Wir wollen Euch nicht abblenden gegen das Schwere, das bevorsteht. Im Gegenteil, wir wollen Euch helfen zu sehen, aber wirklich zu sehen und nicht getäuscht zu werden durch falsche Bilder des Schreckens und falsche Bilder der Hoffnung. Denn das ist es, was die Nazis Euch vorspiegeln, das eine wie das andere. Sie geben Euch Hoffnung, wo nichts zu hoffen ist: in der Fortsetzung des Krieges. Und sie malen Schreckbilder, wo nicht Schrecken am Platze ist, sondern ernste, nüchterne Anerkennung der Wirklichkeit: in der Niederlage und dem, was nach ihr kommt. Wir wollen heute die Wahl genauer betrachten, vor die das deutsche Volk gestellt ist, ohne falschen Schrecken und ohne falsche Hoffnung, so ehrlich und klar, wie es menschlich möglich ist.

Zuerst wollen wir den Sinn des Weiterkämpfens überlegen. Hat es einen Sinn? Es gibt eine Gruppe im deutschen Volk, für die es sicher einen Sinn hat: die eigentlichen Nationalsozialisten, vom Führer bis zum Blockwart. Für sie ist jeder weitere Tag, an dem gekämpft wird, eine Verlängerung ihrer Herrschaft und, mehr als das, eine Verlängerung ihrer Existenz. Sie wissen, daß sie am Tage, wo der Kampf aufhört, zur Rechenschaft gezogen werden, vom deutschen Volk wie von allen Völkern, die sie ausgebeutet, mißhandelt und mit Mord und Verbrechen terrorisiert haben. Für die Nazis ist jeder Tag, an dem Deutsche auf Schlachtfeldern und in brennenden Städten sterben, ein Zeitgewinn. Für sie hat die Verlängerung des Krieges Sinn. Aber hat es auch einen Sinn für das deutsche Volk, daß weiter gekämpft, gelitten und gestorben wird? Es hätte keinen Sinn, den Krieg fortzusetzen, wenn militärisch oder politisch etwas anderes als die Niederlage dabei herauskommen könnte. Daß es nicht mehr um Sieg geht, haben auch die Nazis längst zugegeben. Aber sie sagen Euch: Wenigstens ein „Unentschieden" kann noch erreicht werden. Sie sprechen von der Undurchdringlichkeit des Atlantischen Walles, obwohl nicht mehr mit der Zuversicht wie vorher. Sie sprechen von dem Verteidigungskrieg im Osten, obwohl sie den Unterschied zwischen Verteidigung und Rückzug nicht mehr ganz klarmachen können. Sie sprechen von neuen, geheimnisvollen Waffen, aber sie verschieben ihren Gebrauch von Monat zu Monat. Sie sprechen von dem Heroismus der deutschen Bevölkerung im Ertragen der Luftangriffe. Aber sie verkünden die Todesstrafe für jeden, der die wahren Gefühle der Millionen Heimatloser ausspricht. Im Grunde wissen sie genau, daß es militärisch kein „Unentschieden" geben wird, sondern daß alles längst entschieden ist. Und so hängen sie die Hoffnung an die Politik und suchen, Euch glauben zu machen, daß ein Konflikt zwischen den Alliierten das ersehnte „Unentschieden" bringen wird. Sie klopfen bald im Osten, bald im Westen an und stoßen auf verschlossene Türen. Nicht dem deutschen Volk, aber den Nationalsozialisten sind alle Türen zur Welt verschlossen, für immer und endgültig verschlossen. Und was auch für Unterschiede zwischen den Alliierten bestehen, in diesem Punkt sind sie alle einig: Den Nationalsozialisten wird keine Tür, auch nicht einen Spalt, geöffnet. Sie sind politisch genauso verloren wie militärisch. Fortsetzung des Krieges bedeutet nicht die Herbeiführung eines „Unentschieden". Es gibt kein „Unentschieden" in einem Krieg wie in diesem. Und darum gibt es für das nationalsozialistische Deutschland nur eine Niederlage.

Was hat das Weiterkämpfen denn für einen Sinn, einen Sinn, meine ich, für das deutsche Volk? Sicherlich bedeutet es millionenfachen Tod deutscher Männer und die Trümmer aller deutschen Städte. Sicherlich bedeutet es wachsendes Elend und wachsende Verzweiflung. Sicher bedeutet es das Opfer der deutschen Zukunft. Und wofür das alles? Um ohne Hoffnung zu kämpfen und unterzugehen! Ist „Todesbereitschaft für Nichts" etwas, was man preisen soll? Ist es heroisch, sich ohne Sinn zu opfern, und nicht nur sich selbst, sondern auch kommende Geschlechter? Sind nicht die Heroen der Vergangenheit, auch der deutschen Vergangenheit, für etwas gestorben, an das sie glaubten, und nicht nur, um heroisch zu sein? Ist es echtes Heldentum, wenn Ihr sagt, Ihr sterbt für Deutschland, in Wirklichkeit aber Deutschland mit Euch stirbt? Man sagt Euch, Ihr sterbt, damit Deutschland lebt; in Wahrheit aber stirbt Deutschland in Eurem Sterben. Denn es ist sinnlos geworden. Habt Ihr nie gehört, daß es heldenhafter sein kann, zu leben und eine Lebenslast zu tragen, als in den Tod zu gehen? Wollt Ihr nicht lieber leben und die Last der deutschen Zukunft tragen?

Und damit eröffnet sich die andere Seite der Wahl, vor die Ihr gestellt seid, nicht: weiterkämpfen und untergehen, sondern ablassen vom Kampf, die Lasten der Niederlage tragen und die Zukunft Deutschlands retten. Die Nazis freilich, die wollen, daß Ihr weiter für sie sterbt, sagen es Euch anders. Sie sagen, daß die Niederlage den Untergang bedeutet. Sie malen Bilder des Schreckens über Dinge, die kommen werden, um Euch abzulenken von den Bildern des Schreckens, die Ihr täglich seht. Ihr aber sollt nüchtern in die Zukunft blicken und klar sehen, was wirklich sein wird, das Schwere, aber auch das, was Hoffnung gibt. Drei Dinge, die schwer sind, wird Deutschland tragen müssen; und jeder unter Euch sollte sich klar über sie sein. Die ernste und ehrliche Wahrheit verscheucht die Schreckbilder, mit denen man Euch in den Tod treiben will. Und so sieht die Wahrheit aus: Deutschland wird waffenlos sein am Ende des Kampfes; und Deutschland wird arm sein nach der Verwüstung dieses Krieges; und Deutschland wird kleiner sein nach seiner Niederlage. Jedes dieser drei Dinge ist eine schwere Last; es wäre sinnlos, das zu bestreiten. Es muß geschehen, und es muß getragen werden. Es wird der Prüfstein der männlichen Reife des deutschen Volkes sein, ob und wie es dieser Wahrheit ins Gesicht sehen kann. Es fordert wahrlich mehr Kraft und innere Größe, das Unvermeidliche zu sehen und zu tragen, als sich mit geschlossenen Augen zu entziehen und sich im Rausch angeblichen Heldentums in den Tod zu stürzen. Wenn das deutsche Volk das echte Heldentum aufbringt, die Folgen seiner Niederlage auf sich zu nehmen, dann ist es schon vom Untergang gerettet, dann hat es seine Zukunft bewahrt. Dies ist der andere Weg, der Deutschland offensteht und den alle gehen sollten, die Deutschland mehr lieben als eine kurze Verlängerung ihrer Macht.

Man sagt Euch, daß nach einer Niederlage das deutsche Volk vernichtet werden soll: eine törichte, sinnlose Redensart. Zunächst einmal: Die anderen sind keine Nazis; sie führen keine Ausrottungskriege, wie die Nazis sie gegen die Juden und Polen geführt haben. Aber wenn es unter den Siegern haßerfüllte Opfer der Nationalsozialisten gäbe, die alles Deutsche ausrotten wollen, sie könnten es nicht. Ein Volk von 70 Millionen, das den Willen hat zu leben, kann nicht zerstört werden. Es geht zugrunde, nur wenn es zugrunde gehen will. Wenn es leben will, wird es leben. Es wird sich wandeln unter den Schlägen des Schicksals, aber es wird nicht untergehen.

Vor einer Entscheidung steht das deutsche Volk; aber sie sieht anders aus als die, die man Euch täglich ausmalt. Es ist nicht die Entscheidung: Weiterkämpfen oder Untergang, vor der Ihr steht; sondern es ist die Entscheidung: Sterben im Kampfe für die Nationalsozialisten oder Leben im täglichen Ringen um die deutsche Zukunft. Wer Deutschland wahrhaft liebt, weiß, wie er zu wählen hat: für das Leben und nicht für das Sterben des Volkes.

100.

DAS NEUE DEUTSCHLAND:
GEISTIGE BEFREIUNG UND INNERE WANDLUNG

7. März 1944

Meine deutschen Freunde!

Es ist heute das hundertste Mal, daß ich auf diesem Wege zu Euch spreche. Zwei Jahre sind vergangen, seitdem wir zum ersten Mal über das Schicksal Deutschlands miteinander nachgedacht haben. Und dann geschah es Woche für Woche während dieser beiden Jahre, in denen mehr schicksalsschwere Dinge geschehen sind als sonst in Jahrzehnten. Wesentlich anders sahen die Dinge aus im Frühling 1942 als im Frühling 1944. Damals waren die deutschen Armeen noch im Vormarsch zur Wolga und zum Kaukasus. Damals gab es noch keine sehr ernsthaften Luftangriffe auf Deutschland. Statt dessen waren die U-Boote noch auf der Höhe ihrer Erfolge, Afrika war noch ein Kampfplatz mit wechselnden Siegern, die amerikanische Hilfe für England und Rußland war noch fern, und im Stillen Ozean eroberte Japan ein Weltreich. Heute ist alles anders; Japan wird von einer Inselgruppe nach der andern vertrieben, immer näher kommt die gewaltige Übermacht der Alliierten an Japan selbst heran. Afrika und Süditalien sind in den Händen der Verbündeten. Der U-Boot-Krieg hat seinen Stachel verloren, und fast ungehindert legen die Luftgeschwader der Alliierten die deutschen Städte in Trümmer. Im Osten gibt es seit der Katastrophe von Stalingrad nur noch Rückzüge der deutschen Truppen, langsam zwar, aber unaufhaltsam und unter großen Opfern an Material und Menschen. Italien ist von der Achse weggebrochen, Finnland verhandelt offen, Bulgarien heimlich über die beste Art, aus dem Krieg herauszukommen. Der Umschwung in diesen zwei Jahren ist wie ein gewaltiges Drama, das der unabwendbaren Katastrophe entgegeneilt. Was ich und viele andere in diesen zwei Jahren Euch vorausgesagt haben, hat sich Schritt für Schritt mit unheimlicher Sicherheit erfüllt: erst die Unmöglichkeit eines deutschen Sieges zu einer Zeit, wo das noch nicht so deutlich war wie heute; dann die Wendung von der Offensive zur Defensive zu einer Zeit, wo die deutschen Sprecher noch neue Offensiven in Aussicht stellten; dann kam die Wendung von der Defensive zum Rückzug, den wir ankündigten, als die deutsche Propaganda nur eine Verkürzung der Front zugab; und nun ist der Rückzug in vollem Gange, in der Luft, auf dem Wasser, zu Lande; und es ist nicht schwer zu sagen, daß über kurz oder lang aus dem Rückzug der Zusammenbruch sich entwickeln wird. Es gehört heute nicht mehr viel Kühnheit und Weitsicht dazu, die deutsche Katastrophe vorauszusehen.

In zwei Jahren, Woche für Woche, habt Ihr all das gehört, einige unter Euch von mir, viele unter Euch von anderen Sprechern. Ihr habt es gehört; Ihr habt es nicht glauben wollen, bis es eintraf. Jetzt, denke ich, seid Ihr bereit zu hören, nachdem eingetroffen ist, was wir gesagt haben. Es ist schwer, die Stimme derer zu hören, die einem die Hoffnung rauben, an die man sich geklammert hat, auch wenn es eine falsche Hoffnung ist. Und eine falsche Hoffnung war es, daß Deutschland noch siegen könnte. Eine falsche Hoffnung war es auch, daß Deutschland das Eroberte würde verteidigen können. Und eine falsche Hoffnung ist es, wenn man heute noch hofft, der völligen Niederlage zu entgehen. Es ist schwer, auf die zu hören, die einem falsche Hoffnungen nehmen. Aber wenn sie in allem recht behalten haben, ist es dann nicht klug, auf sie zu hören, auch wenn sie noch den letzten Rest willkommener Selbsttäuschung auflösen? Sicherlich. Darum hört auf uns, auch wenn es harte Reden sind. Denn es sind wahre Reden. Eins freilich würde Euch berechtigen, die Ohren vor uns zu schließen: wenn wir Euch nicht nur die falschen Hoffnungen, sondern auch die wahre Hoffnung nehmen wollten. Aber so ist es nicht. Was ich versucht habe, Woche für Woche, in den letzten zwei Jahren, ist das Hinführen zu einer neuen, echten Hoffnung für das deutsche Volk. Wir wollten Euch nicht in Verzweiflung stürzen — wie wir selbst, die Freunde des deutschen Volkes, obgleich die Feinde des Nationalsozialismus, nicht an dem deutschen Volk verzweifeln. Wir wissen, daß es eine Hoffnung gibt für Deutschland, wir wissen um eine mögliche Zukunft Deutschlands. Und um dieser Zukunft willen fordern wir Euch auf, Euch von den Trägern der verhängnisvollen Gegenwart loszusagen. *Was ich in diesen zwei Jahren zu Euch gesagt, mit Euch bedacht habe, war die innere Vorbereitung der deutschen Zukunft. Es war immer ein Zweifaches, was infrage kam: die Trennung von dem Nationalsozialismus und die Vorbereitung eines neuen Deutschland.* Trennt Euch von denen, die Euch ins Verderben stürzen, das war ein Klang, der in keiner Rede fehlte, in keiner Rede fehlen darf. Denn nichts Neues kann geboren werden aus den Trümmern der Vergangenheit, wenn die Macht derer nicht gebrochen ist, die für diese Trümmer verantwortlich sind. Wir wissen, daß eine solche Trennung während der Siege der deutschen Armeen äußerlich unmöglich war. Wir wissen, daß es auch heute während der immer größeren Niederlagen

325

noch unendlich schwierig ist. Und doch muß es geschehen, und zwar bald geschehen; denn jeder Tag früher, an dem Deutschland sich abwendet von seinen Verderbern, rettet einen Stein für den Bau der deutschen Zukunft, rettet Menschen, Dinge und unsere Kraft. Darum macht Euch frei, Ihr, die Ihr die Waffen in Euren Händen tragt, im Feld und in den Fabriken. Wir haben es Euch gesagt, und wir sagen es Euch wieder, heute mit größerer Dringlichkeit als je zuvor. Es bedeutet viel für die deutsche Zukunft, daß es bald geschieht.

Ebenso wichtig aber und jederzeit möglich ist die innere Loslösung vom Nationalsozialismus, die geistige Befreiung des deutschen Volkes. Ein großer Teil alles dessen, was ich mit Euch bedacht habe, war der geistigen Befreiung und Umwandlung Deutschlands gewidmet. Wir haben von dem Verrat gesprochen, den die Nazis an den großen Traditionen des deutschen Volkes geübt haben, an der Ritterlichkeit des Mittelalters, an dem Liebesgedanken des Christentums, an der Gewissensfreiheit der Reformation, an der Weltweite der deutschen klassischen Dichter und Philosophen, an der Humanität aller großen Deutschen. Wir haben Euch aufgefordert, dieses alles wiederzugewinnen und vieles andere, was von den Nazis beschimpft, verzerrt, begraben ist. Nicht rückwärtszugehen, haben wir Euch geraten. Ein solcher Rat ist töricht. Aber vorwärtszugehen in der Kraft des Alten, nämlich dessen, was groß in ihnen war und was von den Nazis in den Schmutz getreten ist. Keine Zukunft Deutschlands ist möglich, wenn das deutsche Volk sich nicht geistig von diesen Verderbern des besten deutschen Erbgutes trennt. In den letzten Monaten ist das eine immer ernstere Entscheidung geworden. Die Nazis wissen, daß sie verloren sind. Und sie bereiten sich auf die Zeit vor, wo sie von der Oberfläche des deutschen Lebens verschwinden und in den Untergrund gehen werden. Sie wollen unsichtbar werden, um zur geeigneten Zeit wieder an die Oberfläche zu kommen. Und dann kommt alles darauf an, ob das deutsche Volk ihnen wird widerstehen können oder ob es ihnen noch einmal zum Opfer fallen wird mit allem Furchtbaren, was das bedeutet. Diese Entscheidung fällt jetzt. Wenn das deutsche Volk sich jetzt innerlich und sobald wie möglich äußerlich vom Nationalsozialismus losreißt, dann ist es für immer immun gegen sein Gift. Wenn es jetzt noch lange zögert oder nie zu einer inneren geistig klaren Entscheidung gegen den Geist des Nationalsozialismus kommt, dann bleibt es offen für künftige Vergiftungen. Dann gibt es keine Hoffnung für ein neues Deutschland, sondern die Schatten der Gegenwart werden das Licht jeder möglichen Zukunft verschlingen.

Das zu verhindern, ist der Sinn alles dessen, was ich Euch gesagt habe in diesen hundert Reden. Es war ein ständiges Ringen um die Befreiung des deutschen Volkes von der Knechtschaft des Nazigeistes. Während auf den Schlachtfeldern der Kampf um die Brechung der Nazimacht von einem Sieg zum andern führt, ist es an Euch, meine deutschen Freunde, den Kampf um die Brechung des Nazigeistes mit der gleichen sieghaften Kraft zu kämpfen. Darin Euch zu unterstützen, ist der letzte Sinn alles dessen, was ich zu Euch gesprochen habe und weiter zu Euch sprechen will. Um die Grundlagen des künftigen Deutschland ging es mir in jedem Wort, das über den Ozean zu Euch kam. Nicht zu zerstören, sondern aufzubauen ist der Sinn dieser Reden. Für Deutschland, nicht gegen Deutschland sind sie gesprochen, für ein Deutschland, das leben kann, befreit von seinen Verderbern und dem Geist des Verderbens, den sie über das deutsche Volk gebracht haben.

101.
AUSWEGE DER NAZIS –
GEFAHREN FÜR DIE DEUTSCHE ZUKUNFT

13. März 1944

Meine deutschen Freunde!

Wenn jemand in einer verzweifelten Lage ist, dann pflegt er Wege zu suchen, die ebenso ungangbar wie phantastisch sind. Er rechnet und rechnet, wie er aus seiner verzweifelten Lage herauskommen kann. Er rechnet und verrechnet sich ständig. Die Verzweiflung macht ihn einem angsterfüllten Tier gleich, das hin- und herläuft, alles versucht, aber an der einzigen Stelle, wo es vielleicht ein Entrinnen geben könnte, vorbeiläuft. Angst macht töricht, Tiere wie Menschen. Und Verzweiflung treibt zu Auswegen, deren Unwegsamkeit jeder ruhige Beobachter erkennen muß. In solcher Verzweiflung befinden sich heute die Nationalsozialisten. Sie wissen, daß sie verloren sind; sie erleben die Verzweiflung so vieler ihrer Opfer innerhalb und außerhalb Deutschlands. Ihre Gedanken laufen hin und her und suchen einen Ausweg, der sie retten kann oder, wenn das nicht mehr möglich ist, der ihnen eine Art Auferstehung und den endlichen Sieg ihrer Sache sichert. *Von diesen drei Auswegen der Nazis möchte ich heute mit Euch reden und Euch zeigen, was sie für das deutsche Volk an Unheil mit sich bringen.*

Der erste Ausweg würde, wenn er gangbar wäre, die Nazis an der Macht erhalten oder Generäle und Zivilisten zur Macht bringen, hinter denen sich die Nazis verstecken könnten. Nichts wäre ihnen lieber als dieser Ausweg. Er würde sich ihnen öffnen, wenn es ihnen gelänge, die Alliierten ernsthaft zu spalten. Und das versuchen sie, darauf hoffen sie, davon sprechen sie ständig, wenn sie das immer tiefer in Verzweiflung sinkende Volk ermutigen wollen. Mit viel Schlauheit sammeln sie alle Zeichen von Mißverständnissen und Gegensätzen zwischen den Verbündeten. Es ist nicht schwer, sie zu finden. Wenn die Mehrheit aller Völker sich verbindet, um ein Ziel zu erreichen, so heißt das sicher nicht, daß sie in allen Zielen einig sind. Es wäre lächerlich, das zu erwarten. Die Wege jedes Volkes kreuzen sich an vielen Punkten mit den Wegen anderer Völker. Überall sind Kompromisse zwischen verschiedenen und oft entgegengesetzten Interessen nötig. So ist es im Einzelleben, und doch gibt es echte Freundschaften. Und so ist es im Völkerleben, und doch gibt es Bündnisse. Daß ein Interessenausgleich der Weltmächte mit den kleinen Nationen nötig ist, daß jede der Weltmächte auf bestimmte Wünsche wird verzichten müssen, daß es zahlreiche Spannungen gibt, ehe es zu Entscheidungen kommt, das alles ist selbstverständlich. Aber es ist ein Ausdruck von Torheit und Verzweiflung, wenn die Nazis meinen, daß dies sie retten kann. Wer die Stimmung unter den Alliierten kennt, der weiß, daß alle Völker und Regierungen in einem einig sind, darin nämlich, daß es mit den Nazis oder solchen, hinter die sie sich verstecken können, keinen Frieden gibt. Dieses Kriegsziel steht fest und wird mit allen Mitteln, die den Alliierten zu Gebote stehen, durchgeführt. Jedes Wort, das aus England oder Rußland kommt, jede Veröffentlichung in Amerika, alles, was in der Presse der europäischen Nationen im Untergrund und im Ausland erscheint, alles, was man im Gespräch mit den Verantwortlichen und dem Mann auf der Straße hört, weist in die eine Richtung: kein Friede ohne die völlige Ausrottung des Nationalsozialismus. Lieber jedes Opfer bringen als in einer Welt leben, in der die Nationalsozialisten alles bedrohen, was mit Freiheit und Menschenwürde zu tun hat. Darüber ist sich die Menschheit einig. Vielleicht war sie sich noch nie in ihrer Geschichte über irgend etwas so einig wie darüber. Die Menschheit hat begriffen, daß es sich bei den Nazis nicht um den Angriff einer Nation auf eine andere handelt, sondern um den Angriff eines Feindes aller Menschheit auf die Menschheit selbst. Und darum kann es keinen Frieden mit den Nazis geben. Dieser Ausweg ist abgeschnitten. Und solange das deutsche Volk sich durch Gerüchte über Spannungen zwischen den Alliierten verleiten läßt, darin einen Ausweg zu sehen, wird es für jeden Tag mit Blutopfer zahlen müssen, ohne etwas dafür zu bekommen.

Viele unter den Nazis, die das deutsche Volk mit diesem Ausweg ermutigen, wissen, daß es kein Ausweg ist. Sie wissen, daß kein Volk und keine Regierung auf Erden mit ihnen Frieden machen will und kann. Und so versuchen sie den zweiten Ausweg: Wenn wir schon untergehen müssen, so sagen sie zueinander, so soll wenigstens die halbe Welt mit uns untergehen. Wenn wir in den Abgrund müssen, so wollen wir ganze Völker mit uns in den Abgrund ziehen. Die Vernichtung der anderen ist die Bezahlung, die wir noch vor unserer eigenen Vernichtung eintreiben. So sagen sie, und so handeln sie. Der Weg ihrer Armeen ist ein Weg der Zerstörung, wie ihn die Welt kaum je gesehen hat. Selbst in den barbarischsten Zeiten wurde etwas übriggelassen. Jetzt geschieht auch das nicht mehr. Denkmäler menschlichen Glaubens, die die Stürme von Jahrhunderten, die Kriege und Revolutionen überstanden haben, sinken in Staub, wenn die Nazis sie verlassen. Und wie mit den Schöpfungen der Vergangenheit, so machen sie es mit den Lebenden der Gegenwart und den Keimen der Zukunft. Die Gegenwärtigen werden ausgeraubt und ausgehungert, dem Wüten der Krankheiten, dem Elend der Flucht oder dem direkten Mord preisgegeben. Die Kinder, die Träger der Zukunft, werden in vielen besetzten Ländern ihrer Lebenskraft für immer beraubt. Eine Generation körperlich ruinierter Menschen wird geschaffen in fast allen europäischen Ländern; und die Nazis wollen es so. Sie wollen es so, weil es ihrem Rachewillen entspricht; sie wollen es so, weil sie glauben, daß die Schwäche der Nachbarvölker Kraft für Deutschland bedeutet, wenn auch nicht jetzt, so doch in nicht zu ferner Zukunft. Solche Gedanken liegen der Mißhandlung und Aushungerung der besetzten Länder zugrunde. Das müßt Ihr wissen, meine deutschen Freunde. Und Ihr müßt Euch klarwerden, was das für Deutschland bedeutet. Die Nazis bekommen vor ihrem Untergang, was sie wollen: eine teuflische Rache an den Schwächsten ihrer Gegner. Aber Ihr, das deutsche Volk, was bedeutet es für Euch, daß die Nazis vor ihrem Ende noch zerstören, was an Dingen und Menschen zerstört werden kann? Ist das wirklich der Weg zu deutscher Stärke? Ich bin überzeugt, daß es die furchtbarsten Folgen für Deutschland selbst haben wird: es erzeugt einen unbeschreiblichen Haß aller Völker, wenn die Nazis ihre Kinder zu lebenslänglicher Lebensschwäche verurteilen. Es erzeugt den leidenschaftlichen Willen, den Deutschen anzutun, was die Nazis den anderen angetan haben. Es bedeutet, daß nach dem Niederbruch der Nazis erst die Kinder aller anderen Völker und dann, sehr spät einmal, auch die deutschen Kinder ernährt werden. Es bedeutet, daß Vieh und Korn, auch wenn es auf deutschem Boden gewachsen ist, zuerst den Opfern der Nazis und dann erst den Deutschen gegeben werden wird. Es bedeutet, daß den Deutschen genommen wird, was und soviel sie den anderen genommen haben. Es bedeutet, daß ein Fluch über dem deutschen Volk liegen wird, von dem es sich in Jahrzehnten nicht wird befreien können. Wollt Ihr den Nazis gestatten, daß sie diesen Fluch dem deutschen Volk hinterlassen, nachdem sie selbst vom Schauplatz der Geschichte abgetreten sind? Wollt Ihr ihnen zu diesem Ausweg verhelfen, der ja kein Weg ist, sondern ein Sturz? Wollt Ihr mit ihnen und ihren Opfern in allen Völkern in den Abgrund stürzen, dem sie verfallen sind? Wollt Ihr Eure Kinder opfern, um den Nazis die Möglichkeit zu geben, die französischen, belgischen, holländischen, polnischen und tschechischen Kinder für immer eines vollen Lebens zu berauben? Das ist die Frage, vor der das deutsche Volk heute steht.

Und noch einen dritten Ausweg bereiten die Nazis vor: Sie suchen im deutschen Volk unterzutauchen, damit so viele von ihnen wie möglich der Vernichtung entgehen. Sie tun das nicht, um sich selbst zu retten, sondern um das Gift, mit dem sie Deutschland ruiniert haben, lebendig zu halten und jedes neue Deutschland damit zu vergiften. Wenn ein Körper schwach ist, genügt das Überleben weniger Giftträger, um einen neuen Krankheitsausbruch zu erzeugen. Hier liegt vielleicht die größte Gefahr für die deutsche Zukunft. Schneidet den Nazis diesen Ausweg ab, meine deutschen Freunde, schon jetzt. Laßt sie nicht wieder in den Volkskörper eindringen, nachdem sie einmal ausgeschieden sind, scheidet Euch von dem, womit sie das deutsche Volk an Leib und Seele verdorben haben. Gebt ihnen keine Hoffnung, daß ihre Gedanken sich einmal in Zukunft durchsetzen werden, denn es sind Gedanken der Gewalt und nicht der Gerechtigkeit, es sind Gedanken des Hasses und nicht der Liebe, es sind Gedanken, die nicht aufbauen, sondern zerstören. Schneidet den Nazis auch den letzten Ausweg ab, meine deutschen Freunde, den Ausweg in die Zukunft.

102.
DER ZWIESPALT ZWISCHEN ANGSTGEFÜHL
UND PFLICHTGEFÜHL 21. März 1944

Meine deutschen Freunde!

Ihr lebt in einem Zwiespalt, der schwerer zu ertragen ist als vieles Schwere, was Euch täglich trifft. Ich meine den Zwiespalt zwischen Eurem Wissen um die kommende Katastrophe Deutschlands und Eurem Pflichtgefühl, das Euch zur Verhütung dieser Katastrophe aufruft. Ihr wißt, daß der Krieg verloren ist, aber Ihr erlaubt Euch nicht, so zu handeln, als ob Ihr es wüßtet. Ihr wißt, daß aller weitere Widerstand vergeblich ist; aber Ihr könnt Euch nicht entschließen, den Widerstand aufzugeben. *Ihr seid hin- und hergerissen zwischen dem Gefühl, das Euch gegen die Machthaber Deutschlands zur Empörung ruft, und dem Gefühl, das Euch treibt, unter ihnen gegen die äußeren Feinde weiter zu dienen. Über diesen Zwiespalt möchte ich heute mit Euch reden.*

Zuerst möchte ich betonen, daß jeder Deutsche heute fühlt, daß Deutschland den Krieg verloren hat. Aber es gibt verschiedene Arten dieses Gefühls. Die einen wissen es, weil sie die Kenntnis der militärischen Lage haben: die militärischen Führer und die obere Schicht des Nationalsozialismus. Sie wissen, daß der Krieg unter allen Umständen militärisch verloren ist. Auch wenn die Verteidigung der Grenzen im Osten und Westen noch längere Zeit möglich ist, irgendwann einmal muß sie zusammenbrechen. Das ist keine Frage des Voraussehens, sondern es ist eine Frage einfacher Berechnung. Wenn die eine Seite immer schwächer wird, ohne ihren Kraftverlust ersetzen zu können, und die andere Seite immer stärker wird und jeder Verlust leicht doppelt und dreifach ausgeglichen werden kann, dann ist es unvermeidlich, daß in absehbarer Zeit die eine Seite verloren ist. Die deutschen Militärs und Nazis sind gute Rechner. Sie verrechnen sich zwar immer, wenn es sich um seelische Dinge handelt. Denn von Seele wissen sie nichts. Aber sie verrechnen sich nicht leicht, wenn es sich um Zahlen und Material handelt. Und sie haben sich längst ausgerechnet, wann die Zahlen und das Material der anderen so groß sein werden, daß sie jeden Widerstand unterdrücken können. Sie wissen das, aber sie sagen es nicht. Denn wenn sie es sagten, würde das deutsche Volk sie vor die Frage stellen: warum dann weiterkämpfen? Und ihre Tage wären gezählt.

Es gibt noch eine andere Gruppe in Deutschland, die um die kommende Niederlage in Deutschland weiß. Das sind die, deren Verstand ihnen sagt, daß die Katastrophe unvermeidlich ist. Aber sie wagen nicht, es sich einzugestehen. Ihr Gefühl kämpft mit ihrer Einsicht. Sie können seelisch nicht ertragen, was ihnen geistig längst als unvermeidlich bekannt ist. Vielleicht ist dies die Haltung der großen Mehrheit aller Deutschen. Es ist das, was man gewöhnlich Vogel-Strauß-Politik nennt: Man wendet die Augen von dem kommenden Unheil ab und hat damit für einen Augenblick die Einbildung, daß das Unheil nicht existiert. In diesen Augenblicken arbeitet dann die Phantasie und glaubt, Wege zu sehen, wo keine sind, und Auswege, wo in Wahrheit nur Abgründe warten. Man hört auf die Worte der Hoffnung, die aus dem Munde der Nazis kommen und an die sie selbst nicht glauben. Man folgt ihnen, wenn sie zum Widerstand aufrufen, weil man sich sagt: Wer weiß, ob doch nicht noch etwas Unerwartetes geschieht, das die völlige Niederlage verhindert. Man fragt: Wer weiß — als ob man nicht wüßte. Aber man weiß in Wirklichkeit und will nur nicht wissen. Das Gefühl unterdrückt das bessere Wissen. Und so träumt man weiter, obgleich man längst erwacht ist. Und so hofft man weiter, obgleich man weiß, daß nichts zu hoffen ist in der Richtung, in der man hoffte. Und so macht man sich selbst zum Narren und das deutsche Volk zum Opfer — wider besseres Wissen.

Es gibt noch eine dritte Gruppe im deutschen Volk, die wirklich nicht weiß, daß die Katastrophe bevorsteht. Sie ist geistig nicht lebendig genug, um sich umzusehen; ihr Denken ist nicht scharf genug, um durchzuschauen; ihr Blickfeld ist zu eng, um über das Nächste hinauszublicken auf das Fernere, das geladen ist mit Unheil. Und so glauben sie, was die Zeitung oder der Rundfunk ihnen sagen. Sie fühlen zwar ein Unbehagen, aber es wird nicht klar bewußt. Sie hören zwar Zweifel an der Nazipropaganda; aber die Zweifel sind nicht stark genug, um den Bann zu durchbrechen. Und so leben sie dahin in bequemer Unwissenheit, willig zu glauben, was ihnen gesagt, zu tun, was ihnen befohlen wird; sie sind noch nicht erwacht. Wenn dann das Erwachen kommen wird, so wird es furchtbar für sie sein — viel schlimmer als für die beiden anderen Gruppen im deutschen Volk, viel schlimmer als für die Nazis, die sich innerlich und äußerlich längst auf die Niederlage vorbereitet haben, viel schlimmer als für die, die aufgewacht sind, aber sich ihr Wissen noch nicht eingestehen wollen, aber doch mit ihrem Verstand das kommende Unheil vorwegnehmen. Sie sind nicht ganz vorbereitet. Aber die, die heute noch schlafen und nicht sehen können, was kommt, die werden ein schlimmes Erwachen erleben.

Von drei Gruppen im deutschen Volk haben wir gesprochen, von denen, die um die kommende Niederlage wissen und sich nichts vormachen, es aber nicht sagen; von denen, die die kommende Niederlage sehen, sie sich aber nicht eingestehen wollen, da sie sie nicht ertragen können; und von denen, die nicht sehen können und einem bösen Erwachen entgegensehen. Wenn wir diese drei Gruppen im Auge behalten, dann ist es nicht schwer zu sagen, warum das deutsche Volk heute noch weiterkämpft. Die Nazigewaltigen müssen weiterkämpfen, obgleich sie wissen, daß der Kampf aussichtslos ist. Denn jeder Tag, an dem weitergekämpft wird, ist ein Tag, den sie ihrer Herrschaft und oft auch ihrem Leben zusetzen. Und selbst wenn sie im Kampf ihr Leben verlören, so ist das immer noch besser, als wenn sie es auf der Flucht vor den Rächern ihrer Tyrannei und Unmenschlichkeit verlieren. Sie müssen weiterkämpfen, obgleich sie wissen, daß am Ende dieses Kampfes ihr Untergang steht.

Und die, die überhaupt nichts wissen, deren Augen verschlossen sind, kämpfen blindlings weiter. Sie sehen nicht, daß es ein verlorener Kampf ist, an dessen Ende die Katastrophe steht. Und doch glaube ich, geht auch mit ihnen etwas vor. Sie sind in dem Zustand zwischen Schlafen und Wachen, wo die bösen Träume kommen. Ich glaube, daß die meisten unter denen, die heute noch nicht erwacht sind in Deutschland, an bösen Träumen leiden. In ihrer tiefsten Seele ahnen sie, was kommen wird; aber es ist noch nicht eine Erkenntnis daraus geworden. In düsteren Ahnungen drängt es an die Oberfläche, aber es wird noch nicht zugelassen. Von dieser Gruppe im deutschen Volk kann man nur hoffen, daß ihre Träume schwerer und schwerer werden und daß sie erwachen, ehe die Katastrophe selbst da ist.

Am wichtigsten aber ist die breite Masse derer, die wissen und doch nicht wissen wollen. Ihnen möchte man sagen: Treibt nicht länger dieses verzweifelte Spiel. Seht auf das, was Ihr schon gesehen habt, erkennt an, was Ihr erkannt habt. Weicht nicht aus, weil Ihr glaubt, Ihr könnt es nicht ertragen. Versteckt Euch nicht vor dem, wovon Ihr wißt, daß es Euch doch finden wird, die Niederlage, die Katastrophe. Ihr habt das Gefühl, daß Ihr weiterkämpfen müßt, aus Treue zu Deutschland. Ihr wißt, daß die Nazis Deutschland ins Unheil geführt haben. Ihr liebt sie nicht; vielleicht haßt und verachtet Ihr sie. Aber Ihr fühlt Euch an sie gebunden, weil Ihr glaubt, daß das Schicksal Deutschlands an sie gebunden ist. Ihr seid ihnen treu, weil Ihr Deutschland treu sein wollt. Und doch gleicht Ihr ja nicht den Schlafenden, die nichts wissen. Ihr wißt ja, was für einem Schicksal die Nazis Deutschland zuführen. Ihr habt ja gesehen, daß das Ende der Abgrund ist und daß es keinen Ausweg gibt. Warum denn steht Ihr zu ihnen? Was für eine Verantwortung habt Ihr? Eine Verantwortung für Deutschland? Sicherlich. Aber das heißt ja, eine Verantwortung gegen die Nazis. Denn sie sind es ja, die jede deutsche Zukunft unmöglich machen. Eure Verantwortung ist es, um Deutschlands willen die Nazis zu beseitigen. Ihr, die Ihr wißt, und doch nicht wissen wollt, Ihr seid die Mehrheit des Volkes. An Euch hängt sein Schicksal. Wenn Ihr wißt, dann tut, was aus Eurem Wissen folgen muß: Um Eurer Verantwortung für Deutschland willen, nehmt die Verantwortung gegen die Nazis auf Euch. Es gibt keine Treue gegen die, die wissend um ihrer Macht willen das deutsche Volk verbluten lassen. Sagt Euch von diesem Krieg los. Es ist nicht mehr Euer, es ist nicht mehr Deutschlands Krieg. Es ist der Krieg der Nazis, ihr Krieg allein, und Deutschland und Ihr, meine deutschen Freunde, seid ihre Werkzeuge und ihre Opfer.

103.
DAS LEIDEN JESU UND DAS LEIDEN
DES DEUTSCHEN VOLKES   28. März 1944

Meine deutschen Freunde!

Mit dem heutigen Sonntag, Palmsonntag, hat die Woche angefangen, in der die Christenheit des Leidens und Sterbens Jesu gedenkt. Es ist die heiligste Woche des ganzen Kirchenjahres, und auch diejenigen, die allem Kirchlichen und sogar allem Christlichen fernstehen, fühlen etwas von der inneren Größe dieser Passion. Es gibt wohl wenige Menschen, deren Herzen so verhärtet sind, daß sie sich nicht vor der Majestät des Mannes am Kreuz beugen. Warum ist das so? *Warum ist das Bild der Passion seit zwei Jahrtausenden das erschütterndste aller Bilder menschlicher Größe, menschlicher Erniedrigung und menschlichen Triumphes? Und was hat dies Bild uns zu sagen, die wir durch Jahre allmenschlicher Passion gehen?* Was hat es Euch zu sagen, die Ihr als Deutsche mit dem deutschen Volk immer tiefer in Dunkelheit und Leiden geht?

Warum hat eigentlich das Leiden dieses Mannes, Jesus von Nazareth, solche Größe? Warum ist es wichtiger geworden als das Leiden aller übrigen Menschen und Völker? Sicherlich zuerst, weil es unschuldiges Leiden ist, oder noch genauer, das Leiden des Unschuldigen. Es gibt viel Leiden, für das wir keine Schuld aufzeigen können. Unzählige sind für Dinge getötet worden, die sie nie begangen haben. Unzählige sind Opfer großer Katastrophen geworden und haben sich gefragt: warum gerade wir, warum gerade unsere Generation? Sicher gibt es wenige im heutigen Deutschland, die nicht fragen: warum gerade ich, warum gerade meine Generation? Bin ich, sind wir denn besonders schuldig? Niemand kann darauf antworten: „Ja, du bist besonders schuldig, du Frau, die ihren Mann, du Kind, das seinen Vater verloren hat, du Mann, der als Krüppel durch die zerstörten Straßen seiner Heimat irrt." Nein, Ihr seid nicht besonders schuldig. Aber seid Ihr darum unschuldig, wie der Gekreuzigte unschuldig ist? Wer sollte wagen, darauf mit Ja zu antworten? Nein, jeder ist schuldig und unschuldig zugleich. Niemand von uns ist nur schuldig, niemand von uns ist nur unschuldig. Darum gibt es nur ein vollkommenes Bild des unschuldig Leidenden, das Bild des Karfreitags.

Es ist aber noch etwas anderes in diesem Bild, was die Menschen zu allen Zeiten gefühlt haben: Gerade weil es das Bild des Unschuldigen ist, weist es über sich selbst hinaus. Es hat eine helfende, rettende Kraft für jeden, der von ihm ergriffen ist. Es zeigt in Vollkommenheit die ausstrahlende, versöhnende Gewalt, die unschuldiges Leiden hat, wenn es mit innerer Größe getragen wird. Es gibt uns ein Gefühl, daß wir nicht verzweifeln müssen, daß in aller Schuld und aller Selbstzerstörung der Menschen etwas geblieben ist, worin das Leben zur Versöhnung mit sich selbst kommen kann.

Und nun wollen wir uns fragen: Was bedeutet das ergreifende Bild des Karfreitags für das deutsche Volk im Jahre 1944? Wo steht das deutsche Volk in diesen Wochen der Passionszeit? Mit wem in der Karfreitagsgeschichte kann es verglichen werden?

Wenn ich diese Frage stelle, gehen meine Gedanken zurück zu dem Jahre 1919. Es war der erste Karfreitag nach dem deutschen Zusammenbruch. Der Prediger in einer großen Berliner Kirche verglich das deutsche Volk mit dem Gekreuzigten; Deutschland war für ihn der unschuldig Leidende, ans Kreuz gebracht durch die Sieger des Weltkriegs auf der einen Seite und durch die Sieger in der deutschen Umwälzung auf der anderen Seite. Das ist alles, was ich behalten habe; aber es war genug, um in mir die Ahnung zu erwecken, daß ein Volk, das sich solche Reden gefallen läßt, seinem nächsten Unheil entgegentaumelt. Das Leiden des deutschen Volkes ist nicht das Leiden des Unschuldigen. Das war es nicht nach dem Ersten Weltkrieg. Aber es ist auch nicht das Leiden des allein Schuldigen; das ist es jetzt nicht, und das war es nicht im Ersten Weltkrieg. Das deutsche Volk ist schuldig und unschuldig zugleich. Und wenn es in dieser Passionszeit auf das Kreuz blickt, dann kann es sich zugleich sehen als die, die kreuzigten und als die, die gekreuzigt werden. Das deutsche Volk ist zugleich am Kreuz und bei denen, die das Kreuz aufrichten.

Wir alle wissen, daß das deutsche Volk unendliches Leiden über andere Völker gebracht hat, daß es sich zum Werkzeug einer der grauenvollsten Mächte aller Zeiten hat machen lassen und daß es dadurch zur Ursache des fürchterlichsten Krieges geworden ist. Auch wenn die Ausrottung des jüdischen Volkes nicht geschehen wäre, auch wenn die zahllosen Greuel der Gestapo nicht die Welt mit Entsetzen erfüllen würden, auch dann wäre das Maß unschuldigen Leidens, das Deutschland über andere Völker gebracht hat, unvorstellbar. Millionen sind von den Schergen des Nationalsozialismus an das Kreuz tiefsten Leidens und qualvollsten Sterbens geschlagen worden. Und das deutsche Volk stand dabei und sah zu wie in den alten Kreuzigungsbildern. Niemand empörte sich über das Leiden der Unschuldigen. Kein Deutscher fiel den deutschen Henkersknechten in den Arm. Nur wenige begriffen, was geschah, und sie mußten schweigend zusehen, wie die Unschuldigen erschlagen wurden und wie sich eine Blutschuld ansammelte, die sich über kurz oder lang über den Mördern wie über den mitschuldigen Zuschauern entladen mußte. Sie gleichen den Jüngern und Frauen, die ohnmächtig und verzweifelt unter dem Kreuz stehen. Sie, die wenigen, ahnten, was geschah, die Massen ließen es gleichgültig geschehen, und die Mörder triumphierten. Das war das deutsche Volk unter dem Kreuz. So sollte das deutsche Volk sich am Karfreitag sehen; in dem Spiegel der Passionsgeschichte sollte es sein eigenes Tun erkennen. Es sollte begreifen, daß es zu denen gehört, die kreuzigen. Es sollte den Fluch sehen, den es dadurch über sich gebracht hat. Es sollte die Worte der Anklage und Verurteilung hören, die in allen Teilen der Erde in Haß gegen es gerichtet sind. In Haß und Jammer, in Ernst und gerechtem Zorn. „Durch dich sind wir gekreuzigt worden", rufen Unschuldige aus aller Welt dem deutschen Volk zu. Und nur die wenigsten unter ihnen haben die Größe des einen Unschuldigen, für die um Vergebung zu bitten, die ihn töten. Aus dem Munde der meisten unter den Opfern der Deutschen kommt nicht das Wort der Vergebung, sondern das Wort des Fluches.

Und doch ist das nicht alles, was das deutsche Volk sich am Karfreitag sagen muß. Es darf auch die andere Seite sehen: sich selbst am Kreuz, zusammen mit seinen zahllosen Opfern. Es ist nicht nur schuldig, und es ist nicht allein schuldig. Und wenn im Anfang dieses Krieges das deutsche Volk fast nur unter denen war, die kreuzigen, so rückt es jetzt mit jedem Tage selbst dem Kreuze näher. Und schon hat es etwas von dem erlebt, was es den anderen bereitet hat an Leiden und Tod. Und mehr und mehr davon kommt über es. Und bald wird es ganz an dem Kreuz hängen, an das es die anderen geschlagen hat. Und dann wird es nicht nur schuldig sein. Es wird auch ein Strahl Unschuld aus dem Dunkel seiner Schuld hervorleuchten. Und dann wird auch sein Leiden etwas Versöhnendes haben für die anderen Völker. Es wird etwas Versöhnendes haben für es selbst: dann nämlich, wenn es mit der Würde getragen wird, mit der es der Unschuldige am Kreuz getragen hat.

Meine deutschen Freunde, wenn Ihr fühlt und wenn viele im deutschen Volk mit Euch fühlen, daß Euer Leiden nicht mit Bitterkeit, sondern mit Größe getragen werden muß, dann werdet Ihr die Völker mit Euch versöhnen. Und wenn Ihr versöhnt seid mit Eurem Schicksal, das schuldiges und unschuldiges Leiden zugleich ist, dann könnt Ihr das Schicksal mit Euch versöhnen. Wenn Ihr aber murrt, wie der eine der Gekreuzigten am Karfreitag, wenn Ihr Bitterkeit, Haß und Wille zur Vergeltung in Euch sammelt, dann hat Euer Leiden so wenig Versöhnendes, wie es das Leiden des deutschen Volkes nach dem Ersten Weltkrieg hatte. Dann ist der wahre Karfreitag für das deutsche Volk noch nicht gekommen. Dann werdet Ihr wieder unter die gehen, die andere kreuzigen, und das Ende dieses Krieges wird ein Leiden ohne Versöhnung und ein Sterben ohne Auferstehung sein.

104.

DAS FÜNFTE KRIEGS-OSTERN   4. April 1944

Meine deutschen Freunde!

Das fünfte Kriegs-Ostern ist gekommen. Es folgt auf die fünfte Kriegs-Passionszeit. In zahllosen Kirchen sind die Osterglocken verstummt in diesem Jahr. Sie liegen begraben unter den Trümmern ihrer Türme, von denen sie in früheren Jahren am Ostermorgen die Botschaft des Lebens über bevölkerte Straßen erklingen ließen. Die Straßen sind Ruinenfelder, die Menschen sind geflohen, die Glocken sind verstummt. In den weiten Steppen Rußlands sind Glocken längst zu einer Erinnerung vergangener Jahre geworden. Und selbst, wenn hier und dort in den deutschen Dörfern, in den besetzten Gebieten, auf den eiligen Rückzügen des Ostens und hinter den blutigen Verteidigungslinien des Südens noch Osterglocken erklingen, so haben sie einen anderen Klang als in vergangenen Jahren. Es sind keine Festglocken mehr; es schwingt nichts mehr in ihnen von der Freude der wiedererwachenden Lebenskräfte, in der Natur und im Menschenleben. Es ist, als ob all das Erinnerungen aus einer längst vergangenen Lebensperiode wären. Für die Gegenwart hat es keine Bedeutung mehr. Und wenn auch heute noch Osterglocken hier und da erklingen, so ist ein Unterton von Schmerz und Verzweiflung darin, der mehr an Karfreitag als an Ostern erinnert. Es ist, als ob in diesem Jahre die düsteren Glockenklänge des Karfreitags die hellen, jubelnden Töne der Ostern nicht aufkommen lassen. Es ist, als ob die Passionszeit, die sonst am Ostermorgen endete, nie mehr aufhören würde. Aber wenn Ihr genauer hinhört, so könnt Ihr den andern Klang in dem Läuten der Osterglocken unterscheiden, ihren eigentlichen Klang: daß der Tod nicht das Letzte ist, auch wenn er gesiegt zu haben scheint. *Das alte, triumphierende Wort, daß der Tod verschlungen ist in den Sieg, hat auch im Jahre des Grauens und Sterbens 1944 seinen Sinn nicht verloren.* Es hat auch seinen Sinn für das deutsche Volk nicht verloren. Auch für das deutsche Volk gilt, daß der Tod verschlungen ist in den Sieg; nicht in den Sieg der deutschen Waffen. Solche Siege überwinden den Tod nicht. Sie führen ihm nur neue Opfer zu, bei Siegern und Besiegten. Und das deutsche Volk hat nun zum zweiten Mal in einer Generation erfahren, was es heißt, sich zu Tode zu siegen. Jeder noch so große Sieg war nur der erste Schritt zu einer noch viel größeren Niederlage. Der Sieg der Waffen ist nicht der Sieg, in den der Tod verschlungen ist. Er ist es nicht für das deutsche Volk, er ist es auf die Dauer nicht für irgendein Volk. Er ist nicht für die Toten auf den Schlachtfeldern dieses und des vorigen Krieges oder irgendeines Krieges. Kein Sieg der Waffen macht sie lebendig. Die unvorstellbaren, großen Heere der Toten dieses Krieges, auch der Toten des deutschen Volkes, werden nicht auferstehen durch den Sieg der einen oder der anderen Seite. Und wenn Deutschland alle Ziele erreicht hätte, die Hitler ihm gesetzt hat, und wenn Deutschland die ganze Welt erobert hätte, so wäre der Tod seiner Toten nicht aufgehoben, nicht besiegt durch den Sieg der Waffen.

Das Osterfest spricht nicht vom Sieg der Waffen, es spricht nicht von der Besiegung des Todes durch nationale Erhebungen und politische Machtkonzentrationen. Der Sieg über den Tod geschieht nicht im Palast des Augustus, der die Welt geeinigt hatte. Er geschieht nicht in den siegreichen Schlachten der Römer, die diese Einigung ermöglichten. Er geschieht nicht einmal durch die Macht und Würde der Hohenpriester und den Prunk ihres Tempels. Der Sieg über den Tod geschieht da, wo es niemand erwarten, niemand erhoffen kann. Ostern wird lebendig, wo eine echte Passionszeit, ein echter Karfreitag vorausgegangen sind. Und darum kann es heute in Deutschland Ostern geben, besser als in den Tagen, wo es nur ein Frühlingsfest oder nur eine schöne Sitte war. Da es heute in Deutschland einen echten Karfreitag gibt, so gibt es auch ein echtes Ostern. Da Deutschland heute auf nichts mehr hoffen kann, was von ihm selbst kommt, so kann es nur noch auf eins hoffen, das ewige Gesetz des Sterbens und Lebens, das Gesetz, daß auf Karfreitag Ostern folgt. Deutschland steht unter diesem Gesetz; und es steht dort nicht allein, sondern zusammen mit den vielen Völkern, von denen es einige selbst auf die Schädelstätte geführt hat, wie die Juden und die Polen, die Serben und die Russen, die Franzosen und die Norweger. Sie alle stehen noch in ihrem Karfreitag, und sie alle warten auf ihr Ostern. Und mit ihnen die Massen des deutschen Volkes, die niemand von der Kreuzigung der anderen Völker ganz freisprechen kann und die nun selbst am Kreuz unendlichen Leidens auf ihr Ostern warten. Auf was für ein Ostern warten die Völker? Für sich als Volk und für ihre Toten? Was bedeutet das Gesetz des Sterbens und Auferstehens für ein Volk? Es bedeutet nicht den Sieg der Waffen, weder den vorläufigen noch den endgültigen; es bedeutet vielleicht die Niederlage, die vorläufige oder die endgültige. Wohl aber bedeutet es die Kraft, die Niederlage zu tragen und doch zu leben, vielleicht in neuen Formen, in einer größeren Einheit, aber zu leben und nicht sich zerstören zu lassen oder sich selbst zu zerstören. Als das deutsche Volk im Jahre 1919 und danach der Verführung derer verfiel, die ihm einflüsterten, daß es gar nicht besiegt worden ist, da entzog es sich dem Gesetz des Sterbens und des Lebens. Als viele im deutschen Volk anfingen, zu denken und zu sagen, daß sie nicht besiegt worden sind, da drückte sich das deutsche Volk um die Anerkennung seiner Passionszeit, seines Karfreitags, seines Sterbens. Und darum erreichte es in der Zeit zwischen den Kriegen keine Osterzeit, keine Auferstehung, kein neues Leben. Es tat, als ob es den Krieg durch Zufall verloren hätte, als ob die Niederlage kein Urteil der Geschichte über Führer und Volk gewesen wäre. Aber es war ein solches Urteil, das zeigt sich heute. Und wenn das deutsche Volk damals anerkannt hätte, daß seine Niederlage ein echtes Urteil der Geschichte war, dann hätte es sich wandeln und auferstehen können. Deutschland nach dem Ersten Weltkrieg hat seinen Karfreitag verleugnet und darum sein Ostern vertan. Alles, was zur Niederlage geführt hatte, blieb, wie es war, die gleichen Ideen, die gleichen Kräfte, die gleichen Gruppen. Nichts war geändert, nichts war in den Tod hineingenommen, und darum konnte nichts Neues hervorgehen. Wie wird es dieses Mal sein? Wird es wieder sein, daß man Euch einflüstert: Wir sind gar nicht besiegt worden. Es war ein Zufall, eine Fehlrechnung, der böse Wille der anderen. Werdet Ihr darauf hören, wenn man wieder so zu Euch spricht? Werdet Ihr noch einmal den Tod verweigern und damit das Leben verlieren? Oder werdet Ihr nach dem Entsetzlichen, das über Euch gekommen ist, anerkennen, daß etwas in Deutschland sterben muß, damit Deutschland auferstehen kann? Werdet Ihr dieses Mal das Kreuz der Niederlage auf Euch nehmen, damit die Sonne einer neuen Geschichtszeit Euch aus dem Grabe rufen kann? Oder wollt Ihr zum zweiten Mal Euer Ostern versäumen? Und damit Euch vielleicht für immer die Möglichkeit einer geschichtlichen Auferstehung nehmen?

Meine deutschen Freunde! Das deutsche Schicksal liegt heute nicht mehr da, wo die Nazis es Euch suchen lassen: in dem Versuch, der Niederlage zu entgehen, in dem Bemühen um einen Kompromiß, in dem Willen, zu retten, was noch zu retten ist — vor allem sich selbst. Sondern das deutsche Schicksal, die Möglichkeit einer Osterbotschaft für das deutsche Volk liegt in dem Ausscheiden alles dessen, was Deutschland verführt und über sich selbst betrogen hat, und was im Nationalsozialismus verkörpert ist. Irgendwann wird der Friede kommen. Er wird schwer sein für das deutsche Volk, das sich zum Werkzeug der Zerstörer Europas und zur Geißel über die ganze Welt hat machen lassen. Aber ob schwerer oder leichter, ob mit größeren oder kleineren Verlusten, davon hängt nicht ab, was aus Deutschland werden wird, davon hängt nicht die deutsche Auferstehung ab. Sondern sie hängt davon ab, ob das deutsche Volk ein neues Volk wird, ein Volk, das Gerechtigkeit liebt und nicht Macht, das Wahrheit liebt und nicht Betrug, das nicht zerstören will, sondern aufbauen, das sich selbst nicht will, es sei denn in der Gemeinschaft der Völker. Die Auferstehung eines solchen Deutschland wäre Osterbotschaft für Deutschland und für die Welt. Und es wäre Osterbotschaft auch über die Totenfelder in allen Ländern. Freilich auch ein auferstandenes Deutschland kann seine Toten nicht erwecken. Aber es kann dem Tod seiner Toten einen neuen Sinn geben: Sie starben um der Auferstehung ihres Volkes willen, nicht-wissend oder wissend; und darum nehmen sie an dieser

Auferstehung teil. Die Toten erscheinen nicht, aber sie sprechen durch uns. An uns liegt es, daß wir ihrem Sterben einen Sinn geben. Deutschland hat den Toten des Ersten Weltkrieges keinen Sinn ihres Sterbens gegeben; wir hoffen, daß es den Toten des Zweiten Weltkrieges — und damit auch denen des Ersten — einen Sinn ihres Sterbens geben wird. Wir hoffen, daß Deutschland als ein auferstandenes Deutschland weiterleben wird. Wir hoffen, daß der ewige Sinn des deutschen Volkes und der ewige Sinn jedes seiner Toten sich zusammenschließen werden in einem Sinn, der Auferstehung, der Botschaft der Ostern.

105.

DAS GROSSE GESETZ ALLEN LEBENS:
DIE EINHEIT ALLES LEBENDIGEN

11. April 1944

Meine deutschen Freunde!

Die Osterzeit hat uns an ein großes Gesetz allen Lebens erinnert. Sie hat uns an das Gesetz des Sterbens und Wiederauferstehens erinnert, das wir in jedem Frühling in der Natur erleben und das uns immer zugleich ein Bild unseres menschlichen Lebens ist. Es gibt aber noch andere Gesetze des Lebens, die wir überall wiederfinden, nicht nur in der Natur und in unserm persönlichen Leben, sondern auch im Leben und Schicksal der Völker. Über ein solches Gesetz möchte ich heute mit Euch nachdenken.

Es war vor mehr als hundertfünfzig Jahren, als ein junger deutscher Philosoph Gedanken niederschrieb, die wie kaum etwas anderes auf das deutsche Schicksal von heute passen. Der junge, damals noch völlig unbekannte Philosoph war *Hegel*, später berühmt in allen Ländern der Erde als einer der größten Denker der Menschheit. Er suchte einem Geheimnis auf die Spur zu kommen, das er die *Einheit alles Lebendigen* nannte. *Leben kann sich nicht von Leben trennen, ohne sich selbst zu zerstören. Wer Leben verletzt, der bringt das Leben gegen sich auf.* Er glaubt dadurch größer zu werden, daß er fremdes Leben angreift. Aber in Wirklichkeit hat er sich selbst damit angegriffen und geschädigt. Denn Leben ist von Leben nicht geschieden. Wer Leben zerstört, der hat in Wahrheit nur die Freundlichkeit des Lebens zerstört. Er hat es in seinen Feind verkehrt. Er, der Angreifer, hat dem Schicksal die Macht gegeben, mit dem es sich nun gegen ihn wendet. Es ist mein Schicksal, das ich mir zum Feind gemacht habe, wenn ich die Folgen meines Angriffs auf das Leben erleide. Das hat nichts mit Rache oder äußerlicher Strafe zu tun. Es ist ein Gesetz des Lebens selbst, und darum ist es unverbrüchlich und bestimmt das Schicksal der einzelnen wie der Völker.

Jedes dieser Worte ist eine Beschreibung dessen, was das deutsche Volk unter der Herrschaft der Nazis getan und erlitten hat. Es hat fremdes Leben zerstört in dem Glauben, sich dadurch erweitern zu können. Es hat die Freundlichkeit des Lebens in Feindschaft verwandelt. Es hat das Schicksal gegen sich aufgebracht und wird nun durch das von ihm selbst bewaffnete Schicksal zerbrochen.

Nazi-Deutschland hat es verstanden, alles, was das Leben an Freundlichkeit für Deutschland hatte, in Feindschaft zu verwandeln. Nach den Schrecken des Ersten Weltkrieges begann das Leben sich freundlich zum deutschen Volk zu stellen. Es gibt kaum eine geistig so schöpferische Periode der deutschen Geschichte wie die zwischen dem Ersten Weltkrieg und dem Kommen Hitlers, der dann alle schöpferischen Keime dieser Zeit zertrat und ihre Entfaltung unmöglich machte. Und auch die politische und wirtschaftliche Entwicklung ging zuerst aufwärts. Als sie später anfing, abwärts zu gehen, in Deutschland wie in der ganzen Welt, da hörte die Freundlichkeit des Lebens noch nicht auf. Möglichkeiten eines neuen Aufschwungs wurden sichtbar. Das Leben hatte sich nicht vom deutschen Volk zurückgezogen, auch in der großen Wirtschaftskrise nicht. Es blieb dem deutschen Volk freundlich, solange das deutsche Volk sich nicht von ihm trennte und gegen es wandte.

In dem Augenblick, wo Hitler zur Macht kam, wurde das anders. Das erste, was geschah, war, daß Deutschland die Einheit des Lebens in der Menschheit zerriß. Nicht so sehr das Herausbrechen aus dem Völkerbund war dafür entscheidend wie der Sieg des nationalsozialistischen Glaubens, der nichts von der Einheit alles Lebendigen weiß. Die Lehren, die der Nationalsozialismus entwickelt hat, fordern alle zur Erweiterung des eigenen Lebens durch Zerstörung anderen Lebens auf. Und das wirkliche Handeln folgte den Lehren. Leben wurde verletzt in einem Ausmaße, wie es selten durch Menschen geschehen ist, von der Ausrottung der europäischen Juden bis zu dem Versuch, alle um Deutschland herumliegenden Länder in ihrem Lebenskern zu treffen, daß sie sich nie wieder erholen können. Wenn Leben je verletzt worden ist im Laufe der Menschheitsgeschichte, dann ist es von den Nazis und als Werkzeug der Nazis von den Deutschen verletzt worden. Jedes Wort, das aus der Stummheit der gefangenen

Völker vernehmbar wird, ist ein Wort unendlicher Feindschaft, auch da, wo es früher Freundlichkeit, ja Freundschaft für Deutschland gab. Nichts ist furchtbarer in seiner Wahrheit erwiesen worden als der Satz des großen deutschen Denkers, daß der, der um seiner Erweiterung willen zerstört, nur die Freundlichkeit des Lebens zerstört und es in einen Feind gegen sich verwandelt. Genau das hat das deutsche Volk unter Hitlers Führung getan. Und nun steht das verletzte Leben, das sein eigenes Leben ist, gegen es.

Deutschland hat das Schicksal gegen sich bewaffnet, sein eigenes Schicksal; und darum kann es sich nicht beklagen. Die anderen Völker sind Werkzeuge des von den Nazis verletzten Lebens, das ein Leben ist und ein Schicksal. Es ist das eigenste, von Deutschland gegen sich aufgebrachte Schicksal, das jetzt seine Schatten über Deutschland wirft. Die Waffen, mit denen Deutschland besiegt wird, waren im Anfang allein in seiner Hand. Jetzt sind sie in den Händen der anderen, die Werkzeuge, mit denen die deutschen Städte verwüstet, die deutschen Heere geschlagen, die deutschen Männer getötet werden. Deutschland hat unter der Führung der Nazis eine freundliche, waffenlose Welt gegen sich bewaffnet, das gilt äußerlich und innerlich. Es ist deutsches Schicksal, das sich gegen Deutschland gekehrt hat und dem es jetzt erliegt. So sagte es der deutsche Philosoph vor eineinhalb Jahrhunderten, so geschieht es heute, in jedem Augenblick dieser Weltkatastrophe.

Und doch ist dies nicht das letzte Wort, weder des jungen Hegel noch des Schicksals selbst. Wenn das, was jetzt geschieht, willkürliche Rache der angegriffenen Völker wäre, so müßte das deutsche Volk es zwar erdulden, aber es brauchte innerlich nicht anzunehmen und könnte auf Rache für die Rache sinnen. Wenn die deutsche Niederlage mit all ihren Folgen die Strafe für ein Verbrechen wäre, dann würde das deutsche Volk versuchen müssen, sich dieser Strafe zu entziehen. So faßten viele Deutsche den Ausgang des Ersten Weltkrieges auf. Und darum hat er den Deutschen und der ganzen Welt keinen Segen gebracht. Aber weder Rache noch Strafe ist es, was jetzt über das deutsche Volk kommt, sondern sein eigenes Schicksal, von ihm selbst gegen es selbst aufgebracht. Rache führt zu Rache, Strafe zur Flucht. Wenn aber das eigene Schicksal gegen einen steht, dann gibt es nur ein Verhalten: Man muß sich mit ihm versöhnen dadurch, daß man es auf sich nimmt.

Das deutsche Volk ist in tiefer Furcht vor dem, was mit ihm geschehen wird. Diese Furcht ist verständlich und unvermeidlich. Es ist die Furcht vor dem Leben, dessen Freundlichkeit sich in übermächtige Feindschaft gekehrt hat. Aber diese Furcht braucht keine knechtische, unwürdige Furcht vor Strafe zu sein. Ist es das eigene Schicksal, dem das deutsche Volk jetzt unterworfen wird, so ist die Furcht davor nicht die Furcht vor etwas Fremdem. Es ist nicht die Furcht vor einem rächenden Feind oder strafenden Richter, sondern es ist die Entschlossenheit, den Schmerz des verletzten Lebens auf sich zu nehmen. Es ist eine männliche Furcht, die den Mut zum selbstverschuldeten Leben einschließt; es ist die Versöhnung mit dem Schicksal dadurch, daß man es auf sich nimmt als eigenes Schicksal. Das vom deutschen Volk gegen sich selbst bewaffnete Schicksal wird entwaffnet, wenn es begriffen und getragen wird, nicht, wenn es als ein fremdes angebettelt oder überlistet wird. Wo das Schicksal so von einem Menschen oder einem Volk als eigenes anerkannt und getragen wird, da ist der erste und entscheidende Schritt zur Versöhnung des Schicksals getan.

Wenn das deutsche Volk anerkennt, daß es sein eigenes Schicksal verletzt hat, als es sich zur Zerstörung fremden Lebens verführen ließ, dann ist die Rückkehr in die Einheit des Lebens möglich geworden. Nicht dadurch ist diese Rückkehr möglich, daß etwas von dem Leiden des zerstörten Lebens erlassen wird. Das Lebensgesetz erläßt nicht, sondern versöhnt. Leiden, Verringerung, Armut, Wiedergutmachung durch Lebensverminderung kann dem deutschen Volk nicht erspart werden. Aber all dies kann der Weg zur Versöhnung mit dem Leben werden, wenn das deutsche Volk es als echtes Schicksal begreift. In diesem Augenblick wird das Leben seine Freundlichkeit wiedergewinnen. Das Volk, das sein Schicksal auf sich nimmt, wird eine werbende Kraft unter den Völkern haben. Feindschaft wird machtlos, wenn sie ins Leere stößt, wenn sie den, den sie treffen will, nicht treffen kann, weil er von sich selbst viel tiefer getroffen ist.

Solche Gedanken, die einen der größten deutschen Denker in der Zeit seiner frühen Schaffenskraft bewegten — jetzt vor hundertfünfzig Jahren —, sollten das deutsche Volk in dieser seiner schwersten Schicksalswende stärken, solche Gedanken und nicht die Flachheit, Brutalität und Verlogenheit dessen, was die Nazis dem deutschen Volk einhämmern.

106.

DIE FEHLER DER VORZEIT

Meine deutschen Freunde!

Etwas ist falsch gegangen in Deutschland, nicht erst heute, nicht erst gestern, nicht erst in unserer Generation, sondern schon seit einer Reihe von Generationen. Sicher werdet Ihr alle zugeben, daß in diesem Krieg etwas falsch gegangen ist, daß seit der großen Wendung in Rußland und dem siegreichen Erscheinen der alliierten Luftflotte der Krieg als Ganzes verloren ist und daß sein Ausgang früher oder später den Zusammenbruch Deutschlands bedeuten wird. Aber Ihr werdet sagen: Daß ein Krieg falsch läuft, ist nichts Außergewöhnliches. Jedes Volk hat Niederlagen erlebt. Und auf Niederlagen können Siege folgen. Eine Niederlage ist nichts Endgültiges. Sicherlich nicht. Aber wenn man sich aus den Folgen einer Niederlage herausarbeiten will, dann muß man wissen, warum der Krieg verloren wurde, dann muß man fragen: Ist nicht erst heute, sondern schon vorher etwas falsch gelaufen, ist nicht vielleicht die Niederlage das Ergebnis einer Reihe von Fehlern, die viel früher gemacht worden sind und die viel tiefer liegen als militärische Irrtümer?

Wenn wir so fragen, dann ist kein Zweifel, welche Antwort wir geben müssen. Es ist etwas falsch gegangen in Deutschland, schon vor dem Krieg. Man wollte sich für die Verluste des Ersten Weltkrieges entschädigen und begann eine Politik des Angriffs auf alles, was leicht angreifbar war. Aber man vergaß, daß man damit ja nicht nur ein paar kleine Nationen ihrer Freiheit beraubte, sondern daß man einen Umsturz der bestehenden Völkerordnung versuchte. Man vergaß, daß man zwei Jahrzehnte vorher von den gleichen Weltmächten besiegt war, die man jetzt wieder angriff. Man ließ sich durch politische und militärische Erfolge in eine unbeschreibliche Selbstsicherheit hineintäuschen und verfeindete sich mit der Welt — zum zweiten Mal in einer Generation. Welteroberung ist aber bisher noch keinem Volk beschieden gewesen. Der Versuch dazu führt notwendig zur Katastrophe. Deutschland lebt wieder zwischen zwei Weltmachtgruppen. Es war ein falscher Hochmut, beide anzugreifen. Es mußte falsch ausgehen — dieses Mal wie im Ersten Weltkrieg; und wenn Wahnwitzige jetzt in den Untergrund gehen, um den dritten Angriff auf die Weltmächte im Osten und Westen

345

vorzubereiten, dann bereiten sie eine dritte und sicherlich letzte Katastrophe Deutschlands vor, denn von ihr wird es sich nicht mehr erholen. Die Welt ist so gegliedert, und die Weltgeschichte ist so gelaufen, daß, wenn Deutschland über seine natürlichen Grenzen herausbricht, es von den übrigen Mächten, die die Weltgeschichte bestimmen, zurückgeworfen wird, jetzt, damals und in alle Zukunft. Große deutsche Staatsmänner haben das gewußt und versucht, Deutschland in den Grenzen, die ihm gesetzt sind, Sicherheit und Entfaltung zu geben. Blinder Größenwahn hat diese Grenzen überschritten und das Schicksal herausgefordert. Und das Schicksal hat die Herausforderung angenommen und die zu Boden geschmettert, die es herausgefordert haben: Das ist falsch gegangen in Deutschland.

Wie aber ist es gekommen, daß solcher Größenwahn in Deutschland zur Herrschaft gekommen ist, und daß ihm die Möglichkeit gegeben ist, das Schicksal gegen Deutschland herauszufordern? Da muß schon vorher etwas falsch gegangen sein in Deutschland. Wir brauchen nicht weiter zu suchen, was es war. Es war die Eroberung Deutschlands durch die Nationalsozialisten. Als sie Deutschland erobert hatten, rüsteten sie sich, die Welt zu erobern. Heute Deutschland, morgen die Welt — das war nicht nur ein Lied, das war ein Wille und das wurde eine Tat. Eine Tat des Verderbens. Hätte das deutsche Volk sich nicht von ihnen besiegen lassen, die Nazis hätten nie zur Welteroberung rüsten können. Als die Nationalsozialisten Deutschland sich unterwarfen, da war etwas falsch gegangen in Deutschland. Viele in Deutschland haben gesehen, daß es falsch war, viele haben sich widersetzt, viele sind für ihren Widerstand vertrieben, verelendet, gestorben. Aber das deutsche Volk als Ganzes, seine Führer und seine Massen haben sich nicht widersetzt. Und das ist es, was falsch gegangen ist in Deutschland: Die einen waren zu schwach, um die Opfer eines ernsthaften Widerstandes auf sich zu nehmen, die anderen waren zu gleichgültig; sie wußten nicht, was politische Macht bedeutet, und ließen sie in die Hände der Verderber Deutschlands gleiten. Und wieder andere waren zu töricht, um Widerstand zu leisten. Sie glaubten nicht, daß die Nazis ihre eigenen Grundsätze ernst nehmen würden. Sie glaubten nicht an den Ernst der judenfeindlichen Propaganda, der Angriffe auf die Kirche, der Auflösung der politischen Parteien, der Kriegsvorbereitung. Sie glaubten nicht daran, bis sie es am eigenen Leibe verspürten — und bis es zu spät war. Und wieder andere sahen, was vor sich ging. Aber sie gaben Geld und Machtmittel in die Hände derer, die sie gern für ihre Zwecke benutzt hätten, aber von denen in Wahrheit sie benutzt wurden. Sie vor allem sind verantwortlich dafür, daß etwas falsch in Deutschland gegangen ist. Als mit Hilfe all dieser Kräfte und Schwachheiten die Nazis den Sieg errungen hatten, da war es zu spät, da mußte der Krieg, mußte die Niederlage kommen, da war etwas falsch gegangen in Deutschland, was für lange nicht mehr gutgemacht werden kann.

Aber wir fragen weiter: Wie konnte es dazu kommen? Wie konnte eine solche Regierung des Unheils zur Macht kommen? Wenn wir diese Frage hören, dann sagen wir uns: Es muß etwas falsch gegangen sein im deutschen Volk, noch ehe die Nazis kamen. Was ist es? Es ist die Unfähigkeit des deutschen Volkes, Freiheit zu ertragen. Es hatte viel Freiheit in den Jahren zwischen den Kriegen. Aber es konnte nicht mit ihr umgehen. Das deutsche Volk wußte nicht, was es mit seiner Freiheit anfangen sollte, und es fing nur eins mit ihr an: Es tat alles, um sie wieder loszuwerden. Es unterhöhlte alles, was die vom Volk gewählten Regierungen taten. Es dachte nicht daran, ein Privatinteresse für das Wohl des Ganzen zu opfern, es verspottete seine eigenen Vertreter und unterstützte alle diejenigen, die der Freiheit ewige Feindschaft geschworen haben. Etwas ging falsch in Deutschland, als es seine Freiheit gewonnen hatte; es verachtete und vergeudete seine Freiheit und stürzte sich in die Hände der schlimmsten aller Tyrannen. Das ging falsch in Deutschland.

Aber wir müssen weiter fragen: Wenn so etwas möglich war in Deutschland, wenn ein ganzes Volk in seine Ketten rannte, dann muß noch vorher etwas geschehen sein, dann muß längst vorher etwas falsch gegangen sein. Und so ist es. Das deutsche Volk hat nie einen großen Freiheitskampf geführt, wie die meisten großen Völker der Erde es getan haben. Das deutsche Volk hat nie eine echte Revolution gehabt wie die anderen Nationen. Es hat sich immer unterwürfig gezeigt gegen seine Fürsten und hohen Herren, gegen seine Lehrer und Bürgermeister. Das deutsche Volk hat nie den Hauch der Freiheit als den lebenspendenden Hauch der Humanität gespürt. Es hat sich lieber unterworfen, als das Wagnis der Freiheit auf sich zu nehmen. Das ist es, was falsch gegangen ist in der deutschen Geschichte. Darum konnte Deutschland so leicht von den Nazis erobert werden. Darum geht es jetzt seiner Katastrophe entgegen. Während die anderen Völker sich befreiten, blieben die

347

Deutschen ihren Herren unterworfen. Die Großbürger wollten lieber Adlige sein als freie Menschen, die Kleinbürger wollten lieber Großbürger sein als eine Demokratie entwickeln, die Arbeiter wollten lieber Kleinbürger sein als für die Befreiung ihrer Klasse kämpfen. Die Beamten wollten lieber Sicherheit haben als das Recht der freien Überzeugung, die Offiziere lieber menschliche Maschinen als wirkliche Menschen. Das ist, was falsch gegangen war in Deutschland seit Jahrhunderten. Und wenn die großen deutschen Dichter und Denker von Freiheit sprachen, so dachten sie nicht an die Freiheit, über das Schicksal des eigenen Volkes zu entscheiden, sondern sie dachten an die Freiheit des Gedankens, den man auch in Ketten haben kann. Und so ließ das ganze deutsche Volk sich in Ketten legen, erst von den Adligen, dann von den Fürsten, dann von den Obrigkeiten, dann von den Besitzenden, dann von den Nazigewalten. Man tröstete sich damit, daß doch der Geist frei war, wenn auch das Leben versklavt blieb. Das ist es, was in Deutschland zuerst falsch gegangen ist. Das ist der letzte Grund alles dessen, was sonst falsch gegangen ist. Aber das zeigt auch, wie alles richtig werden kann: dadurch nämlich, daß das deutsche Volk sich zur Freiheit durchringt, daß es die Nazi-Tyrannei abschüttelt und sein Schicksal selbst in die Hand nimmt. Wann wird das geschehen? Wann wird man sagen können: Es ist etwas richtig gegangen in Deutschland? Wann wird die verhängnisvolle Kette des Falschen zu Ende sein? Selbst die furchtbare Niederlage dieses Krieges wäre ein Glück, wenn es Deutschland auf sich selbst stellen, wenn es das deutsche Volk zur Freiheit führen würde, wenn nach der Niederlage etwas richtig gehen würde in Deutschland.

107.

IN ERWARTUNG DER BEFREIUNG

24. April 1944

Meine deutschen Freunde!

Es ist eine Zeit des Wartens, durch die Ihr jetzt geht. Große und furchtbare Dinge bereiten sich im Westen und im Osten vor. Mächtige Armeen sammeln sich zwischen der Nordsee und dem Schwarzen Meer, um loszubrechen, wenn der Augenblick gekommen ist, und durchzubrechen, wo immer die deutsche Verteidigung schwach geworden ist an Menschen, Material und geistiger Widerstandskraft. Und im Westen ist die englische Insel in ein Sprungbrett verwandelt worden, von dem aus die am besten ausgerüsteten Armeen der Welt nach Europa abstoßen können und werden. *Die Unsicherheit über den Augenblick, in dem der Sturm von Osten und Westen sich erheben wird, erhöht die Unruhe der Wartezeit und macht sie in steigendem Maße zu einer unerträglichen Qual.* Es ist Wartezeit; aber während dieser Wartezeit geschieht mehr als sonst in Zeiten großer Tätigkeit: Zerstörungsarbeit wird geleistet in einem Ausmaß, wie Menschen sie noch nie getan und erlebt haben. In jedem Krieg sind menschliche Werte zerstört worden; eroberte Städte sind von alters her verbrannt und ihre Bewohner vertrieben worden. Aber das betraf verhältnismäßig kleine Orte und kleine Zahlen. Im 20. Jahrhundert dagegen sind es Millionen Städte, die in Ruinen sinken, und Millionen Menschen, die heimatlos geworden sind. Und das gilt von Deutschland mehr als von irgendeinem anderen Land. Die Zerstörung in England war mit all ihren Schrecken ein leiser Auftakt zu dem Fortissimo der Luftangriffe über Deutschland und allen Stätten, die der deutschen Kriegsführung dienen.

So verbindet sich für viele Deutsche die Qual der Erwartung mit der Qual des täglichen Erlebens. Und die Sehnsucht, daß das Ende kommen möge, ganz gleich, was für ein Ende, wird immer stärker. Ihr habt sicher oft gesagt, daß ein Schrecken ohne Ende schlimmer ist als ein Ende mit Schrecken. Aber schlimmer als beide ist das Warten auf ein Unheil, das sicher kommen wird, aber von dem man nicht weiß, wann und wo und wie es kommen wird. Und in der Qual dieses Wartens seid Ihr jetzt, sind die Soldaten der ersten Verteidigung, auf die ein Feuer vom Himmel herabregnen wird, wie es noch nie über lebendige Menschen gekommen ist. In der Qual dieses Wartens leben die deutschen Frauen, die ahnen, was ihren Männern und Söhnen bevorsteht, und die nur noch einen schwachen Funken von Hoffnung in sich tragen, daß deren Leben gerettet werden kann. In dieser Qual des Wartens stehen alle die, die mit Liebe und Trauer an Deutschland denken und wissen, daß von den Ereignissen der nächsten Zukunft die fernste deutsche Zukunft bestimmt wird. Und endlich, in dieser Qual, oder genauer: Angst der Erwartung, leben die Nazi-Führer und Nazi-Verführten, die Nazi-Nutznießer und Nazi-Verbrecher. Sie wissen, daß ihr Schicksal in diesen Monaten entschieden wird und daß es für sie heißt: Leben oder Tod!

Eine Gruppe aber gibt es in Deutschland, die zwar teilnimmt mit allen Völkern der Erde an dem Warten auf das, was kommt, die aber frei sein kann von der Qual und Angst solchen Wartens. Das sind die in Deutschland, für die das Warten dieser Tage Warten auf den Tag der Befreiung ist. Und deren gibt es Unzählige im deutschen Volk. Zuerst die, die in wirklicher Gefangenschaft sind, die Hunderttausende von Nazi-Opfern in den Gefängnissen und Konzentrationslagern, für die das Kommende trotz alles Entsetzlichen, was damit verbunden ist, Befreiung von etwas noch Entsetzlicherem bedeutet. Und auf den Tag der Befreiung warten alle diejenigen, die den unterirdischen Kampf gegen die Nazi-Tyrannei aufgenommen haben, viele seit langer, langer Zeit, und die in dem Kommenden ihren Sieg erhoffen, wenn auch unter schwersten Opfern ihrer selbst und des ganzen deutschen Volkes. Und auf den Tag der Befreiung warten alle diejenigen, die in das Nazi-System hereingezwungen worden sind, ohne es zu glauben — die vielen Widerwilligen und doch nicht Widerstrebenden, die vielen, die begriffen haben, daß das größte Übel für Deutschland nicht die Niederlage, sondern die Herrschaft der Nazis ist. Wenn auch alle diese mit Spannung in die Zukunft blicken, so können sie doch frei sein von der Qual und Angst der Erwartung. Denn sie wissen — was immer auch geschehen wird —, das Schlimmste ist schon geschehen, der Augenblick, in dem Deutschland und sie selbst in die Hände der Nazis gefallen sind. In diesem Augenblick kam das größte der Übel, das einem Menschen oder Volk zustoßen kann, das, von dem der Dichter sagt: „Der Übel größtes aber ist die Schuld." Was jetzt noch kommen kann, ist weniger schlimm — auch wenn es noch so schlimm würde —, als was vor elf Jahren geschehen ist, damals, als Deutschland schuldig wurde, schuldiger als je zuvor in seiner Geschichte, damals, als es sich dem Nationalsozialismus in die Hände warf. Für Euch alle, die Ihr das begriffen habt, die Ihr die Qual der deutschen Schuld mit Euch geschleppt habt, von Jahr zu Jahr, ist diese Zeit des Wartens nicht Qual, sondern Hoffnung. Sicherlich ist es keine leuchtende Hoffnung, es ist eine Hoffnung wie ein schwaches Licht in einer großen Dunkelheit. Es ist eine Hoffnung, die mit viel Sorge vermischt ist; aber es ist nicht die Angst der anderen, die nur Dunkelheit sehen müssen. Ihr seht das Licht eines vom Nationalsozialismus befreiten und von der Schuld, die er über Deutschland gebracht hat, entsühnten deutschen Volkes.

Und noch aus einem anderen Grunde muß diese Zeit des Wartens nicht eine Zeit der Angst für Euch sein: weil Ihr handeln könnt, über das hinaus, was unmittelbar vor Euch liegt. Handeln verscheucht Angst. Auch die Nazis und ihr Gefolge handeln. Sie handeln, um der übermächtigen Gefahr mit allen Mitteln zu begegnen. Sie handeln auch, um der übermächtigen Angst in ihrem Innern zu begegnen. Aber dieses Handeln hilft ihnen nichts. Denn es bezieht sich nur auf den einen Augenblick, in dem der Sturm losbricht. Und von dem Ausgang dessen, was in diesem Augenblick geschieht, hängt alles für sie ab. Darüber hinaus können sie nicht blicken, dahinter liegt Dunkelheit für sie. Und darum ist all ihr Tun getragen von Angst und begleitet und vergiftet von der Qual einer unerträglichen Spannung. Euer Handeln, meine deutschen Freunde, geht über jenen Augenblick hinaus, reicht in die deutsche Zukunft, sieht ein Licht in der Nacht des „Danach". So handelt denn für dieses „Danach" in den Tagen, die davor liegen und erfüllt sind von bangem Warten. Handelt über das Nächste hinaus, bereitet die Zukunft vor; und sie wird heiler werden mit jedem Schritt, den Ihr weiterkommt. Wenn das schuldige Deutschland zittert in der Qual des Wartens, soll das Deutschland, das sich abgewandt hat von den Schuldigen, ruhig sein und den Tag der Befreiung vorbereiten. Dazu rufe ich Euch auf, und in Wahrheit nicht ich, sondern das Schicksal, das Euch in diese Tage geführt hat. Bereitet Euch vor auf dem Wege, der durch das Feuer der Entsühnung geht, auf das Ziel: ein Deutschland, das frei ist von denen, die es haben schuldig werden lassen. Statt teilzunehmen an dem angstvollen Warten derer, die auf nichts zu hoffen haben, wenn der Sturm ihr Gebäude zertrümmert hat, macht Ihr Euch stark durch Hoffnung. Was immer auf dem Weg der Zukunft liegt, was immer an Unschuldigem und Unersetzlichem durch den bald losbrechenden Sturm zerstört werden wird, macht ihn zu einem befreienden Sturm. Von Euch hängt ab, ob er das wird oder nicht. Zeigt allen, die jetzt angstvoll auf die nächste Zukunft starren, daß die nächste Zukunft nicht die Zukunft Deutschlands ist, daß es auf das ankommt, was dahinter liegt, ganz gleich, von welchen Schrecknissen die nächste Zukunft erfüllt sein wird. Löst Euch los, löst viele andere mit Euch los von der Gruppe derer, die warten mit Angst und qualvoller Spannung. Habt den Mut und gebt anderen den Mut, nicht zu warten auf das, was kommt, sondern zu wirken auf das, was Ihr wollt, daß es kommt: ein Deutschland, befreit von denen, die es verklavt haben, entsühnt von der Schuld, die sie über es gebracht haben.

108.

GERECHTE SACHE? GUTES GEWISSEN?

2. Mai 1944

Meine deutschen Freunde!

In jedem Kampf ist der beste Bundesgenosse der Glaube an die Sache, die man vertritt, und in jedem Krieg ist die stärkste Waffe das Gefühl, auf der Seite der Gerechtigkeit zu stehen. Wie steht es mit dem deutschen Volk? Und den Verteidigern der deutschen Macht in den furchtbaren Schlachten, die bevorstehen? Wir wissen, auf wessen Seite die größere Zahl und die stärkeren Waffen sind. Sicher nicht mehr auf der deutschen Seite. Schon lange erkennen die deutschen Kriegsberichte die Überlegenheit des Gegners an. Aber haben die Deutschen vielleicht mehr von jenen anderen Waffen, den Glauben an ihre Sache, die Gewißheit, auf der gerechten Seite zu stehen? Und sind vielleicht die Waffen so stark, daß Deutschland mit ihrer Hilfe dem Angriff weit überlegener Kräfte standhalten kann? Die Frage stellen, heißt, sie mit Nein beantworten. Denkt an die Zeit zurück, als Deutschland noch die größeren Zahlen und die stärkeren Waffen hatte. Wie stand es da mit dem Glauben an seine Sache? Wie viele Deutsche glaubten da an die Gerechtigkeit des von Hitler begonnenen Krieges? Vielleicht suchte man den Überfall auf Polen noch zu rechtfertigen als die Folge der Mängel des Versailler Friedens. Aber wenn man das tat, konnte man den Ausrottungsfeldzug gegen die polnischen Kinder auch noch rechtfertigen? Und wo war auch nur der Schein von Gerechtigkeit in dem Angriff auf Norwegen, bei dem Soldaten benutzt wurden, die als Kinder nach dem Ersten Weltkrieg von den Norwegern aufgenommen waren aus Mitleid mit ihrem Hunger? Wer kann Glauben an eine solche Sache haben? Ist hier nicht alles Recht auf der einen und alles Unrecht auf der anderen Seite? Das Recht auf der norwegischen und das Unrecht auf der deutschen Seite? Welcher deutsche Soldat kann heute einem Holländer oder Tschechen oder Griechen ins Auge sehen, ohne Scham zu empfinden über das Unrecht, das diesen Völkern von Deutschland geschehen ist, erst durch Eroberung, dann durch Ausbeutung und Versklavung, dann durch Aushungerung und Schwächung einer ganzen Generation?

Man kann sein Gewissen zum Schweigen bringen; und nichts hat der Nationalsozialismus besser verstanden, als das Gewissen des deutschen Volkes zu betäuben und sein sittliches Urteil zu verderben. Aber ganz gelingt das nie. Denn Mensch bleibt Mensch, auch wenn die nationalsozialistische Erziehung ihn von Kindheit an in einen Unmenschen zu verwandeln versucht hat. Spuren ursprünglicher Menschheit sind auch im furchtbarsten Gestapo-Henker und SS-Mörder zu entdecken, wenn man nur tief genug in seine unterdrückte Angst und geheime Sehnsucht nach Menschlichem blickt. Und was sogar von diesen äußerlichen Beispielen der Entmenschlichung gilt, das gilt sicher von den Massen des deutschen Volkes: Es ist den Nazis nicht gelungen, das Gewissen der Deutschen überall und ganz zum Schweigen zu bringen. Das deutsche Gewissen spricht noch, und es bezeugt jedem Deutschen: Du kämpfst für keine gerechte Sache, wenn Du gegen die Norweger und Holländer, gegen die polnischen und griechischen Kinder, gegen die tschechische Jugend und gegen die Frauen und Greise in Frankreich und Serbien kämpfst. Jeder deutsche Soldat, dem sein Gewissen dieses bezeugt, ist der stärksten aller Waffen beraubt: des Glaubens, für eine gute Sache zu kämpfen. Das deutsche Volk als Ganzes ist ohne den mächtigsten aller Verbündeten: die Gewißheit, auf der Seite der Gerechtigkeit zu stehen. Es ist schwer, das zu leugnen und zu behaupten, daß die deutsche Sache in diesem Kriege die gute Sache ist.

Und doch versuchen die Nazis, Euch das zu sagen, es Euch Tag und Nacht einzuhämmern. Überzeugen sie Euch? Sie können es nicht. Denn ihre Verbrechen schreien lauter als ihre Propaganda. Und ihre Propaganda ist mehr Geschrei als Erkenntnis. Einer der Gedanken, mit denen dem deutschen Volk ein gutes Gewissen gegeben werden soll, ist die Behauptung, daß Deutschland Europa gegen Rußland schützen müsse. Aber wie immer man auch über das russische System von Staat und Wirtschaft denken mag, zweierlei ist sicher: Es ist sicher, daß der Angriff von Deutschland und nicht von Rußland ausgegangen ist und daß Rußland so unzulänglich vorbereitet war, daß seine Besiegung beinahe gelungen wäre. Was Hitlers Niederlage in Rußland gebracht hat, war der russische Mensch, der unbesiegbar ist, wenn er die russische Erde verteidigt, aber leicht zu schlagen, wenn er zur Eroberung fremder Erde gebraucht werden soll. Von ihm ist für Europa nichts zu fürchten; und der Überfall auf ihn, auf das russische Volk, durch Hitlers Armeen ist wahrlich nichts, was die deutsche Sache zu einer guten Sache machen kann. Und noch etwas anderes ist sicher: Rußland will sich schützen, es will, daß die europäischen Völker sich selbst regieren und nicht durch neue Diktatoren in neue Kriege mit Rußland gehetzt werden. Aber Rußland will die europäischen Völker nicht erobern, weder von außen noch von innen. Es weiß, daß es dabei genauso scheitern würde, wie Hitler gescheitert ist. Es will Hitlers größenwahnsinniges Experiment nicht wiederholen. Angst ist immer ein schlechter Berater. Sie verdeckt den, vor dem man wirklich Furcht haben sollte, und ängstigt sich, wo keine Angst nötig ist. Die Angst jedes Deutschen sollte nicht die Ankunft der Russen, sondern die Rückkehr der Nazis sein. Es macht die deutsche Sache nicht gut, daß man auf der Angst vor Rußland spielt, und es kann das deutsche Gewissen nicht beruhigen, daß man die Nazis zu Beschützern der Menschheit vor der Barbarei ernennt. Jeder fühlt, wo die schlimmsten Barbaren sitzen, auch wenn er es sich als Deutscher nicht eingestehen will. Jeder fühlt, daß die wirklichen Barbaren unserer Zeit im Nationalsozialismus zu finden sind und daß niemand weniger als sie zu Hütern der europäischen Kultur berufen ist. Rußland sollte zu einer deutschen Kolonie gemacht werden. Dafür mußten zehn Millionen Menschen sterben. Das ist wirklich keine gute, sondern die denkbar schlechteste Sache.

Noch mit anderen Gründen sucht man das deutsche Volk glauben zu machen, daß es auf der Seite der Gerechtigkeit kämpft: Man sagt ihm, daß Hitler die europäische Einheit geschaffen habe, die nun von den Westmächten wieder aufgelöst werden soll. Man ruft Euch zur Verteidigung Europas auf und will Euch so ein gutes Gewissen geben. Aber gibt die Verteidigung geraubter Länder ein gutes Gewissen? Ist die Verlängerung der Sklaverei ganzer Völker eine gerechte Sache? Vielleicht hätte sich eine europäische Einheit ergeben können. Und sicherlich war das geschlagene, äußerlich schwache Deutschland zwischen den Kriegen für viele aus allen Völkern ein geistiger und wirtschaftlicher Mittelpunkt. Aber das hörte auf in dem Augenblick, als Hitler zur Macht kam und die zarten Fäden einer europäischen Einigung zerrissen wurden. Hitler zerstörte die freie Einigung Europas, um sie durch Zwangseinheit zu ersetzen. Ist das eine gerechte Sache, für die es wert ist, zu sterben? Ist nicht der Aufschrei der geknechteten Völker, die heroische Leidenschaft ihres Widerstandes gegen die deutschen Eroberer für jeden deutschen Soldaten, der in ihrer Mitte lebt, ein Grund ständigen Entsetzens? Und gibt nicht der Anblick von zwölf Millionen europäischen Sklavenarbeitern in Deutschland selbst jedem Deutschen täglichen Grund für Sorge, Angst und schlechtes Gewissen? Sieht eine gerechte Sache so aus?

Schließlich aber, wenn alle diese Verteidigungen der deutschen Sache in ihrer Nichtigkeit offenbar geworden sind, dann sagt man dem deutschen Volk: Und wenn alles ungerecht war, und wenn es eine schlechte Sache ist, für die Ihr kämpft, Ihr müßt weiterkämpfen. Denn, so sagt man, es geht um das Sein oder Nichtsein Deutschlands. Geht es wirklich darum? Geht es nicht um etwas ganz anderes? Geht es nicht um das Sein oder Nichtsein der Nazis? Geht es nicht um das Sein oder Nichtsein der Verderber Deutschlands? Aber wenn die Verderber Deutschlands verderben, ist das nicht die Rettung Deutschlands? So ist es. Und darum sollte jeder Deutsche, der Deutschland von den Nazis losreißt, ein gutes Gewissen haben, nicht aber der, der für sie kämpft. Täuscht Euch nicht, meine deutschen Freunde. Auch der Kampf für eine schlechte Sache kann heldenhaft sein. Auch die Verbrecherbande, die sich bis zum letzten verteidigt, hat Mut, wenn auch den Mut der Verzweiflung. Aber dieser Mut gibt noch kein gutes Gewissen, macht die Sache noch nicht gerecht, für die man stirbt. Man kann nicht mit gutem Gewissen für die Nazis kämpfen und dabei Deutschland und seine Zukunft opfern. Man kann nicht mit gutem Gewissen für eine ungerechte Sache kämpfen. Hört auf mit diesem Kampf!

109.

BEFREIUNG AUS DEM BANN DER ANGST

9. Mai 1944

Meine deutschen Freunde!

Man malt täglich Schreckensbilder über das, was Euch erwartet, wenn Deutschland militärisch zusammenbricht. Man will den letzten Blutstropfen aus Euch herauspressen und tut es durch wilde Angst, die man in Euch erweckt durch Phantasien des Grauens, mit denen man Euch erschreckt. Man will Euch in einen Zustand versetzen, in dem Ihr Euch zur Schlachtbank schleppen laßt, weil Ihr glaubt, dadurch etwas anderem, viel Schlimmerem, zu entgehen. Angst macht urteilsunfähig. Ein zutiefst verängstigtes Volk kann nicht mehr sehen, was mit ihm gemacht wird. Es ist ohne eigenen Willen denen preisgegeben, die seine Angst ausnutzen wollen. Diese Angst hat nichts mit Feigheit zu tun. Feige ist, wer von dem wegläuft, was er fürchtet. Tapfer ist, wer weiß, was ihm droht und doch standhält. Solche Tapferkeit gibt es auch heute noch überall im deutschen Volk und im höchsten Maße in der deutschen Armee. Ohne diese Tapferkeit des deutschen Soldaten im Feld und des deutschen Arbeiters in der Fabrik gäbe es schon heute keine Nazis mehr. Auf diese Tapferkeit bauen sie; von ihr sind sie abhängig. Täglich muß der Heldenmut geopferter deutscher Männer und die Geduld geopferter deutscher Frauen die Macht der Nazis aufrechterhalten. Darum fürchten sie nichts mehr, als daß diese Opfer eines Tages aufhören, die Geduld zu Ende ist und die Tapferkeit sich gegen sie selbst wendet. Um das zu verhindern, malen sie die Schreckensbilder eines besiegten Deutschland in düsteren Farben, mit unbestimmten Umrissen, in die jeder eine besondere Art des Grauens hineinphantasieren kann. Auf vielen Wegen machen sie Euch Angst vor dem Ungewissen, damit Ihr um so sicherer dem, was gewiß ist, nämlich der Hölle der kommenden Schlachten, entgegengeht. Als gute Kenner der menschlichen Seele schaffen sie Angst in Euch, um Euch tapfer zu machen. Sie schaffen in Euch Angst vor einer unbestimmten Zukunft, um Euch die Furcht vor einer sehr bestimmten Gegenwart zu nehmen. Vor den Massenangriffen des letzten Weltkrieges war es üblich, den angreifenden Regimentern stark alkoholische Getränke zu geben, um die natürliche Furcht auch des tapfersten Soldaten zu betäuben. In diesem Krieg gibt es noch bessere Rauschmittel: erst die Nazi-Lehren von der unvergleichlichen Würde des Schlachtentodes, dann die fanatische, blinde und unbedingte Unterwerfung unter den gottgleichen Führer, dann die Faszination der großen Siege und der Macht über fremde Völker. Und schließlich, als all diese Rauschmittel ausgingen, flößten sie dem deutschen Volk und dem deutschen Soldaten das letzte Mittel ein, das ihnen zur Verfügung stand, Angst, sinnlose Angst. Und auch dieses Rauschgift wirkt, obgleich es bitter schmeckt und nicht süß wie die vorhergehenden. Angst verwirrt, macht unfähig zum Handeln. Angst sieht das Unheil herannahen und starrt auf es, wie das Opfer auf die Schlange, unbeweglich, unfähig, sich zu bewegen, zu entrinnen. So fühlt das deutsche Volk, und so wollen die Nazis, daß es fühlt. Es soll sich hineinstürzen in den Rachen des Unheils, das von allen Seiten näher und näher kommt. Denn wenn diese Starre der Angst aufhören würde, wenn Nüchternheit dem Angstrausch folgen würde, dann würde das deutsche Volk sehen, was es zu tun hat, nämlich sich nicht in den tödlichen Rachen des fortgesetzten Krieges zu stürzen, sondern den Zauberer zu erschlagen, der ihm einen Betäubungstrunk nach dem andern und zuletzt den der Angst gereicht hat.

Wenn das deutsche Volk aufwachen würde aus seiner Angstbetäubung, würde es sich fragen: Angst? Wovor? Diese Frage aber kann nicht beantwortet werden. Man kann sich vor etwas fürchten, beispielsweise vor Hunger oder Wunden. Aber man kann diese Furcht durch Mut überwinden. Tapferkeit ist überwundene Furcht. Aber Angst kann man nicht durch Mut besiegen, weil Angst nicht weiß, wovor sie sich ängstigt. Sie ist ein Zustand, aus dem man aufwachen muß. Alles hängt davon ab, daß das deutsche Volk aufwacht aus der Betäubung und den Schreckbildern, die ihm darin erscheinen. Geschieht das nicht, so wird es jetzt zur Schlachtbank geführt und auf ihr verbluten. Aber warum sollte es nicht noch erwachen? Ist nicht der Zauberer, der es im Bann hält, schon unterhöhlt in seiner Macht über das deutsche Volk? Haben nicht die Toten und Gefangenen von Stalingrad und der Ukraine den Bann der Führertrunkenheit zum ersten Mal gebrochen? Haben nicht die Trümmer der deutschen Städte die Nazi-Trunkensten wachgerüttelt? Und kann nicht die Aussicht auf den sicheren Tod weiterer Millionen deutscher Männer in einem aussichtsreichen Kampf auch den letzten Zauber, den Zauber der Angst vor dem Frieden brechen? Es muß möglich sein um der deutschen Zukunft willen. Der Zauber muß entzaubert werden, damit das deutsche Volk leben kann. Seht Euch seine Schreckensbilder an, seht genau auf sie, bald werden sie ihren Schrecken verlieren und werden lächerlich sein.

Da ist ein Schreckensbild, genannt die Versklavung des deutschen Volkes, mit dem alle Deutschen in Angst gehalten werden. Niemand weiß genau, was das bedeutet. Aber gerade darum ist es geeignet, Angst zu schaffen. Zwar kann jeder einsehen, daß es unmöglich ist, 70 Millionen Menschen zu versklaven, ohne eine neue Ordnung Europas und der Welt von vornherein unmöglich zu machen. Aber die Angst ist ein schlechter Berater und fragt nicht nach Gründen. Zwar habt Ihr selbst erfahren, was für eine Last die Versklavung selbst von ein paar Millionen fremder Arbeiter für ein ganzes Volk ist. Und nun will man Euch glauben machen, daß die siegreichen Völker sich freiwillig eine solche Last auferlegen werden, daß sie durch Sklavenarbeit ihre eigene Wirtschaft ruinieren lassen werden, daß sie sich eine dauernde Quelle des Hasses und Widerstandes schaffen werden, wie Hitler es durch seine Sklavenarbeiter getan hat? Das ist sinnlos und lächerlich, ein künstliches Schreckgespenst.

Und da ist ein anderes Schreckgespenst, genannt die Bolschewisierung Europas. Niemand weiß, wie das geschehen soll, wenn die alliierten Nationen, vor allem die Völker Europas, es nicht wollen. Aber gerade, daß man nicht weiß, was es bedeutet, macht es zum Gegenstand der Angst. Es ist ein leerer Schrecken, der mit den Schreckensbildern vergangener Revolutionen gefüllt wird, für den es aber keinen wirklichen Grund gibt. Denn auch Rußland will keinen europäischen Bolschewismus. Es will ein freundliches Europa, aber kein Europa, das der Anlaß zu einem neuen Krieg sein würde. Kein Deutscher sollte mehr sterben um des Schreckgespenstes der Bolschewisierung Europas willen.

Und da ist ein drittes Schreckgespenst, die Verelendung Deutschlands, die Zerstörung seiner Wirtschaft und der Hunger mit all seinen Folgen. Es ist besonders leicht, dieses Gespenst mit den grellsten Farben zu bemalen. Aber es ist sinnlos, dieses Bild für Wahrheit zu nehmen. Das deutsche Volk ist ja nicht allein in der Welt. Es ist ein wichtiges und das stärkste Glied der europäischen Völkerfamilie. Ein verelendetes Deutschland bedeutet auf die Dauer Verelendung für ganz Europa. Ein verhungertes Deutschland bedeutet Hunger und Seuchen für seine Nachbarn. Ein Deutschland ohne Industrie bedeutet Verkleinerung der europäischen Industrie. Niemand, der verantwortlich ist, kann das wollen. So löst sich auch dies letzte Schreckgespenst der Nazis in Nichts auf.

Die Wirklichkeit wird hart sein, aber sie wird nichts mit dem Schrecken zu tun haben, den die Nazis malen. Nehmt ihnen den Rauschtrank der Angst nicht ab, Ihr, die Ihr noch nüchtern seid. Erwacht aus der Betäubung der Angst, Ihr, die Ihr schon davon ergriffen seid. Faßt den Mut, das zu sehen, was wirklich ist. Das sieht auch dunkel aus. Aber es ist nicht Dunkelheit ohne Licht. Es mag vieles in der Zukunft sein, was Ihr mit Recht fürchtet. Aber jedes Furchtbaren Meister ist der Mut. Mit dem, was man fürchtet, kann man fertig werden. Aus der Angst aber muß man aufwachen. Solange man in ihr ist, kann man nichts Wahres mehr denken, nichts Gutes mehr tun. Darum wacht auf aus dieser Starre! Schüttelt ab diese Betäubung! Wenn Ihr Euch von Hitler befreit habt, dann gibt es nichts mehr, dem Ihr nicht in Tapferkeit begegnen könnt. Dann seid Ihr auch befreit von der tiefsten Wurzel der Angst, der Schuld. Wacht auf und seht, wie Ihr zur Schlachtbank geführt werdet. Wacht auf aus dem Rausch der Angst vor dem, was nach dem Krieg kommt. Geht ihm nüchtern entgegen, in Klarheit und Tapferkeit. Es ist die deutsche Zukunft.

ANMERKUNGEN

Von Karin Schäfer-Kretzler

1 Sergius Stragordski, Patriarch von Moskau und ganz Rußland, war Nachfolger des Patriarchen Tychon, der 1918 sein Anathema über den Bolschewismus aussprach. 1923 hat der inzwischen verhaftete Tychon dann mit seiner Loyalitätserklärung sich um ein besseres Verhältnis zwischen Staat und Kirche bemüht; Sergius hat in der gleichen Richtung gearbeitet durch sein Sendschreiben vom 29. 7. 1927 und dann vor allem durch seinen Aufruf zur Verteidigung des Vaterlandes vom 22. 6. 1941. Eine wirkliche Veränderung brachte die Konsolidierung des Stalinismus und der Eintritt Stalins in das alliierte Bündnis gegen die Achsenmächte. Nach der Auflösung der Kommunistischen Internationalen im Mai 1943 gestattet Stalin die Wahl des Sergius zum Patriarchen, empfängt ihn am 4. 9. 1943 und stellt das Patriarchat in Moskau wieder her.

2 Am 6. 1. 1941 redet Präsident Roosevelt in seiner Ansprache an den amerikanischen Kongreß von den vier menschlichen Freiheitsrechten, die für den Aufbau einer neuen Weltfriedensordnung grundlegend seien: von der Redefreiheit, von der Freiheit der Religionsausübung, von der Freiheit von aller Not (d. h. durch wirtschaftliche Abkommen gesicherte Friedensverhältnisse) und von der Freiheit von Furcht (durch weltumfassende Abrüstung); vgl. hierzu auch Rede 14.

3 Vidkun Quisling, ehemaliger norwegischer Kriegsminister, Führer der „Nasjonal Samling" und bewährte Stütze Hitler-Deutschlands in Norwegen, wird am 1. 2. 1942 durch den Reichskommissar Terboven zum Ministerpräsidenten des seit dem 9. 4. 1940 besetzten Norwegen eingesetzt.

4 Im Februar 1941.

5 Eivind Berggrav, geboren am 25. 10. 1884 in Stavanger, seit 1937 Bischof von Oslo, übernahm 1940 die Führung im kirchlichen Widerstand gegen den Nationalsozialismus. Von 1942 bis 1945 war er interniert. Nach Ende des Zweiten Weltkrieges entfaltete er eine rege literarische und ökumenische Tätigkeit (vgl. Rede 20).

6 Die Reden Hitlers sind herausgegeben von Max Domarus „Hitlers Reden und Proklamationen", Bd. II Untergang (1939–1945), Würzburg 1963.

7 Am 26. 4. 1942 verlangt und bekommt Hitler vom Reichstag die Vollmacht, daß er als oberster Gerichtsherr entscheiden und strafen kann, wenn das Wohl des Volkes es erfordert.

8 Als Rache für den Tod eines deutschen Offiziers und als Abschreckungssignal an die Adresse des französischen Widerstandes wurden im Oktober 1941 fünfzig französische Geiseln hingerichtet.

9 Die erste genau datierbare Massenvernichtung von 1500 jüdischen Männern, Frauen und Kindern (aus Sosnowitz) in Auschwitz fand am 12. 5. 1942 statt.

10 Am 26. 5. 1942 stirbt der Chef des Sicherheitshauptamtes und stellvertretende Reichsprotektor von Böhmen und Mähren Reinhard Heydrich an den Folgen eines gegen ihn verübten Attentates. Zur Vergeltung wird am 10. 6. 1942 das tschechische Dorf Lidice vernichtet (vgl. auch die folgende Rede).

11 Vgl. oben Anmerkung 10. In der einflußreichen und weit verbreiteten protestantischen Zeitschrift „The Christian Century", hrsg. von Ch. C. Morrison und P. Hutchinson, Chicago, Vol. 59, Nr. 26, S. 827 f., heißt es am 1. 7. 1942 zum Thema Lidice: "The world has cried out against the savagery of that example of Nazi terrorism. Rightly so, for it was an inhuman exhibition of a sadism which no appeal to precedents of military reprisal can justify. However, Lidice is also as conclusive evidence of the Nazis insecurity as of his brutality ..."

12 Tillich bezieht sich hier auf das Buch von Gregor Ziemer, „Education for death. The making of the Nazi", London u. a. 1941.

13 Tillich meint hier Präsident Roosevelts Rede über die vier menschlichen Freiheitsrechte vom 6. 1. 1941 (vgl. oben Anm. 2), die gemeinsame Erklärung der britischen und amerikanischen Regierungen vom 14. August 1941 – die Atlantik Charta –, sowie die Erklärung der Vereinten Nationen – den Washington-Pakt – vom 1. 1. 1942, wo es unter anderem heißt: alle Staaten „wünschen die weitestgehende Zusammenarbeit aller Nationen auf wirtschaftlichem Gebiet mit dem Ziel, ... soziale Sicherheit für alle zu gewährleisten" (H.-A. Jacobsen, a.a.O., S. 132).

14 Sir Stafford Cripps wird bei einer Umgliederung des Churchillschen Kabinetts im Februar 1941 zum Lordsiegelbewahrer und Führer des Unterhauses; vom 23. 3. bis 12. 4. 1942 verhandelt er in Indien über die Lösung der indischen Frage; im November 1942 wird er Minister für Flugzeugproduktion.

15 In der „New York Times" vom 22. 6. 1942 heißt es auf Seite 17: "Churches asked to end Race Bias. Federal Council Committee says interracial tensions threaten national unity ... If we would be Leaders for World justice, we must set example ... The executive Committee of the Federal Council of Churches ... appealed to churches yesterday to set their own houses in order in the matter of race discrimination ..."

16 In der gleichen Ausgabe der „New York Times" vom 22. 6. 1942 steht auf Seite 3: "4 Archbishops Draft Minimum Conditions for Christian Life – Revise 'Living Wage'". Eine Zehn-Punkte-Erklärung sei als Hirtenbrief in allen römisch-katholischen Kirchen Englands verlesen worden.

17 Ebenfalls auf Seite 3 der in Anm. 16 genannten Ausgabe steht ein Artikel über die Rede des Erzbischofs W. Temple in der Kathedrale von Washington D. C. am 21. Juni 1942 unter dem Titel: "Canterbury warns of Temptation to use Economic Power in Victory. Primate says Allies should prepare now to meet Test of Responsibility – sets a high Peace Role for Church". Auch „The Christian Century" berichtet über

diese Rede Temples (Vol. 59, 1942, S. 852): "We shall be tempted to invake the great name of Freedom, under which we fight, in the interest of our own commercial predominance."

18 In der „New York Times" vom 12. 7. 1942 wird von einem Treffen von mehr als 2000 Mitgliedern und Gästen des „Institute of Public Affairs" an der University of Virginia berichtet. Vor Zuhörern aus 34 Staaten erklärt Professor Frederic L. Schumann: "Only in this fashion can world politics be made an orderly process of compromise and planning for welfare and justice rather than a hideous nightmare of force and fraud ... Here is our best hope, and perhaps our last hope, to win the war by winning the peace through a free world order now."

19 Vgl. oben Rede 5, Anm. 3 bis 5.

20 Mit Ausbruch des Zweiten Weltkrieges wächst die antibritische Stimmung und das Unabhängigkeitsverlangen in Indien unaufhaltsam. Man ist verärgert darüber, daß Indien von Großbritannien zur kriegführenden Partei und zum Hauptarsenal alliierter Streitkräfte im Mittleren Osten gemacht wurde, ohne überhaupt ein Wort dazu sagen zu dürfen, geschweige denn mitzubestimmen. Auch die Mission von Sir Stafford Cripps (22. 3. bis 12. 4. 1942), die Indien für die Zeit nach dem Krieg die volle Unabhängigkeit (in Gestalt einer freien indischen Union mit Dominion-Status) garantieren soll, bleibt erfolglos. Gandhis Aufrufe vom Juli/August 1942 „Handeln oder Sterben" (auch „Raus aus Indien-Bewegung" genannt) führen zu seiner Verhaftung am 9. 8. 1942, aus der er erst Ende des Krieges entlassen wird. Unter diesen Umständen kann man verstehen, daß die Japaner als Befreier angesehen werden.

21 Am 28. 6. 1942 beginnt die deutsche Sommeroffensive an der Ostfront. Am 8. 7. ist die erste Operationsphase beendet: die sowjetische Front zwischen Don und Donez ist ins Wanken geraten. Am 23. 7. befiehlt Hitler in der Weisung Nr. 45 für die Fortsetzung der Operation „Braunschweig" die gleichzeitige Operation gegen Stalingrad und gegen den Kaukasus, bei deren Ausführung zunächst ein weiteres Vordringen der deutschen Armeen gelingt.

22 Der Gedanke der Umerziehung der Deutschen, basierend auf dem oft berufenen Fortschrittsglauben Amerikas und seinem ausgeprägten Moralismus, vor allem in politischen Dingen, war in den USA in den verschiedensten Formen verbreitet. Bücher über den deutschen Charakter bildeten den Ausgangspunkt der Diskussion, wie z. B. Friedrich Wilhelm Foerster, „Europa und die deutsche Frage. Eine Deutung und ein Ausblick", Luzern 1937; Louis P. Lochner, „What about Germany?" London 1943; Louis Nizer, „What to do with Germany?", London 1944. Solche unterschiedlichen Deutschlandbilder bzw. Deutungen des Nationalsozialismus standen auch hinter den zum Teil gegensätzlichen Lagern in offiziellen amerikanischen Kreisen (so etwa Welles und Morgenthau gegen Stimson, McCloy und Warburg). Vgl. hierzu auch die Kontroverse Paul Tillich gegen Emil Ludwig (in: „Aufbau-Reconstruction", Vol. 8, 1942, Nr. 29 S. 6 und Nr. 32, S. 7–8 = G. W. XIII, S. 278 ff.). Die verhältnismäßig

weit verbreitete Wochenzeitung deutscher jüdischer Emigranten in den USA (1944 mit einer Auflage von ungefähr 3500 Exemplaren) hatte eine Rede Ludwigs abgedruckt, in der dieser vorschlägt, ein Heer von amerikanischen Lehrern nach Deutschland zu schicken, um die Deutschen Mores zu lehren. Denn diese hätten keinerlei Beziehung zu Dingen wie Religion, Geschichte, Philosophie, „principles foreign to German character." Tillich erwidert darauf, dies sei Judenhetze von NS-Art mit umgekehrtem Vorzeichen. Vgl. zu diesem Thema auch die Reden 31, 32 und 51.

23 Meint Tillich hier die Ereignisse, von denen die „New York Times" am 31. 8. 1942 auf Seite 36, Spalte 3 berichtet, daß nämlich "a hundred eminent minds ... have spent the last four days at Columbia University, deliberating as the Third Annual Conference on Science, Philosophy and Religion in their relation to the Democratic way of life." Für den 30. 8. war angesetzt die Betrachtung von „plans for post war reconstruction." Vgl. auch a. a. O., S. 12, Sp. 1 u. 2: „Role of Scholars in Crisis stressed." Auch „The Christian Century" (Vol. 59, 1942) berichtet am 16. 9. 1942 in der Nummer 37 von dieser Konferenz, und zwar unter dem Titel „Scholars seek an end to confusion".

24 Vgl. hierzu z. B. die Sammlung nur offizieller Dokumente von Louise W. Holborn, „War and Peace Aims of the United Nations", (I) Sept. 1, 1939 – Dec. 31, 1942; (II) From Casablanca to Tokio Bay, Jan. 1, 1943 bis Sept. 1, 1945, Boston 1943/48. Die amerikanischen Kirchen haben sich erstmals Ende Februar 1940 in Philadelphia und dann immer wieder mit den Aufgaben der Kirchen für die Friedensplanung beschäftigt: die Konferenz in Delaware vom 3. bis 5. März 1942 dokumentiert "A Message from The National Study Conference on the Churches and a just and durable peace", convened at Ohio Wesleyan University, Delaware, Ohio, March 3–5, 1942. Vgl. auch "A just and durable Peace. Data, material and discussion questions", published by the Commission to Study the Basis of a just and durable peace of the Federal Council of Churches of Christ in America, New York, o. J.
In dieser kirchlichen Bewegung für einen gerechten und dauerhaften Frieden finden sich vor allem die Strömungen wieder, die mit aller Macht den Kriegseintritt der USA zu verhindern suchten: Als die Entscheidung der amerikanischen Regierung gefallen ist, schaltet die traditionell pazifistische Bewegung um auf die Erörterung von Kriegs- und Friedenszielen. Gegenüber einem so motivierten Engagement hat Karl Barth zweifelsohne recht mit seiner Behauptung, daß erst einmal der Krieg und der Kampf gegen den Nationalsozialismus wahrgenommen werden müßte. (Siehe K. Barth, „Brief an einen amerikanischen Kirchenmann", 1942, in: „Eine Schweizer Stimme 1938–1945", Zollikon, Zürich 1948.)
Natürlich trifft diese Kritik nicht alle Bemühungen. In den siebzehn Folgen, die „The Christian Century" 1942 über „How Shall the Christian Church Prepare for the New World Order?" bringt, kommen ganz unterschiedliche Stimmen zu Gehör. Einen sehr guten Beitrag zur offiziellen Kriegszieldebatte in den USA mit weiterer Literatur zu diesem Thema bietet G. Moltmann, „Amerikas Deutschlandpolitik im Zweiten

Weltkrieg. Kriegs- und Friedensziele 1941–1945", (Beihefte zum Jahr-
buch für Amerikastudien, 3. Heft), Heidelberg 1958. Von Tillich selbst
stammt „Why War Aims?", in: Protestant Digest, Vol. 3, 1941, Nr. 12,
S. 33–38; „What War Aims?", a. a. O., Vol. 4, Nr. 1, S. 13–18 und
„Whose War Aims?", a. a. O., Vol. 4, Nr. 2, S. 24–29 = G. W. XIII,
S. 25 ff.)

25 In einem Vortrag des Generalgouverneurs Reichsministers Dr. Frank am
21. Juli 1942 in der Aula der Universität Heidelberg heißt es: „Europa
steht vor der Neuordnung, vor einer endgültigen Formung der Beziehungen der Völker Europas. Ganz selbstverständlich ist die Grundlage dafür
jenes monumentale Programm, das der Führer des Großdeutschen Reiches, Adolf Hitler, und der Duce Italiens, Benito Mussolini, im September vorigen Jahres verkündet haben ... Das deutsche Volk steht vor der
Erringung des größten territorialen, staatlichen und völkischen Raumes,
den es je in seiner Geschichte besaß ..." (H.-A. Jacobsen, a. a. O.,
S. 189 f.).

26 Am 30. September 1942 redet Hitler im Berliner Sportpalast zur Eröffnung des „Kriegswinterhilfswerks". Leicht zugänglich ist diese Rede (in
Auszügen) in: E. Klöss (Hrsg.), „Reden des Führers. Politik und Propaganda Adolf Hitlers 1922 bis 1945", (dtv-dokumente, Bd. 436), München
1967. Vgl. auch Anm. 6.

27 Tillich meint wohl besonders die Erklärungen Roosevelts und Churchills
vom 25. Oktober 1941 und Roosevelts Erklärung vom 21. August 1942.
Diese Erklärungen gingen nicht „über das Prinzip einer individuellen
Sühne für eine individuell erwiesene Schuld hinaus" (so G. Moltmann,
a. a. O., S. 115).

28 Vgl. hierzu Rede 23, Anm. 22.

29 Möglicherweise meint Tillich hier eine Rede Wendell Willkies, über die
die „New York Times" am 1. November 1942 auf Seite 1 berichtet.

30 Vgl. auch Rede 23, Anm. 22 und Rede 51. Der in Anm. 22 genannte
F. W. Foerster berichtet in seinen Memoiren („Erlebte Weltgeschichte
1869–1953", Nürnberg 1953, S. 557 ff.), daß er sich bereits seit 1941
bemüht habe, die amerikanische Öffentlichkeit über den „pangermanisti-
schen" Weltherrschaftsdrang aufzuklären.

31 Am 22. 11. 1942 sind etwa 250 000 Mann der 6. Armee in Stalingrad
eingeschlossen worden. Am 10. 1. 1943 beginnt die letzte Offensive der
sowjetischen Armeen der Don-Front zur Zerschlagung des Kessels um
Stalingrad. Hitler verbietet wiederholt die Kapitulation der 6. Armee,
obwohl diese sich in einer völlig hoffnungslosen Lage befindet. Am
25. 1. 1943 spalten sowjetische Truppen den Kessel in eine Nord- und
Südgruppe auf. Am 31. 1. kapituliert der von Generalfeldmarschall Paulus geführte Südkessel, am 2. 2. 1943 der von Generaloberst Strecker geführte Nordkessel. 90 000 Mann geraten in sowjetische Kriegsgefangen-
schaft. Die deutschen und rumänischen Verluste gibt Stalin am 7. November mit 146 000 Mann an.

32 Vgl. Rede 15, Anm. 17; Tillich nimmt hier Bezug auf: William Temple, „Christianity and social Order", London 1942.

33 Ab 11. 2. 1943 werden Schüler der deutschen höheren Schulen, die das 15. Lebensjahr vollendet haben, zur Dienstleistung als Luftwaffenhelfer einberufen.

34 Am 30. 1. 1943 wird der erste Tagesangriff britischer Mosquito-Schnell-bomber auf Berlin geflogen, mit dem Ziel, die Zehn-Jahres-Feier der Machtübernahme zu stören.

35 Zum Problem des deutschen Charakters vgl. Rede 23, 31 und 32.

36 Am 18. 4. 1942 greifen 16 amerikanische B 25-Bomber vom Träger Hor-net aus Tokio an. Da die zu geringe Reichweite der Flugzeuge keine Rückkehr erlaubt, springen die Besatzungen von elf Bombern über chi-nesischem bzw. japanischem Gebiet ab, vier machen Bruchlandungen und einer landet auf russischem Gebiet.

37 Am 8. Mai 1943 hält Hitler vor der Reichs- und Gauleiterbesprechung eine Ansprache, in der er zu dem Schluß kommt, „daß das Kleinstaaten-gerümpel, das heute noch in Europa vorhanden ist, so schnell wie möglich liquidiert werden muß. Es muß das Ziel unseres Kampfes bleiben, ein einheitliches Europa zu schaffen. Europa kann aber eine klare Organisa-tion nur durch die Deutschen erfahren ..." (zitiert bei H.-A. Jacobsen, a. a. O., S. 198). Obwohl Hitler seit dem Winter 1942/43 gedrängt wird, die besetzten Gebiete mit einem Europa-Programm zu solidarisieren, weigert er sich; der Atlantik Charta wird von den Achsenmächten nichts entgegengesetzt.

38 Am 12./13. 5. 1943 stellen Reste der Heeresgruppe Afrika unter General-oberst von Arnim und die 1. italienische Armee den Kampf ein. Damit ist die Niederwerfung der Achsen-Mächte in Afrika, die seit der alliierten Landung in Algerien und Marokko am 7./8. 11. 1942 nur eine Frage der Zeit war, abgeschlossen. Die Zahl der deutschen Gefangenen beträgt etwa 130 000 Mann.

39 Am 26./27. 4. und am 12./13. 5. 1943 wird Duisburg bombardiert, am 14. 5. der Kieler Hafen, am 15. 5. Emden, am 16./17. 5. die Sperr-mauern der Möhne- und Eder-Talsperren.

40 Im März 1943 errangen die deutschen U-Boote Erfolge wie nie zuvor. Doch in diesem Moment stärkster Gefährdung gelang den Alliierten die Entwicklung neuer Abwehrmittel. „Dabei handelte es sich um Lang-streckenflugzeuge mit dem neuen ‚Rotterdam'-Radargerät auf Zenti-meterwelle, um Geleitflugzeuge und um die Bildung der ‚Support-Groups' zur Unterstützung der Konvois" (H.-A. Jacobsen, a. a. O., S. 207). Am 24. 5. bricht Großadmiral Dönitz die Geleitzugbekämpfung im Nord-atlantik ab; damit ist die entscheidende Wende im U-Boot-Krieg erreicht.

41 Am 10. 6. 1943 beginnt die in Casablanca beschlossene „Combined Bom-ber Offensive" der Alliierten gegen Deutschland. Die US-Streitkräfte greifen durch Präzisionsbombardierungen bei Tage an, die britischen

durch Flächenwürfe bei Nacht. Besonders betroffen ist das Ruhrgebiet: Bochum (am 12./13. 6.), Oberhausen (am 14./15. 6.), Köln (am 16./17. und 28./29. 6.), Krefeld (am 21./22. 6.), Mülheim (am 22./23. 6.), Elberfeld (am 24./25. 6.), Gelsenkirchen (am 25./26. 6.).

42 Am 24. 9. 1939 beginnen die Luftangriffe auf Warschau; am 14. 5. 1940 wird Rotterdam bombardiert, da die Verbände von den inzwischen schon angelaufenen Kapitulationsverhandlungen nicht mehr benachrichtigt werden können. Vom 13. August 1940 an greift die deutsche Luftwaffe England, ab September vor allem London an, um das Unternehmen „Seelöwe" (Landung in Großbritannien) vorzubereiten. „Seelöwe" wird „vertagt", statt dessen die „Luftschlacht um England" (bis Mai 1941) intensiviert.

43 Am 10. Juli 1943 beginnt die alliierte Großlandung in Sizilien.

44 Am 22. Juni 1941 beginnt Generalfeldmarschall von Brauchitsch den Angriff auf die Sowjetunion – ohne Ankündigung.

45 Am 10. Juli 1943 begann die Landung der Alliierten in Sizilien, am 25. Juli bereits tritt Mussolini zurück und wird verhaftet, nachdem einen Tag zuvor der Große Faschistische Rat zusammengetreten ist und den König ersucht hat, statt Mussolini den Oberbefehl zu übernehmen. Vom König mit der Regierung beauftragt, bildet Badoglio am 26. Juli ein Kabinett ohne Faschisten und löst die faschistische Partei auf.

46 Vom 24. bis 30. 7. 1943 fliegen die Alliierten schwere Luftangriffe gegen Hamburg (Operation „Gomorrha"), bei denen die deutsche Radar-Abwehr durch das Abwerfen von Stanniolfolien ausgeschaltet wird. Das Ergebnis von „Gomorrha": 30 482 Tote, 277 330 Wohngebäude völlig zerstört, ebenso 580 Industriebetriebe, 2 632 gewerbliche Betriebe, 80 Anlagen der Wehrmacht, 24 Krankenhäuser, 277 Schulen und 58 Kirchen. Im Hafen wurden 180 000 BRT versenkt.

47 Nach seiner Verhaftung wird Mussolini auf den Gran Sasso in den Abruzzen gebracht. Am 12. 9. 1943 wird er von einem SS-Sonderkommando (Oberleutnant Frhr. v. Berlepsch und Skorzeny) befreit und nach Deutschland geflogen.

48 Die Konferenzen, die Tillich hier aufzählt, sind die entscheidenden Ereignisse in den drei Strängen der ökumenischen Bewegung in den dreißiger Jahren: Im Juli 1937 hält der Ökumenische Rat für Praktisches Christentum seine zweite Weltkonferenz ab (die erste fand 1925 in Stockholm statt), vorbereitet von J. H. Oldham unter dem Thema „Kirche, Volk und Staat". An der Vorbereitung dieses zeitgeschichtlich brisanten Themas nimmt auch Tillich teil, indem er im Dezember 1935 für das Research Departement des Universal Christian Council for Life and Work ganz in dem ihm eigenen religiös-sozialistischen Engagement ein Papier anfertigt über „The Christian and the Marxist View of Man". – Ebenfalls 1937 fand die Weltkonferenz für Glauben und Kirchenverfassung in Edinburgh statt, auf der Vorschläge von Oxford dahin führten, daß

ein Vorläufiger Ausschuß des Ökumenischen Rates der Kirchen gegründet wurde. – Die Konferenz von Tambaram (1938) im Madras Christian College in Südindien hielt der Internationale Missionsrat ab.

49 Vgl. oben Rede 3, Anmerkung 1.

50 Bei der Moskauer Außenminister-Konferenz von 19.–30. Oktober 1943 werden die alliierten Verhandlungen erstmals und endlich zwischen den großen Dreien (USA/Hull, Großbritannien/Eden, UdSSR/Molotow) geführt. Am 1. November wird eine Vier-Nationen-Erklärung (außer von den genannten Dreien noch von China/Fou Ping Sheung ausgearbeitet) veröffentlicht, in der es heißt, „daß alle am Krieg gegen einen gemeinsamen Feind Beteiligten ... zusammen handeln werden". Die Erklärung über die von Deutschen begangenen Grausamkeiten ist unterzeichnet von Roosevelt, Churchill und Stalin. Vgl. H.-A. Jacobsen, a. a. O., S. 332 f.

51 Tillich meint hier wohl das 1937 von Pablo Picasso gemalte Bild „Guernica".

LITERATURHINWEISE

Barth, K., Brief an einen amerikanischen Kirchenmann (1942), in: ders., Eine Schweizer Stimme 1938–1945, Evangelischer Verlag AG, Zollikon-Zürich 1948, 2. Aufl.

Gisevius, H. B., Adolf Hitler. Eine Biographie – Versuch einer Deutung, (Knaur-Taschenbuch Band 141), Droemersche Verlagsanstalt Th. Knaur Nachf., München/Zürich 1969.

Gruchmann, L., Der Zweite Weltkrieg, (dtv-Weltgeschichte des 20. Jahrhunderts, Bd. 10), München 1967.

Hartwich, H.-H. (Hrsg.), Politik im 20. Jahrhundert, Georg Westermann Verlag, Braunschweig 1971, 3. Aufl.

Hillgruber, A. / Hümmelchen, G., Chronik des Zweiten Weltkrieges. Militärische und politische Ereignisse auf allen Kriegsschauplätzen – Tag für Tag aufgezeichnet, (hrsg. vom Arbeitskreis für Wehrforschung), Bernard & Graefe Verlag für Wehrwesen, Frankfurt a. M. 1966.

Horton, W. M., Die amerikanischen Kirchen während des Zweiten Weltkrieges, (hrsg. von der Ökumenischen Kommission für die Pastoration der Kriegsgefangenen), Gotthelf-Verlag, Zürich 1946.

Jacobsen, H.-A., Der Zweite Weltkrieg. Grundzüge der Politik und Strategie in Dokumenten, (Fischer Bücherei, Bücher des Wissens Bd. 645/646), Frankfurt 1965.

Klöss, E. (Hrsg.), Reden des Führers. Politik und Propaganda Adolf Hitlers 1922–1945, (dtv-dokumente Bd. 436), München 1967.

Moltmann, G., Amerikas Deutschlandpolitik im Zweiten Weltkrieg. Kriegs- und Friedensziele 1941–1945, (Beihefte zum Jahrbuch für Amerikastudien, 3. Heft), Carl Winter Universitätsverlag, Heidelberg 1958.

Paetel, K. O., Zum Problem einer deutschen Exilregierung, in: Vierteljahrshefte für Zeitgeschichte, IV, 1956, S. 286–301.

Das Werk Paul Tillichs in deutscher Sprache

Das Gesamtwerk Paul Tillichs im deutschen Sprachbereich besteht aus den 13 Hauptbänden der Gesammelten Werke (der 14. Band enthält die Bibliographie, div. Register usw.), der 3bändigen Systematischen Theologie und den 3 Folgen der Religiösen Reden sowie den Ergänzungs- und Nachlaßbänden zu den Gesammelten Werken.

Gesammelte Werke

Mit Band XIII (Impressionen und Reflexionen. Ein Lebensbild in Aufsätzen, Reden und Stellungnahmen, 616 Seiten, Leinen, DM 45.–, Subskr.-Preis DM 39.60, Paperback-Sonderausg. DM 38.–) wurden im Herbst 1972 die Textbände der Gesammelten Werke abgeschlossen. Ein Bibliographie- und Registerband (Band XIV) folgt im Frühjahr 1974. Subskriptionsbestellungen (= Abnahme aller Bände) sind bis zum Erscheinen des Bandes XIV möglich.

Ergänzungs- und Nachlaßbände zu den Gesammelten Werken

Band I: Vorlesungen über die Geschichte des christlichen Denkens, Teil I: Urchristentum bis Nachreformation. 310 Seiten, Leinen, DM 35.– (Subskr.-Preis DM 30.80).

Band II: Vorlesungen über die Geschichte des christlichen Denkens, Teil II: Aspekte des Protestantismus im 19. und 20. Jahrhundert. 208 Seiten, Leinen, DM 28.40 (Subskr.-Preis DM 25.–). Stud.-Ausg., brosch., DM 23.50.

Band III: „An meine deutschen Freunde". Die politischen Reden Paul Tillichs während des Zweiten Weltkriegs über die „Stimme Amerikas". 368 Seiten, Leinen, DM 38.– (Subskr.-Preis DM 32.30).

Weitere Bände (2–3) folgen.

„Systematische Theologie" und „Die religiösen Reden"

Zum Werk Paul Tillichs gehören außerdem sein Standardwerk, nämlich die drei Bände der _Systematischen Theologie_, 1. Teil: Vernunft und Offenbarung, 2. Teil: Sein und Gott, 3. Teil: Die Existenz und der Christus, 4. Teil: Das Leben und der Geist, 5. Teil: Die Geschichte und das Reich Gottes sowie drei Folgen seiner Predigten (_„Die religiösen Reden")_: 1. Folge: In der Tiefe ist Wahrheit, 2. Folge: Das neue Sein, 3. Folge: Das Ewige im Jetzt. Jeder Band DM 9.80.

Über die vorstehenden Bände, Sonderausgaben und Sekundärliteratur zu Paul Tillich orientiert ausführlich unser Tillich-Sonderprospekt.
Anzufordern beim Evangelischen Verlagswerk, 7 Stuttgart 1, Postfach 927.